東京都

科目別・テーマ別 過去問題集

2024年度採用版

I類B／行政・一般方式

TAC出版編集部 編著

TAC出版
TAC PUBLISHING Group

はじめに

　近年就職環境が大きく変化している中で、まだまだ多くの若者が「やりがい」や「安定」を求めて公務員試験に挑戦しています。しかし、公務員試験は簡単に合格できる試験とはいえません。そのため、就職試験といえどもその対策の大半を学習に充てなければなりません。出題科目が非常に広範な公務員試験で効率的に学習を進めるためには、志望試験種の出題形式を的確に捉え、近年の出題傾向をつかむ必要があります。

　公務員試験では出題の約6割は繰り返し同じテーマを扱っていることがわかります。また、合格には一般に6割程度の得点が必要とされています。複雑で広範囲に及ぶ学習が必要なこの試験では、やはり過去問演習は欠かすことのできない重要な学習手法であるといえます。

　このシリーズは、受験先ごとに公務員試験の過去問演習を十分に行うために作られた問題集です。

　公務員試験対策は「過去問演習」なしに語ることはできません。試験ごとの出題傾向が劇的に変化することは稀であり、その試験の過去の出題を参考にすることで、試験本番に向けた対策をほぼカバーすることができるためです。

　また、過去問を眺めると、試験ごとに過去の出題分布がだいぶ異なっていることに気づきます。公務員試験対策を始めたばかりのころは、なるべく多くの受験先に対応できるよう幅広い範囲の知識をインプットしていくことが多いですが、ある程度念頭においた受験先が見えてきたら、その受験先の出題傾向を意識した対策が有効になります。

　本シリーズは、択一試験の出題を科目ごと、出題テーマごとに分類して配列した過去問題集です。このため、インプット学習と並行しながら少しずつ取り組むことができます。また、1冊取り組むことによって、受験先ごとの出題傾向を大まかにつかむことができるでしょう。

　公務員試験はいうまでもなく就職試験です。就職試験に臨む者は皆、人生における大きな岐路に立ち、その目的地であるゴールを目指しています。公務員として輝かしい一歩を踏み出すためには、合格というスタートラインが必要です。本シリーズを十分に活用された方々が、合格という人生のスタートラインに立ち、公務員として各方面で活躍されることを願ってやみません。

2022年10月　TAC出版編集部

本書の特長と活用法

本書の特長 ～ 試験別学習の決定版書籍です！

科目別・テーマ別に演習できる！

　本書は東京都Ⅰ類B（行政・一般方式）採用試験における択一試験の過去問（2013～2021年度）から精選し、学習しやすいよう科目別・テーマ別に収載しています。科目学習中の受験生が、試験ごとの出題傾向をつかむのに最適な構成となっています。

TAC生の正答率つき！　丁寧でわかりやすい解説！

　TAC生が受験した際のデータをもとに正答率を掲載しました。また、解答に加えて、初学者の方でもわかりやすい、丁寧な解説を掲載しています。実際に問題を解き、間違ったときはもちろん、正解だったときでも、しっかりと解説を確認することで、知識を確固たるものにすることができます。

最新年度の問題も巻末に収録！　抜き取り式冊子なので使いやすい！

　最新の2022年度の問題・解説は巻末にまとめて収録しており、抜き取って使用することができます。本試験の制限時間を参考にチャレンジすることで、本試験を意識した実戦形式でのトレーニングが可能です。

東京都Ⅰ類Bの受験ガイド・合格者の体験記を掲載！

　東京都Ⅰ類B（行政・一般方式）の受験資格や受験手続の概要をまとめた「受験ガイド」を掲載しています。過去の採用予定数や受験者数、最終合格者数といった受験データもまとめています。また、合格者に取材して得た合格体験記も掲載していますので、直前期の学習の参考にしてください（合格者の氏名は仮名で掲載していることがあります）。

記述式試験の模範答案も閲覧可能！

　2013～2022年度の記述式試験について、問題と答案例をWeb上でダウンロード利用できます。詳しくはご案内ページをご確認ください。

問題・解説ページの見方

●問題

● 科目名　● 出題テーマ　● 出題詳細
出題年度と種目、問題番号を示しています。

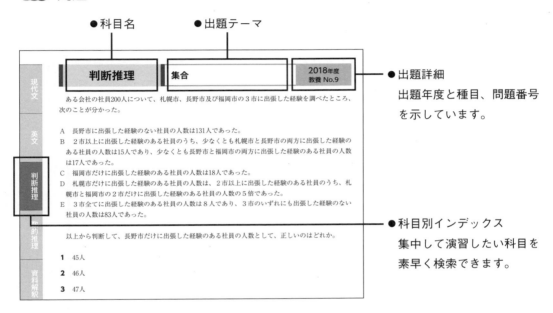

● 科目別インデックス
集中して演習したい科目を素早く検索できます。

●解説

● 正答番号　● TAC生の正答率
実施当時の報告に基づいて、TAC受験生の正答率を掲載しています。問題の難易度の目安にしてください。

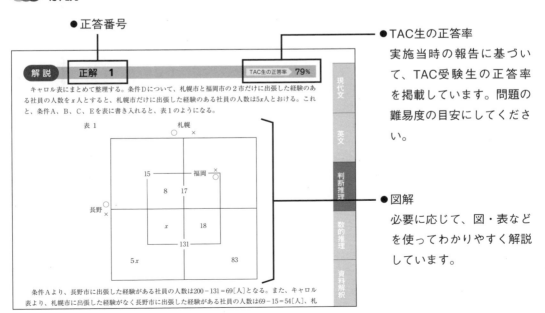

● 図解
必要に応じて、図・表などを使ってわかりやすく解説しています。

東京都Ⅰ類B（行政・一般方式）受験ガイド

（1）東京都Ⅰ類B試験とは

　　東京都Ⅰ類B試験は大卒程度の学力を要する試験として実施されています。行政の仕事は、東京都の行政全般にわたり運営管理に関する業務になります。福祉・医療、教育・文化、産業・労働、環境、都市づくり等に関する事業や、施策の総合的な企画・調整、人事・財務管理など、様々な業務があります。

（2）受験資格＆申込み方法

　　2022年度の試験では、1993年4月2日から2001年4月1日までに生まれた方が受験可能でした。

　　例年、3月に採用試験案内と申込用紙が配布されます。試験案内と申込用紙は東京都人事委員会事務局などで受け取ることができます。郵送による請求もできます。受付期間は4月上旬になり、原則としてインターネットのみで申し込みます。

（3）試験日程＆採用になるまで

　　2022年度の東京都Ⅰ類B（行政・一般方式）の試験は、以下の日程で実施されました。

申込みから最終合格までの流れ

	日　程
申　込　期　間	4月1日（金）〜4月7日（木）
第1次試験日	5月1日（日）
第1次合格発表日	6月8日（水）
第2次試験日	6月24日（金）〜7月1日（金）の間で指定される日（個別面接を1回実施）
最終合格発表日	7月15日（金）

（4）試験内容

第1次試験は筆記試験で、①教養試験（択一式・130分）、②論文（記述式・90分）、③専門試験（記述式・120分）が行われます。第2次試験は、口述試験（個別面接）が行われます。

教養試験の出題内訳（2022年度）は以下のとおりです。

●教養試験（択一式）

一般知能分野						一般知識分野											社会事情
文章理解		数的処理				人文科学				社会科学			自然科学				
現代文	英文	判断推理	数的推理	資料解釈	空間把握	文芸	日本史	世界史	地理	法律	政治	経済	物理	化学	生物	地学	
4	4	2	5	4	5	1	1	1	1	1	1	1	1	1	1	1	5

なお、教養試験は全40題の必須解答です。論文試験は1題必須解答です。専門試験は記述式で、10題の中から3題を選択して解答します。

以上の受験についての情報は、受験年度によって変更がある場合がありますので、必ず試験案内または東京都人事委員会のホームページにより確認してください。

（5）実施状況

年度	採用予定数	申込者数	受験者数	最終合格者数	受験倍率
2022年度	360	2,501	1,677	540	3.1
2021年度	85	2,313	1,507	110	13.7
2020年度	265	3,400	1,626	352	4.6
2019年度	290	3,198	2,276	403	5.6
2018年度	320	3,637	2,564	421	6.1
2017年度	340	3,929	2,751	439	6.3
2016年度	365	4,529	2,706	550	4.9
2015年度	484	5,383	3,465	640	5.4
2014年度	438	5,186	3,643	541	6.7
2013年度	400	5,695	3,787	504	7.5

合格体験記

橋本　柊 さん
（はしもと　しゅう）

2022年度　東京都Ⅰ類B（行政・一般方式）、埼玉県庁、八王子市、武蔵野市、財務専門官、裁判所一般職、国家一般職（国土交通省内定）合格

幅広い角度で"まちづくり"ができる東京都を志望

　以前から"まちづくり"をしたいという漠然とした希望があったのですが、大学の授業や自治体でのインターンシップを通して行政の役割を認識し、公務員に関心が傾いていきました。建物をつくるだけではなく都市計画などのソフト面にも携われること、福祉や環境といった他の分野でも経験を積みながら広い意味での"まちづくり"ができることから、公務員を目指そうと決めました。

　そしてその当初から東京都の受験を意識していました。①大都市である東京のまちづくりに携わりたいと考えたこと、②都市部・臨海部から林間部・島嶼部までの地域の多様さに加え、業務も非常に広範であるため様々な地域・分野で経験を積めること、③自分自身が都民であり、長らく都立学校にお世話になっており縁を感じていたこと、が主な理由です。大学3年次に参加した産業労働局でのインターンシップで観光振興やスタートアップ支援などの業務にも触れ、まちづくり以外の分野でも東京都の取組みに関心を持ったことで改めて志望が固まりました。

数的処理を得意科目にすることで教養科目全体を底上げ

　公務員試験全般に言えることですが、教養試験においては数的処理の比重が大きいです。東京都の数的処理は過去問と類似した出題も多いため、その点を意識して問題集を解くことで数的処理を得意科目にすることができ、教養試験全体について余裕をもって臨めるようになりました。

　一方で、高校時代は理系だったため、人文科学と文章理解に苦手意識がありました。人文科学は全範囲に手を付けることをせず、世界史と地理に絞って確実に得点を狙えるように準備しました。文章理解は短時間で文章を読み切って解答することが苦手だったため、1日数問ずつ「1問4分」を目標に時間を計って解答し、短時間で処理するのに慣れていきました。

専門記述の対策科目・対策テーマの選び方

　専門記述は憲法・行政法・政治学・行政学・財政学の5科目について、各科目15～25テーマほど対応できるように事前準備をしていました。当日は憲法・行政法・政治学の3科目を選択しました。

　準備した5科目は得意科目であることに加え、過去問を見て検討した上で選択しました。例えば経済学は比較的得意でしたが、グラフを描く問題も多くハードルが高いと感じて見送りました。逆に政治学や行政学で人名を覚えることは苦手でしたが、時代背景や現代の政治・行政との関連などの背景知識を記述に含めることで覚えやすくなることを発見し、対策する科目に加えました。

　準備するテーマは、予備校や公務員試験情報サイトなども参考にしつつ、過去10～20年程度の出題傾向を踏まえた自分の予想も加味して選びました。繰り返し出題されている問題を中心に、時事的な話題との関連性も意識しました。「憲法は人権と統治が交互に出題される」といった予想を立てる人もいますが、私はあまり絞りすぎずにできるだけ広くテーマを用意することを心がけていました。

受験先の取組み・事業を把握したうえで論文に活かす

　意識して論文対策を始めたのは年明けごろからで、答案を提出し添削を受けるということを繰り返していました。ただ、それまでにも大学の授業やインターンシップでの経験、都の広報紙などから行政のしくみや東京都の取組みを知る機会があり、そうした経験が論文に活きていたと思います。

　東京都は"3つのシティ"、"シン・トセイ"のような特徴的な事業や印象的なキャッチフレーズが多く、論文においてはそれらと絡めて自分の考えを論じると高い評価に結びつくと思います。

直前期の過ごし方

　午前中の自宅学習では、時間計測が必要な過去問や論文・専門記述の答案作成を中心に行っていました。

　昼食後は自習室や喫茶店・ファミレスなど外出して学習します。ここでは択一対策で問題集を解いたり暗記をしたり、専門記述のメモづくりをしたりといった、細かい作業が中心です。日によっては受験仲間と一緒に学習や情報交換の機会を設けており、このことが気分転換になり心強くもありました。

　就寝前の学習ではその日の復習や暗記モノを覚えたりなどしていました。

■直前期の1日のスケジュール例

8：00〜9：00	起床
9：00〜12：00	自宅学習
12：00〜13：00	昼食・移動
13：00〜19：00	外出先で学習
19：00〜22：00	帰宅・夕食・入浴など
22：00〜2400	自宅学習
24：00	就寝

模擬面接・東京都の政策の理解をきちんと済ませたうえで、面接当日は臨機応変に対応

　面接対策は予備校や大学のキャリア支援課での模擬面接をとにかく繰り返しました。回数を重ねることで慣れることはもちろん、自分では見えなかった性格や人間性がわかり自己分析が進むこと、予想される質問に対して自分の答えを定型化できるなどのメリットがあります。おかげで、本番の緊張を緩和したり、面接官の質問に用意した回答を組み合わせつつ落ち着いて答えられたと思います。

　また、長所・短所・趣味などについてはいくつかの答えを用意していたことで、面接官の「他にありますか？」という質問にも慌てずに答えられました。

　一方、本番では多くの模擬面接と違い複数の面接官がいますし、個室ではなく大部屋で他の受験生と同時に行われることがあるので（2022年度は大部屋）、そういった環境への対応が必要です。

　また質問内容に関して、本番では想像していた以上に東京都の政策・取組みに関する知識が求められた気がします。「都の取組みで興味のあるものは」という直接的なものに加えて、「行政がデジタル化を進めることをどう捉えているか」という都の考え方を念頭に答えなければならない質問もありました。これらは論文対策と合わせて調べていくことが大切だと思います。

東京都に特有な部分を意識して対策を

　専門記述があったり、東京都の取組みについての知識を要求されたりと、他の試験種と比較して特徴的な部分が多く難しく感じられるかもしれません。しかし、根幹となる部分は他の試験種と変わらないのでまずはしっかりと基礎を固めていくべきです。

　そして、直前期に入ったら東京都で求められる部分に狙いを定めて対策をすることで、きちんと結果が伴う試験だと思います。国や他の道府県では取り組めない先進的な都市政策に携わることができるのが東京都の魅力だと思うので、興味を持ったのなら初志貫徹して合格を掴んでください。

合格体験記

白壁 紀乃 さん
(しらかべ きの)

2021年度　東京都Ⅰ類B（行政・一般方式）、裁判所一般職（大卒程度）、
国家一般職（大卒程度・行政）、横浜市（事務）合格

コロナ禍の不安のなか確かになった東京都志望

　よくある話かもしれないのですが、最初は両親に公務員としての就職を勧められたのがきっかけです。大学2年生の夏ごろ、知人の紹介で外務省に勤めている方と話をする機会があり、そのときに漠然と公務員という職業に好印象を持ちました。

　国家公務員の方の話がきっかけだったものの、最初から私は何となく東京都で働きたいな、とイメージしていました。それは単純に自分が暮らしていたまちだから、というのもあるし、自分の身近な先輩の中にも東京都に就職した方がいて、職員像を思い描きやすかったからかもしれません。

　公務員試験対策を始めたのは大学2年生のとき（2019年）ですが、3年生になると（2020年）コロナ禍が生じます。この年の公務員試験が軒並み延期になるのを横目に学習を続けていて、「1年後、自分のときはどうなんだろう…」と不安に感じるようになりました。民間企業を併願することも考えましたが途中で断念するなど、試行錯誤しながら自分の「仕事」に対する意識を問い直した結果、総合職や一般職などの区別なくワークライフバランスを大事にしながら働くことができ、愛着のある東京都で仕事をしたい、という気持ちが大きくなりました。

教養科目の学習法

　上にもあるとおり、私は大学2年生の夏から学習を始めたのですが、教養科目ではまず数的処理を1年目にこなしていました。TACの校舎に通って講義を受けたら、その日のうちにテキストを見直し、学習した箇所と対応する過去問を解く、ということを続けます。

　このころはとにかく1問1問きちんと理解する、ということにこだわっていたので、時間は気にせずじっくり解いていました。いま思えば効率は悪かったかもしれませんが、結果的に数的処理が得意科目になったのは、1年目の地道な学習の成果かなとも感じます。後述しますが、講義が一通り終わった後、直前の4か月ほどは過去問演習をひたすら繰り返すことがメインになりました。

専門記述・論文の学習法

　専門記述は憲法、行政法、政治学、行政学、社会学の5科目を準備していましたが、当日は憲法、民法、行政法で答案を書きました。5科目で合計100論点以上は書けるように準備していたのですが、行政法以外は用意していた論点が全く当たらず、書く予定のなかった民法まで動員して3科目仕上げることになりました。

　東京都の専門科目は記述式ですが、多くの受験生は併願先のためにまず択一対策として各科目を学習するはずです。このとき、きちんと講義を聴いたりテキストを読んだりして理解し、しっかり過去問をこなしておくことで、このような不測の事態にもある程度対応できるようになると思います。

テキストなどに載っている「模範答案」はきちんとした文章ですが、必ずしも自分のものとして使いこなすのには向かないなと感じ、答案構成は自分にとって自然に出てくる言葉で、またキーワードを中心に準備するようにしました。こうして作った答案構成を論点ごとにノートにまとめておき、それを隠しながら文章を再構成してみる、というやり方が頭に入りやすかったです。

また、個人的にいちばん有効だったと思うのは、その答案構成ノートを全く見ずに、頭の中だけで一から答案を構成できるか、説明できるか確かめる、という作業でした。直前期は特にこれをひたすら繰り返していました。

論文対策としては、❶書くための情報収集、❷答案を書く技術を高める、の2面があります。

❶についてはテレビやSNSなどで接するニュースから、関係しそうな事柄をメモしたり、試験直前には東京都が掲げている行政基本計画などを見ながら、出題されそうな論点についての東京都の施策や自分の考えをまとめる作業をしたりしました。

❷についてはとにかく自分の書いた答案を評価してもらうことが大事です。私は2週間に1回、と頻度を決め、必ず答案を提出し添削を受ける、ということを続けていました。

直前期の過ごし方

右のスケジュールのとおりですが、だいたい午前中に時事以外の教養科目、午後に専門記述、論文、時事対策といったルーチンで、正味1日10時間程度を学習に割いていたと思います。

数的処理は3年生の春から続けていた「過去問を毎日10問解く」というのを直前期にもそのまま実践しました。併願先のことも考え、東京都の形式に特化しすぎないようバランスよくこなしました。また、この時期は問題演習が中心ではあるけれど、知識系の科目についてはインプットも最後のほうまでしつこく続けました。実際直前期に新たに入れた知識で解けた問題もあったので、それでよかったと思っています。

■直前期の1日のスケジュール例

5:30	起床
5:40～6:40	数的処理
6:40～8:00	朝食・身支度
8:00～8:30	文章理解
8:30～10:00	数的処理過去問1年分
10:00～11:00	人文科学 or 自然科学
11:00～12:00	社会科学
12:00～13:30	昼食・昼寝
13:30～15:00	学系・専門記述
15:00～16:30	法律系・専門記述
16:30～18:00	論文対策
18:00～20:00	夕食・お風呂
20:00～21:50	時事対策
22:00	就寝

専門記述については、直前期は1日に4論点、などと決めて前述の方法で答案構成を自分のものにしていく作業を繰り返しました。

時事問題、特に東京都の出題は重箱の隅をつつくようなものが多いです。出題は5問もあるためそれなりに大事ですが、他の科目に比べると学習に費やした時間がそのまま成果に反映しにくい、いわばギャンブル的な要素があると思います。私は朝型で、20:00くらいには眠くなってしまうもので、集中力が途切れやすい夜の時間帯を時事対策に充てていました。

おわりに

公務員試験の勉強は本当に長く、やる気が出なかったりやめたくなったりすることがあると思います。でもやった分だけ本当に結果はついてくるので、諦めないこと！　辛くなったら友達や家族に相談し、気持ちを吐き出してみましょう。きっと楽になると思います。勉強は一人でやるものだけれど周りの人の支えは本当に力になります。みなさんが夢を叶えられるよう、応援しています！

合格体験記

相山 千佳 さん
あいやま ちか

2020年度　東京都Ⅰ類B（行政・一般方式）、国税専門官（東京国税局）、
富山県、国立大学法人（東京医科歯科大学）合格

憧れの東京都庁舎勤務をめざして

　最初からすごく俗っぽい話になってしまうのですが、私が東京都職員を目指したきっかけは、新宿の都庁舎を訪れたときに、あまりのカッコよさに圧倒されたことです。
　大学2年生の終わりごろに就職先を考え始め、何か「人のための仕事」という実感が得られる職業がいいなと思って公務員志望に決めたのですが、都庁舎を見てからは「絶対ここで働きたい！」という強い気持ちを感じるようになりました。

教養科目の学習法

　TAC公務員講座に通学を始めたのが大学3年生の5月です。2020年は東京都の試験が7月実施でしたが、例年どおりだと5月実施だったはずなので、だいたい1年前くらいに学習を始めたことになります。ただ、本腰を入れて取り組み始めたのは11月ごろかなと思います。
　大学が私立文系だったので、入試のときにも学習していた文章理解や人文科学は得意だったのですが、教養では特に数的処理が苦手でした。初めて問題を解いた時には1問30分かけても解けないことがあったほどです。
　そこで、まずは問題に慣れるために数的処理の問題を1問でもいいので毎日欠かさず解いていました。東京都の数的処理はとにかく似たような問題が繰り返し出題されるため、過去問と同じ問題が出たら見た瞬間に解き方がイメージできるくらいに、過去13年分を5周ほどやり込んでいました。東京都の試験は他の試験と異なるため特に専門記述が注目されがちですが、教養試験がかなり重要視されているのでこちらの対策もしっかりと行ってほしいです。

専門記述・論文の学習法

　ご存じのとおり、東京都の専門記述は10科目中3科目を選択して解答します。一般的には、メイン3科目・サブ2科目で合計5科目くらいを準備しておくのがよいとされていますが、私はとにかく本試験当日問題を見て、「どの科目も書けない！」となるのが怖かったので、会計学以外の9科目について、浅く広く対策しました。
　各科目について10題分程度、合計90題分の論点について、答案構成の引き出しを備えておき、試験当日はその中からちょうど出題された憲法・行政法・政治学を選択して書きました。
　記述答案の構成を丸暗記するような準備は現実的ではないと思ったので、答案の骨格となるようなキーワードを決めて覚え、それを頭の中でつないでいくことで答案の流れが見えてくる（文章をつないでいける）ような暗記の仕方をしていました。書くだけではなく声に出して家族に説明したりしながら覚えることが多かったです。やはり繰り返しが大切だと思っていたので、その日に頭に

入れた専門記述の答案構成は夜寝る前に見直して、翌朝にも確認するようにして覚え込んでいました。また、答案を音読して自分の声をボイスレコーダーに録音し、スキマ時間には常にそれを聞くことで記憶を定着させていました。

　論文対策は11月ごろから始めました。こちらもすぐに定着するものではないのでなるべく早く始めたほうがいいと思います。はじめはとにかくいろんな出題テーマについて模範答案を見て、その形を覚え込むようにしていました。それからは、TAC公務員講座には論文答案を講師の方に添削してもらえるシステムがあるので、答案を書いて添削してもらう、ということを繰り返していきました。

直前期の過ごし方

　試験直前期になると、基本的には朝5時に起きて夜は22時半には寝るという生活を送り、1日12時間ほどは学習時間を確保していました。夜型の方もいると思いますが、試験当日しっかりと実力を出し切れるように、試験開始時刻には学習を始める習慣をつけるといいと思います。

　朝は数的処理の東京都の過去問1年分を解いた後に文章理解、というのが直前期のルーティンでした。その後頭が冴えている午前中のうちに法律や経済学などの特に頭を使う科目、午後は比較的好きな科目であった学系（政治学・行政学・社会学・経営学）や専門記述を覚えることが多かったです。特に夜寝る前は覚え

■直前期の1日のスケジュール例

時間	内容
5:00	起床
5:15～5:30	前日の専門記述復習
5:30～7:00	数的処理（過去問1年分）
7:00～7:30	文章理解（現代文）
7:30～8:00	文章理解（英文）
8:00～8:30	朝食
8:30～12:00	法律or経済学
12:00～12:30	昼食
12:30～16:00	学系・専門記述
16:00～17:00	お風呂
17:00～19:00	法律or経済学
19:00～19:30	夕食
19:30～21:30	教養知識科目
21:30～22:20	今日の専門記述復習
22:30	就寝

たことが定着しやすいので暗記科目を中心にしていました。また、なかなか暗記しにくい専門記述については朝・昼・夜と時間を作って繰り返していました。

問題集の使い方について

　最初はみんな科目ごとに学習していますが、試験が近くなると時間配分を意識しないといけなくなります。模擬試験のように筆記試験全部を通して解けるようなものに取り組むときは、実力試しのつもりで時間をきっちり測って、本番のシミュレーションとして活用するのがいいと思います。事前に時間配分などを考え、実際に解いてみて細かい調節などを行っていました。結果や点数だけを見て満足するのではなく、どこができてどこができなかったのかをしっかりと把握して弱点を克服するようにしてほしいと思います。

おわりに

　公務員試験は過去問に始まり過去問に終わると言っても過言ではなく、とにかく過去問を繰り返し解いて実力をつけるのがいいと思います。東京都はレベルが高いと聞くことが多く、私自身も自信がなくなったり不安になったりすることが多かったのですが、努力すれば必ず合格できる試験なので最後まで自分を信じて頑張ってほしいです。最後は運と縁と言われることもありますが、運と縁も努力で掴み取れると思っています。最後の最後まで実力は伸び続けるので、諦めず走り切ってほしいです。応援しています。

CONTENTS

はじめに……………………………………………………………… iii

本書の特長と活用法………………………………………………… iv

東京都Ⅰ類B（行政・一般方式）受験ガイド…………………… vi

合格体験記…………………………………………………………… viii

文章理解

現代文……………………… 2 英 文……………………… 34

数的処理

判断推理………………… 62 数的推理………………… 105

資料解釈………………… 180 空間把握………………… 252

人文科学

文 芸…………………… 318 日本史…………………… 327

世界史…………………… 334 地 理…………………… 341

社会科学

法 律…………………… 347 政 治…………………… 362

経 済…………………… 370

自然科学

物 理…………………… 378 化 学…………………… 387

生 物…………………… 398 地 学…………………… 407

社会事情……………………………………………………………… 417

問題文の出典について……………………………………………… 435

読者特典 模範答案ダウンロードサービスのご案内 ……………… 438

合格体験記 募集のお知らせ ………………………………………… 439

2022年度　問題・解説（取り外し式）

教養科目

| 現代文 | 内容合致 | 2021年度 教養 No.1 |

次の文章で述べられていることとして、最も妥当なのはどれか。

　歩くことについて、特に何か感じたり、考えたりするようになったのは、いつ頃からだったろう。覚えている最初の記憶として、中学生になって少し経った息子と久しぶりに二人で外出した折のことがある。息子の歩みが速いので、急がずにゆっくり歩けと文句を言うと、自分は普通に歩いているだけで少しも急いではいない、と反論された。そうだとしたら、気がつかぬうちにこちらの足の運びが遅くなったのか、と疑わざるを得なかった。同じようなことが重なると、こちらの足の動きが明らかに緩慢になったのだ、との自覚が生れた。つまり、自分の歩き方が気にかかるようになった。家を出て少し歩くと、同じ方向に足を運ぶ人々に次々と追い抜かれることが多くなった。若い男性に追い抜かれるのはまだ仕方がないとしても、やがて女性にも次々と抜かれるようになる。似た年輩の友人知人との間にも、この種の体験を苦笑まじりに語り合う機会が著しく増えた。

　最初は面白がっていたその話題にも熱がはいらなくなるのは、若い人達に追い抜かれるのは仕方がない、とこちらが諦めてしまったからかもしれない。それでも、理屈だけはなんとかこねまわそうとする。——カレラはどこかに行こうとして歩いているのであり、歩行はただ移動の手段であるに過ぎない。

　それに対してこちらは、主として散歩の折など、移動はさほど重視しておらず、歩行そのものの楽しさを味わっているのであり、周囲の風景や幼児を乗せた母親の自転車の走る影、学校帰りの小学生達の遊びながらの歩く姿などを眺めて楽しんでいる。つまり、こちらにとって歩行は、歩くこと自体を味わおうとする営みであるのだ、と。

　そんなふうに開きなおると後ろから来た人に追い抜かれてもさほど気にかからなくなる。そこにあるのは二つの別種の世界なのだから。

　ある夕暮れ、そんなことを考えながら家の近くを歩いていると、いつものようにしきりに人に追い抜かれる。顔見知りの人であれば、コンニチワとか、オサンポデスカ、などと声をかけられる。

　そんな時、ふと思う。忙しげなあの人達は、オリンピックの聖火ランナーみたいなものなのだ、と。一日の暮しの中の崇高な目的を果すためにしっかりした足取りで道を蹴って進んでいくのだ、と。

　それに対してこちらは、歩くこと自体を目的として足を動かしているに過ぎない。だから、ランナーに掲げられた走る火ではなく、いわば動かずにじっと燃えている灯明に似た火なのではないか。それぞれの火にはそれぞれの目的があるのだから、他を気にしないでひたすら燃焼すればいいのだ、と——。

　自分に言いきかせるようにしながら足を運んでいる時、ひとりの中年女性をこちらが追い抜きかけているのに気がついて驚いた。

　灰色のコートの肩に大きなショルダーバッグ、片手には重そうな紙の提げ袋、そしてもう一方の手にはふくらんだビニール袋——。大変な荷物を抱えて懸命に歩いている姿を見ると、身のほどもわきまえずに、持ちましょうか、と思わず声をかけたくなるほどだった。

　追い抜くほどの速度の差はないまま、いつまでも道の反対側を併進するその人に、なぜか感謝の念のようなものが湧くのを覚えた。あの感情が何であったのかは自分でも未だによくわからない。

（黒井千次「老いのゆくえ」による）

1　筆者が中学生になった息子と外出したとき、息子から、急がずにゆっくり歩いてくれと文句を言われた。

2　同じ方向に歩く人々に追い抜かれる体験の話題に熱が入らなくなるのは、追い抜かれるのは仕方がないとこちらが諦めてしまったからかもしれない。

3　若い人たちは、散歩の折など、移動はさほど重視しておらず、歩行そのものの楽しさを味わっている。

4　家の近くを歩いているとき、筆者を追い抜いていく人たちは、かつてオリンピックの聖火ランナーだった人たちである。

5　筆者が、道の反対側を併進する灰色のコートを着た女性の荷物を持ってあげると、女性は筆者に感謝の念を抱いた。

解説　　**正解　2**　　TAC生の正答率 **97%**

1　✕　選択肢後半が誤りである。本文第2段落の記述によると、ゆっくり歩くように文句を言ったのは、息子ではなく筆者自身である。

2　◯　本文第3段落の内容と合致する。

3　✕　「若い人たちは」という主語が誤りである。移動を重視しておらず、歩行そのものを楽しんでいるのは、若い人たちに追い抜かれる立場である筆者やその友人知人である。

4　✕　選択肢後半が誤りである。本文第7段落では、「聖火ランナーみたいなもの」だと比喩的に言っているだけであり、実際に聖火ランナーだったわけではない。

5　✕　本文第10段落では、「持ちましょうか、と思わず声をかけたくなるほどだった」とあるだけで、実際に持ってあげたわけではない。また、「感謝の念」を抱いたのは、「女性」ではなく筆者の方である。

			2020年度
現代文		**内容合致**	教養 No.1

次の文章で述べられていることとして、最も妥当なのはどれか。

　すでに音色の項でふれたように、日本人の民族的美感は、音楽の上でしばしば鋭くヨーロッパ人のそれと対立する。日本の民族楽器は、笛の類でも太鼓の類でも、琴や三味線のような絃楽器でも、楽器の構造は一見きわめて単純である。一方もっとも一般的なヨーロッパの楽器であるピアノは、構造的には比較にならない複雑さをもっている。ところがその楽器から出される音色は、日本の楽器とは比較にならぬほど単純なものだ。音楽に限らず、日本人は古来、単純なものから複雑なものを引きだすことに熱中し、ヨーロッパの人たちは、複雑さのなかから単純なものを引きだすことに情熱を傾けたのである。

　音楽の形成に根源的な役割を果すリズムにも、同様なことがいえる。ヨーロッパ音楽を支配する拍子が、機械的な周期的反復であるのに対して、日本の民族音楽にはそのようなリズムはほとんど存在しない。第一、邦楽でのリズムの概念に相当する「間」というものは、ヨーロッパ音楽にあってはまったく存在しない、いわば裏側の概念であり、東西の時間や空間に対する考え方の対立を、これほど象徴的に物語っているものはないといえよう。

　ヨーロッパ音楽では、音の鳴りはじめた瞬間をリズムの基準とするのに対して、邦楽にあっては音と音との間、つまり休止をもって基準とし、そこに第一義的な時間的秩序を求めようとする。これは日本の民族楽器の多くが、琴、三味線、太鼓類のように、ただちに減衰する音をもっているところから生まれたものであるともいわれるが、美術、建築、そのほかの民族的様式と考えあわせると、より本質的、体質的な民族の美感に根ざしたものというべきであろう。

　邦楽では「間」と、「拍子」の概念とが混りあった「間拍子」という用語も使われ、能では「平ノリ」「大ノリ」「中ノリ」という三種の基本リズム型がきびしく統制されており、声楽部と器楽部とが、まったく別のリズムをもっている場合がほとんどで、日本の民族音楽におけるリズムの複雑さは、とうていヨーロッパ音楽の及ぶところではない。

(芥川也寸志「音楽の基礎」による)

1　日本人とヨーロッパ人の民族的美感はしばしば対立するが、それは、ヨーロッパの人たちが単純なものを好まないからである。

2　日本の民族楽器は、一般的なヨーロッパの楽器と比較して、構造的には単純だが、音色は複雑である。

3　ヨーロッパ音楽ではリズムは機械的な周期的反復であり、邦楽ではこのようなリズムのことを「間」と呼んでいる。

4　ヨーロッパと日本では民族的美感は異なるが、第一義的な時間的秩序を音と音との間に求めている点は、同じである。

5　日本とヨーロッパでは、空間や時間に対する考え方は異なっているものの、音楽におけるリズムの複雑さはほぼ同じである。

| 解説 | 正解　2 | TAC生の正答率　94% |

1 ✕　本文第1段落では、ヨーロッパの人たちが「複雑さのなかから単純なものを引きだすことに情熱を傾けた」と説明しているが、「単純なものを好まない」ということについては、述べられていない。

2 〇　本文第1段落の内容と合致する。

3 ✕　本文第2段落では、「邦楽でのリズムの概念に相当する「間」というものは、ヨーロッパ音楽にあってはまったく存在しない、いわば裏側の概念」だと説明されており、「リズム」と「間」は別のものとして説明されている。

4 ✕　「第一義的な時間的秩序を音と音の間に」求めるのは日本の音楽である。それと異なり、ヨーロッパの音楽では、「音の鳴りはじめた瞬間をリズムの基準とする」と述べられている。

5 ✕　本文と反対の内容である。本文第4段落では、「日本の民族音楽におけるリズムの複雑さは、とうていヨーロッパ音楽の及ぶところではない」と述べられている。

現代文　内容合致

2020年度
教養 No.2

次の文章で述べられていることとして、最も妥当なのはどれか。

　ある特権的瞬間に過去の経験が再構造化されるということは、それほど珍しいことではない。動物にさえも、こうしたことは認められる。以下の話は、動物は現在だけを生きていると言った先ほどの話と齟齬するように聞こえるであろうが、動物にとっても現在は瞬間的なものではなくある厚み、ある幅をもっている。神経系の分化が進めば、その幅も増してくるであろうが、以下の話は現在のその幅のなかでのことと思っていただきたい。

　心理学の中心テーマの一つに、動物がいかにして新しい行動様式を学習するかを実験的に解明しようとする〈学習理論〉がある。アメリカ心理学の先駆者の一人ソーンダイクの提唱した有名な〈試行錯誤〉説は、たとえばカンヌキをかけられた檻のなかにネコを入れ、そのネコがカンヌキをはずしてエサをとるという新しい行動様式をどのように学習するかを観察し、次のような結論に達した。つまり、ネコがランダムに反応を繰りかえしているうちに、解決にいたる反応では報酬（エサ）が与えられ、解決にいたらない反応では報酬が与えられないので、しだいに報酬の与えられる反応だけが高い頻度で繰りかえされるようになり、それが定着するというのである。

　だが、この考え方には欠陥がある。というのも、この実験はネコが正しい解決にいたれば終結するのが普通である。頻度から言えば、失敗の方がはるかに多く、正しい解決にいたる反応は、ばあいによれば一度だけでも定着するのである。

　そこで、ゲシュタルト心理学の創唱者の一人であるヴォルフガング・ケーラーは、チンパンジーを使って同じような実験をおこない、こうした課題解決行動の学習は、けっして反応の頻度によってではなく、状況へのある種の〈洞察〉によっておこなわれるものであることを明らかにした。

　このばあい、成功した反応が学習され、定着するというのは、その反応がおこなわれたとき、つまりある志向が充たされた特権的瞬間に、数々の失敗をふくむこれまでの経験が再構造化され、それらがこの成功にいたるための試行にすぎなかったという意味を与えられたということであろう。そのとき、いわゆる〈「ああ、そうか」という体験〉（Aha-Erlebnis—ドイツの心理学者カール・ビューラーの用語）がおこなわれるのである。

（木田元「偶然性と運命」による）

1　動物にとって、現在は瞬間的なものではなくある厚み、ある幅をもっているものなので、過去の経験が再構造化することはない。

2　心理学の中心テーマの一つである学習理論とは、動物がいかにして新しい行動様式を学習するかを実験的に解明しようとするものである。

3　ソーンダイクの提唱した試行錯誤説では、ネコが新しい行動様式をどのように学習するかを観察し、ある反応が高い頻度で繰りかえされるとともに、それが定着することはないとしている。

4　ヴォルフガング・ケーラーは、チンパンジーを使った実験をおこない、課題解決行動の学習は、反応の頻度を問わず、偶然によるものであることを明らかにした。

5　成功した反応が学習され、定着するというのは、これまでの経験が再構造化されることなく、成功にいたるという意味である。

| 解 説 | 正解　2 | TAC生の正答率　98% |

1　×　本文第1段落には、「過去の経験が再構造化されるということは、それほど珍しいことではない」と述べられており、その内容と反対である。

2　○　本文第2段落冒頭の説明と合致する。

3　×　選択肢後半の「それが定着することはないとしている」という説明が、本文第2段落最終部の説明と反対である。

4　×　選択肢後半の「偶然によるもの」という説明が本文と反対である。本文第4段落後半では、「反応の頻度によってではなく、状況へのある種の〈洞察〉によっておこなわれるもの」と説明されている。

5　×　選択肢の「これまでの経験が再構造化されることなく」という説明が本文と反対である。本文第5段落では、「数々の失敗をふくむこれまでの経験が再構造化され」と述べられている。

| 現代文 | 内容合致 | 2019年度 教養 No.1 |

次の文章で述べられていることとして、最も妥当なのはどれか。

　私たちは、この社会の中で様々なレベルで生きている。まずひとりひとりの個人として生き、家族の一員として生きている。それは私たちにとって最も「近い」世界であり、近い風景という意味で「近景」とも言うべきものだ。他方で私たちは日本という国家の一員として生きている。これは「遠景」と言ってもいい。その「近景」と「遠景」の中間に、いわば「中景」としてコミュニティーは存在してきた。それは村や町のような地域社会であり、子どもたちが集まる学校であり、仕事の場としての会社などだ。しかし、そうやって挙げてみると、現在の日本で力を失ってきているのがこの「中間社会」だということは明白だろう。かつて地域社会や村が私たちを支えてきた時代があった。しかし、いま地域社会に支えられて生きていると思っている人がどのくらいいるだろう。かつては学校もコミュニティーの中心だった。しかし、学校という場は既にその求心力を失ってしまっている。そして会社だ。かつての会社は私たちの面倒を何から何までみてくれるものだった。仕事、お金、福祉、そして希望。しかし、現在の会社はもはやそうではない。会社と私たちのあの揺るぎない信頼関係はもはやそこにはないのだ。

　こうした「中間社会」の凋落は、新自由主義的なグローバリズムによってますます激しいものとなっていく。会社で隣に坐っている同僚と私は生き残りをかけて争うライバル同士だ。社長も会社の業績が一番いいときに会社を売って、億万長者となって逃走してしまう。その会社にいる間にできるだけ効率的に利益を引き出し、それができなくなれば報酬の高い会社に移ればいい。それが「構造改革」の勧める生き方である。学校という場も、生徒ひとりひとりの効率性を高める場として考えなければいけない。そして地域社会もその中で崩壊していく。もはや昔のムラのような、ひとりひとりの自由を許さないような地域社会は私たちにとって抑圧にしか思えない。しかしそこから解放された都会の地域社会も既に地域社会とは呼べないような、隣に誰が住んでいるかも分からないような社会となってしまった。

（上田紀行「生きる意味」による）

1　私たちは、ひとりひとりの個人として生き、家族の一員として生きている「近景」と言うべき部分か、日本という国家の一員として生きている「遠景」と言うべき部分のどちらか一方の部分のみを持っている。

2　コミュニティーとは、村や町のような地域社会をいうが、子どもたちが集まる学校や、仕事の場としての会社などは該当しない。

3　かつて、「中間社会」に当たる地域社会や村が私たちを支えてきた時代があったが、現在の日本では、新自由主義的なグローバリズムにより、力を失ってしまった。

4　会社の同僚は生き残りをかけて争うライバルであるが、お互いに効率的に仕事をすることで会社と私たちの揺るぎない信頼関係は維持することができる。

5　昔のムラのような、ひとりひとりの自由を許さないような地域社会から解放された都会の地域社会は、現代の理想的な地域社会となっている。

| 解 説 | 正解　**3** | TAC生の正答率 **97%** |

1　✕　本文では、「近景」も「遠景」も、私たちが生きている様々なレベルの一つであり、同時にそれぞれのレベルを生きていると述べられている。その内容と、選択肢の「どちらか一方の部分のみを持っている」という説明が合致しない。

2　✕　本文では、「学校」や「会社」も、「中景」としてのコミュニティーの一つとして位置づけられている。その内容と反対の説明の選択肢である。

3　〇　本文第2段落冒頭の内容と合致する。

4　✕　選択肢前半の内容は、本文第2段落の冒頭と合致するが、「お互いに効率的に仕事をすること」によって「信頼関係は維持することができる」という内容は本文に述べられていない。

5　✕　本文最終部では、「都会の地域社会も既に地域社会とは呼べない」と述べられている。都会の地域社会について「現代の理想的な地域社会となっている」という説明は本文と反対である。

現代文

英文

判断推理

数的推理

資料解釈

空間把握

文芸

日本史

世界史

現代文	内容合致	2019年度 教養 No.2

次の文章で述べられていることとして、最も妥当なのはどれか。

　ラジオを聴くことは、語彙の拡充と日本語の観察にきわめて有効な手段の一つである。さらに、情報や娯楽を享受する聴取者にとって、ラジオにはもう一つの重要な使途がある。それは、ラジオが日本語の使い方とコミュニケーションのとり方を学ぶ格好の道具だということである。

　音楽を流し続ける番組でないかぎり、ラジオからはさまざまな種類の日本語が聞こえてくる。有名人から無名の人まで、老若男女を問わず、いろいろな考えを持った、おまけに話しぶりも多様な人々が登場する。個人の日常生活のなかで会って話を聞くことなどまずできない人の話が聞ける。著名人には講演や読書を通して接することも可能だが、事情によっては講演会場に足を運べなかったり、読書ができなかったりすることもある。もっと接することが難しいのは、どこかの町や村で黙々と働いている農業従事者、職人、商店主、会社員、主婦らだ。そういう人たちが取材の対象となってマイクを向けられたり、聴取者参加番組で電話討論したりすることによって、市井の人の声がラジオを聴く者の耳に届く。

　もちろんテレビでも同様のことが可能だが、ラジオがテレビと決定的に異なる点は、出演者の容姿や衣装や動作に気をとられることがない分、音声情報に集中できるという点だ。別の言い方をすれば、映像や文字のない分、耳から聞こえてくる情報だけをたよりに、自由にイメージをふくらませることができる。また、ラジオはテレビと違って、言葉を尽くさなければならないことを知っている。発音がいい加減だったり、早口でしゃべったり、もぞもぞ言ったりした場合に、発言をなぞってくれる字幕スーパーは出ないのだ。同時にラジオは、映像や文字で間をもたせるテレビと異なり、言葉と言葉の間、音が途切れた間に意味を込めることを知っている。

　人間の想像力は、視覚情報の代わりになりうる。ラジオでサッカー中継を聴いていて、アナウンサーの実況とスタジアムの歓声で、ピッチのようすがありありと見えてきたことがある。見えたと思えるほど、深く聴くことができると言うべきだろうか。

　このことから思い起こされるのは、人間の肉体というものは飽食に耐えるようにはできておらず、少しだけ飢えさせておいたほうが、生命力がわいてきて健康でいられるという事実だ。視覚情報を提供しないラジオに、聴き手はほんの少し飢餓感を覚える。そして、多少の飢餓感から猛然と生命力がわいてくるように、聴取者は耳から取り込んだ情報をもとに、想像力や思考力を十全に発揮することができるのだ。

　だから、深く聴ける。だから、見えてくる。話し手の真摯な態度も、見習いたい日本語の表現も、また一方で、耳障りな話し方も、薄っぺらな発言も、すべてがそのまま伝わってくる。聴く者が情報や知識を得、娯楽に興じ、同時に自分の日本語を反省することのできるのがラジオだ。きわめて利用価値の高いメディアであり、この点で最も手軽なツールと言えよう。

（野口恵子「かなり気がかりな日本語」による）

1 ラジオは、さまざまな種類の日本語を全ての番組から聞くことができるので、日本語の使い方を学ぶ格好の道具である。

2 ラジオがテレビと決定的に異なる点の一つは、個人の日常生活のなかで会って話を聞くことなどまずできない人の話が聞けることである。

3 ラジオはテレビと違って、字幕スーパーが出ないので、早口でしゃべったり、もぞもぞ言ったりすることで言葉と言葉の間に意味を込めている。

4 ラジオでサッカー中継を聴くとき、健康なアナウンサーが実況すると、ピッチのようすがありありと見えてきて、深く聴くことができる。

5 ラジオは、きわめて利用価値の高いメディアであり、聴く者が、情報や知識を得、娯楽に興じ、同時に自分の日本語を反省することができる。

解 説　　**正解 5**　　　　　　　　　　　　　　　TAC生の正答率 **95%**

1 ✕　本文第2段落では「音楽を流し続ける番組でないかぎり」とあり、例外も示されているので、選択肢の「全ての番組から」という箇所は本文と合致しない。

2 ✕　選択肢後半に述べられている特徴は、本文第2段落でラジオの特徴として挙げられているだけである。「ラジオがテレビと決定的に異なる点の一つ」として本文で挙げられているのは、「音声情報に集中できるという点」である。

3 ✕　ラジオでは字幕スーパーが出ない一方で、「言葉と言葉の間、音が途切れた間に意味を込めること」を知っていると説明されているだけであって、「早口」や「もぞもぞ」言ったりすることによって言葉と言葉の間に意味を込めているわけではない。

4 ✕　本文第5段落に似たような記述があるが、選択肢の「健康なアナウンサーが実況すると」という条件は特に本文で述べられていないので、誤りである。

5 〇　本文第7段落の内容と合致する。

現代文　内容合致

2018年度
教養 No.2

次の文章で述べられていることとして、最も妥当なのはどれか。

　ミシェル・フーコーは、マグリットの作品を論じたその著『これはパイプではない』のなかで、15世紀から20世紀に至るまで西欧絵画を支配して来た第一の原理は、造形表象と言語的対象指示の分離であり、その結果、「この二つのシステムは交差することも融合することもあり得なかった」と述べている。つまり端的に言って、絵と文字とはまったく別の世界のものだというわけである。だがそれはあくまでも西欧語圏での話であって、東洋においては通用しない。中国でも日本でも、「書画」という言葉が示すように、絵と文字とはきわめて相性がよく、「交差」し、「融合」することが当然と考えられていた。

　そのことは、19世紀後半、日本の美術作品や工芸品が大量にヨーロッパにもたらされたいわゆる「ジャポニスム」の時代に、すでに西欧との大きな違いとして人々を驚かせていた。事実、1883年に初めてまとまった日本美術の本を刊行したルイ・ゴンスをはじめ、豪華雑誌『芸術の日本』に参画した評論家たちは、日本人が文字にも絵にも同じ筆を用いて優れた成果をあげていることに、讃嘆の念を表明している。日本の浮世絵に強く魅せられたゴッホが、広重の《名所江戸百景》のなかの「亀戸梅屋舗」を模写したとき（122頁）、画面の両側に、原画にはない、しかも内容的に広重の絵とは何の関係もない日本の文字を並べたのも、そうすることによっていっそう「日本的」な様相を表現できると思ったからにほかならない。

　西欧の人々に新鮮な衝撃を与えたこのような絵と文字の親近性が、一つにはどちらも同じ筆を使うという用具の共通性に基づくものであることは確かだが、それと同時に、それは文字そのものの特性にも由来するものでもある。ゴッホが苦労して写したような日本の文字は（もともと中国からもたらされたものだが）、アルファベットに比べてはるかに複雑多様であり、それだけ造形性に富んでいるからである。漢字は本来絵に親しみやすいものと言ってもよいかもしれない。

　漢字の持つこの多様性は、日本語を学ぶ多くの外国人に、日本語は難しいと嘆かせる大きな原因となっている。英語なら、日常の読み書きはもとより、シェイクスピアのような文学作品でも、すべてアルファベット二十六文字でこと足りるのに、日本語は何千という漢字を学ばなければならないから、その労力は大変だというわけである。

　同じような議論は、明治期以降、日本でもしばしば繰り返されて来た。漢字の習得には多大なエネルギーと時間を費やす必要があるから、漢字を捨てて簡便なアルファベット表記にすべきだというローマ字論は、特に大正期には強く主張された。戦後の漢字制限政策がこの「漢字難解論」につながるものであることは言うまでもない。

（高階秀爾「日本人にとって美しさとは何か」による）

1 造形表象と言語的対象指示の分離は、西欧絵画及び東洋絵画を通底して支配する原理であった。

2 日本人が文字にも絵にも同じ筆を用いる手法は優れた成果を上げたので、西欧の人々に讃嘆の念を抱かせ、西欧絵画においても同じ手法が応用された。

3 ゴッホは、日本の絵を模写したときに、「日本的」な様相を表現するために、画面の両側に、原画とは関係のない日本の文字を並べた。

4 漢字はアルファベットに比べてはるかに複雑多様である一方で、親しみやすい点があることは、日本語を学ぶ外国人にとって長所にも短所にもなっている。

5 漢字とアルファベットを並べて比較すると、漢字は難解であることから、漢字を捨てることの是非が今後の日本の教育における一つの課題である。

解説　　正解　3　　TAC生の正答率　95%

1 ×　本文第1段落では、「造形表象と言語的対象指示の分離」はあくまで西欧語圏での話で、東洋においては通用しないと説明されている。

2 ×　本文第2段落では、日本人が文字にも絵にも同じ筆を用いて優れた成果をあげていることに西欧人が讃嘆の念を表明したことは述べられているが、西洋絵画にも同じ手法が応用されたかどうかについては、特に述べられていない。

3 ○　本文第2段落後半の内容と合致する。

4 ×　本文第3段落で、「漢字は本来絵に親しみやすい」と説明されているだけで、人々にとって親しみやすいという説明をしているわけではない。また、漢字の多様性は、日本語を学ぶ外国人にとって短所としてしか説明されていない。

5 ×　本文第5段落で、漢字を捨てることが大正期に強く主張されたことは述べられているが、「今後の日本の教育における一つの課題」であると述べているわけではない。

現代文	内容合致	2018年度 教養 No.3

次の文章で述べられていることとして、最も妥当なのはどれか。

　科学的思考、批判的思考は学びの達人になるためにとても大事で、最近は教育界のキーワードになっている。他方、熟達者の特徴は鋭い直観力にあることも、誰もが認めるところである。批判的思考を重要視するということは直観的思考をどれだけ排除できるか、と考えられるのに、この「矛盾」はどのように考えればよいのだろうか。

　じつは「直観」ということばは、いくつかの意味合いを持つ。三つの形を考えてみよう。

　（1）　ある状況で何がしかの判断をするとき、知識がないときは、コイントスのように適当にするしかない。

　（2）　子どもが単語の意味を考えるとき、「形ルール」のようなスキーマに沿って、その場ですぐに初めて聞いた単語の意味を考え、その単語が使える範囲を決めてしまう。

　（3）　将棋の達人は、次の一手についてあれこれ可能性を考えなくても最善の一手が頭に浮かぶ。

　(1)から(3)はすべて一般的には「直観的思考」と考えられる。しかし、その判断の精度や質はそれぞれ異なる。(3)は非常に精度が高い判断。(2)はいわゆる「スキーマ」に頼った思考で、「当たらずとも遠からず」の判断になる場合もよくある。(1)の判断はまったく偶然のレベルである。これら三つの形の「直観」は、まったく違う種類の思考というよりは、判断の拠り所となる背景の知識のありかたが違う思考と考えたほうがよい。豊富で精緻な知識を持っていれば直観の精度は上がり、「ひらめき」になる。知識がないところで直観に頼れば、「あてずっぽう」になってしまう。

　科学者にも直観は大事だ。そもそも、理論を構築するためには仮説がなければならない。仮説をつくるときに直観は絶対に必要である。ニュートンの万有引力の発見も、ケプラーの楕円軌道の発見も、データを積み上げて吟味する批判的思考だけで生まれたわけではない。批判的思考により、仮説とデータが整合的に一致しているかを検討することは絶対に必要だ。しかし、現象のしくみを説明するための仮説をつくるには「ひらめき」が必要で、それには熟達した科学者の直観がモノをいうのである。

　知識は常に変化をつづけている流動的なものだし、最終的な姿は誰にもわからない。最終的な姿がわからないのにシステムを構築するためには、要素を増やしつつ、それに伴ってシステムも変化させながら、成長させていくしかない。「生きた知識のシステム」を構築し、さらに新しい知識を創造していくためには、直観と批判的思考による熟慮との両方を両輪として働かせていく必要がある。

（今井むつみ「学びとは何か─〈探究人〉になるために」による）

1 批判的思考を重要視するということは直観的思考をどれだけ排除できるかに依存しており、教育の世界では、直観を交えない議論の訓練をしている。

2 直観的思考には三つの形が考えられ、非常に精度の高い判断も、まったくの偶然も、共通の判断のスキーマが存在すると考えてよい。

3 精緻な思考力により直観の精度は向上するものであり、思考力を補うものとして、知識もまた必要になってくる。

4 科学者にも直観は大事であるが、それは主に自然科学の分野であり、人文科学や社会科学では、直観に頼らないことが求められる。

5 直観と批判的思考による熟慮との両方を両輪として働かせていくことは、変化しつづける知識のシステムを構築し、新しい知識を創造するために必要である。

解説　　**正解 5**　　　　　　　　　　　TAC生の正答率 **95%**

1 ✕　本文第5段落の最終部では、「直観と批判的思考による熟慮との両方を両輪として働かせていく必要がある」と述べられている。「直観を交えない議論の訓練」が行われているわけではない。

2 ✕　本文第3段落では、直観的思考の三つの形について、「判断の拠り所となる背景の知識のありかた」が全く違うと説明されている。「スキーマ」に頼った思考は、二つ目に挙げられた例だけであって、「共通の判断のスキーマ」が存在するわけではない。

3 ✕　本文第3段落で、直観の精度を上げるものは「豊富で精緻な知識」だと説明されており、「精緻な思考力」によってではない。

4 ✕　本文第4段落で、「科学者にも直観は大事だ」と述べられているが、選択肢の説明のように、それが自然科学についてだけ当てはまり、人文科学や社会科学では直観に頼らないことが求められると区別して説明しているわけではない。

5 〇　本文第5段落をまとめた内容である。

| | | 現代文 | 空欄補充 | 2021年度 教養 No.2 |

次の文章の空欄に当てはまる語句の組合せとして、最も妥当なのはどれか。

　人間のコミュニケーションが、動物やコンピュータのそれと較べて特徴的なのは、人間の場合それが同時に　A　の意味の水準で行われることである。動物においてもそういうことが原初的に生じないわけではない。ベイトソンはある時、動物園で数匹のカワウソが遊んでいるのに着目する。カワウソがたがいに示す噛みつく身振りは、攻撃行動におけるそれとほとんど区別がつかない。にもかかわらず、本当の攻撃と　B　して、相手を傷つけてしまうほど噛むようなことは起こらない。そうだとすれば、ここで交換されている身振りには二つの水準のメッセージが同時に含まれていなければならない。一つは遊びの内容そのものを構成しているメッセージだが、もう一つはこの身振りが本来の攻撃ではなく（つまり、このメッセージが文字通りの意味ではなく）、「これは遊びだよ」というメッセージである。後者のメッセージは前者のメッセージに関するメッセージ——より高次の意味の水準に属するメタ・メッセージである。このメッセージの全体は、単に多義的であるのではなく、　A　的に自己自身に言及しているのである。人間のコミュニケーションにおいて、このような自己言及的表現がより　C　的な現象であることは容易に察しがつくだろう。われわれは、しばしば、なにかを言いながら、同時に語調やしぐさでその言明が字義通りの意味でないことを伝える。そのようにして、たとえば、「おまえはバカだなあ」という言明は、その言い方によって　D　され、親しみの表現となる。一般的にメタフォリカルな表現やユーモアはすべて潜在的にこのようなメッセージの構造をもっている。

（作田啓一・井上俊　編「命題コレクション社会学」による）

	A	B	C	D
1	隠喩	混同	特徴	展開
2	隠喩	錯覚	普遍	転調
3	多重	混同	普遍	転調
4	多重	錯覚	特徴	転調
5	多重	錯覚	普遍	展開

| 解 説 | 正解 **3** | TAC生の正答率 **41**% |

空欄Aには「多重」が入る。本文では、人間のコミュニケーションが「同時に　A　の意味の水準で行われる」のと同じような状況の例として、カワウソの話が紹介されている。その説明として、「二つの水準のメッセージが同時に含まれて」という表現がある。また、本文中ほどの説明では、「より高次の意味の水準に属するメタ・メッセージ」という表現がある。二つの意味が層をなすように同時に存在しているという内容になるように、空欄Aを考えると、「多重」を当てはめるのが妥当である。

空欄Bには「混同」が入る。空欄Bの直前にある「攻撃行動におけるそれとほとんど区別がつかない」という表現に注目するとよい。空欄B前後の内容を、見た目は区別がつかないにもかかわらず、攻撃と区別がつかないまま、「相手を傷つけてしまうほど噛むようなことは起こらない」という説明になるようにすればよい。「区別がつかない」という意味に近い語句としては「混同」が妥当である。

空欄Cには「普遍」が入る。本文冒頭に、「人間のコミュニケーションが、動物やコンピュータのそれと較べて特徴的なのは」とあるので紛らわしいが、空欄Cの直前で「人間のコミュニケーションにおいて」とあるところに注目するとよい。人間以外も含めたコミュニケーションにおいて、動物やコンピュータと比較して特徴的であり、「人間のコミュニケーション」に限定してみた場合、どの人間にも広く当てはまる現象なのが「自己言及的表現」だと解釈すれば、「広く多くのものに当てはまる」という意味の「普遍」を空欄Cに当てはめるのが妥当だと考えられる。また、空欄Cでどちらの語句を入れるべきか迷っても、他の空欄を適切に判断することができれば、消去法で**3**に絞り込むことができるだろう。

空欄Dには「転調」が入る。空欄Dの直前に示された「おまえはバカだなあ」という言明は、字義通りの意味で解釈すれば相手を否定・批判する言葉ということになる。しかし、「言い方」によっては否定・批判とはむしろ反対の「親しみの表現」となり、語調が変わるということなので、空欄Dには「転調」を当てはめるのが妥当である。

以上より、**3**が最も妥当である。

| | | 現代文 | | 空欄補充 | | 2021年度
教養 No.4 |

次の文章の空欄に当てはまる語句の組合せとして、最も妥当なのはどれか。

　私は「戦争」についてよく考えますが、別に戦争が好きでもなければ、戦争の作り出す　A　や、犠牲による共同体の鋳直しとかいったことに幻想を持っているわけではありません。むしろ現代の世界について考えるとき、それから、その中で人間がどうやって生きているのか、あるいはどういう条件の中で生きているのかということを考えるときに、われわれが「世界戦争」によって引き起こされたものの帰結の中にいる、ということを強く感じさせられたのですね。とりわけ、人間が生きる・死ぬということを考えようとするときに、もう戦争を抜きにして考えられないと。というのは、戦争が　B　することによって、二〇世紀の世界は、あらゆる人間が戦争にのみ込まれるという事態を経験したし、それ以後、世界は　C　にそういう戦争状態におかれている、ということを意識せざるをえなくなったのです。

　「戦争」に対比される言い方が「平和」ですね。平和の中では、生活のあらゆる部分が　D　されて、様々な局面がそれぞれに展開されます。人にはいろんな人生があり、学校にも行けるし、大学にも通える。それからいろんな職業に就いて、それぞれの日常生活を生きることができるというふうに、人々の社会生活が織り成されています。

（石田英敬「現代思想の教科書」による）

	A	B	C	D
1	英雄神話	世界化	潜在的	分節
2	英雄神話	地域化	潜在的	解放
3	悲劇	世界化	恒常的	分節
4	悲劇	世界化	潜在的	分節
5	悲劇	地域化	恒常的	解放

| 解説 | 正解 1 | TAC生の正答率 44% |

空欄Aには「英雄神話」が入る。「戦争の作り出す ┌─A─┐ 」は、「犠牲による共同体の鋳直し」と並んで「幻想」を持つものとして挙げられている。幻想の対象となるように空欄Aに語句を入れるとすれば「英雄神話」が妥当である。

空欄Bには「世界化」が入る。空欄Bの直後には「二〇世紀の世界は、あらゆる人間が戦争にのみ込まれるという事態を経験した」とある。戦争が一部の地域に限定されるのではなく、世界全体で起きるようになったことを述べているので、空欄Bには「世界化」を入れるのが妥当である。

空欄Cには「潜在的」が入る。ただし、空欄Cについては本文中に語句を選ぶ手がかりが少ないため、判断は難しい。「恒常的」とは「その状態が変化なくずっと続く」という意味である。「潜在的」とは「外からは見えない状況で存在する」という意味である。どちらを入れても論理的にはおかしくないので、他の空欄に適切な語句を入れられるようにして、消去法で選択肢を絞り込むのがよいだろう。

空欄Dには「分節」が入る。空欄Dの直後には、「様々な局面がそれぞれに展開されます」とあり、それぞれに分かれていくことを表す「分節」を入れるのが妥当である。

| | 現代文 | 空欄補充 | 2020年度 教養 No.4 |

次の文章の空欄に当てはまる語句の組合せとして、最も妥当なのはどれか。

　最近の日本社会における雇用を考える場合に二つの見方があります。一つは雇用の　A　ということであり、もう一つは雇用の　B　ということです。両者は関連し合っていますが同じことではありません。　A　という場合には、さまざまな選択肢から特定の仕事を選ぶといった個人の選択が強調される見方であり、　B　といった場合には、個人の選択にかかわらず労働市場における構造の問題としてとらえられる見方です。

　労働市場は一様ではなく、年齢やジェンダーによって　C　されています。景気が悪くなったとしてもその影響をどれくらい早く、どの程度受けるのかは、すべての者が同じというわけではありません。男女によっても、また世代によっても、　D　な経済状況の影響は異なってくるのです。

（白波瀬佐和子「生き方の不平等　―お互いさまの社会に向けて」による）

	A	B	C	D
1	多様化	不安定化	分断	マクロ
2	多様化	不安定化	連結	ミクロ
3	短期化	最適化	分断	マクロ
4	短期化	最適化	連結	マクロ
5	短期化	不安定化	分断	ミクロ

| 解説 | 正解　**1** | TAC生の正答率　**77%** |

　空欄Aには「多様化」が入る。本文第1段落では、Aの場合について、「さまざまな選択肢から特定の仕事を選ぶといった個人の選択が強調される見方」とある。「さまざまな選択肢から」という表現に注目すると、「短期化」ではなく、「多様化」を入れるのがふさわしいと考えられる。

　空欄Bには「不安定化」が入る。Bについて「労働市場における構造の問題としてとらえられる見方」とあるので、「最適化」ではなく構造のあり方を説明する語句としてふさわしい「不安定化」を入れるのが妥当である。また、本文第1段落に、AとBについて「両者は関連し合っていますが同じことではありません」と説明されているので、AとBは共通点を持ちながら、その切り口が違うことを指す言葉が入ると分かる。「多様化」も「不安定化」も、一つのものに固定されていないという意味を含み、関連し合いながら同じではない言葉の組合せになっているので、Bには「不安定化」を入れるのが最も妥当である。

　空欄Cには「分断」が入る。Cの直前には「労働市場は一様ではなく」とある。一様でないということは、「年齢やジェンダー」によってさまざまに分かれているということなので、そのニュアンスに近い「分断」を入れるのがふさわしい。

　空欄Dには「マクロ」が入る。社会全体の大きな経済状況の影響が、「男女」や「世代」によって異なるという文脈にするとよいので、空欄Dには「ミクロ」ではなく、「マクロ」を入れるのが妥当である。

　以上より、**1**が最も妥当である。

現代文　空欄補充

2019年度
教養 No.4

次の文章の空欄に当てはまる語句の組合せとして、最も妥当なのはどれか。

　私たちは自分が「ほんとうのところ、何ものであるのか」を、自分が作り出したものを見て、　A　に教えられます。私が「何ものであるのか」は、生産＝労働のネットワークのどの地点にいて、何を作り出し、どのような能力を発揮しており、どのような資源を使用しているのかによって決定されます。

　自己同一性を確定した主体がまずあって、それが次々と他の人々と関係しつつ「自己実現する」のではありません。ネットワークの中に投げ込まれたものが、そこで「作り出した」意味や価値によって、おのれが誰であるかを　B　に知る。主体性の起源は、主体の「存在」にではなく、主体の「行動」のうちにある。これが構造主義のいちばん根本にあり、すべての構造主義者に共有されている考え方です。それは見たとおり、ヘーゲルとマルクスから20世紀の思考が継承したものなのです。

　ネットワークの中心に主権的・自己決定的な主体がいて、それがおのれの意思に基づいて全体を統御しているのではなく、ネットワークの「効果」として、さまざまのリンクの結び目として、主体が「何ものであるか」は決定される、というこの考え方は、「脱―中心化」あるいは「非―中枢化」とも呼ばれます。

　中枢に固定的・静止的な主体がおり、それが判断したり決定したり表現したり、という「　C　」的な人間観から、中心を持たないネットワーク形成運動があり、そのリンクの「絡み合い」として主体は規定されるという「　D　」的な人間観への移行、それが20世紀の思想の根本的な趨勢^{すう}である、と言ってよいだろうと思います。

（内田樹「寝ながら学べる構造主義」による）

	A	B	C	D
1	事後的	回顧的	地動説	天動説
2	事後的	回顧的	天動説	地動説
3	事後的	幻想的	地動説	天動説
4	直観的	回顧的	天動説	地動説
5	直観的	幻想的	地動説	天動説

解説　　**正解　2**　　　　　　　　　　　　TAC生の正答率　**77%**

　空欄Aには「事後的」が入る。本文冒頭から空欄Bにかけては、「行動」が先にあって、その結果として後から「存在」が確定されるということが、繰り返し述べられている。文脈から、空欄Aには、自分が「ほんとうのところ、何ものであるのか」をどのように教えられるというのかという点を表した語句が入ると考えられる。後から「存在」を知ることになるというのが本文で繰り返し述べられている内容なので、空欄Aには「事後的」を入れるのが妥当である。

　空欄Bには「回顧的」が入る。空欄A同様に、「行動」が先にあって、その結果として後から「存在」が確定されるという本文の説明をふまえて考えるとよい。「おのれが誰であるか」を後から知るという意味にしたいので、空欄Bには「回顧的」を入れるのが妥当である。

　空欄Cには「天動説」が入る。空欄Cの直前の「中枢に固定的・静止的な主体がおり、それが判断したり決定したり表現したりする」というのが、　C　的な人間観だという説明がヒントになる。天動説とは、地球（地面）が固定されていて、それを中心にして天体が動いているという考え方であり、「中枢に固定的・静止的な主体がおり」というイメージと重なる語句である。

　空欄Dには「地動説」が入る。空欄Cの「天動説」と対照的な語句が入るので、「地動説」を入れるのが妥当である。

現代文　空欄補充

2018年度
教養 No.1

次の文章の空欄に当てはまる語句の組合せとして、最も妥当なのはどれか。

　近頃、人工知能が仕事を奪うという問題が盛んに取りざたされています。実際、セルフドライビングカーや人工知能を搭載したドローン（無人航空機）による配送の普及によってタクシー運転手やトラック運転手、配達員が失業する恐れがあります。

　しかし、人間は、機械に仕事を奪われても、機械に対し　A　のある別の仕事に転職することができます。その点、セルフドライビングカーでも自動改札機でも変わりありません。ただし、今後続々と特化型人工知能が生み出されるのであれば，　B　にはこれまでの技術を上回るような社会的影響が及ぼされるでしょう。

　ところが、人間と同じような知的振る舞いをする汎用人工知能が実現し普及したならば、既存の技術とは　C　にも異なる変化がもたらされると考えられます。というのも、あらゆる人間の労働が汎用人工知能とそれを搭載したロボットなどの機械に　D　され、経済構造が劇的に転換するからです。

（井上智洋「人工知能と経済の未来　2030年雇用大崩壊」による）

	A	B	C	D
1	競合性	公的	私的	補完
2	競合性	量的	質的	代替
3	競合性	量的	質的	補完
4	優位性	公的	私的	補完
5	優位性	量的	質的	代替

| 解　説 | **正解　5** | | TAC生の正答率　**89%** |

　Aには「優位性」が入る。本文第2段落の冒頭には、逆接の接続詞「しかし」があるので、その前の第1段落と対照的な論調が第2段落になると推察できる。本文第1段落では、人工知能が人間より優位に立つのではないかということに関する危惧について触れられており、その内容と対比的に空欄Aの前後の記述があるので、人間が転職することのできる仕事は機械に対し「優位性」のある別の仕事ということになる。

　Bには「量的」が入る。第2段落の後半では「特化型人工知能」が普及した場合の社会的影響が述べられ、それと対比的に、第3段落では「汎用人工知能」が普及した場合の社会的影響について述べられている。「汎用人工知能」が普及した場合には、「経済構造が劇的に転換する」と述べられており、それとの対比で考えると、「特化型人工知能」が普及した場合は、それほど根本的で大きな影響ではないという内容の文脈がくることが考えられる。このことから、空欄Bには「量的」を入れるのが妥当である。

　Cには「質的」が入る。「汎用人工知能」が普及した場合の方が、より大きな社会的影響を及ぼすと述べられているので、空欄Bとの対比を踏まえて、空欄Cには「質的」を入れるのが妥当である。

　Dには「代替」が入る。空欄Dの直後には「経済構造が劇的に転換する」と述べられているので、「補完」ではなく、大きな変化を伴う「代替」を入れるのが妥当である。

現代文

英文

判断推理

数的推理

資料解釈

空間把握

文芸

日本史

世界史

25

| 現代文 | 文章整序 | 2021年度 教養 No.3 |

次の文を並べ替えて一つのまとまった文章にする場合、最も妥当なのはどれか。

A　大きさも重さも形も異なるさまざまな物体が空気中を落下するさまが、現実の事象である。ここから出発して、大きさも形もない「質点」が真空中を落下するさまを想像するのが、「抽象化」だ。抽象化というのは、物事の本質にかかわらないすべてを切り捨て、本質だけを残すことなのである。

B　具体的な物体の落下現象を、いかに広範な対象について、いかに詳しく観察したところで、ガリレオの法則に辿り着くことはできない。具体例は抽象的な概念の理解には役立つが、そのレベルにいつまでもとどまれば、理解を前進させることはできない。

C　抽象的思考は、対象となる問題について正しい理解を得るために、どうしても必要なことである。これは、物理学の歴史を考えると明らかだ。物体の落下について、「重い物体ほど速く落ちる」というアリストテレスの法則が、長い年月にわたって信じられていた。しかし、そうなるのは、空気の抵抗があるからだ。空気抵抗を切り捨て、落下運動を抽象化すると、「すべての物体は同じ速さで落ちる」というガリレオの法則が得られる。

D　ガリレオ法則の発見こそ、物理学の出発点であった。その認識を基礎にして、近代科学の体系構築が可能となった。アリストテレス的認識にとどまるかぎり、人類は自然現象の正しい把握にいたることはなく、ましてや、それを利用した工学技術を作り上げることはできなかったろう。

E　しかし、適切な抽象化を行なうのは、決して容易ではない。経済現象や社会現象については、とくにそうである。何を「本質にかかわりのない枝葉末節」と考え、何を本質と考えればよいかが、必ずしも明確ではない。

（野口悠紀雄「『超』文章法」による）

1　C－A－B－D－E

2　C－B－A－D－E

3　D－C－E－A－B

4　D－C－E－B－A

5　D－E－C－A－B

| 解説 | 正解　**1** | TAC生の正答率　**37**% |

　並べ替える文章の一つ一つが長いので、それぞれの文章がおおまかにどのような話をしているのかに注目するとよいだろう。A・B・C・Dはいずれも「抽象化」の定義や、重要性・必要性について述べている。一方、Eは「抽象化」は「容易ではない」という話なので、他の文章と論点が異なる。そのため、Eが最後に並んでいる**1**・**2**のどちらかがよいと考えられる。

　1と**2**は流れがとても似ており、異なるのはAとBの順番である。ここで、AとC、BとDのそれぞれの内容の類似性に注目できるとよい。Aには「物事の本質にかかわらないすべてを切り捨て、本質だけを残す」、Cには「空気抵抗を切り捨て、落下運動を抽象化する」という表現がそれぞれある。また、Bには「そのレベル（アリストテレス的な認識のレベル）にいつまでもとどまれば、理解を前進させることはできない」、Dには「アリストテレス的認識にとどまるかぎり、人類は自然現象の正しい把握にいたることはなく」という表現がそれぞれある。似たような説明をしている文と文はつながりやすいので、「C－A」、「B－D」の繋がりがそれぞれある**1**が最も妥当である。

| | 現代文 | 文章整序 | 2020年度 教養 No.3 |

次の文を並べ替えて一つのまとまった文章にする場合、最も妥当なのはどれか。

A　それはGPSによる位置情報と時刻で決まるような地点である。現にわたしたちが使っているモバイル携帯は、そのような「地点」どうしを結んでいる。だがはたして人間はそのような土地にどこまで耐えることができるのだろうか。

B　これとは正反対なのがフランチャイズ化によって増える建築だろう。固有の価値をもたないから、いくらでも模様替えがきく。ネガティヴ・ハンドと動産芸術が人類の長期間にわたる拡散の最初の徴であり署名だとしたら、フランチャイズ的画一化は人間ではなく、資本自身の徴として、地球の風景そのものを変えようとしている。

C　かけがえのない建物と、とりかえがきく建物が混在する現代の風景には、ふたつの問題が横たわっている。ひとつは空間の問題である。地球上のすべての土地がとりかえのきく空間になると、究極的には住所も地名も必要はない。

D　日本の庭園は巨石を運び込み、これを蓬莱の山や島に見立てて風景を作り上げてきた。その気になれば移動できないものはない。ダムの工事で水没するエジプトの神殿が、上流に移動された実例もある。神殿も茶室も、かけがえがないから移動させたのである。

E　もうひとつは時間の問題である。かけがえのない建物には、かけがえのない色があり、時間がある。それは時間が変化させた色であり、時間とともに残った記憶である。いくらでもとりかえのきく建物にも、とりかえ可能な色と記憶はある。

（港千尋「芸術回帰論　イメージは世界をつなぐ」による）

1　C − A − D − E − B

2　C − A − E − B − D

3　D − A − B − C − E

4　D − B − A − E − C

5　D − B − C − A − E

| 解 説 | 正解　**5** | | TAC生の正答率　**72%** |

　並べ替える一つ一つの文章が長い場合は、それぞれの文章の内容の整理をしながら考えていくとよい。それぞれの文の中心的な話題やキーワードに注目すると、Bは「フランチャイズ化によって増える建築」、「いくらでも模様替えがきく」建築の話、Dは「かけがえがない」建築である「神殿」や「茶室」の話だということがわかる。

　この二つの話題に両方触れているのがCの文である。Cの文では、「かけがえのない建物と、とりかえがきく建物」と並べて説明しているので、BとDの説明をふまえてCの文へ流れると考えられる。Bの冒頭に「これとは正反対なのが」とあるので、D→B→Cという流れが見えてくる。

　D→B→Cという流れがあるのは**5**である。Cの後の流れをたどると、Cの最後に示されている「住所も地名も必要はない」という空間の説明を受けて、Aの文の「位置情報と時刻で決まるような地点」の話へつながり、Cの文にあった「ひとつは空間の問題」という表現に対応する論点として、Eの文で「もうひとつは時間の問題」が挙げられるという流れになり、スムーズにつながる。

　以上より、**5**が最も妥当である。

現代文

英文

判断推理

数的推理

資料解釈

空間把握

文芸

日本史

世界史

	現代文	文章整序	2019年度 教養 No.3

次の文を並べ替えて一つのまとまった文章にする場合、最も妥当なのはどれか。

A　一方、日本の伝統服の場合、中世に小袖の形式が確立して以来、直線的に構成されたキモノの前身頃を腹部の前で合わせ、腰のところで帯で留める形式になっている。キモノには身体と布との間にゆとり量が多く、肉体の形をほぼ完全に覆い隠してしまう。そこには眼に見える肉体の形を、衣服の形へ反映させようとする発想そのものが存在しない。

B　衣服の形というのは、通常、皮膚から一定の「ゆとり量」を保ちつつ、服が必要とする機能と美感を備えながら成型される。言い換えればそれは、布によって、着る人の身体を再構築する「デフォルマシオン（作り手が意図的に変形すること）」の技術であると言える。したがって衣服の形に一定の集合的な特色が認められた場合、そこには社会に特有の身体観がおのずと縫い込まれることとなる。

C　このように異なる衣服の成型手法は、「どのような身体を〈好ましい〉、あるいは〈美しい〉と思うのか」という身体観が、それぞれの社会で大きく異なる価値のもとに成り立ってきたことを伝えている。

D　たとえば「洋服」と表記される「西洋服飾」の伝統では、概して上半身の形に沿って、肉体の造形を再現するように、布地を立体的に構成する特色がある。文明史家のアルフレッド・クローバーは、このような西洋服飾の基本形は、「中世と近世とを通じてたえず作り変えられながら、何ら基本的な変化もともなわずに一千年以上も続いてきた」ことを指摘している（『様式と文明』）。つまり西洋服飾の伝統は、衣服によって、肉体の形を忠実に再現させようとする努力の集積である、といっても過言ではない。

E　和服と洋服の基本的な成型手法を比較すると、後者は肩を基準として胸まわりの立体感を強調する「立体裁断」の方法が特徴的であり、前者の方は、「着付け」の技術を駆使しながら、平坦な布から身体の立体的な造形を再構成しようとする特色が見られる。

（矢田部英正「たたずまいの美学　―日本人の身体技法」による）

1　B－C－D－A－E

2　B－D－A－E－C

3　E－A－D－B－C

4　E－B－A－C－D

5　E－C－A－D－B

| 解 説 | 正解 **2** | TAC生の正答率 **92%** |

　並べ替える文章の一つ一つが長い場合は、各文章の内容を要約しながら全体の流れを考えるようにするとよい。各選択肢の最初のアルファベットに注目すると、冒頭はBかEに絞られる。Bは「衣服の形」をめぐっての全体的な話で、Eは「和服と洋服の基本的な成型手法」という具体的な話になっている。文章の冒頭からEのように論点が限定されるのは唐突なので、全体的な話になっているBから始まる**1**と**2**のどちらかがよいと考えられる。

　Aの冒頭の「一方」という言葉に注目すると、Aの論点である「日本の伝統服」と対照的な内容がAの直前に並ぶと考えられる。その条件に当てはまる文章は「洋服」の話をしているDの文章なので、D→Aの流れが見つけられる。また、C「異なる衣服の成型手法」と、E「和服と洋服の基本的な成型手法」は論点が似たものとなっており、隣りあわせに並ぶのが論の展開として自然なので、E→Cという流れも見つけられる。

　Bから始まり、D→A、E→Cの流れが含まれるのは**2**である。流れをたどってみてもスムーズにつながるので、**2**が最も妥当である。

現代文　文章整序

2018年度
教養 No.4

次の文を並べ替えて一つのまとまった文章にする場合、最も妥当なのはどれか。

A　ここに簡単に書いてしまったことを実際に行なうには、戦ったり妥協したり、方向転換をしてみたり、といろいろなことが生じ、その人なりの「創造の作品」ができあがってくる。ここで言う「作品」とは、その人の人生そのものなのである。このような方向を見出し、自らの力で創造活動を続けられるということになったときに、その人とわれわれは別れることになるが、それまでは数年、あるいは、十年を越える年月を要するときもある。

B　この経過のなかで既に述べたように、芸術作品を生み出してゆき、それが一般的にも評価されるようなものになるときもある。しかし、私が大切にしているのは、そのようなことも含めて、その人の生き方全体の創造であり、「私が生きた」と言えるような人生をつくり出すことなのである。創造には犠牲がつきもので、そこには何らかの犠牲が生じるだろう。そのことも明確に意識し、そのような犠牲の責任者としての自覚をもって、「私が生きた」と言えることが必要である。

C　これに反して、自分の「創造の種子」が、その人の属する集団、つまり、家庭、地域、社会、国家などの傾向と異なる場合は、なかなか困難が大きい。生きてゆくためには、その人は一応は集団に適応しなくてはならない。時には、自分の「創造の種子」を強く圧迫することによって、それを成し遂げ、本人もそれでよいと思っているときさえある。そのようなときに、その人は神経症の症状をはじめ、いろいろな「困難」や「苦悩」に出会って、われわれのところに相談に来られる。

D　人間が生まれてくるということは、そのなかに「創造の種子」をもっている、ということであろう。その種子から芽がのびてゆくときに、その人の属する集団のもつ価値観と一致する部分の多い人は、それを伸ばしてゆくのが容易であろう。しかし、その場合のその人の創造性は他に見えにくいし、つい安易になって、全体の傾向に合わせてしまって、そのなかにある自分の創造性を見出すことを怠るかも知れない。

E　もちろん、その人たちの願いは、早くその苦しみから逃れたい、ということである。それに対しても応じようとしつつ、一方では、心理療法家はその人の「創造の種子」が発芽し、伸びてゆくのを援助したい、という気持ももっている。これは実は非常に難しいことである。創造の種子を発芽させてゆくことは、その人にとって、その人の所属している集団、家族とか社会とかに反する生き方をすることにもなってくるから、それはむしろ苦しみを倍加させることにもなる。

F　「私が生きた」という実感をもったとき、それはいつ誰によっても奪われることのないものであることが明らかで、「創造」の実感も伴なうはずである。それが明確なものになればなるほど一般的な社会的評価はそれほど気にならなくなるし、それはもっともっと普遍的な存在の一部としての責任を果したという自己評価につながってゆくだろう。

（河合隼雄「こころの処方箋」による）

1 D － A － C － E － B － F

2 D － B － F － A － C － E

3 D － C － E － A － B － F

4 F － A － B － D － E － C

5 F － B － D － C － A － E

解 説　　　**正解 3**　　　　　　　　　　TAC生の正答率 **93%**

　指示語や接続詞、話題の共通性などに注目して考えると、C→Eの流れは気づきやすい。Cの文章の最後には「いろいろな『困難』や『苦悩』に出会って、われわれのところに相談に来られる」とある。Eの文章の冒頭には、「その人たちの願いは、早くその苦しみから逃れたい、ということである」とあり、Cの「困難」、「苦悩」と、Eの「その苦しみ」が同じものを指しているのではないかと考えられる。Eでは、相談を受ける側の心理療法家の説明もあり、相談する人と心理療法家の関係ややり取りについて論じているという内容的なつながりも見られる。C→Eの流れがあるのは、**1・2・3**である。

　D→Cの流れも気づきやすい。Dでは「創造の種子」から芽がのびてゆくときについて、「その人の属する集団のもつ価値観と一致する部分の多い人」の場合が説明されている。Cでは「これに反して」と対比的な流れを作り、「その人の属する集団、つまり、家庭、地域、社会、国家などの傾向と異なる場合」が説明されている。

　絞り込んだ**1・2・3**のうち、D→Cの流れがあるのは**3**のみである。D→C→EのあとAへつなげると、Aの冒頭の「ここに簡単に書いてしまったこと」と、取り組む内容を説明しているEの記述がきれいにつながる。また、Aの最後の「それまでは数年、あるいは、十年を越える年月を要するときもある」という内容と、Bの冒頭の「この経過」という指示語がきれいに対応する。Bでは「私が生きた」というキーワードが新たに示されており、Fにも「私が生きた」という表現が重なるので、B→Fの流れもスムーズである。

　以上より、**3**が最も妥当である。

現代文

英文

判断推理

数的推理

資料解釈

空間把握

文芸

日本史

世界史

33

	英文	内容合致	2021年度 教養 No.5

次の英文の中で述べられていることと一致するものとして、最も妥当なのはどれか。

It was raining when Joan Scudamore left the rest house the following morning, a fine gentle rain that seemed somehow incongruous* in this part of the world.

She found that she was the only passenger going west — a sufficiently uncommon occurrence*, it appeared, although there was not much traffic this time of year. There had been a large convoy on the preceding Friday.

A battered looking touring car was waiting with a European driver and a native relief driver. The manager of the rest house was on the steps in the grey dawn of the morning to hand Joan in, yell at the Arabs until they adjusted the baggage to his satisfaction, and to wish Mademoiselle, as he called all his lady guests, a safe and comfortable journey. He bowed magnificently and handed her a small cardboard* container in which was her lunch.

The driver yelled out cheerily:

'Bye bye, Satan, see you tomorrow night or next week — and it looks more like next week.'

The car started off. It wound through the streets of the oriental city with its grotesque and unexpected blocks of occidental* architecture. The horn blared*, donkeys* swerved* aside, children ran. They drove out through the western gate and on to a broad, unequally paved* road that looked important enough to run to the world's end.

(Agatha Christie「Absent in the Spring」による)

＊incongruous……調和しない　　＊occurrence……出来事
＊cardboard……厚紙　　＊occidental……西洋の　　＊blare……うるさく鳴らす
＊donkey……ロバ　　＊swerve……はずれる　　＊paved……舗装された

1　この季節は旅行者が少ないので、ジョーンは西へ向かう団体旅行を予約するのに苦労した。

2　車に乗っていたのは、ヨーロッパ人の運転手と、交代要員としての現地の運転手の二人だった。

3　レストハウスの管理人は、ヨーロッパ人の運転手がジョーンの荷物を積み込んでいる間に、彼女に良い旅になりますようにと挨拶した。

4　ジョーンに、昼食が入っている小さな紙箱を差し出したのは、ヨーロッパ人の運転手である。

5　ロバと子供たちは、西門を出て、世界の果てまで続いていそうな道をひたすらに走り続けた。

| 解 説 | 正解　2 | TAC生の正答率　62% |

1　×　「ジョーンは西へ向かう団体旅行を予約するのに苦労した」という説明は本文に述べられていない。

2　○　本文第3段落の内容と合致する。

3　×　「ヨーロッパ人の運転手がジョーンの荷物を積み込んでいる間に」という箇所が誤りである。本文第3段落では、荷物を積み込むアラブ人たちに管理人が大きな声をあげて指図している場面を描写した記述がある。

4　×　「ヨーロッパ人の運転手」という説明が誤りである。第3段落末尾の「handed her a small cardboard container in which was her lunch」とある一節の主語は、宿泊所の管理人である。

5　×　「ロバと子供たちは」という主語が誤りである。本文第6段落の「donkeys swerved aside, children ran」から子供たちが走ったことは読みとれるがロバは走っていない。また本文末尾の「on to a broad, unequally paved road that looked important enough to <u>run</u> to the world」という記述の「run」の主語は、「road」であり、世界の果てまでその道が走っていそうだということである。

[訳　文]

　次の朝、ジョーン・スカダモアが宿泊所（レストハウス）を出発するとき、その地域にはどこか調和しないように思える霧雨が降っていた。

　彼女は、自分が西へ向かう唯一の旅行者であることに気づいた。一年のうちでこの時期はそれほど交通量が多くないのだが、それにしても西へ向かうのが一人というのは、本当に珍しい出来事のようだった。一台の大きなトラックは、先週の金曜からずっと停まったままだった。

　ヨーロッパ人の運転手と、交代要員である現地の運転手の乗ったボロボロの車が待っていた。宿泊所の管理人は、朝の薄暗い夜明けの中、階段のところに控えていて、ジョーンに手を差し伸べ、彼が満足するように荷物の積み込みが調節されるまで、アラブ人たちに大きな声で指図をして、お嬢さん（彼は女性の宿泊客をみんなそのように呼んだ）に安全で快適な旅になりますようにと挨拶をした。彼は、堂々とお辞儀をして、昼食の入った厚紙の小さな紙箱を彼女に差し出した。

　運転手は快活に声をあげた。

　「さようなら、サタン。また明日の夜か来週に――来週になるかな」

　車は出発し、西洋建築の並ぶグロテスクで予想がつかないような街区が続くその東洋の都市の道をうねるように進んでいった。警笛がうるさく鳴らされると、ロバは道の横にはずれ、子どもたちは駆けていった。車は西の門を通り過ぎ、幅広く、舗装にむらのある道を走っていった。その道は、世界の果てまで続いているほど重要な道のように見えた。

[語　句]

fine gentle rain：細かい穏やかな雨・霧雨　　battered looking：ボロボロの
relief：交代要員の　　　yell：大きな声をあげる　　　on to a broad：幅広い

35

| 英文 | 内容合致 | 2021年度 教養 No.7 |

次の英文の中で述べられていることと一致するものとして、最も妥当なのはどれか。

By 'nationalism' I mean first of all the habit of assuming that human beings can be classified like insects and that whole blocks of millions or tens of millions of people can be confidently labelled 'good' or 'bad'. But secondly － and this is much more important － I mean the habit of identifying oneself with a single nation or other unit, placing it beyond good and evil and recognizing no other duty than that of advancing its interests. Nationalism is not to be confused with patriotism*. Both words are normally used in so vague a way that any definition is liable to be challenged, but one must draw a distinction between them, since two different and even opposing ideas are involved. By 'patriotism' I mean devotion to a particular place and a particular way of life, which one believes to be the best in the world but has no wish to force upon other people. Patriotism is of its nature defensive, both militarily and culturally. Nationalism, on the other hand, is inseparable from the desire for power. The abiding* purpose of every nationalist is to secure more power and more prestige, *not* for himself but for the nation or other unit in which he has chosen to sink his own individuality.

(George Orwell「Notes on Nationalism」による)

＊patriotism‥‥愛国心　　＊abide‥‥とどまる

1 ナショナリズムとは、自分を一つの国家若しくはある組織と同一視した上で、善悪の範囲内であれば、その国家や組織の利益以外の義務も認める考え方であるとしている。

2 ナショナリズムと愛国心とは、どちらの言葉もあいまいに使われるように、両者にはっきりとした違いはない。

3 愛国心は特定の場所と特定の生活様式に対する献身的な愛情であり、その場所や生活様式は世界一と信じているが、それを他人にまで押し付けようとはしないことである。

4 愛国心は権力志向と結びついているが、一方で、ナショナリズムは、軍事的にも文化的にも防衛的なものである。

5 ナショナリストは、国家や組織のために働くことで、自らの強大な権力、強大な威信を獲得することを目指す。

| 解説 | 正解 **3** | TAC生の正答率 **89%** |

1 ✕ 選択肢後半が本文と合致しない。本文前半では、ナショナリズムとは、自分と同一視した国家または組織を善悪の範囲の外に位置づけるものだと述べられている。また、国家や組織の利益拡大以外に義務を認めないものだと説明されている。

2 ✕ 選択肢後半が本文と反対である。本文の中ほどの記述では、ナショナリズムと愛国心は区別をすべきだと述べられている。

3 ○ 本文後半の内容と合致する。

4 ✕ 主述の対応が反対である。「権力志向と結びついている」のはナショナリズムであり、「軍事的にも文化的にも防衛的なもの」は愛国心である。

5 ✕ 「国家や組織のために働くことで」という箇所が誤りである。本文最終部では、「自身の個性を没却することを決めた国やその他の組織」のために、権力や威信を獲得することを目指すと述べられている。

[訳 文]
「ナショナリズム」とは第一に、人間は虫けらのように分類できるもので、何百万あるいは何千万という人々のまとまりに確信をもって「善」と「悪」のラベルを貼ることが出来ると考える習慣のことである。しかし第二に、こちらの方がよりずっと重要なのだが、自身を一つの国やその他の組織と同一視し、それを善悪の範囲の外に位置付け、その利益を拡大すること以外に義務を認めない習慣のことである。ナショナリズムは、愛国心と混同されるべきものではない。どちらの言葉も通常はどんな定義が試みられても曖昧な使われ方をするが、しかし両者の間を区別しなければならない。なぜなら、二つの異なる、対立さえする概念を意味するからである。「愛国心」とは、特定の場所や生活様式に対する献身的愛情であり、それが世界で一番だと信じながら、しかし他の人々にそれを強要しようとは望まないものである。愛国心は軍事的にも文化的にも自然に起こる自己防衛である。一方でナショナリズムは、権力への欲望と切り離すことができない。すべてのナショナリズムが遵守する目的は、彼自身ではなく、自身の個性を没却することを決めた国やその他の組織のために、より大きな権力とより強大な威信を獲得することである。

[語 句]
vague：曖昧な　　involve：意味する　　devotion：献身的愛情　　secure：確保する
prestige：威信

英文	**内容合致**	2021年度 教養 No.8

次の英文の中で述べられていることと一致するものとして、最も妥当なのはどれか。

And then came this astonishing girl-wife whom nobody had expected – least of all Chips himself. She made him, to all appearances, a new man; though most of the newness was really a warming to life of things that were old, imprisoned, and unguessed. His eyes gained sparkle; his mind, which was adequately if not brilliantly equipped, began to move more adventurously. The one thing he had always had, a sense of humour, blossomed into a sudden richness to which his years lent maturity. He began to feel a greater strength; his discipline improved to a point at which it could become, in a sense, less rigid; he became more popular. When he had first come to Brookfield he had aimed to be loved, honoured, and obeyed – but obeyed, at any rate. Obedience he had secured, and honour had been granted him; but only now came love, the sudden love of boys for a man who was kind without being soft, who understood them well enough, but not too much, and whose private happiness linked him with their own. He began to make little jokes, the sort that schoolboys like – mnemonics* and puns* that raised laughs and at the same time imprinted* something in the mind. There was one that never failed to please, though it was only a sample of many others. Whenever his Roman History forms came to deal with the Lex Canuleia, the law that permitted patricians* to marry plebeians*, Chips used to add: 'So that, you see, if Miss Plebs wanted Mr. Patrician to marry her, and he said he couldn't, she probably replied: "Oh, yes, you can, you liar!"' Roars of laughter.

(James Hilton「Goodbye, Mr Chips」による)

＊mnemonic……記憶を助ける工夫　　＊pun……語呂合わせ
＊imprint……強く印象づける
＊patrician……貴族　　＊plebeian……平民

1　思いがけず若い女性と結婚することになったチップスは、新居にふさわしい環境を整えるため、古くなった身の回りの品々を新しいものに交換した。

2　結婚をきっかけに大きな自信を感じはじめたチップスは、これまでの厳格な教育方針をさらに推し進めたため、生徒からの人気が増した。

3　生徒たちを充分に理解する一方で、過度に踏み込むことのないチップスに対し、生徒たちは愛情をむけはじめた。

4　チップスは、語呂合わせを使った記憶術を取り入れながら授業を展開したが、教室に笑いが巻き起こる一方で、生徒に知識は定着しなかった。

5　チップスはローマ史の授業で、平民と貴族の間の結婚を許した法律にちなんで、プロポーズの時のエピソードを語った。

解 説　　**正解　3**　　　　　　　　　　TAC生の正答率　**58%**

1　×　「思いがけず若い女性と結婚することになったチップスは」という箇所は、本文冒頭の内容と合致するが、あとの説明は本文に述べられていない。

2　×　「これまでの厳格な教育方針をさらに推し進めたため」という箇所が本文と反対の説明である。本文中ほどでは「less rigid」とあり、厳しくなくなったと述べられている。

3　○　本文中ほどの説明と合致する。

4　×　「生徒に知識は定着しなかった」という箇所が本文と反対の内容である。

5　×　「プロポーズの時のエピソードを語った」という内容は本文に述べられていない内容である。

[訳　文]

　そして、誰も予想していなかった思いがけないこの若い妻がやって来た。一番予想外に感じていたのは、チップス本人だ。彼女は彼をどう見てもまったく新しい男に変えてしまった。その新しさの最たるものは、古くからの、閉じ込められていて、想像できないような生活を実に温かなものにしたことだ。彼の目は輝きを得た。彼の知性は才気あふれているとまではいかなくとも十分な能力のあるものだったが、より大胆に動き始めたのだ。一つ目に、彼はユーモアのセンスをもっていたのだが、それが十分に熟して突然豊かに開花したのだ。彼はより力強くなったように感じ始め、彼の指導はある意味厳格さが和らいだ程度まで改善された。彼の人気は増した。彼が初めてブルックフィールドに来たとき、彼は愛され、名誉があり、生徒を従わせるようになることを目標としていた。——とにかく、生徒を従わせてはいた。生徒の従順さは確保され、名誉も与えられた。しかし、やっと今、彼は愛されるようになった。彼は甘やかしたりはしないながらも親切で、生徒たちに十分な理解を示し、それでいて出すぎることはなく、そして彼の個人的な幸福は生徒たちを幸福にした。生徒たちは突然そのような彼に愛着を示すようになったのだ。彼はちょっとした冗談も言うようになった。それは生徒たちが好むようなもの——笑いが起こり、同時に心に強く印象づけるような、記憶を助ける工夫や語呂合わせなどである。必ず生徒を喜ばせる冗談があった。たくさんの冗談の中の一つにすぎないが、ローマ史で、貴族と平民の結婚を許可するカヌレイウス法の話をするときはいつでも、チップスは次のように加えた。「だから、もし平民さんが貴族君に結婚してほしいと言って、彼ができないと答えたら、彼女はおそらくこう答えるだろう。いいえ、あなた結婚はできるのよ。嘘つきね！」そして爆笑が起こる。

[語　句]

lent maturity：貸付満期　　　in a sense：ある意味で　　　rigid：堅い・厳しい
roar：轟音

現代文

英文

判断推理

数的推理

資料解釈

空間把握

文芸

日本史

世界史

39

| | 英文 | 内容合致 | 2020年度 教養 No.5 |

次の英文の中で述べられていることと一致するものとして、最も妥当なのはどれか。

I am no ordinary Phillies fan. I am a Phillies fan with special needs, which means there are major logistics* that have to be addressed before the first pitch. Loyal to my team, I go to a number of home games every summer. By now, I'm pretty good at getting around Citizens Bank Park. But if I went to another ballpark, I'd be starting over as far as logistics are concerned. I'd have to figure it out all over again.

What I find is that the first time I'm in any new territory − a bookstore, a lecture hall, an airport, a restaurant, a hotel − I tend to be hypervigilant*. Glancing at a doorway, I wonder, *Can I get through that?* Looking at a desk or counter, I'm instinctively figuring out if my legs can get under. If I'm not watching out for myself and making those on-the-spot decisions, I could get stuck at any time. Hence the hypervigilance.

Debbie maintains this kind of vigilance, too. She can often anticipate tactical issues and deal with them before they become a problem. And recently, I've come to realize that Sam, over the past few years, has been developing a similar kind of awareness. He is keenly aware of his surroundings, and like his mother, Sam is not just paying attention for his own sake.

(Daniel Gottlieb, Ph.D.「The Wisdom of Sam」による)

＊logistics……細部計画　＊hypervigilant……特別用心深い

1　私は、特別な支援を必要とするフィリーズファンであり、私と同様に支援を必要とするファンが多く存在する。

2　私は、夏の間毎日ホームゲームを観戦するので、シチズンズバンクパークや他の球場へ行くのは容易である。

3　私は、机やカウンターを見かけると、その横を通り抜けることができるだろうかと不安になる。

4　デビーにも用心深いところがあり、いつでも何を準備すべきか予想し、問題が起こる前に対処している。

5　サムは用心深く周囲に目を配っているが、母親と同じく、自分のためだけに注意している。

| 解 説 | 正解 4 | TAC生の正答率 80% |

1 × 選択肢前半は、本文第1段落の内容と合致するが、「私と同様に支援を必要とするファンが多く存在する」という説明は本文に書かれていない。

2 × 「他の球場へ」という箇所が誤りである。本文第1段落後半では、シチズンズバンクパークに行くのは得意だが、他の球場では準備をやり直さなくてはいけないと述べられている。

3 × 「その横を通り抜けることができるだろうか」という箇所が誤りである。本文第2段落の「if my legs can get under」とは、足がその下に入るかどうかということである。

4 ○ 本文第3段落の内容と合致する。

5 × 「自分のためだけに注意している」という箇所が誤りである。本文第3段落最終部では「Sam is not just paying attention for his own sake」とある。「自分のためだけではなく」という意味になり、本文と選択肢の説明は反対である。

[訳 文]

　私は並々ならぬフィリーズファンである。私は特別な支援が必要なフィリーズファンなので、（チームの）初投球の前には取り組んでおかなければならない重大な細部計画がある。チームに対して忠実な私は、毎年の夏に何度もホームゲームに足を運ぶ。今では、シチズンズバンクパークあたりへ行くのは得意になった。しかし、もし他の球場へ行くことになれば、私は細部計画に関してはやり直さなければならないだろう。いたるところを再び計算しなければならないだろう。

　私が気づいたのは、新しい領域——つまり書店、講堂、空港、レストラン、ホテルなどに初めて入るときに、私が特別に用心深くなるということだ。玄関口で一目見て、私はそこを通れるだろうかと考える。机やカウンターを見ると、私は本能的に私の足がその下に入るかどうかを計算している。私が自分のために気をつけなければ、そしてその場で決断していかなければ、私はいつでも動けなくなってしまう。だから、特別用心深くなるのだ。

　デビーも、このような用心深さを常に持っている。彼女はしばしば何を準備すべきか予想し、それらが問題になる前に対処している。そして最近では、サムが、ここ数年にわたり、同じような意識を高めていることが分かってきた。彼は彼の周囲に鋭い意識を向けており、そして彼の母親と同様に、サムは自分のためだけに注意を払っているわけではなかった。

[語 句]

adress：処理する・構えをする　　be good at 〜 ing：〜するのが得意である
start over：やり直す　　figure out：計算する　　get stuck：動けなくなる
come to realize that：〜を理解するようになる

英文　内容合致

2020年度
教養 No.6

次の英文の中で述べられていることと一致するものとして、最も妥当なのはどれか。

I lighted my fire, which burnt with a raw pale flare* at that time of the morning, and fell into a doze* before it. I seemed to have been dozing a whole night when the clocks struck six. As there was full an hour and a half between me and daylight, I dozed again; now, waking up uneasily, with prolix* conversations about nothing, in my ears; now, making thunder of the wind in the chimney*; at length, falling off into a profound* sleep from which the daylight woke me with a start.

All this time I had never been able to consider my own situation, nor could I do so yet. I had not the power to attend to it. I was greatly dejected* and distressed*, but in an incoherent* wholesale sort of way. As to forming any plan for the future, I could as soon have formed an elephant. When I opened the shutters and looked out at the wet wild morning, all of a leaden* hue*; when I walked from room to room; when I sat down again shivering, before the fire, waiting for my laundress* to appear; I thought how miserable I was, but hardly knew why, or how long I had been so, or on what day of the week I made the reflection, or even who I was that made it.

(Charles Dickens「Great Expectations」による)

＊flare……揺らめく炎　　＊doze……居眠り　　＊prolix……くどい
＊chimney……煙突　　＊profound……深い　　＊dejected……意気消沈した
＊distressed……悲しませる　　＊incoherent……不明瞭な
＊leaden……鉛色の　　＊hue……色調　　＊laundress……洗濯係の女

1　私は、暖炉の火を点けると、火の前ですぐに熟睡してしまい、時計が午前六時を打つ音で目が醒めた。

2　私は、空が白むまでにはまるまる一時間半はあったので、その間ずっと、つまらない長話に聞き耳を立てていた。

3　私は、将来に渡って象を作り上げるといった、色々な計画を練り上げることができた。

4　私は、部屋から部屋へと歩き回っては、もう一度暖炉の前に座るのを何度も繰り返しながら、洗濯係の女が現れるのを待ち構えた。

5　私は、自分が惨めであることは分からなかったが、今日が何曜日で自分が何者であるのかということは分かっていた。

解 説　　**正解　4**　　TAC生の正答率 **63%**

1 ✕　「時計が午前六時を打つ音で目が醒めた」という箇所が誤りである。本文第1段落の「I seemed to have been ... when the clocks struck six」のところは、一晩中眠ったような気がしたとき、気づくと時計が六時を指していたということで、「音で目が醒めた」という説明にはなっていない。

2 ✕　「つまらない長話に聞き耳を立てていた」という箇所が誤りである。本文第1段落後半では、つまらない会話が耳に入ってきたという描写はあるものの、それに聞き耳を立てていたわけではなく、そのあと深い眠りに落ちたと述べられている。

3 ✕　「色々な計画を練り上げることができた」という箇所が誤りである。本文第2段落冒頭では、何も考えられないし、何にもとりかかれない状況が説明されている。

4 〇　本文第2段落中ほどの説明と合致する。

5 ✕　選択肢後半の説明が本文と反対である。本文第2段落最終部では、「but hardly knew」とあり、知ることが困難だった、ほとんどできなかったと述べられている。

[訳　文]
　私が暖炉に火をつけると、朝の時間の冷え冷えとした青白く揺らめく炎が燃え、私はその前で居眠りをし始めた。一晩中居眠りをしたかと思う頃、時計は六時を指していた。夜明けまでには一時間半もあったので、私は再び居眠りをした。くどくどと意味のない会話が耳に入ってきて不機嫌に目を覚まし、煙突の中の風が雷のような音を立てた。ついに、深い眠りに落ちてしまい、夜明けで私ははっと目覚めた。
　その間中ずっと、私は自分の置かれた状況を考えることができなかったし、その後もまだ考えることができないでいた。私にはとりかかる力がなかった。私はとても意気消沈して、悲しかった。とてもぼんやりしていた。未来の計画を立てることに関して言えば、すぐにでも一頭の象を創りあげることができてしまいそうなほどだ（注：象を創りあげることが簡単に思えるほど、それに比べて、より困難な状況に見舞われている）。私は鎧戸を開けて雨降りの荒れた朝を見た。一面鉛色の色調だった。私は部屋から部屋へ歩いては、再び暖炉の前に震えながら座り、洗濯係の女が現れるのを待っていた。私はなんて惨めなのだろうと思った。しかし、なぜ、あるいはどれほど長い間そのように惨めであったのか、私には分からなかった。そうやって振り返っている今は何曜日なのか、あるいはそうやって振り返っている私は誰なのかさえ、私には分からなかった。

[語　句]
raw：冷え冷えとした　　at length：ついに　　as to 〜：〜に関して

| 英文 | 内容合致 | 2020年度 教養 No.7 |

次の英文の中で述べられていることと一致するものとして、最も妥当なのはどれか。

I set the date for the dinner – Saturday, June 18 – as soon as my animal was in the bag: Wild California pig would be the main course. Now I had a couple of weeks, while the pig hung in Angelo's walk-in*, to coordinate the entrée* with whatever else I could find to serve. In planning the menu the rules I imposed on myself were as follows (and the exceptions thereto* follow what follows):

1. Everything on the menu must have been hunted, gathered, or grown by me.
2. The menu should feature at least one representative of each edible* kingdom: animal, vegetable, and fungus*, as well as an edible mineral (the salt).
3. Everything served must be in season and fresh. The meal would reflect not only the places that supplied its ingredients, but a particular moment in time.
4. No money may be spent on the meal, though already purchased items in the pantry* could be deployed as needed.
5. The guest list is limited to those people who helped me in my foraging* and their significant others. This included Angelo, Anthony, Richard, and a friend named Sue who took me on an unsuccessful chanterelle* hunt on Mount Tamalpais. Plus, of course, Judith and Isaac. Unfortunately, Jean-Pierre was in France. There would be ten of us in all.
6. I would cook the meal myself.

(Michael Pollan「Omnivore's Dilemma A Natural History of Four Meals」による)

＊walk-in……大型冷蔵庫　　＊entrée……コース料理のアントレ
＊thereto……それに　　＊edible……食用に適する　　＊fungus……きのこ
＊pantry……食料貯蔵庫　　＊forage……食べ物を探し回る
＊chanterelle……アンズタケ（キノコの一種）

1　メイン料理に使うワイルド・カリフォルニア・ピッグが、アンジェロの大型冷蔵庫につるされるまでに数週間かかった。

2　メイン料理に合うメニューを決める際に、自分に課したルールは六つだけであり、その後の事情による例外は設けていない。

3　すべて旬の新鮮な食材を使って作った食事は、食材を提供してくれた場所に加え、現在の季節を体現したものになるだろう。

4　私が、食料貯蔵庫にある食材もお金も使わずに食事を作ることにしたのは、お金がなかったからである。

5　招待客リストの10人は、全員狩猟採集を手伝ってくれた人だが、1人は山で遭難し、1人はフランス滞在中のため、招待客は8人である。

44

解 説	**正解　3**	TAC生の正答率 **80%**

1　×　「アンジェロの大型冷蔵庫につるされるまでに」という箇所が誤りである。アントレを考えるまでの間について数週間かかったと述べられている。その数週間の間はずっと、ピッグはつるされた状態にあったということである。

2　×　「その後の事情による例外は設けていない」という本文と反対である。本文第1段落最終部には「and the exceptions thereto follow what follows」とあり、挙げられている6つのルールの例外があることが説明されている。

3　○　3つ目のルールの説明の内容と合致する。

4　×　「食料貯蔵庫にある食材も」という箇所が誤りである。4つ目のルールの説明では、すでに貯蔵されているものがあるが、それ以外についてはお金を使わないという説明になっている。また、「お金がなかったから」という理由は特に述べられていない。

5　×　「1人は山で遭難し」という説明は本文に出て来ない。また、本文最終部に、「There would be ten of us in all」とあるので、最終的に決まった招待客は8人ではなく10人である。

[訳　文]
　私は、獲物が手に入ってすぐにディナーの予定を入れた。6月18日の土曜日だ。ワイルド・カリフォルニア・ピッグはメインコースになる予定だった。アンジェロの大型冷蔵庫にその豚をつるしている間、見つけられる他の材料ならなんでも使ってコース料理に合うアントレを考えるのに数週間あった。メニューを決めるにあたり、私自身に課したルールは、以下のようなものだ。（その後の経緯で例外もつくった）
　1．メニューのすべては私が狩猟、収集、栽培したものでなければならない。
　2．メニューは、食材の王国、すなわち、動物、植物、きのこ類と、食べられるミネラル（塩）のいずれかから必ず一つを使用しなければならない。
　3．取り揃えられたすべてのものは、旬のもので新鮮でなければならない。その料理は、その材料が提供された場所を反映しているだけでなく、その季節を体現したものになるはずである。
　4．食事にはお金をかけてはならない。必要に応じてすでに購入して置いてあるものは使ってもよい。
　5．招待客リストは、私が食べ物を探し回るのを手伝ってくれた人々とその家族に限られる。アンジェロ、アンソニー、リチャード、そしてスーという名の友人だ。スーは、失敗に終わったものの、アンズタケを取るために私をタマルパイス山へ連れて行ってくれた人だ。それに加えて、もちろん、ジュディスとアイザックも。残念ながら、ジャン・ピエールはフランスにいた。全員で10人になるだろう。
　6．料理は私自身が作る。

[語　句]
coordinate：調和させる　　ingredient：材料

現代文

英文

判断推理

数的推理

資料解釈

空間把握

文芸

日本史

世界史

45

| 英文 | 内容合致 | 2020年度 教養 No.8 |

次の英文の中で述べられていることと一致するものとして、最も妥当なのはどれか。

Assemble any small group of strangers − say a dozen or so − and almost the very first thing that happens is that one or two of them rapidly assume the role of group leader. It does not happen by a rational process of conscious election; it just happens naturally − spontaneously* and unconsciously. Why does it happen so quickly and easily? One reason, of course, is that some individuals are either more fit to lead than others or else desire to lead more than the rest. But the more basic reason is the converse*: most people would rather be followers. More than anything else, it is probably a matter of laziness*. It is simply easy to follow, and much easier to be a follower than a leader. There is no need to agonize* over complex decisions, plan ahead, exercise initiative, risk unpopularity, or exert much courage.

The problem is that the role of follower is the role of child. The individual adult as individual is master of his own ship, director of his destiny. But when he assumes the role of follower he hands over to the leader his power: his authority over himself and his maturity as decision-maker. He becomes psychologically dependent on the leader as a child is dependent on its parents. In this way there is a profound tendency for the average individual to emotionally regress* as soon as he becomes a group member.

(M.Scott Peck, M.D. 「People of the Lie」 による)

＊spontaneously……自発的に　　＊converse……逆　　＊laziness……怠惰
＊agonize……苦しむ　　＊regress……退行

1 リーダーは合理的過程を経て選出するものであるから、互いに知らない十数人程度の小集団から1人か2人のリーダーを速やかに決めることは非常に難しい。

2 他の人たちに比べてリーダー役に適している人、あるいは、リーダーになりたいという欲求の強い人がいる。

3 追随者になるのではなく、リーダーになって怠惰な追随者に指示を出したいと思う人が多くいる。

4 追随者は、リーダーの無謀な決定に従うにあたって、苦しみや危険が伴うものだが、勇気を奮って実行しなければならない。

5 追随者はリーダーに対して心理的に依存するが、追随者自身の支配力、権威、成熟性をリーダーに譲り渡すことはない。

解 説　　**正解　2**　　　TAC生の正答率　**88%**

1　×　選択肢前半が本文と反対である。本文第1段落前半では、リーダーの選出は合理的プロセスによってではないと説明されている。また、選択肢後半の説明は本文に述べられていない。

2　○　本文第1段落中ほどの説明と合致する。

3　×　リーダーになりたい欲求が強い人がいるということについては本文第1段落に述べられているが、「怠惰な追随者に指示を出したい」という話は本文に述べられていない内容である。

4　×　「リーダーの無謀な決定」という話は本文に出てこない。また、追随者になれば、苦しみやリスク、勇気を出す必要がないと述べられており、選択肢後半は本文と反対の内容である。

5　×　本文第2段落に「But when he assumes ... decision-maker」とあり、その説明と選択肢後半の内容が反対である。

[訳　文]

　互いに知らない人たちの小集団——たとえば十数人程度のグループ——が集まったとき最初に起こることは、その中の一人か二人の人間がすばやくリーダー役を買って出ることである。それは意識的に選定するという合理的なプロセスによって起こるのではない。それはただ自然に起こり、自発的に無意識的に起こるのである。なぜ、そのようなことがそんなにすぐに簡単に起きてしまうのか。一つの理由は、もちろん、ある者は他の者よりリーダーになることに適しており、あるいは残りの者よりリーダーをやりたいと思う気持ちが強いからである。しかし、もっと基本的な原因は逆である。大方の人々はどちらかと言えば、追随者となりたいのだ。それは何よりも、おそらく怠惰の問題である。追随することは単純に容易であり、リーダーになるより追随者になる方がずっと楽である。追随者でいれば、複雑な選択に苦しむ必要がない。事前に計画も必要なく、率先して取り組む必要もなく、不評を買うリスクを背負う必要もなく、多くの勇気を出す必要もないのだ。

　問題となるのは、追随者の役割は子どもの役割と同じだということである。個人としての大人は、彼の船の船長であり、彼の運命の指揮者である。しかし、彼が追随者の役割を演じようと考えるとき、彼の能力、すなわち彼自身への権限、決定者としての成熟性を、リーダーに譲り渡してしまうことになる。彼は、子どもが親に依存するかのように、リーダーに対して精神的に依存するようになる。このようにして、グループの一員になるとすぐに、普通の人は情動的退行をする傾向が大いにあるのだ。

[語　句]

stranger：知らない人　　profound：深い

英文	**内容合致**

2019年度
教養 No.7

次の英文の中で述べられていることと一致するものとして、最も妥当なのはどれか。

It may seem that the door-to-door system of systems is governed by forces outside the control of the consumer, the citizen, or the individual driver. But there are, in fact, ways in which an individual or a family can act meaningfully*, because so much of the mobility* equations* of daily life come down to individual choice.

What can a person or a family do, then, to make a difference?

A good starting point is the amazing statistic* that nearly half of all car trips in LA (and many other cities) are under three miles. Three miles make for a fifteen-minute bike ride, twenty at most. Or an hour walk at a reasonable pace. We could choose to not get in a car for some of those short trips to the store or the bank or the post office. We could get our kids walking and biking to school again and start talking to our city councils about making protected bikeways to our community schools, so kids can feel safe pedaling to class. Schools could give students physical education credit for biking instead of being driven to school. This thing against walking and biking is a cultural tic* that we have the power to change. To see young men and women shoulder to shoulder with people in their fifties and sixties – 50 percent of commuters* – all of them biking in winter weather to work in Copenhagen, is quite a humbling experience. Copenhagen is a city rich with bike lanes and protected paths, and sheltered bike parking is everywhere. Bike travel is baked into the culture because the generation of adults in the 1970s made a commitment – to energy independence, to health, to a reduction in car deaths – and they forced themselves to get out of their cars and pedal. And their kids, and now their grandkids*, are reaping the benefits. They just do it because they have always done it.

（Edward Humes「Door to Door

The Magnificent, Maddening, Mysterious World *of* Transportation」による）

*meaningfully……有意義に *mobility……移動性
*equation……方程式 *statistic……統計 *tic……根強い特徴
*commuter……通勤者 *grandkid……grandchild

1 ドア・ツー・ドア・システムは、消費者や市民や個々のドライバーに対して何ももたらさないため、規制を強化することが重要であると思われる。

2 ロサンゼルスでは、3マイルを移動するのに、自転車を利用すれば15分か、せいぜい20分であることから、1時間をかけて歩く人は誰もいない。

3 商店や銀行、郵便局といったちょっとした移動に車を利用しないようにできるが、子供たちを徒歩か自転車で学校に行かせるわけにはいかない。

4 コペンハーゲンでは、50代や60代の通勤者の約50％が、まるで若者のように肩を並べて、冬空の下、自転車で通勤している。

5 コペンハーゲンでは、エネルギーの自立、健康、交通事故死の削減のため、車に乗らずに自転車で移動する文化が根付いている。

| 解 説 | 正解 5 | TAC生の正答率 80% |

1 ✕ 「ドア・ツー・ドア・システム」については、本文第1段落冒頭に記述があるが、選択肢のような説明は本文に述べられていない。

2 ✕ 選択肢前半の説明は、本文第3段落にある内容と合致するが、「1時間をかけて歩く人は誰もいない」という説明は本文に述べられていない。

3 ✕ 「子供たちを徒歩か自転車で学校に行かせるわけにはいかない」という説明は、本文第3段落の内容と反対の説明である。

4 ✕ 「50代や60代の通勤者の約50%が、まるで若者のように肩を並べて」という説明が本文と合致しない。本文第3段落中ほどでは、若者が50代や60代の人たちと一緒に肩を並べて自転車で走っており、その人々が通勤者の50%にあたると説明されている。

5 ◯ 本文第3段落後半の内容と合致する。

[訳 文]

交通網におけるドア・ツー・ドア・システムは、消費者、市民、あるいは個々のドライバーの統制の外にある力によって管理されている。しかし、実際には、個人や家族が有意義に行動できる方法がある。なぜなら、日常生活の移動性方程式の多くは、個人の選択によるものだからである。

それでは、違いを生むために個人や家族には何ができるのか。

その出発点としてよいのは、LA（そして他の多く都市）における車の移動の半数近くが、3マイル以下であるという驚くべき統計である。3マイルは自転車で15分、かかっても20分である。あるいは、妥当な速さで歩いて1時間である。私たちは、店や銀行や郵便局に向かうこれらの短い移動に車を選ばないことができるだろう。私たちは、子供たちを歩かせたり、再び学校へ自転車で通わせたり、子供たちが授業へ安全に自転車で行けると感じられるように、都市の協議会でコミュニティ・スクールまでの自転車保護道路をつくることについて話し合いを始めたりすることができるはずである。学校は、学校まで車で来る代わりに、自転車で来た生徒に対して、体育の単位を与えることもできるだろう。歩くことや自転車に乗ることに反対するこのような事態は、私たちに変える力がある文化的な特徴である。50代や60代の人々とともに、若い男性や女性が肩を並べて——それは通勤者の50%になるが——みんなが自転車でコペンハーゲンの冬の天気の中通勤する姿を見るのは、とても恥ずかしい気持ちになる経験である。コペンハーゲンは、自転車用レーンが充実しており、保護道路や屋根付き自転車駐輪場がいたるところにある。自転車移動が文化に根付いており、それは1970年代の大人たちの世代が、エネルギーの自立、健康、交通事故による死亡の削減についての公約を結び、自動車から脱却することを自らに強制していたためである。そして、彼らの子どもや、今や孫たちもがその恩恵を受けている。彼らは、今までいつもそうしてきたからそれを行うのである。

[語 句]

outside：〜の外で　　council：協議会　　credit：履修単位
sheltered bike parking：屋根付き自転車駐輪場　　reap：受ける

現代文

英文

判断推理

数的推理

資料解釈

空間把握

文芸

日本史

世界史

49

| 英文 | 内容合致 | 2019年度 教養 No.8 |

次の英文の中で述べられていることと一致するものとして、最も妥当なのはどれか。

I remember an evening I spent with two of my sons some years ago. It was an organized father and son outing, complete with gymnastics*, wrestling matches, hotdogs, orangeade*, and a movie – the works.

In the middle of the movie, Sean, who was then four years old, fell asleep in his seat. His older brother, Stephen, who was six, stayed awake, and we watched the rest of the movie together. When it was over, I picked Sean up in my arms, carried him out to the car and laid him in the back seat. It was very cold that night, so I took off my coat and gently arranged it over and around him.

When we arrived home, I quickly carried Sean in and tucked him into bed. After Stephen put on his "jammies*"and brushed his teeth, I lay down next to him to talk about the night out together.

"How'd you like it, Stephen?"

"Fine," he answered.

"Did you have fun?"

"Yes. "

"What did you like most?"

"I don't know. The trampoline*, I guess. "

"That was quite a thing, wasn't it – doing those somersaults* and tricks in the air like that?"

There wasn't much response on his part. I found myself making conversation. I wondered why Stephen wouldn't open up more. He usually did when exciting things happened. I was a little disappointed. I sensed something was wrong; he had been so quiet on the way home and getting ready for bed.

Suddenly Stephen turned over on his side, facing the wall. I wondered why and lifted myself up just enough to see his eyes welling up with tears.

"What's wrong, honey? What is it?"

He turned back, and I could sense he was feeling some embarrassment for the tears and his quivering lips and chin.

"Daddy, if I were cold, would you put your coat around me, too?"

Of all the events of that special night out together, the most important was a little act of kindness – a momentary, unconscious showing of love to his little brother.

(Stephen R. Covey

「The 7 Habits of Highly Effective People Powerful Lessons in Personal Change」による）

＊gymnastics……体操　　＊orangeade……オレンジジュース

＊jammies……パジャマ　　＊trampoline……トランポリン

＊somersault……宙返り

1　当時4歳だったショーンは映画の途中で眠ってしまったが、6歳になる兄のスティーブンがショーンを起こしたので、全員で映画を最後まで観た。

2　スティーブンはトランポリンを知らなかったため、私は懸命にトランポリンについて話したが、スティーブンは話に乗ってこなかった。

3　スティーブンは、普段、楽しいことがあってもおとなしいが、寝る支度をしているときは、自分からどんどん話をした。

4　スティーブンが私の方に向き直ったとき、私は、彼が涙を浮かべて口やあごを震わせるふりをして、私を驚かせようとしていると感じた。

5　たくさんの出来事の中で、スティーブンの心に残った最も大切なことは、自分の弟に対して父親が見せた、ほんの一瞬の親の愛情であった。

解 説	正解 **5** ・・・・・ TAC生の正答率 **74%**

1 ✕ 「スティーブンがショーンを起こしたので」という箇所が誤りである。本文では、スティーブンだけ起きていて、スティーブンと父である筆者と二人で映画の続きを見たと述べられている。

2 ✕ 「スティーブンはトランポリンを知らなかったため」という説明は本文にない内容である。

3 ✕ 「楽しいことがあってもおとなしい」という説明が誤りである。本文では、いつもなら楽しいことがあるとスティーブンは心を開いてどんどん話してくれると説明されている。

4 ✕ 「震わせるふりをして、私を驚かせようとしていると感じた」という説明が本文と反対である。本文では、実際に口やあごを震わせていたと説明されている。

5 〇 本文最終段落の内容と合致する。

[訳　文]

　私は、数年前に二人の息子と過ごした夜のことを覚えている。父と息子で外出して、体操をして、レスリングの試合があって、ホットドッグを食べて、オレンジジュースを飲んで、それから映画を見て——盛りだくさんだった。

　映画の途中で、当時5歳だったショーンは、自分の席で眠ってしまった。兄のスティーブンは6歳で、起きていたので、私たちは一緒に映画の続きを見た。映画が終わると、私はショーンを腕に抱え上げて、車の中へ運んで後ろの座席に寝かせた。とても寒い夜だったので、私は自分のコートを脱ぎ、優しく彼をくるんであげた。

　家に帰って、私はすぐにショーンを家に運び入れて、彼をベッドに押し込んだ。スティーブンがパジャマに着替えて、歯を磨いた後、私は彼の隣に横になって、一緒に出かけたその夜のことを話した。

　「楽しかったかい、スティーブン」

　「楽しかった」彼は答えた。

　「面白かった？」

　「うん」

　「何が一番楽しかったかい」

　「わからない。トランポリンかなと思うけど」

　「すごかったよね——宙返りや、あんなふうに空を飛ぶなんて」

　彼からはあまり返事がなかった。私は一人で会話しているのに気がついた。私はなぜスティーブンが心を開いて話してくれないのかと考えた。彼はいつもなら興奮するようなことがあると、心を開いて話してくれていた。私は少しがっかりした。私は何かがおかしかったことに気がついた。帰りの道でスティーブンはとてもおとなしくて、すぐに寝る支度をしていた。

　突然スティーブンは寝返りをうって、壁の方を向いた。私はどうしたのだろうと思い、起き上がって見てみると、彼の目に涙があふれているのが見えた。

　「どうしたんだ、坊や。何があったの？」

　彼はこちらへ向き直った。彼は涙を浮かべて何かきまりが悪そうにしながら、唇やあごが震えているのが分かった。

　「お父さん、もしも僕が寒い時には、僕もお父さんのコートでくるんでくれる？」

　特別な夜、一緒に外出した時の出来事の中で、一番大切だったのは子どもに対するちょっとした気

遣いの行動だった──ほんの一瞬、無意識に見せた彼の弟に向けた愛情だったのだ。

［語　句］
tuck into：押し込む　　embarrassment：きまりが悪い　　quiver：震える

| 英文 | 内容合致 | 2018年度 教養 No.5 |

次の英文の中で述べられていることと一致するものとして、最も妥当なのはどれか。

　Cooking gave us not just the meal but also the occasion: the practice of eating together at an appointed time and place. This was something new under the sun, for the forager* of raw food would have likely fed himself on the go and alone, like all the other animals. (Or, come to think of it, like the industrial eaters we've more recently become, grazing at gas stations and eating by ourselves whenever and wherever.) But sitting down to common meals, making eye contact, sharing food, and exercising self-restraint* all served to civilize us. "Around that fire," Wrangham writes, "we became tamer*."

　Cooking thus transformed us, and not only by making us more sociable and civil. Once cooking allowed us to expand our cognitive* capacity at the expense of our digestive* capacity, there was no going back: Our big brains and tiny guts now depended on a diet of cooked food. (Raw-foodists take note.) What this means is that cooking is now obligatory*—it is, as it were, baked into our biology. What Winston Churchill once said of architecture—"First we shape our buildings, and then they shape us"—might also be said of cooking. First we cooked our food, and then our food cooked us.

(Michael Pollan「Cooked A Natural History of Transformation」による)

＊forage……探し回る　　＊self-restraint……自制　　＊tame……大人しい
＊cognitive……認知の　　＊digestive……消化の　　＊obligatory……義務的な

1　屋外で料理をすることは、決められた時間や場所で食事をすることに捕らわれない、新しい体験であった。

2　腰をかがめ、視線を交わし、集団で食べ物を見つけることは、人間に社会性をもたらした。

3　料理は、人間を単に社会的で礼儀正しい存在から、個として自立した存在に脱却させた。

4　人間が脳や胃腸の健康を保つためには、料理された食べ物を節制することも必要である。

5　ウィンストン・チャーチルが建築について述べたことは、料理についても同じことが言えるかもしれない。

| 解 説 | 正解 **5** | TAC生の正答率 **92%** |

1 ✕ 「屋外で料理すること」という内容は本文に述べられていない。また、本文第1段落では、「決められた時間や場所で食事をすること」について、新しいことだったと説明されている。

2 ✕ 本文第1段落後半に、席に着いて同じ食事をとり、視線を交わし、食べ物を取り分けることが、人間を洗練させるのに役立つと説明されているが、「腰をかがめ」、「集団で食べ物を見つけること」とは、本文に述べられていないことである。

3 ✕ 料理が人間を、「個として自立した存在に脱却させた」という説明は本文に述べられていない。

4 ✕ 「人間が脳や胃腸の健康を保つためには」という論点は本文と関係ない。また、「料理された食べ物を節制すること」というのは本文に述べられていない。

5 〇 本文第2段落最終部の説明と合致する。

[訳 文]

　料理をすることは、私たちに食事を与えるだけでなく機会を与えている。すなわち、決められた時間と場所で共に食事をするという習慣である。これは、地上において新しいことだった。なぜなら、生の食べ物を探し回る人であれば、他の動物と同様に、探し回る途上、一人で物を食べるだろう。（あるいは、考えてみれば、工業化された食べる人のように近年私たちは変わりつつあり、ガスの通った場所に放牧され、いつでもどこででも一人で食事をするようになった。）しかし、席に着いて共通の食事をとり、視線を交わし、食べ物を取り分け、自制の訓練をすることは、すべて私たちを洗練させるのに役立つ。「火を囲むと」ランガムは書いている、「私たちはより大人しくなる」。

　したがって、料理することは私たちを変えたのである。そして、それは私たちをより社会的に市民的にしただけではなかった。料理することによって、私たちの消化できる容量が拡大したことを知ってしまうと、もう戻れなくなる。私たちの大きな脳と小さな消化管は、今や料理した食べ物の食事に依存している。（ローフード主義者は注意を払っている。）このことが意味するのは、料理することは今や義務的なことなのである。それは、いわば私たちの生態を焼いているようなものである。ウィンストン・チャーチルがかつて建築について言ったこととして「私たちはまず私たちの建物を形作り、そしてその建物が私たちを形作る」という言葉があるが、このことは料理にも言えるだろう。まず私たちは食べ物を料理し、そしてその後私たちの食べ物が私たちを料理するのである。

[語 句]

under the sun：地球上で・この世で　　serve：役に立つ　　civilize：洗練させる
gut：消化器　　take note：注意を向ける

英文	内容合致	2018年度 教養 No.6

次の英文の中で述べられていることと一致するものとして、最も妥当なのはどれか。

Some jobs are more attractive than others, and not all people find the same jobs equally attractive. Many people would probably have enjoyed being a sports reporter, with "perks*" including free tickets, good seats and access to the athletes and managers. However, for someone like me with a meagre* interest in sports, there was little reward in such a job except for getting paid. It was not hard to fill the position after I left, so there were clearly others who wanted the job. There are probably more people who want to be sports reporters than there are available jobs. In the case of some jobs, the situation is the opposite: there are more jobs than there are people willing to do them. Some jobs are more sought after than others.

The labour* market is not fair, if by "fair" we mean an equal distribution at work of internal (fun, self-realization*, etc.) and external (wages, fringe benefits*, etc.) goods. Both are clearly unequally* distributed. Some jobs are higher in external than in internal goods and vice versa*, and some are high in both or low in both. Sometimes you have to make a decision about what sort of goods are most important to you.

(Lars Svendsen「Work Second Edition」による)

＊perk……特典　　＊meagre……乏しい　　＊labour……labor
＊self-realization……自己実現　　＊fringe benefit……諸手当
＊unequally……等しくなく　　＊vice versa……逆もまた同様

1　誰もが同じ仕事に同じように引き付けられるわけではなく、スポーツ記者に多くの人々が関心をもっているわけではない。

2　私のようにスポーツに関心が乏しい人間にとって、スポーツ記者のような仕事から得られるものは、報酬以外にはほとんどなかった。

3　職種によっては、私が辞めた仕事とは異なり、応募者数が募集人員を上回っている場合もある。

4　興味や自己実現といった面に関わる仕事と、給料や諸手当といった面に関わる仕事とが、均等に配分されているとしても、労働市場が公平とはいえない。

5　人は、適切な決断をすることによって、仕事における内的な恩恵と外的な恩恵の両立を図ることができる。

| 解説 | 正解 **2** | TAC生の正答率 **84%** |

1 ✕　選択肢前半は本文と合致するが、後半が本文と反対である。本文第1段落では、多くの人がスポーツ記者になれたら楽しいだろうと説明されている。

2 〇　本文第1段落中ほどの説明と合致する。

3 ✕　本文第1段落では、筆者が辞めたスポーツ記者の仕事は、その仕事をやりたい人が募集人員を上回っている仕事だと説明されている。「私が辞めた仕事とは異なり」という選択肢の説明では、本文の説明と反対である。

4 ✕　本文では一つの仕事の二つの側面として、「興味や自己実現」のような内的利益と、「給料や諸手当」のような外的利益を挙げており、それらは均等に配分されるわけではないと説明している。その内容と合致しない。

5 ✕　本文第2段落では、仕事における内的な恩恵と外的な恩恵の配分は均等ではないので、どの恩恵が自分にとって重要なのかを判断しなければならないと述べられており、選択肢のように「両立を図る」ということについては述べられていない。

[訳　文]

　ある仕事は他の仕事より魅力的であり、すべての人が等しく魅力的な同じ仕事を見つけるというわけではない。多くの人は、スポーツ記者になれたらおそらく楽しいだろう。スポーツ記者には、無料のチケットや、よい席や、アスリートやマネージャーと接することができる「特典」がついている。しかしながら、私のようなスポーツに対する興味の乏しい人間にとっては、給与をもらう以外にその仕事における報酬はほとんどない。私がいなくなったあと、そのポジションを埋めるのは難しくなかった。その仕事をやりたい人が他に明らかにいるからである。おそらく、募集人員より、スポーツ記者になりたい人は多くいるのだ。その状況は反対のこともある。その仕事をやりたいという人より仕事が多くある場合である。そしてある仕事は、他のいくつかの仕事より求められるのである。

　もしも、「公平」という言葉が仕事の内部（楽しさ、自己実現など）と外部（賃金、諸手当など）の利益が、等しく配分されるということを意味するなら、労働市場は、公平なものではない。内的な利益と外的な利益は、確かに不平等に配分される。ある仕事は、内的利益より外的利益が高く配分され、逆もまた同様である。そして、いくつかの仕事は、内的利益も外的利益も共に高い場合もあれば、共に低い場合もある。ときどきあなたは、どのような種類の価値があなたにとって最も重要なのかを決断しなければならない。

[語　句]

reward：報酬　　distribution：分配・配分　　wage：賃金　　good：利益

| 英文 | 内容合致 | 2018年度 教養 No.7 |

次の英文の中で述べられていることと一致するものとして、最も妥当なのはどれか。

Sometimes, while in Japan, I feel exhausted* by the constant attention I must give to such signals in the attempt to discover what another person *really* means. I think how relaxing it would be if I were among people with whom I could talk without worrying about what lies behind casual remarks.

Of course, not all Japanese are so complicated, but there is undoubtedly a kind of indirect communication that has been cultivated over the centuries, especially during the period when the country was closed to the outside world. The use of special words for such common things as tea, rice, or soy sauce is one form of expression that restricts comprehension* of the words to people belonging to a particular milieu*. More subtle are the phrases said when one wishes a guest to leave or when one prefers not to reveal where one is going or when one wants the other person to drop a subject. Such "signals" are generally intelligible* only to persons born within a culture or to those, like myself, who have spent most of their lives studying it.

It used to be true that the two halves of my life – in New York and in Tokyo – were totally different, but gradually both have come to seem indispensable*. I enjoy the differences and hope I can continue to divide my life in this way. If a time comes when I must choose one or the other, I think it will be Tokyo. The unattainable* goal I set for myself of learning everything about Japan seems likely to occupy my life through the years to come.

(Donald Keene「Living in Two Countries」による)

＊exhausted……疲れ切った　　＊comprehension……理解　　＊milieu……環境
＊intelligible……理解できる　　＊indispensable……絶対必要な
＊unattainable……到達できない

1　私は、相手が本当は何を言おうとしているのかを理解するために、相手に対して絶えず信号を送り続けなければならないことに疲れ切ってしまうことがある。

2　日本の間接的コミュニケーションなるものが、過去何百年にもわたって存在していたかどうかは疑わしい。

3　お茶やご飯、醤油のようなごく普通のものに特殊な用語を使用することは、特定の環境に置かれた人々にしか通じない表現の一形態である。

4　微妙な表現を理解できる者は、日本の文化の中で生まれ育った人たちや、私のように多大な時間を費やしてその文化を研究した者だけとは限らない。

5　私が自らに課した日本についてあらゆることを学ぶという目標に到達できなかった事実は、これからも私の人生において悔やまれるだろう。

| 解 説 | **正解 3** | TAC生の正答率 **64%** |

1 ✕ 本文第1段落では、信号に絶えず注意を払っていなければいけないことに疲れ切っていると述べられている。信号を送ることではなく、受け取ることに疲れているというのである。

2 ✕ 本文第2段落では、日本の間接的なコミュニケーションというものが何百年にわたって培われてきたと説明されている。第2段落の「undoubtedly」とは、「疑う余地のないほど、確かに」という意味である。

3 ◯ 本文第2段落中ほどの内容と合致する。

4 ✕ 本文第2段落の最後では、微妙な表現を理解できるのは、日本の文化で生まれ育った人と、その文化の研究に時間を費やした人だけであると述べられている。その内容と反対である。

5 ✕ 「これからも私の人生において悔やまれるだろう」という内容は本文に述べられていない。本文第3段落の最後では、日本のあらゆることを学ぶという目標が、これから来る人生の数年間を占めているだろうと述べられているだけである。

[訳 文]

　ときどき日本にいると、私は相手が本当に意味していることを知ろうとして、その信号に注意を絶えず向け続けることに疲れ切ってしまう。何気ない意見に何が隠れているのか心配することなしに話せる人々に囲まれていたら、どんなにリラックスしていられるだろうかと思う。

　もちろん、すべての日本人がそれほど理解しにくいというわけではないが、しかし、確かに何世紀にもわたって、特に、日本が外の世界に対して閉鎖的だった時代に、培われてきたある種の間接的なコミュニケーションというものがある。お茶やご飯、醤油などのような普通のものについて、特殊な用語を使用することは、特定の環境に置かれた人々にしか通じない表現の一形態である。もっと捉えにくいのは、人が客に早く帰ってほしいとき、あるいは、どこへ行こうとしているのか明らかにしないでほしいとき、あるいは、ある人が相手に話を打ち切ってほしいときの言い回しである。そのような「信号」は、一般的にその文化の中で生まれた人か、私のように、それを学びながら多くの人生を費やした人にしかわからない。

　ニューヨークと東京と、私の人生の半分のそれぞれは、全体的に異なったものだったことは真実であった。しかし次第に、それらの二つは絶対に必要なものになってきた。私はその違いを楽しみ、そして私は、このように私の人生を二つに分かれたままにしておきたいと望んでいる。もしも、私が二つのうちどちらかを選ばなければならないとしたら、私は東京を選ぶでしょう。日本についてのあらゆることを学ぶという私自身に課した到達できない目標は、これから来る数年間を通じて私の人生を占めていくことだろう。

[語 句]

attempt to 〜：〜しようとして　　casual：何気ない　　complicated：理解しにくい
subtle：とらえにくい　　drop a subject：話題を打ち切る

現代文

英文

判断推理

数的推理

資料解釈

空間把握

文芸

日本史

世界史

59

| | 英文 | 内容合致 | 2018年度 教養 No.8 |

次の英文の中で述べられていることと一致するものとして、最も妥当なのはどれか。

Slowly, a pattern emerged. Whenever all four of the risk factors cropped up together at an address, there was a dramatically higher incidence* of house fires and illegal conversions, *even if nobody had ever complained about problems*. Or to put it another way, if you wanted to predict which houses were likely to be fire traps, the best clue came not from 311* calls or specific complaints about fires, but by combining disparate data on mortgage defaults, violation of building codes, data on the age of structures, and myriad* indicators of neighborhood poverty.

So Flowers went to the Building Department inspectors, with the support of Goldsmith, and asked them to inspect the houses that were violating the building code and looked dangerous on the aggregated* data. 'At first they didn't like this idea at all – they said we were nuts!' Flowers recalled. But eventually the Building Department backed down and used his data. The results were stunning*. Traditionally, when the inspectors had looked at buildings, they had only uncovered actual problems in 13 percent of the places. With the new method, problems were uncovered 70 percent of the time. At a stroke – and without spending any more money – the fire detection process had become almost *four* times more effective.

(Gillian Tett「The Silo Effect Why Every Organisation Needs to Disrupt Itself to Survive」による)
＊incidence……発生率
＊311……市民が役所に苦情を言うときに通常使われる番号
＊myriad……無数の　　＊aggregate……集める　　＊stun……茫然とさせる

1　過去に一度でも苦情が寄せられたことのある地域では住宅火災の発生率が劇的に高い、という一つのパターンが浮かび上がった。

2　火災が発生する住宅の予測には、住宅ローンの債務不履行、居住者の年齢、近所付き合い、という多様なデータを組み合わせた結果が最も有効であった。

3　ゴールドスミスはフラワーズと一緒に建築課に出向き、建築基準に違反しているために危険と思われる住宅を撤去するよう要求した。

4　建築課は、最初はフラワーズらの考えを全く受け入れなかったが、最終的には主張を受け入れ、提示されたデータを活用した。

5　検査官が調べた建物のうち、問題のない建物は13％だったが、新しい手法を使うと、建物の70％に問題がないことがわかった。

解 説　　**正解　4**　　　　　　　　　　　　TAC生の正答率　**83%**

1　✕　本文第１段落では、「問題について苦情の出ていない場合でも」４つの危険因子がすべて現れれば住宅火災の発生率が高まると説明されている。選択肢前半の説明は本文と反対である。

2　✕　本文第１段落後半で、火災が発生する住宅の予測に活かせるものが列挙されているが、「居住者の年齢」ではなく建築物の築年数、「近所付き合い」ではなく近隣の貧困率のデータが挙げられている。

3　✕　「住宅を撤去するよう要求した」という箇所が誤りである。本文第２段落では、建築基準に違反している住宅を調査するように要求したと述べられている。

4　○　本文第２段落の内容と合致する。

5　✕　「問題のない建物は13％」、「建物の70％に問題がない」という箇所が誤りである。13％、70％という数字は、問題があった建物の割合である。

[訳　文]

　徐々にパターンが明らかになってきた。一つの住宅に４つすべての危険因子が同時に現れると、たとえその問題についての苦情を誰もあげなかったとしても、火災や不法改築のリスクが劇的に高まる。別の言い方をすれば、どの家が火災のわなにはまりやすいかを予測したいなら、一番の手がかりは、311番通報や火災についての特定の苦情からではなく、住宅ローンの不履行、建築基準違反、建物の築年数、近隣住民の貧困率など、異種のデータの組み合わせから得られる。

　そこでフラワーズは、ゴールドスミスと一緒に建築課へ行き、建築基準違反をしている家を調査し、危険性について集めたデータを見るように言った。「最初、彼らは私たちの考えをまったく受け入れなかった。彼らは、私たちを頭がおかしい奴だと言った」と、フラワーズは回想した。しかし結局、建築課は引き下がり、彼のデータを活用した。その結果は、茫然とさせられるものだった。従来のやり方では、検査官が建築を見たとき、その場所で13％について実際に問題があると発覚するだけだった。しかし、新しいやり方では、一度に70％も問題が見つかったのだった。一度の調査で──しかもお金をそれ以上かけないで──火災調査のプロセスは、約４倍も効果的になったのである。

[語　句]

conversion：改造・改築　　predict：予測　　clue：手がかり　　specific：特定の
disparate：異種の　　building code：建築基準　　nuts：頭がおかしい奴

現代文

英文

判断推理

数的推理

資料解釈

空間把握

文芸

日本史

世界史

61

| 判断推理 | 集合 | 2021年度 教養 No.9 |

　ある精肉店の客120人について、牛肉、鶏肉及び豚肉の購入状況を調べたところ、次のことが分かった。

A　牛肉を購入した客は84人であり、そのうち鶏肉も購入した客は34人であった。
B　鶏肉を購入した客は44人であり、そのうち豚肉も購入した客は19人であった。
C　豚肉を購入した客は76人であり、そのうち牛肉も購入した客は52人であった。
D　牛肉、鶏肉及び豚肉のいずれも購入しなかった客は8人であった。

　以上から判断して、牛肉、鶏肉及び豚肉の3品を全て購入した客の人数として、正しいのはどれか。

1　13人

2　14人

3　15人

4　16人

5　17人

解説　正解　1　　TAC生の正答率 83%

　3品全てを購入した客の人数を x [人] とおき、ベン図で整理すると図1のようになる。図1より、牛肉と鶏肉の2品のみ購入した客は $34-x$ [人]、鶏肉と豚肉の2品のみ購入した客は $19-x$ [人]、牛肉と豚肉の2品のみ購入した客は $52-x$ [人] であり、さらに、牛肉のみ購入した客は $84-34-(52-x)=x-2$ [人]、鶏肉のみ購入した客は $44-19-(34-x)=x-9$ [人]、豚肉のみ購入した客は $76-52-(19-x)=x+5$ [人] となる（図2）。

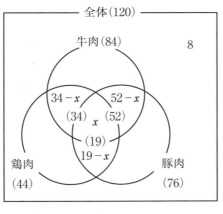

図1

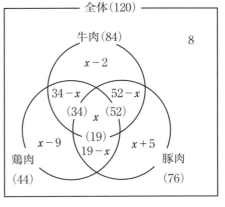

図2

　全体の人数より、$x+(34-x)+(19-x)+(52-x)+(x-2)+(x-9)+(x+5)+8=120$ が成り立ち、これを解くと $x=13$ [人] となる。

　したがって、正解は **1** である。

判断推理	集合	2020年度 教養 No.9

　東京都、神奈川県、埼玉県、千葉県に住む会社員500人について、勤務地を聞き集計したところ下の表のようになり、また、ア～エのことが分かった。

（単位：人）

住所 ＼ 勤務地	東京都	神奈川県	埼玉県	千葉県	合　計
東　京　都					230
神奈川県					119
埼　玉　県					73
千　葉　県					78
合　　　計	172	145	74	109	500

ア　住所と勤務地が同じ会社員は、合計235人であり、このうち、東京都の人は96人であり、神奈川県の人は千葉県の人より2人多く、埼玉県の人より12人多い。

イ　勤務地が東京都の会社員のうち、住所が千葉県の人は埼玉県の人より2人多く、住所が神奈川県の人は千葉県の人の3倍より3人多い。

ウ　勤務地が埼玉県の会社員のうち、住所が神奈川県の人は千葉県の人より5人多く、住所が神奈川県の人は東京都の人より16人少ない。

エ　勤務地が千葉県の会社員のうち、住所が埼玉県の人は神奈川県の人と同数である。

　以上から判断して、勤務地が神奈川県で住所が東京都である会社員の人数として、正しいのはどれか。

1　74人

2　75人

3　76人

4　77人

5　78人

解説 **正解 1** TAC生の正答率 **76%**

条件アについて、住所と勤務地が同じ会社員のうち、神奈川県の人の数をxとおくと、千葉県の人の数は$x-2$、埼玉県の人の数は$x-12$とおける。東京都の96人を含めた合計が235人であることから、$96+x+(x-2)+(x-12)=235$が成り立ち、これを解くと$x=51$〔人〕となる。

勤務地 \ 住所	東京都	神奈川県	埼玉県	千葉県	合計
東 京 都	96				230
神奈川県		51			119
埼 玉 県			39		73
千 葉 県				49	78
合 計	172	145	74	109	500

条件イについて、勤務地が東京都の会社員のうち住所が千葉県の人の数をyとおくと、住所が埼玉県の人の数は$y-2$、住所が神奈川県の人の数は$3y+3$とおける。住所が東京都の96人を含めた合計が172人であることから$96+y+(y-2)+(3y+3)=172$が成り立ち、これを解くと$y=15$〔人〕となる。

条件ウについて、勤務地が埼玉県の会社員のうち住所が神奈川県の人の数をzとおくと、住所が千葉県の人の数は$z-5$、住所が東京都の人の数は$z+16$とおける。住所が埼玉県の39人を含めた合計が74人であることから$39+z+(z-5)+(z+16)=74$が成り立ち、これを解くと$z=8$〔人〕となる。

勤務地 \ 住所	東京都	神奈川県	埼玉県	千葉県	合計
東 京 都	96		24		230
神奈川県	48	51	8		119
埼 玉 県	13		39		73
千 葉 県	15		3	49	78
合 計	172	145	74	109	500

表より、住所が神奈川県で勤務地が千葉県の人の数は$119-(48+51+8)=12$〔人〕、住所が千葉県で勤務地が神奈川県の人の数は$78-(15+3+49)=11$〔人〕となり、条件エより、住所が埼玉県で勤務地が千葉県の人の数は12人となる。

勤務地が千葉県の人の合計は109人であるから、住所が東京都で勤務地が千葉県の人の数は$109-(12+12+49)=36$〔人〕、住所が埼玉県の人の合計は73人であるから、住所が埼玉県で勤務地が神奈川県の人の数は$73-(13+39+12)=9$〔人〕、住所が東京都の人の合計は230人であるから、住所が東京都で勤務地が神奈川県の人の数は$230-(96+24+36)=74$〔人〕となる。

勤務地 \ 住所	東京都	神奈川県	埼玉県	千葉県	合計
東 京 都	96	74	24	36	230
神奈川県	48	51	8	12	119
埼 玉 県	13	9	39	12	73
千 葉 県	15	11	3	49	78
合 計	172	145	74	109	500

したがって、正解は **1** である。

判断推理	集合	2018年度 教養 No.9

　ある会社の社員200人について、札幌市、長野市及び福岡市の３市に出張した経験を調べたところ、次のことが分かった。

A　長野市に出張した経験のない社員の人数は131人であった。

B　２市以上に出張した経験のある社員のうち、少なくとも札幌市と長野市の両方に出張した経験のある社員の人数は15人であり、少なくとも長野市と福岡市の両方に出張した経験のある社員の人数は17人であった。

C　福岡市だけに出張した経験のある社員の人数は18人であった。

D　札幌市だけに出張した経験のある社員の人数は、２市以上に出張した経験のある社員のうち、札幌市と福岡市の２市だけに出張した経験のある社員の人数の５倍であった。

E　３市全てに出張した経験のある社員の人数は８人であり、３市のいずれにも出張した経験のない社員の人数は83人であった。

　以上から判断して、長野市だけに出張した経験のある社員の人数として、正しいのはどれか。

1　45人

2　46人

3　47人

4　48人

5　49人

解説　正解　1　　TAC生の正答率 79%

キャロル表にまとめて整理する。条件Dについて、札幌市と福岡市の2市だけに出張した経験のある社員の人数をx人とすると、札幌市だけに出張した経験のある社員の人数は$5x$[人]とおける。これと、条件A、B、C、Eを表に書き入れると、表1のようになる。

表1

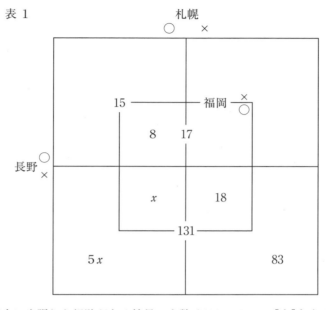

条件Aより、長野市に出張した経験がある社員の人数は$200-131=69$[人]となる。また、キャロル表より、札幌市に出張した経験がなく長野市に出張した経験がある社員の人数は$69-15=54$[人]、札幌市に出張した経験がなく長野市にも福岡市にも出張した経験がある社員の人数は$17-8=9$[人]となる。以上をまとめると表2のようになる。

表2

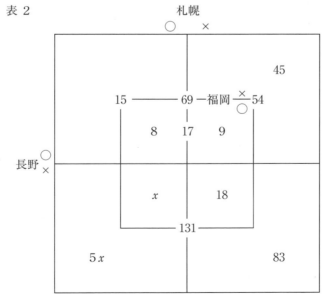

よって、長野市だけに出張した経験のある社員の人数は$54-9=45$[人]となるので、正解は**1**となる。

[別　解]
　ベン図を作ると、以下のようなベン図が描ける。ここから条件をもとに式を立てる。

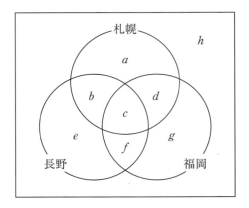

$a+b+c+d+e+f+g+h=200$　……①
$a+d+g+h=131$　……②
$b+c=15$　……③
$c+f=17$　……④
$g=18$　……⑤
$a=5d$　……⑥
$c=8$　……⑦
$h=83$　……⑧

　求めたいのは長野市だけに出張した経験のある社員、つまり e の人数である。e は①にしか含まれていないので、e 以外の残りの文字の数値を求めていけばよい。②より $a+d+g+h$、⑦より c がわかるので、残る b と f の値を③、④から求める。⑦を③に代入すると、$b=7$、⑦を④に代入すると $f=9$ となるので、これらを①に代入すると、$131+7+8+9+e=200$ となり、$e=45$[人]となる。
　よって、正解は **1** となる。

MEMO

判断推理	集合	2017年度 教養 No.9

　　ある地域で行われたボランティア活動に参加したA町会及びB町会の町会員の計1,053人について調べたところ、次のア～オのことが分かった。

ア　ボランティア活動に初めて参加した町会員は、401人であった。

イ　B町会の町会員は389人であった。

ウ　A町会の未成年の町会員は111人であった。

エ　ボランティア活動に初めて参加したA町会の成年の町会員は180人であり、ボランティア活動に
　　2回以上参加したことがあるA町会の未成年の町会員より95人多かった。

オ　ボランティア活動に2回以上参加したことがあるB町会の成年の町会員は、ボランティア活動に
　　2回以上参加したことがあるB町会の未成年の町会員より94人多かった。

　　以上から判断して、ボランティア活動に2回以上参加したことがあるB町会の成年の町会員の人数として、正しいのはどれか。

1　144人

2　146人

3　148人

4　150人

5　152人

解説　正解　1　　TAC生の正答率 82%

条件ア、イ、ウ、エの人数をキャロル表にまとめると、以下の図1のようになる。

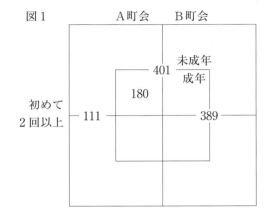

　条件アより、ボランティア活動に2回以上参加したことがある町会員は、1053−401＝652［人］となる。条件イより、A町会の町会員は1053−389＝664［人］となる。条件ウより、A町会の町会員664人のうち、未成年が111人なので、成年は664−111＝553［人］となる。また、ボランティア活動に2回以上参加したことがあるA町会の成年の町会員は553−180＝373［人］となる。条件エより、ボランティア活動に2回以上参加したことがあるA町会の未成年の町会員は180−95＝85［人］となる。条件オより、ボランティア活動に2回以上参加したことがあるB町会の未成年の町会員をx［人］とおくと、成年の町会員は$x+94$［人］とおける。以上をまとめると図2のようになる。

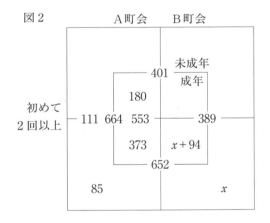

　ここで、ボランティア活動に2回以上参加したことがある町会員に着目すると、$652＝373＋85＋x＋(x+94)$という式が成り立つ。これを解くと$x＝50$［人］となる。
　よって、ボランティア活動に2回以上参加したことがあるB町会の成年の町会員の人数は$x+94＝50+94＝144$［人］となるので、正解は**1**となる。

| 判断推理 | 集合 | 2016年度 教養 No.9 |

あるテレビ番組のクイズ大会に参加したＡ大学及びＢ大学の計100人の学生について、出題された第１問及び第２問の２題のクイズへの解答状況を調べたところ、次のア～カのことが分かった。

ア　クイズ大会に参加したＡ大学の学生の人数は、36人であった。

イ　第１問を正解したＢ大学の学生の人数は、42人であった。

ウ　第１問が不正解であったＡ大学の学生の人数は、13人であった。

エ　第１問が不正解であった学生の人数と第２問が不正解であった学生の人数との和は、延べ78人であった。

オ　第２問を正解した学生の人数は、Ｂ大学の学生がＡ大学の学生より７人多かった。

カ　クイズ大会に参加した学生の全員が、第１問及び第２問の２題のクイズに答えた。

以上から判断して、第２問が不正解であったＢ大学の学生の人数として、正しいのはどれか。

1　28人

2　29人

3　30人

4　31人

5　32人

解説 正解 5   TAC生の正答率 74%

条件ア、イ、ウをキャロル表に書き入れると表1のようになる。表1より、第1問を正解したA大学の学生の人数は36−13＝23［人］なので、第1問を正解した学生の人数は42＋23＝65［人］となる。よって、クイズ大会に参加した人数は計100人より、第1問が不正解であった学生の人数は100−65＝35［人］となる。ここまでをキャロル表にまとめたものが表2である。

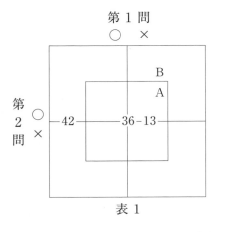
表1

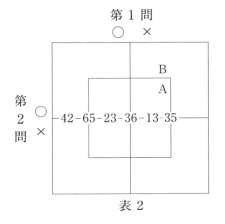
表2

条件エより、第2問が不正解であった学生の人数は、78−35＝43［人］となり、これより、第2問を正解した学生の人数は100−43＝57［人］となる。第2問を正解したA大学の学生の人数をx［人］とすると、条件オより、第2問を正解したB大学の学生の人数は$x+7$［人］となり、$x+(x+7)=57$が成り立ち、これを解くと、$x=25$［人］となる。ここまでをキャロル表にまとめたものが表3である。

表3より、第2問が不正解であったA大学の学生の人数は36−25＝11［人］となり、これより、第2問が不正解であったB大学の学生の人数は43−11＝32［人］となる。

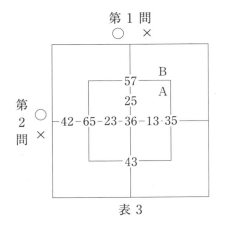
表3

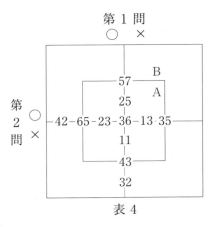
表4

よって、正解は**5**となる。

| 判断推理 | 集合 | 2013年度 教養 No.9 |

ある被災地において災害ボランティアに参加した1,089人について調べたところ、次のア〜オのことが分かった。

ア　災害ボランティアに初めて参加した人は、341人であった。
イ　女性は420人であった。
ウ　未成年の男性は107人であった。
エ　災害ボランティアに初めて参加した成年の男性は176人であり、災害ボランティアに２回以上参加したことがある未成年の男性より98人多かった。
オ　災害ボランティアに２回以上参加したことがある成年の女性は、災害ボランティアに２回以上参加したことがある未成年の女性より188人多かった。

以上から判断して、災害ボランティアに２回以上参加したことがある成年の女性の人数として、正しいのはどれか。

1　236人

2　238人

3　240人

4　242人

5　244人

| 解 説 | 正解　**1** | TAC生の正答率　**79%** |

　条件エより、災害ボランティアに初めて参加した成年の男性が176人より、災害ボランティアに2回以上参加したことがある未成年の男性は（176−98＝）78人となる。また、条件オより、災害ボランティアに2回以上参加したことがある未成年の女性を x［人］とおくと、災害ボランティアに2回以上参加したことがある成年の女性は $x+188$［人］と表される。これらと他の条件をキャロル表に書き入れると、次の表のようになる。

災害ボランティア

初めて　　2回以上

```
┌──────────────────────────┐
│ 176                      │
│     ┌──男──────────┐     │
│     │女            │     │
│成年 │        x+188 │     │
│ ②─341─③─420─④ │     │
│未成年│              │     │
│     │          x   │     │
│     └──────────────┘     │
│ ①        107        78   │
└──────────────────────────┘
```

　災害ボランティアに初めて参加した未成年の男性（①）は、107−78＝29［人］であるので、災害ボランティアに初めて参加した男性（②）は、176＋29＝205［人］となる。さらに、災害ボランティアに初めて参加した女性（③）は、341−205＝136［人］であるので、災害ボランティアに2回以上参加したことがある女性（④）は420−136＝284［人］となる。

　また、災害ボランティアに2回以上参加したことがある女性（④）は、$x+(x+188)=2x+188$［人］であるので、次の式が成り立つ。

$$284=2x+188$$

　この式を解くと、$x=48$［人］となり、災害ボランティアに2回以上参加したことがある成年の女性は $x+188=48+188=236$［人］となる。

　よって、正解は **1** となる。

| 判断推理 | 命題 | 2019年度 教養 No.9 |

ある中学校の生徒に好きな教科を聞いたところ、次のことが分かった。

ア　数学が好きな生徒は、国語も好きである。
イ　数学が好きでない生徒は、理科も好きでない。
ウ　社会が好きな生徒は、国語も理科も好きである。

以上から判断して、この中学校の生徒に関して、確実にいえるのはどれか。

1　国語が好きな生徒は、理科も好きである。

2　数学が好きな生徒は、社会が好きでない。

3　理科が好きな生徒は、国語も好きである。

4　理科が好きでない生徒は、数学も好きでない。

5　社会が好きでない生徒は、国語も理科も好きでない。

解 説　　**正解　3**　　　　　　　　　　　　TAC生の正答率　92%

各命題を記号化し、対偶をとると以下のようになる。

	原命題	対偶
ア	数学→国語…①	$\overline{国語}$→$\overline{数学}$…⑤
イ	数学→理科…②	$\overline{理科}$→$\overline{数学}$…⑥
ウ	社会→国語∧理科 （並列化） 　社会→国語…③ 　社会→理科…④	（並列化） $\overline{国語}$→$\overline{社会}$…⑦ $\overline{理科}$→$\overline{社会}$…⑧

以上をふまえて、三段論法を使って各選択肢が確実にいえるかどうかを検討する。

1　✕　「国語」から始まる命題および対偶がないので、確実にはいえない。

2　✕　「数学」から始まる命題は①だが、「数学→国語」の後が続かないので、確実にはいえない。

3　〇　⑥、①より、三段論法を使って「理科→数学→国語」となるので、理科が好きな生徒は、国語も好きである。

4　✕　「$\overline{理科}$」から始まる命題は⑧だが、「$\overline{理科}$→$\overline{社会}$」の後が続かないので、確実にはいえない。

5　✕　「社会」から始まる命題および対偶がないので、確実にはいえない。

| 判断推理 | 対応関係 | 2021年度
教養 No.10 |

ある小学校の児童Aが夏休みに15日間かけて終えた宿題について調べたところ、次のことが分かった。

ア　児童Aは、国語、算数、理科、社会、図画工作の五つの異なる科目の宿題をした。

イ　宿題を終えるのに要した日数は、科目によって、1日のみ、連続した2日間、連続した3日間、連続した4日間、連続した5日間とそれぞれ異なっていた。

ウ　科目ごとに順次、宿題を終えたが、同じ日に二つ以上の科目の宿題はしなかった。

エ　4日目と5日目には理科、10日目には算数、13日目には国語の宿題をした。

オ　3番目にした宿題の科目は、1日のみで終えた。

カ　2番目にした宿題の科目は、社会であった。

キ　連続した4日間で終えた宿題の科目は、国語でも社会でもなかった。

以上から判断して、児童Aが連続した3日間で終えた宿題の科目として、妥当なのはどれか。

1 国語

2 算数

3 理科

4 社会

5 図画工作

解説　　正解　1　　　　　　　　TAC生の正答率 66%

表に整理して、条件エを書き入れると表1のようになる。

表1	1	2	3	4	5	6	7	8	9	10	11	12	13	14	15
				理	理					算			国		

理科の順番について、理科より後に算数、国語を行っているから1、2、3番目のいずれかだが、条件オと表1より1日のみ行った3番目でなく、条件カより2番目でもないから、理科は1番目に行ったことになり、1〜5日目までが理科であり、条件カより6日目は2番目の社会である（表2）。

表2	1	2	3	4	5	6	7	8	9	10	11	12	13	14	15
	理	理	理	理	理	社				算			国		

4日間行った科目について、表2より図画工作ではなく、条件キより国語、社会ではないから、4日間行ったのは算数である。これにより、3番目に1日のみで終えた科目は、順番がそれぞれ1番目、2番目、4番目以降の理科、社会、国語ではなく、日数が4日間の算数でもないから、図画工作となる。順番は理科→社会→図画工作→算数→国語であり、日数は図画工作が1日のみ、15日目まで行った国語が3日間で、残る社会が2日間となる（表3）。

表3	1	2	3	4	5	6	7	8	9	10	11	12	13	14	15
	理	理	理	理	理	社	社	図	算	算	算	算	国	国	国

したがって、表3より正解は**1**である。

判断推理　対応関係

　A～E市の5都市には、都市間をつなぐ高速バスの直行便が結ばれており、各都市の位置と直行便ルートの概略は、下の図のとおりである。また、都市間をつなぐ高速バスの直行便について、次のことが分かっている。

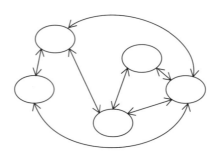

ア　A市とC市は、高速バスの直行便で結ばれている。
イ　A市からD市への高速バスの直行便はない。
ウ　C市からD市への高速バスの直行便はない。
エ　C市からE市への高速バスの直行便はない。

　以上から判断して、確実にいえるのはどれか。

1　A市からB市への高速バスの直行便はない。

2　B市からC市への高速バスの直行便はない。

3　C市と三つの市は、高速バスの直行便で結ばれている。

4　D市からE市への高速バスの直行便はない。

5　E市と三つの市は、高速バスの直行便で結ばれている。

解説　　正解　5　　　　　　　　　　TAC生の正答率　91%

　A～E市が他の市と結ばれているかどうかの対応関係を検討するので、リーグ戦の対戦表を流用して条件をまとめていくとよい。条件ア～エを表にまとめると、表1のようになる。

表1	A	B	C	D	E	結ばれている市
A			○	×		
B						
C	○			×	×	
D	×		×			
E			×			

　各市が他のいくつの市と結ばれているかを問題の図から確認すると、2つの市と結ばれている市が2つ、3つの市と結ばれている市が2つ、4つの市と結ばれている市が1つあることがわかる。すべての市は、最低でも他の2つの市と結ばれており、C市とD市はすでに2つの市と結ばれていないことが確定しているので、残る2つの市と直行便で結ばれていることがわかる（表2）。

表2	A	B	C	D	E	結ばれている市
A			○	×		
B			○	○		
C	○	○		×	×	2市
D	×	○	×		○	2市
E			×	○		

　また、4つの市と結ばれている市が1つあるが、表2より可能性としてあり得るのはB市だけであるので、B市が4つの市、残るA市とE市が3つの市と結ばれていることがわかる。あとは結ばれている市の数にあわせて表を埋めると、以下の表3のようになる。

表3	A	B	C	D	E	結ばれている市
A		○	○	×	○	3市
B	○		○	○	○	4市
C	○	○		×	×	2市
D	×	○	×		○	2市
E	○	○	×	○		3市

　よって、E市と3つの市が直行便で結ばれているので、正解は**5**となる。

判断推理	対応関係	2014年度 教養 No.9

6つの商業施設A～Fについて、所在地と業態分類を調べたところ、以下のことが分かった。

ア　A、B、C、Dのうち、東京にあるものは2つであり、百貨店は2つである。

イ　B、C、D、Eのうち、東京にあるものは1つであり、百貨店は2つである。

ウ　C、D、E、Fのうち、東京にあるものは2つであり、百貨店は1つである。

以上から判断して、確実にいえるのはどれか。

1　Aは、東京にあるが、百貨店ではない。

2　Cは、東京にはないが、百貨店である。

3　Dは、東京にあるが、百貨店ではない。

4　Eは、東京にはないが、百貨店である。

5　Fは、東京にあるが、百貨店ではない。

解 説　　**正解　5**　　　　　　　　　　　　　TAC生の正答率　**52%**

　所在地について考える。アとイを合わせてみると、イでは、東京が１つあり、これを満たすためには、Aが東京にあるものとならなければならない。同様にイとウを合わせてみると、イでは、東京が１つあり、これを満たすためには、Fが東京にあるものとならなければならない。残ったア、イ、ウで東京１つを満たすのはCまたはDのどちらかとなる（表１）。

表１	A	B	C	D	E	F	
ア	○	○	○	○			東2
イ		○	○	○	○		東1
ウ			○	○	○	○	東2
	東		(東)	(東)		東	

　百貨店について考える。アより２つの百貨店について、場合分けをする。AとBが百貨店である場合、イでの百貨店１つとウでの百貨店１つを満たすのはEである（表２）。AとCが百貨店である場合、残りのイでの百貨店１つのみを満たす百貨店はない。

表２	A	B	C	D	E	F	
ア	○	○	○	○			百2
イ		○	○	○	○		百2
ウ			○	○	○	○	百1
	百	百			百		

　BとC（またはD）が百貨店である場合、ア、イ、ウをすべて満たす（表３）。

表３	A	B	C	D	E	F	
ア	○	○	○	○			百2
イ		○	○	○	○		百2
ウ			○	○	○	○	百1
		百	(百)	(百)			

　よって、正解は**5**となる。

| 判断推理 | リーグ戦 | 2020年度 教養 No.10 |

A～Fの6チームが、総当たり戦で野球の試合を行い、勝数の多い順に順位をつけたところ、次のことが分かった。

ア　Aチームは、Bチームに勝ったがCチームに負け、3勝2敗であった。
イ　Bチームは、EチームとFチームに負けた。
ウ　Cチームは、最下位のチームに負け、3勝2敗であった。
エ　Dチームは、Aチームに負けたがBチームとFチームに勝った。
オ　Eチームは、Cチームに勝ち、4勝1敗であった。
カ　Fチームは、最下位のチームよりも勝数が1勝だけ多かった。
キ　引き分けの試合はなかった。

以上から判断して、確実にいえるのはどれか。

1　Aチームは、Eチームに勝った。

2　Bチームは、Cチームに負けた。

3　Cチームは、Dチームに負けた。

4　Dチームは、Eチームに負けた。

5　Eチームは、Fチームに勝った。

84

| 解説 | 正解　**4** | | | TAC生の正答率　**78%** |

リーグ表を作り、整理する。条件ア～オを表に入れると、表1のようになる。6チームの総当たり戦で引き分けがないので、表の○と×の数はそれぞれ15ずつとなる。

表1	A	B	C	D	E	F	勝敗
A		○	×	○			3－2
B	×			×	×	×	
C	○				×		3－2
D	×	○				○	
E		○	○				4－1
F		○		×			
							15－15

最下位のチームについて、表1よりBは最大でも1勝なので、2勝以上しているA、C、D、Eは最下位ではない。また、条件カよりFも最下位ではない。よって、最下位はBである。また、条件ウより最下位のBはCに勝っているので、Bは1勝しており、条件カよりFは2勝したことになる（表2）。Cは、表2の時点で2敗しているので、残るDとFに勝っている。また、全チームの勝敗数より、Dは2勝3敗であることがわかり、すでに2勝しているので、残るEには負けている（表3）。A、E、Fの相互の対戦は、全チーム1勝1敗ずつであるが、それぞれどちらに勝ってどちらに負けたのかは不明である。

表2	A	B	C	D	E	F	勝敗
A		○	×	○			3－2
B	×		○	×	×	×	1－4
C	○	×			×		3－2
D	×	○				○	
E	○	○					4－1
F		○		×			2－3
							15－15

表3	A	B	C	D	E	F	勝敗
A		○	×	○			3－2
B	×		○	×	×	×	1－4
C	○	×		○	×	○	3－2
D	×	○	×		×	○	2－3
E		○	○				4－1
F		○	×	×			2－3
							15－15

したがって、表3より正解は**4**である。

判断推理	リーグ戦	2019年度 教養 No.10

　A～Eの5種類のカードを用いて2人で行うカードゲームがある。ゲームは、5種類のカードをそれぞれ持ち、同時にカードを1枚ずつ出し合って、各カード間の強弱の関係により勝負を決めるものである。これらのカードの関係について、次のことが分かっている。

ア　BはDに強く、DはEに強い。
イ　Cは3種類のカードに強く、そのうちの2種類はEが強いカードの種類と同じである。
ウ　BとDとEはいずれも2種類のカードに強い。
エ　AはCに弱い。

　以上から判断して、5種類のカードの関係として、正しくいえるのはどれか。ただし、引き分けとなるのは、同じ種類のカードを出し合った場合のみである。

1　AはDに弱い。

2　BはEに強い。

3　CはBに弱い。

4　DはCに弱い。

5　EはAに強い。

解説　　正解　**5**

TAC生の正答率　**81%**

　2枚のカードの強弱により勝負が決まるという、リーグ戦と同様の設定であることから、「強い＝勝ち」、「弱い＝負け」と考え、リーグ戦の対戦表を使ってカードの強弱の関係をまとめる。なお、同じ種類のカードを出し合った場合のみ引き分けとなるので、同じカードどうしでは勝負しないと考えて引き分けは無視して、リーグ戦と同様に斜線で表す。条件ア～エからわかることをまとめると、以下の表1のようになる。

表1	A	B	C	D	E	勝敗
A			×			
B				○		2勝2敗
C	○					3勝1敗
D		×			○	2勝2敗
E				×		2勝2敗

　全ての勝負（試合）数は$_5C_2＝10$［試合］であることから、A～Eの勝敗数の合計は10勝10敗となる。このうちB～Eの勝ち数は$2＋3＋2＋2＝9$［勝］であるので、Aの勝ち数は$10－9＝1$［勝］となる。同じくB～Eの負け数は$2＋1＋2＋2＝7$［敗］であるので、Aの負け数は$10－7＝3$［敗］となる。

　また、条件イよりCが3勝するうち2枚のカードはEの勝つカードと同じであり、Eは2勝しかしていないことから、Eが勝つ2枚のカードはCも勝っていることになる。その2枚の可能性があるのはA、B、Dだが、EはDに負けるので、CとEがともに勝つのはAとBの2枚のカードとなる（表2）。

表2	A	B	C	D	E	勝敗
A			×		×	1勝3敗
B			×	○	×	2勝2敗
C	○	○				3勝1敗
D		×			○	2勝2敗
E	○	○		×		2勝2敗

　表2より、BはAに勝ち、EはCに負けることになる。さらに、勝敗数を合わせると、AはDに勝ち、CはDに負けることになる（表3）。

表3	A	B	C	D	E	勝敗
A		×	×	○	×	1勝3敗
B	○		×	○	×	2勝2敗
C	○	○		×	○	3勝1敗
D	×	×	○		○	2勝2敗
E	○	○	×	×		2勝2敗

　したがって、表3より正解は**5**である。

判断推理 トーナメント戦

ある剣道大会で、A～Gの7チームが、下図のようなトーナメント戦を行った結果について、次のア～エのことが分かった。

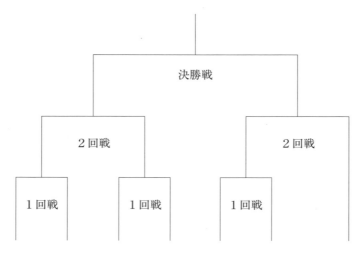

ア　AはCに負けた。
イ　BはEに負けた。
ウ　FはEと対戦した。
エ　FはGに勝った。

以上から判断して、確実にいえるのはどれか。

1　Aは決勝戦に進んだ。
2　Bが決勝戦に進んだとすると、FはGと2回戦で対戦した。
3　Dが優勝したとすると、DはCと対戦した。
4　FはEと1回戦で対戦した。
5　Gが決勝戦に進んだとすると、BはDと対戦した。

| 解 説 | 正解 **3** | | TAC生の正答率 **81%** |

条件イ、エより、EとFはそれぞれ1勝しているので、条件ウより、EとFの試合は2回戦か決勝戦となる。このことを踏まえて選択肢を検討する。

1 ×　Aが決勝戦に進んだなら、E対Fは決勝戦ではなく、2回戦で行われ、EまたはFの一方が決勝に進んだことになる。よって、これだと条件アを満たさなくなるのでAは決勝戦に進んでいない。

2 ×　Bが決勝戦に進んだなら、E対Fは決勝戦ではなく、2回戦で行われたことになる。よって、FとGが2回戦で対戦することはない。

3 ○　確実にいえる。Dが優勝したなら、E対Fは決勝戦ではなく、2回戦で行われたことになる。また、条件アよりCは2回戦に進んでいる。よって、2回戦のもう一方はC対Dとなるので、DはCと対戦したことになる。

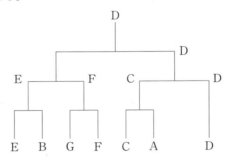

4 ×　前述より、E対Fは2回戦か決勝戦で行われている。

5 ×　Gが決勝戦に進んだなら、E対Fは決勝戦ではなく、2回戦で行われたことになる。よって、Bは1回戦でEに負けたことになるので、BとDは対戦していない。

| 判断推理 | 順序関係 | 2018年度 教養 No.10 |

A～Eの五つの部からなる営業所で、7～9月の各部の売上高について調べ、売上高の多い順に1位から5位まで順位をつけたところ、次のことが分かった。

ア　A部とB部の順位は、8月と9月のいずれも前月に比べて一つずつ上がった。
イ　B部の9月の順位は、C部の7月の順位と同じであった。
ウ　D部の8月の順位は、D部の7月の順位より二つ下がった。
エ　D部の順位は、E部の順位より常に上であった。
オ　E部の順位は、5位が2回あった。

以上から判断して、C部の9月の順位として、確実にいえるのはどれか。ただし、各月とも同じ順位の部はなかった。

1　1位

2　2位

3　3位

4　4位

5　5位

| 解 説 | 正解　**5** | | TAC生の正答率　**58%** |

　条件ウによれば、D部の順位は（7月，8月）＝（1位，3位）、（2位，4位）、（3位，5位）の3通りのいずれかとなることがわかる。また、条件エによれば、どの月も順位はD部＞E部となるので、D部が8月に5位で最下位となるパターンはありえないことがわかる。したがって、D部の順位は（7月，8月）＝（1位，3位）、（2位，4位）のいずれかとなるので、場合分けをして検討する。

（ⅰ）　D部が（7月，8月）＝（1位，3位）の場合
　以下の表1のようになる。

表1	1位	2位	3位	4位	5位
7月	D		○		△
8月		○	D	△	
9月	○		△		

　ここで条件アとイに着目する。条件アによれば、A部とB部の順位は7月、8月、9月で一つずつ上がることから、（7月，8月，9月）＝（3位，2位，1位）、（4位，3位，2位）、（5位，4位，3位）の3通りのいずれかである。8月の3位はDであることから、A部とB部の順位は（7月，8月，9月）＝（3位，2位，1位）、（5位，4位，3位）のいずれかとなる。しかし、条件イによれば、B部の9月とC部の7月は順位が同じでなければいけないが、B部の順位が（3位，2位，1位）だとすると、9月のB部の順位である1位は7月だとD部と同じになってしまう。また、B部の順位が（5位，4位，3位）だとすると、9月のB部の順位である3位は7月だとA部と同じになってしまう。したがって、条件イを満たさないので、このパターンはありえないことがわかる。

（ⅱ）　D部が（7月，8月）＝（2位，4位）の場合
　以下の表2のようになる。

表2	1位	2位	3位	4位	5位
7月		D	○	△	
8月		○	△	D	
9月	○	△			

　（ⅰ）と同様に考えると、8月の4位はD部であることから、A部とB部の順位は（7月，8月，9月）＝（3位，2位，1位）、（4位，3位，2位）のいずれかとなる。条件イより、B部の9月とC部の7月は順位が同じでなければいけないが、B部の順位が（4位，3位，2位）だとすると、9月のB部の順位である2位は7月だとD部と同じになってしまう。よって、B部の順位は（7月，8月，9月）＝（3位，2位，1位）であることが確定する。同様に、A部の順位は（7月，8月，9月）＝（4位，3位，2位）であることが確定する。したがって、7月の1位はC部となり、5位はE部となる。条件エよりどの月も順位はD部＞E部となるので、8月はE部が5位、C部が1位となる。また、9月についてみると、条件オよりE部は5位が2回なので、9月の5位はE部とはならない。また、D部＞E部を満たす必要があるので、9月の3位がD部、4位がE部となり、残る5位がC部となる。ここまでまとめると表3のようになる。

91

表3	1位	2位	3位	4位	5位
7月	C	D	B	A	E
8月	C	B	A	D	E
9月	B	A	D	E	C

よって、C部の9月の順位は5位となるので、正解は**5**となる。

MEMO

判断推理	順序関係	2017年度 教養 No.10

A～Gの7人は、東西方向に1列に並ぶ7区画の市民農園のうち、それぞれ異なる1区画を利用しており、次のア～エのことが分かっている。

ア　Aより東側で、かつ、Fより西側の区画を利用しているのは2人である。
イ　Dが利用している区画は、Cより東側にあり、Bより西側である。
ウ　Eより東側の区画を利用しているのは4人以下である。
エ　Gより西側の区画を利用しているのは2人である。

以上から判断して、確実にいえるのはどれか。

1　Aの区画が西から1番目であれば、Fの区画は東から3番目である。

2　Bの区画が東から3番目であれば、Dの区画は西から3番目である。

3　Cの区画が西から2番目であれば、Dの区画は東から4番目である。

4　Dの区画が東から3番目であれば、Fの区画は西から4番目である。

5　Fの区画が東から1番目であれば、Cの区画は西から2番目である。

| 解説 | 正解　**4** | TAC生の正答率　**83%** |

各条件を記号化すると、以下のようになる（西↔東）。

ア　A○○F
イ　C＞D＞B
ウ　（2人以上）＞E＞（4人以下）
エ　○○G○○○○

これらをふまえて、選択肢ごとに確実にいえるかどうかを検討する。

1　✕　「Aの区画が西から1番目」という前提があるので、条件アとエを組み合わせて「A○GF○○○」という並び方になることがわかる。しかし、これだとFの区画は東から4番目となるので、選択肢の記述に反する。

2　✕　「Bの区画が東から3番目」という前提があるので、条件エと組み合わせて「○○G○B○」という並び方になることがわかる。しかし、これだと西から3番目はすでにGの区画で確定しているので、Dの区画は西から3番目になることができず、選択肢の記述に反する。

3　✕　「Cの区画が西から2番目」という前提があるので、条件エと組み合わせて「○CG○○○」という並び方になることがわかる。条件ア、イ、ウより、B、D、E、Fは西から1番目ではありえず、Aが西から1番目に並ぶことになるが、「ACGF○○○」となり、Fが東から4番目に並ぶことになるので、Dの区画は東から4番目になることができず、選択肢の記述に反する。

4　○　「Dの区画が東から3番目」という前提があるので、条件エと組み合わせて「○○G○D○○」という並び方になることがわかる。ここに条件アを加えると、①「A○GFD○○」という並び方、および②「○○GAD○F」という並び方の2通りが考えられる。②のパターンだと、条件イより「○○GADBF」という並び方になり、Eは西から1番目か2番目の区画にしなければならない。これは条件ウに反するので、②のパターンはありえない。①のパターンだと、条件イより「ACGFD○○」という並び方になる。BとEがどちらに並ぶかは不明だが、いずれにしてもFの区画は西から4番目であるので、確実にいえる。

5　✕　「Fの区画が東から1番目」という前提があるので、条件アとエを組み合わせて「○○GA○○F」という並び方になることがわかる。しかし、条件イ、ウより、B、D、Eは西から1番目ではありえず、Cが西から1番目に並ぶことになり、「CDGA○○F」となって、Cの区画は西から2番目になることができないので、選択肢の記述に反する。

判断推理	順序関係	2013年度 教養 No.10

A～Gの7つの中学校が出場した合唱コンクールの合唱の順番及び審査結果について、次のア～カのことが分かった。

ア　A校とD校の間に4つの中学校が合唱した。
イ　B校はE校の1つ前に合唱した。
ウ　C校とF校の間に2つの中学校が合唱した。
エ　D校はC校の次に合唱した。
オ　E校とG校の間に3つの中学校が合唱した。
カ　5番目に合唱した中学校が最優秀賞を受賞した。

以上から判断して、最優秀賞を受賞した中学校として、正しいのはどれか。

1　B校

2　C校

3　E校

4　F校

5　G校

解説　　　正解　3　　　　　　　　　　　　　　TAC生の正答率　69%

条件イとオをまとめた順序を表すと、次の2通りが考えられる（図は左から順に合唱を行ったことを示す。また、○は確定していない学校を表す。以下同様）。

　　BE○○○G　……①　　　　　G○○BE　……②

次に、条件ウとエをまとめた順序を表すと、次の2通りが考えられる。

　　CD○F　……③　　　　　　F○○CD　……④

さらに、③、④に条件アを加えると、次のようになる。

　　CD○F○○A　……⑤　　　AF○○CD　……⑥

ここで、⑤は3つの○を含めると7校分の並びになっており、○にB、E、Gを当てはめることになる。しかし、その場合、①、②を満たすことはできない。よって、⑤はありえない。

次に、⑥は6校分の並びになっているので、7校分の並びにすると、次の2通りとなる。

　　AF○○CD○　……⑦　　　○AF○○CD　……⑧

⑦は、①、②のいずれとも合わせることができないのでありえない。⑧は、①と合わせることはできないが、②と合わせるとGAFBECD（⑨）となり、条件を満たす。

よって、⑨より、5番目のE校が最優秀賞を受賞したことになるので、正解は**3**となる。

判断推理 — 順序関係

2013年度 教養 No.12

重さがそれぞれ異なる5種類の球A〜Eを上皿天秤にのせたところ、下図のような状態で静止した。このとき、球A〜Eのうち最も重い球として、正しいのはどれか。

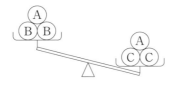
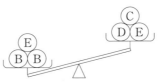

1 A
2 B
3 C
4 D
5 E

解説　正解 5　TAC生の正答率 73%

図をもとに条件を数式で表すと、次のようになる。

$A + B = 2C$ ……①　　$A + 2B < A + 2C$ ……②
$C + E > 2A$ ……③　　$2B + E > C + D + E$ ……④

②より、$2B < 2C(B < C)$（⑤）となる。④は$2B > C + D$であるので、⑤と合わせると、$2C > 2B > C + D$となり、$2C > C + D$がいえるので、$C > D$（⑥）が成り立つ。⑤、⑥より最も重い球はB、Dではないので、**2、4**は正しくない。

次に、①を$B = 2C - A$として、②に代入すると、$A + 2 \times (2C - A) < A + 2C$となり、整理すると、$2C < 2A(C < A)$（⑦）となる。これと③を合わせると、$C + E > 2A > 2C$となり、$C + E > 2C$がいえるので、$E > C$（⑧）が成り立つ。⑦（または⑧）より最も重い球はCではないので、**3**は正しくない。

⑦の両辺にEを加えると、$C + E < A + E$となり、これに③を加えると、$2A < C + E < A + E$となり、$2A < A + E$がいえるので、$A < E$（⑨）が成り立つ。⑨より最も重い球はAではないので、**1**は正しくない。

以上より、最も重い球はEと決まり、正解は**5**となる。

判断推理 位置関係

A～Fの6人がレストランで座った席及び出身地について、次のア～クのことが分かっている。

ア　A～Fの6人は、下図のように、長方形のテーブルを挟み向かい合って座った。
イ　Aの正面の人の隣には岐阜県出身の人が座った。
ウ　Bの正面の人の隣には静岡県出身の人が座った。
エ　Cの正面にはEが座った。
オ　DとEはテーブルの同じ側の両端に座り、その間にBが座った。
カ　北海道出身の人は1人であった。
キ　東京都出身の人はEとFの2人であった。
ク　静岡県出身の人の正面に座った人は、愛知県出身であった。

以上から判断して、北海道出身の人の正面に座った人として、正しいのはどれか。

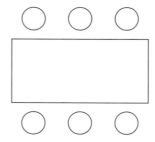

1　A
2　B
3　C
4　D
5　E

解 説　　**正解　5**　　　TAC生の正答率 **80%**

　条件エ、オに着目する。BとDとEを向かってテーブルの上側に固定する。このとき、Dが左側の場合と右側の場合の2通りが考えられるが、本問は（左側、右側）や（左隣り、右隣り）のような左右の条件がないので、どちらか一方で成立すれば他方でも成立する。

　よって、Dが左側の場合で考えると、B、C、D、Eの席は図1のように決まる。ここで、図1の①の席をA、②の席をFとすると、条件キより、EとFは東京出身であるので、条件イより岐阜県出身はDと決まり、条件ウより、静岡県出身はCと決まる。しかし、静岡県出身の向かいには東京都出身が座っており、条件クに矛盾する（図2）。したがって、①の席はF、②の席はAとなる。EとFは東京都出身であり、条件イより、Bは岐阜県出身となる。さらに、条件ウより、静岡県出身はAまたはCとなるが、条件クより静岡県出身と愛知県出身は向かい合わせになるので、静岡県出身はAと決まり、これによりDが愛知県出身、Cが北海道出身となる。ここまでを図に示したものが図3となる。

　よって、正解は **5** となる。

判断推理　位置関係

2015年度 教養 No.12

東京のある地域の地点A～Fの位置関係について調べたところ、次のア～オのことが分かった。

ア　地点Aは、地点Fの真北にあり、かつ、地点Eから真北に向かって45°の右前方にある。
イ　地点Bと地点Cの間の直線距離と、地点Eと地点Fの間の直線距離の比は、3：1である。
ウ　地点Cは、地点Eの真南にあり、かつ、地点Bから真南に向かって45°の左前方にある。
エ　地点Dは、地点Cから真北に向かって45°の右前方にあり、かつ、地点Bの真東にある。
オ　地点Fは、地点Bの真東にあり、かつ、地点Eから真南に向かって45°の左前方にある。

以上から判断して、確実にいえるのはどれか。ただし、地点A～Fは平たんな地形上にある。

1　地点Aは、地点Bの真東にある。
2　地点Aは、地点Cの真南にある。
3　地点Aは、地点Dから真北に向かって45°の左前方にある。
4　地点Fは、地点Cから真北に向かって45°の右前方にある。
5　地点Fは、地点Dから真東に向かって45°の右前方にある。

解説　正解　**3**　TAC生の正答率 **71%**

条件ア、オの順番で図示すると、地点A、E、Fの位置が確定する（図1：地点Bの位置は確定していないので○で表記する）。次に、条件イ、ウより地点B、Cの位置が確定する（図2）。最後に、条件エより、地点Dの位置が確定する（図3）。

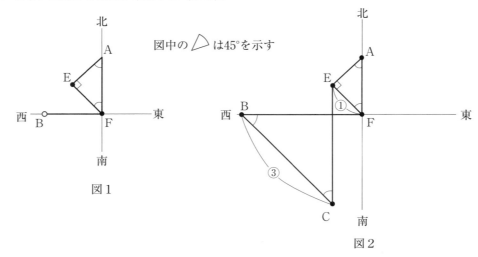

図1 / 図2

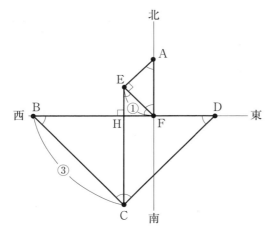

図3をもとに、選択肢を検討する。

1 ✕ 確実にいえない。図3より、地点Aは地点Bの真東ではない。

2 ✕ 確実にいえない。図3より、地点Aは地点Cの真南ではない。

3 ◯ 確実にいえる。△ADFが直角二等辺三角形となれば、地点Aは地点Dから真北に向かって45°の左前方となる。まず、∠AFD＝90°である。△AEFは直角二等辺三角形より、EF＝1とすると、AF＝$\sqrt{2}$となる。また、ECとBDは直交しており、交点をHとすると、△HEFは直角二等辺三角形より、HF＝$\frac{\sqrt{2}}{2}$、△HBCと△HCDは合同な直角二等辺三角形より、BC＝CD＝3より、HD＝$\frac{3\sqrt{2}}{2}$となる。よって、DF＝HD－HF＝$\frac{3\sqrt{2}}{2}-\frac{\sqrt{2}}{2}=\sqrt{2}$となるので、△ADFは直角二等辺三角形となる。

4 ✕ 確実にいえない。△HCFが直角二等辺三角形となれば、地点Fは地点Cから真北に向かって45°の右前方となる。HF＝$\frac{\sqrt{2}}{2}$であり、CH＝HD＝$\frac{3\sqrt{2}}{2}$より、△HCFは直角二等辺三角形ではない。

5 ✕ 確実にいえない。図3より、地点Fは地点Dの真西にある。

| 判断推理 | 発言 | 2014年度 教養 No.10 |

A～Eの5人が、登山をしたときに山頂へ到着した順番について、それぞれ次のように発言している。

A 「私はDの次に到着した。」「CはEの次に到着した。」
B 「私はEの次に到着した。」「Aは最後に到着した。」
C 「私はBの次に到着した。」「EはDの次に到着した。」
D 「私は最後に到着した。」「BはEの次に到着した。」
E 「私はAの次に到着した。」「AはCの次に到着した。」

5人の発言の一方は事実であり、他方は事実ではないとすると、最初に到着した人として、正しいのはどれか。ただし、同着はないものとする。

1 A

2 B

3 C

4 D

5 E

| 解　説 | 正解　**4** | | TAC生の正答率　**70%** |

Aの発言で場合分けをする。

(i)　Aの発言の前半が事実で、後半が事実でない場合

　Aの前半が事実であるので、Eの後半は事実ではなく、Eの前半は事実となる。Eの前半が事実であるので、Cの後半は事実ではなく、Cの前半は事実となる。また、Aの前半が事実ということは、Dは4位以上であるので、Dの前半は事実ではなく、Dの後半は事実となる。したがって、Bの前半は事実となり、Bの後半は事実ではない（表1）。

（事実である：○、事実でない：×）

表1	前半		後半	
A	DA	○	EC	×
B	EB	○	A5	×
C	BC	○	DE	×
D	D5	×	EB	○
E	AE	○	CA	×

　表1より、5人の到着した順番は、早い者からDAEBCとなり、正解は**4**となる。
　なお、Aの発言の前半が事実でなく、後半が事実である場合は、次のように矛盾する。

(ii)　Aの発言の前半が事実でなく、後半が事実である場合

　Aの後半が事実であるので、Cの前半は事実ではなく、Cの後半は事実となる。Cの後半が事実であるということは、Dは4位以上であるので、Dの前半は事実ではなく、Dの後半は事実となる。しかし、Aの後半も事実であるので、明らかに矛盾する（表2）。

（事実である：○、事実でない：×）

表2	前半		後半	
A	DA	×	EC	○
B	EB		A5	
C	BC	×	DE	○
D	D5	×	EB	○
E	AE		CA	

判断推理	操作手順	2020年度 教養 No.12

　片側の端に火をつけると４分で燃えつきるロープが３本ある。これらのロープを使って時間を計るとき、**計ることができない**時間の長さとして、妥当なのはどれか。ただし、火をつけるのはロープの端に限り、ロープの両端や複数のロープの端に同時に火をつけることもできるが、途中で火を消したり、ロープを切ったり、折ったり、印をつけたりすることはできない。

1　３分

2　５分

3　７分

4　９分

5　10分

解 説　　　**正解　4**　　　　TAC生の正答率　**44％**

　片側の端に火をつけると４分で燃えつきるが、両側の端に火をつけると半分の２分で燃えつきる。よって、**5**は、１本目に片側（４分）、燃えつきた後２本目に片側（４分＋４分）、燃えつきた後３本目に両側（４分＋４分＋２分）で10分を計ることができる。

　残る奇数分の選択肢について、両側に火をつけると時間が半分になることを利用し、２分の半分の１分を計れないかを考える。１本目は両側、２本目は片側に同時に火をつけると、２分で１本目が燃えつき、このとき２本目はちょうど半分だけ残っている。ここで２本目のもう片側に火をつけると、残りは半分の１分で燃えつきるから、合計で2＋1＝3［分］を計れたことになる。よって、**1**の３分は計ることができ、この３分後から、３本目の両側に火をつけると3＋2＝5［分］で**2**の５分が、３本目の片側に火をつけると3＋4＝7［分］で**3**の７分が、それぞれ計れる。

　よって、消去法より正解は**4**である。

数的推理	年齢算	2017年度 教養 No.13

ある４人家族の父、母、姉、弟の年齢について、今年の元日に調べたところ、次のA〜Dのことが分かった。

A　姉は弟より４歳年上であった。
B　父の年齢は姉の年齢の３倍であった。
C　５年前の元日には、母の年齢は弟の年齢の５倍であった。
D　２年後の元日には、父と母の年齢の和は、姉と弟の年齢の和の３倍になる。

以上から判断して、今年の元日における４人の年齢の合計として、正しいのはどれか。

1　116歳

2　121歳

3　126歳

4　131歳

5　136歳

解説　　　　**正解　5**　　　　TAC生の正答率 **69%**

今年の元日の姉の年齢をx［歳］とすると、条件Aより弟の年齢は$(x-4)$［歳］、条件Bより父の年齢は$3x$［歳］とおける。また、今年の元日の母の年齢をy［歳］とする。

条件Cより、$y-5=(x-4-5)\times5$となり、これを整理すると$y=5x-40$（①）となる。

さらに条件Dより、$(3x+2)+(y+2)=\{(x+2)+(x-4+2)\}\times3$となり、これを整理すると$y=3x-4$（②）となる。①、②を連立させて解くと、$x=18$、$y=50$となり、今年の元日の年齢は、父は54歳、母は50歳、姉は18歳、弟は14歳となる。よって、４人の年齢の合計は136歳となるので、正解は**5**となる。

数的推理	過不足算	2017年度 教養 No.12

　ある催し物の出席者用に6人掛けの長椅子と4人掛けの長椅子とを合わせて21脚用意した。6人掛けの長椅子だけを使って6人ずつ着席させると、36人以上の出席者が着席できなかった。6人掛けの長椅子に5人ずつ着席させ、4人掛けの長椅子に4人ずつ着席させると、12人以上の出席者が着席できなかった。また、6人掛けの長椅子に6人ずつ着席させ、4人掛けの長椅子に4人ずつ着席させると、出席者全員が着席でき、席の余りもなかった。このとき、出席者の人数として、正しいのはどれか。

1　106人

2　108人

3　110人

4　112人

5　114人

解説　　正解　2

TAC生の正答率 **73%**

　6人掛けの長椅子の数をx[脚]、4人掛けの長椅子の数を$21-x$[脚]、出席者の人数をy[人]として、式で表してみる。まず「6人掛けの長椅子だけを使って6人ずつ着席させると、36人以上の出席者が着席できなかった」という点から、$y \geqq 6x+36$（①）という式が立てられる。続いて「6人掛けの長椅子に5人ずつ着席させ、4人掛けの長椅子に4人ずつ着席させると、12人以上の出席者が着席できなかった」という点から、$y \geqq 5x+4(21-x)+12$（②）という式が立てられる。最後に「6人掛けの長椅子に6人ずつ着席させ、4人掛けの長椅子に4人ずつ着席させると、出席者全員が着席でき、席の余りもなかった」という点から、$y = 6x+4(21-x)$（③）という式が立てられる。

　③の式を整理すると$y = 2x+84$となり、これを①、②それぞれの左辺に代入する。①に代入すると、$2x+84 \geqq 6x+36$となり、これを解くと$x \leqq 12 \cdots$④となる。②に代入すると、$2x+84 \geqq 5x+4(21-x)+12$となり、これを解くと$x \geqq 12$（⑤）となる。④、⑤をいずれも満たすのは$x=12$のときだけなので、$x=12$となる。

　よって、$x=12$を③に代入すると出席者の人数は$2 \times 12+84 = 108$[人]となるので、正解は**2**となる。

数的推理	過不足算	2015年度 教養 No.13

あるテニスサークルの夏合宿において、一次募集した参加人数を基に部屋割りを検討したところ、次のア〜ウのことが分かった。

ア　全ての部屋を8人部屋に設定すると、23人の参加者を二次募集できる。

イ　全ての部屋を6人部屋に設定すると、8人分以上の部屋が不足する。

ウ　8部屋を8人部屋に設定し、残りの部屋を6人部屋に設定すると、6人以上の参加者を二次募集できる。

以上から判断して、一次募集した参加人数として、正しいのはどれか。

1　73人

2　97人

3　105人

4　119人

5　121人

解説　　　**正解　3**　　　　　　　　　　TAC生の正答率 **76%**

　部屋の総数を x[部屋]とおく。条件アより、すべて8人部屋に設定したときの総人数は$8x$[人]となり、$8x$＝（一次募集した参加人数）＋（二次募集した参加人数）となるので、（一次募集した参加人数）＝$8x-23$（①）と表すことができる。

　条件イより、すべて6人部屋に設定したときの総人数は$6x$[人]となる。ここで、「8人分の部屋が不足する」と読み替えると、一次募集した参加人数は$6x+8$[人]となる。しかし、実際には、「8人分以上の部屋が不足する」ので、一次募集した参加人数は、$6x+8$[人]以上とならなければならない。よって、（一次募集した参加人数）$\geq 6x+8$（②）と表すことができる。

　条件ウより、8部屋を8人部屋に設定すると、6人部屋は$x-8$[部屋]あるので、総人数は$8\times 8+6\times(x-8)=64+6(x-8)$人となる。ここで、「6人の参加者を二次募集できる」と読み替えると、条件アと同様に、$64+6(x-8)$＝（一次募集した参加人数）＋（二次募集した参加人数）となるので、一次募集した参加人数は、$64+6(x-8)-6$[人]となる。しかし、実際には「6人以上の参加者を二次募集できる」ので、一次募集した参加人数は、$64+6(x-8)-6$[人]以下とならなければならない。よって、（一次募集した参加人数）$\leq 64+6(x-8)-6$（③）と表すことができる。

　①を②、③に代入すると、次のように2式が成り立つ。

　　$8x-23\geq 6x+8$　　…④

　　$8x-23\leq 64+6(x-8)-6$　　…⑤

　④を整理すると、$x\geq 15\frac{1}{2}$、⑤を整理すると、$x\leq 16\frac{1}{2}$となり、合わせると、$15\frac{1}{2}\leq x\leq 16\frac{1}{2}$となる。$x$は自然数であるので、この式を満たす$x$の値は16となり、①より一次募集した参加人数は$8\times 16-23=105$[人]となるので、正解は**3**となる。

| 数的推理 | 不定方程式 | 2017年度 教養 No.15 |

1桁の正の整数 a、b 及び c について、$a + \dfrac{1}{b - \dfrac{4}{c}} = 3.18$ であるとき、a + b + c の値として、正しいのはどれか。

1　14

2　15

3　16

4　17

5　18

解 説　　正解　**5**　　　　　TAC生の正答率　**30%**

$3.18 = 3 + \dfrac{18}{100} = 3 + \dfrac{9}{50}$ と変形できる。

ここで、$\dfrac{4}{c}$ の分子が4であることより、50を（54－4）と分解し、$3 + \dfrac{9}{54 - 4}$ と変形する。

分数部分の分子と分母を9で割って整理すると、$3 + \dfrac{1}{\dfrac{54}{9} - \dfrac{4}{9}} = 3 + \dfrac{1}{6 - \dfrac{4}{9}}$ となる。

よって、$3.18 = 3 + \dfrac{1}{6 - \dfrac{4}{9}}$ と表せる。a = 3、b = 6、c = 9とすると、すべて1桁の正の整数となり、条件を満たす。

以上より、a + b + c = 18となるので、正解は **5** となる。

数的推理	不定方程式	2016年度 教養 No.13

　ある食堂のメニューは、A定食600円、B定食500円の2つの定食とサラダ150円の3種類である。ある日、この食堂を利用した人数は300人で、全員がどちらかの定食を一食選び、A定食の売れた数は、B定食の売れた数の$\frac{3}{7}$より少なく、$\frac{2}{5}$より多かった。この日のこの食堂の売上金額の合計が165,000円であるとき、サラダの売れた数として、正しいのはどれか。

1 41

2 42

3 43

4 44

5 45

解説　　正解　**2**　　　　　TAC生の正答率　**56%**

　A定食の売れた数をx、B定食の売れた数を$(300-x)$、サラダの売れた数をyとして合計の金額に着目すると、$600x+500(300-x)+150y=165000$という式が成り立つ。この式を整理すると$2x+3y=300$（①）となる。

　①をxについて整理すると、$x=150-\frac{3}{2}y$（②）となる。xもyも定食の売れた数なので整数であり、yは2の倍数となる。この時点で**2**の42か**4**の44の2つに絞ることができる。

　ここから、実際に選択肢にあてはめて「A定食の売れた数は、B定食の売れた数の$\frac{3}{7}$より少なく、$\frac{2}{5}$より多かった」という問題文の条件を満たすかどうかを検討する。

　2の場合、$y=42$であり、②に代入すると$x=87$となる。したがって、B定食の売れた数は$300-87=213$となる。$213\times\frac{3}{7}=\frac{639}{7}=91\frac{2}{7}$であり、$213\times\frac{2}{5}=\frac{426}{5}=85\frac{1}{5}$であるので、A定食の売れた数（$=x$）が86以上91以下であればよい。前述のとおり$x=87$となるので、この条件を満たす。

　4の場合、$y=44$であり、②に代入すると$x=84$となる。したがって、B定食の売れた数は$300-84=216$となる。$216\times\frac{3}{7}=\frac{648}{7}=92\frac{4}{7}$であり、$216\times\frac{2}{5}=\frac{432}{5}=86\frac{2}{5}$であるので、A定食の売れた数（$=x$）が87以上92以下であればよい。前述のとおり、$x=84$となるので、この条件に反する。

　よって、正解は**2**となる。

109

数的推理	不定方程式	2014年度 教養 No.13

　ある映画館の入場券には、1,300円の大人券、800円の子供券及び2,000円の親子ペア券の3種類がある。ある日の入場券の販売額の合計が272,900円であり、大人券の販売枚数が親子ペア券の販売枚数の半分より9枚少なく、販売枚数が最も多いのが親子ペア券、次が子供券、最も少ないのが大人券であったとき、大人券の販売枚数として、正しいのはどれか。

1　36枚

2　37枚

3　38枚

4　39枚

5　40枚

解説　　　**正解　2**　　　TAC生の正答率　**49%**

　大人券を x［枚］、子供券を y［枚］とおくと、親子ペア券は $2(x+9)$［枚］と表せる。販売額の合計272,900円より、次の式が成り立つ。

$$1300 \times x + 800 \times y + 2000 \times (2x + 18) = 272900$$

　上の式を整理すると、$53x + 8y = 2369$（①）となる。①式の各項を見ると、$8y$ は偶数、2369は奇数であるので、$53x$ は奇数とならなければならない。$53x$ が奇数であるためには、x は奇数でなければならない。選択肢を見ると **2** または **4** がこれに該当するので、①式に代入して、y が自然数となるかどうかを確認する。

　$x = 37$ の場合、$53 \times 37 + 8y = 2369$ より、$y = 51$ となり、y は自然数となる。

　$x = 39$ の場合、$53 \times 39 + 8y = 2369$ より、$8y = 302$ となり、302は8の倍数ではないので、y は自然数とはならない。

　よって、正解は **2** となる。

数的推理	割合	2013年度 教養 No.13

2本の新幹線A、BがT駅に到着したとき、新幹線A、Bの乗客数の合計は2,500人であり、到着後、新幹線Aから降りた乗客数は新幹線Bから降りた乗客数の2倍であった。出発までに新幹線Aには170人、新幹線Bには116人が乗ったため、T駅に到着したときに比べ出発したときの乗客数は、新幹線Aが5％、新幹線Bが6％増加した。T駅を出発したときの新幹線A、Bの乗客数の合計として、正しいのはどれか。

1 2,628人

2 2,632人

3 2,636人

4 2,640人

5 2,644人

解説　　　**正解 3**　　　　TAC生の正答率 **53%**

T駅を出発したときの新幹線A、Bの乗客数をそれぞれ a、b［人］とおくと、次の式が成り立つ。

$a + b = 2,500$　……①

また、T駅で新幹線Bから降りた乗客数を x［人］とおくと、新幹線Aから降りた乗客数は $2x$［人］となり、出発までに新幹線Aには170人、新幹線Bには116人が乗ったので、出発したときの乗客数の増加数は、新幹線Aが $170 - 2x$［人］、新幹線Bが $116 - x$［人］となる。

そして、その増加数はそれぞれ $\dfrac{5a}{100}$［人］、$\dfrac{6b}{100}$［人］であるので、次の2つの式が成り立つ。

$170 - 2x = \dfrac{5a}{100}$

$17,000 - 200x = 5a$　　……②

$116 - x = \dfrac{6b}{100}$

$11,600 - 100x = 6b$　　……③

③×2－②より、$6,200 = 12b - 5a$…④となり、①を $a = 2,500 - b$ と変形して、これを④に代入すると、$b = 1,100$［人］となる。したがって、①より $a = 1,400$［人］となり、増加数の合計は $\dfrac{5a}{100} + \dfrac{6b}{100} = \dfrac{5 \times 1,400}{100} + \dfrac{6 \times 1,100}{100} = 136$［人］となるので、T駅を出発したときの新幹線A、Bの乗客数の合計は $2,500 + 136 = 2,636$［人］となる。

よって、正解は**3**となる。

数的推理　最適化

2019年度 教養 No.13

　下の表は、2種類の製品A及びBを製造する工場において、A、Bをそれぞれ1個製造するときの電気使用量、ガス使用量及び利益を示している。この工場の1日の電気使用量の上限が210kWh、1日のガス使用量の上限が120m³のとき、製品A及びBの製造個数をそれぞれ調整することによって、1日に得られる最大の利益として、正しいのはどれか。

製品	電気使用量 （kWh/個）	ガス使用量 （m³/個）	利益 （千円/個）
A	14	6	14
B	6	4	8

1 252千円

2 254千円

3 256千円

4 258千円

5 260千円

解説　正解　1　　TAC生の正答率 59%

製品Aをy[個]、製品Bをx[個]製造したとする（$y≥0$（①）、$x≥0$（②））。表より、このときの電気使用量は$14y+6x$[kWh]、ガス使用量は$6y+4x$[m³]と表せる。

1日の電気使用量の上限が210kWhなので、$14y+6x≤210$となり、これを変形すると$y≤-\frac{3}{7}x+15$（③）となる。また、1日のガス使用量の上限が120m³なので、$6y+4x≤120$となり、これを変形すると$y≤-\frac{2}{3}x+20$（④）となる。さらに、この工場が1日に得られる利益をk[千円]とすると、$k=14y+8x$…⑤となり、これを変形すると、$y=-\frac{4}{7}x+\frac{k}{14}$（⑥）となる。

$14y+6x=210$と$6y+4x=120$の交点は$(x, y)=(21, 6)$なので、①~④をグラフで表すと下図の色つき部分（境界線を含む）となる。

⑥のグラフの傾きは③と④のグラフの傾きの間であり、⑥が色つき部分を通るようにグラフを書き入れる。このとき、⑥のy切片である$\frac{k}{14}$が最大値を取るのは、下図より交点$(21, 6)$を通ったときとなる。

$\frac{k}{14}$が最大のときkも最大となるので、⑤に$x=21$、$y=6$を代入して、$k=14×6+8×21=252$[千円]のとき、利益が最大となる。

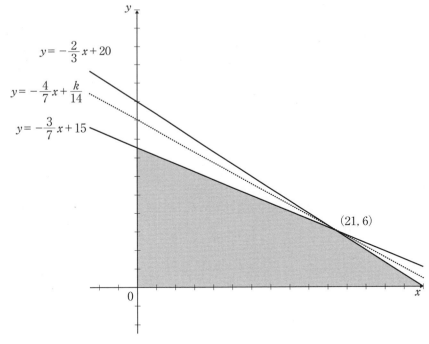

よって、正解は **1** となる。

数的推理	数量問題	2018年度 教養 No.13

ある自動車販売会社がトラックの販売価格を400万円としたところ、このトラックの月間販売台数は4,000台であった。次の月から、このトラックの販売価格を毎月5万円ずつ値下げするごとに月間販売台数が100台ずつ増えるものとするとき、月間売上額が最大となる販売価格として、正しいのはどれか。ただし、税及び経費は考慮しない。

1 290万円

2 295万円

3 300万円

4 305万円

5 310万円

解説　　正解　**3**　　TAC生の正答率 **75%**

xか月後の月間売上額をy［万円］とする。毎月5万円ずつ販売価格が値下がりするので、xか月後の販売価格は$(400-5x)$［万円］となり、毎月100台ずつ月間販売台数が増えるので、xか月後の月間販売台数は$(4000+100x)$［台］となる。（xか月後の月間売上額）＝（xか月後の販売価格）×（xか月後の月間販売台数）となるので、$y=(400-5x)(4000+100x)$となる。

$$y = (400-5x)(4000+100x)$$
$$= -500x^2 + 20000x + 1600000$$
$$= -500(x^2 - 40x) + 1600000$$
$$= -500\{(x-20)^2 - 400\} + 1600000$$
$$= -500(x-20)^2 + 1800000$$

となるので、$x=20$のとき、yは最大値1800000万円をとる。

よって、月間売上額が最大となるのは20か月後であり、そのときの販売価格は$(400-5\times20)=300$万円となるので、正解は**3**となる。

数的推理	通過算	2020年度 教養 No.13

直線の道路を走行中の長さ18mのトラックを、トラックと同一方向に走行中の長さ2mのオートバイと長さ5mの自動車が、追い付いてから完全に追い抜くまでに、それぞれ$\frac{8}{3}$秒と$\frac{46}{5}$秒かかった。オートバイの速さが自動車の速さの1.4倍であるとき、オートバイの時速として、正しいのはどれか。ただし、トラック、オートバイ、自動車のそれぞれの速さは、走行中に変化しないものとする。

1 45km/時

2 54km/時

3 63km/時

4 72km/時

5 81km/時

解説　　正解　**3**

TAC生の正答率 **59%**

移動している物体の一方が他方に追い付いてから完全に追い抜くまでに移動した距離は、追い抜く方が追い抜かれる方よりも、2つの物体の長さの合計分だけ多い。このことを利用して立式する。

自動車の速さをxm/秒、トラックの速さをym/秒とおくと、オートバイの速さは$1.4x$[m/秒]とおける。

長さ18mのトラックを長さ2mのオートバイが完全に追い抜くまでに$\frac{8}{3}$秒かかったことについて、オートバイの移動距離は$1.4x \times \frac{8}{3}$[m]、トラックの移動距離は$y \times \frac{8}{3}$[m]で、この移動距離の差が、オートバイとトラックの長さの合計となるから、$(1.4x - y) \times \frac{8}{3} = 20$（①）が成り立つ。同様に、長さ18mのトラックを長さ5mの自動車が完全に追い抜くまでに$\frac{46}{5}$秒かかったことについて、自動車の移動距離は$x \times \frac{46}{5}$[m]、トラックの移動距離は$y \times \frac{46}{5}$[m]で、この移動距離の差が、自動車とトラックの長さの合計となるから、$(x - y) \times \frac{46}{5} = 23$（②）が成り立つ。①を変形すると$1.4x - y = \frac{60}{8}$（①'）、②を変形すると$x - y = \frac{5}{2}\left(= \frac{20}{8}\right)$（②'）で、①'と②'を連立させて解くと$x = \frac{25}{2}$[m/秒]で、オートバイの速さは$\frac{25}{2} \times 1.4 = 17.5$[m/秒]となる。1秒に17.5m進むオートバイは、60秒＝1分では$17.5 \times 60 = 1050$[m]進み、60分＝1時間では$1050 \times 60 = 63000$[m]進む。

63000m＝63kmで、1時間に63km進むことになるから、正解は**3**である。

数的推理	仕事算	2017年度 教養 No.16

　ある作業を、AとBとの2人で共同して行うと、Aだけで行うより4日早く終了し、Bだけで行うより9日早く終了する。この作業をAだけで行う場合の作業日数として、正しいのはどれか。ただし、A、Bの1日当たりの作業量はそれぞれ一定とする。

1　10

2　11

3　12

4　13

5　14

解 説　　正解　**1**　　　　　TAC生の正答率　**60%**

　ある作業をAとBの2人で共同して行う場合の作業日数をx[日]とおくと、同じ作業をAだけで行う場合の作業日数は$(x+4)$[日]、Bだけで行う場合の作業日数は$(x+9)$[日]となる。

　ある作業の量を1とおくと、このときのそれぞれの1日に行う作業量は、AとBの2人で共同して行う場合は$\dfrac{1}{x}$、Aだけで行う場合は$\dfrac{1}{x+4}$、Bだけで行う場合は$\dfrac{1}{x+9}$となる。

　よって、（AとBの2人で共同して行う場合の1日の作業量）＝（Aだけで行う場合の1日の作業量）＋（Bだけで行う場合の1日の作業量）であるので、次の式が成り立つ。

$$\frac{1}{x} = \frac{1}{x+4} + \frac{1}{x+9}$$

　上の式を整理すると、$(x+4)(x+9) = x(x+9) + x(x+4)$より、$x^2 = 36$となる。この式を解くと、$x > 0$より、$x = 6$となる。したがって、この作業をAだけで行う場合の作業日数は、$6 + 4 = 10$[日]となる。

　よって、正解は**1**となる。

数的推理	整数	2021年度 教養 No.13

ある二つの自然数XとYがあり、XとYの積は1,000以上10,000以下で、二乗の差は441であるとき、XとYのうち大きい方の数として、正しいのはどれか。

1 35

2 45

3 55

4 65

5 75

解 説   **正解 5**   TAC生の正答率 **62%**

X＞Yとして考える。問題文より$X^2-Y^2=441$であり、因数分解をすると $(X+Y)(X-Y)=441$である。$441=3^2\times7^2$であるから、2数の積の形に直すと441×1、147×3、63×7、49×9、21×21の5通りがある。X、Yは自然数でX＋Y＞X－Yとなることを考慮すると、21×21の可能性はなく、残る4通りについて、それぞれX、Yを求めて$1000\leqq XY\leqq 10000$を満たすか確認する。

X＋Y＝441、X－Y＝1のとき、解くとX＝221、Y＝220となり、XY＞10000であるから、不適である。

X＋Y＝147、X－Y＝3のとき、解くとX＝75、Y＝72となり、XY＝5400であるから適する。

X＋Y＝63、X－Y＝7のとき、解くとX＝35、Y＝28となり、XY＝35×28＝(7×5)×(7×4)＝49×20＝980であるから、不適である。

X＋Y＝49、X－Y＝9のとき、解くとX＝29、Y＝20となり、XY＝580であるから、不適である。

よって、X＝75、Y＝72となるから、正解は**5**である。

数的推理	整数	2019年度 教養 No.16

正の整数 x、y があり、$x < y$ であるとき、下の式における x、y の組合せの数として、正しいのはどれか。

$$\frac{1}{x} + \frac{1}{y} = \frac{1}{6}$$

1　3組

2　4組

3　5組

4　6組

5　7組

解説　　正解　2　　　TAC生の正答率　57%

$\dfrac{1}{x} + \dfrac{1}{y} = \dfrac{1}{6}$ の両辺に $6xy$ をかけると、$6x + 6y = xy$ となる。これを整理すると、$xy - 6x - 6y = 0$ となり、両辺に36を加えて $xy - 6x - 6y + 36 = 36$ とし、左辺を因数分解すると、$(x-6)(y-6) = 36$ となる。

　積が36となる2整数の組合せは、$(\pm1,\ \pm36)$、$(\pm2,\ \pm18)$、$(\pm3,\ \pm12)$、$(\pm4,\ \pm9)$、$(\pm6,\ \pm6)$（複合同順）が考えられるが、x と y は正の整数で、かつ、$y > x$ より、$y > x > 0$ であるから、$(y-6) > (x-6) > -6$ となる。よって、$(x-6,\ y-6) = (1,\ 36)$、$(2,\ 18)$、$(3,\ 12)$、$(4,\ 9)$ の4通りしか組合せはなく、それぞれ x と y の値は、$(x,\ y) = (7,\ 42)$、$(8,\ 24)$、$(9,\ 18)$、$(10,\ 15)$ となる。

　以上より、x、y の組合せは4組なので、正解は**2**となる。

数的推理　　整数

2013年度
教養 No.15

正の整数 a、b があり、$a < b$ であるとき、次の式における a、b の組合せの数として、正しいのはどれか。

$$\frac{1}{a} + \frac{1}{b} = \frac{1}{10}$$

1　2組

2　3組

3　4組

4　5組

5　6組

解説　　正解　3

TAC生の正答率　**34%**

$\frac{1}{a} + \frac{1}{b} = \frac{1}{10}$ の両辺に $10ab$ を掛けると、$10b + 10a = ab$ となる。この式を次のように因数分解の形に変形する。

$ab - 10a - 10b = 0$

$(a - 10) \times (b - 10) = 100$

$a < b$（a、b は正の整数）（①）より、$a - 10 < b - 10$ となり、$a - 10 > 0$、$b - 10 > 0$ の場合を考えると、$a - 10$、$b - 10$ は100の約数であるので、次のような4つの組合せが得られる。

$(a - 10,\ b - 10) = (1,\ 100)$、$(2,\ 50)$、$(4,\ 25)$、$(5,\ 20)$

よって a、b の組合せは、$(a,\ b) = (11,\ 110)$、$(12,\ 60)$、$(14,\ 35)$、$(15,\ 30)$ の4通りとなり、これらは①を満たす。

次に $a - 10 < 0$、$b - 10 < 0$ の場合を考えると、次のような4つの組合せが得られる。

$(a - 10,\ b - 10) = (-1,\ -100)$、$(-2,\ -50)$、$(-4,\ -25)$、$(-5,\ -20)$

しかし、いずれの場合においても $b < 0$ となり、①を満たさない。

以上より、a、b の組合せは4通りあるので、正解は **3** となる。

| 数的推理 | 整数 | 2018年度 教養 No.15 |

4で割ったときの商をA、余りをBとし、7で割ったときの商をC、余りをDとするとき、AとCの差が48となる3桁の自然数の個数として、正しいのはどれか。ただし、A、B、C、Dはいずれも整数で、B＜4、D＜7とする。

1 7個

2 8個

3 9個

4 10個

5 11個

解説　　**正解　4**　　TAC生の正答率 **22%**

求める3桁の自然数をXとすると、7で割ったときの商がC、余りがDなので、X＝7C＋D（①）となる。また、4で割ったときの商のAは、Cと48の差があるが、同じ数を4と7で割ったとき、7よりも小さい4で割った方が商が大きくなるので、4で割ったときの商のAは、A＝C＋48となる。4で割ったときの商が（C＋48）、余りがBなので、X＝4（C＋48）＋B（②）となる。

①と②を連立させると、7C＋D＝4（C＋48）＋Bとなり、これを整理して3C＝192＋B－Dとなる。さらに両辺を3で割ると、$C＝64＋\dfrac{B－D}{3}$（③）となる。

Cは正の整数であり、また、BおよびDは0または正の整数となる。Cは正の整数なので、③より、B－Dは0もしくは3の倍数となる。B＜4、D＜7より、B＝|0, 1, 2, 3|、D＝|0, 1, 2, 3, 4, 5, 6|なので、B－Dが0及び3の倍数となる組合せは、(B, D)＝(3, 0)、(0, 0)、(1, 1)、(2, 2)、(3, 3)、(0, 3)、(1, 4)、(2, 5)、(3, 6)、(0, 6) の10通りに限られる。このとき、$\dfrac{B－D}{3}$ の値は－2、－1、0、1のいずれかとなるので、Cはそれぞれ62、63、64、65となる。X＝7C＋Dにおいて、7Cは434、441、448、455のいずれかとなるので、0≦D＜7よりXは3桁の整数となり、条件を満たす。

よって、求める自然数Xの個数は10個となるので、正解は**4**である。

数的推理	整数	2016年度 教養 No.16

連続した5つの自然数の積が30240になるとき、この5つの自然数の和として、正しいのはどれか。

1　30

2　35

3　40

4　45

5　50

解説　　　**正解　3**　　　　　　　　　　TAC生の正答率 **78%**

30240がどのような自然数のかけ算でできあがっているのかを調べるために、30240を素因数分解する。30240＝$2^5 \times 3^3 \times 5 \times 7$となるので、5個の2、3個の3、1個の5、1個の7をかけ算で組み合わせて、連続した5つの自然数ができあがるパターンを考えてみる。

6、7、8、9、10の場合は6＝2×3、7＝7、8＝2^3、9＝3^2、10＝2×5となり、すべての素数を過不足なく割り振ることができる。

よって、5つの自然数の和は6＋7＋8＋9＋10＝40となるので正解は**3**となる。

数的推理	整数	2013年度 教養 No.16

2000の約数の個数として、正しいのはどれか。

1 16個

2 17個

3 18個

4 19個

5 20個

解 説　　正解 **5**　　TAC生の正答率 **87%**

2000を素因数分解すると、$2000 = 2 \times 10^3 = 2 \times (2^3 \times 5^3) = 2^4 \times 5^3$ となるので、約数の個数は、$(4+1) \times (3+1) = 20$[個] となる。

よって、正解は **5** となる。

数的推理 | 剰余

2015年度
教養 No.15

1,000より小さい正の整数のうち、4で割ると3余り、かつ5で割ると4余る数の個数として、正しいのはどれか。

1 50個

2 51個

3 52個

4 53個

5 54個

解説 **正解 1** TAC生の正答率 **83%**

求める正の整数を x とおくと、4で割ると3余るので、$x=$（4の倍数）$+3$ と表され、5で割ると4余るので、$x=$（5の倍数）$+4$ と表される。割り切れるための不足を考えると、共通して1であるので、2つの式の両辺に1を加えると、$x+1=$（4の倍数）$=$（5の倍数）となり、$x+1$ は（4と5の公倍数）つまり（20の倍数）であることがわかる。したがって、$x=$（20の倍数）-1 と表すことができる。ここで、（20の倍数）を $20n$（$n=1,\ 2,\ 3,\ \cdots$）とおくと、$x=20n-1$ となり、$20n-1$ が1,000より小さい正の整数を満たす自然数 n の個数を求めればよい。

$$1 \leqq 20n-1 < 1000$$

上の式の各辺に1を加え、20で割ると、$\dfrac{1}{10} \leqq n < 50\dfrac{1}{20}$ となり、これを満たす自然数 n は1〜50となる。したがって、x は50個あるので、正解は **1** となる。

123

数的推理	剰余	2014年度 教養 No.16

正の整数A及びBがあり、Aは、Aを18、27、45で割るといずれも8余る数のうち最も小さい数であり、またBは、31、63、79をBで割るといずれも7余る数である。AとBの差として、正しいのはどれか。

1 180

2 210

3 240

4 270

5 300

解説　　**正解　4**　　　　　　　　　　TAC生の正答率 **55%**

18、27、45で割るといずれも8余るような正の整数は、18、27、45の公倍数に8を加えた数であるので、（270の倍数）＋8と表される。これを満たす最も小さい正の整数がAであるので、A＝270＋8＝278となる。

31、63、79をBで割るといずれも7余るので、商であるBは8以上の数である。また、Bは24、56、72の公約数である。したがって、$24＝2^3×3$、$56＝2^3×7$、$72＝2^3×3^2$の最大公約数は$2^3＝8$であり、これ以外の公約数は8より小さいので、求めるBは最大公約数である8と決まる。

よって、AとBの差は278－8＝270となるので、正解は**4**となる。

数的推理	N進法	2018年度 教養 No.16

2進法で1010110と表す数と、3進法で2110と表す数がある。これらの和を5進法で表した数として、正しいのはどれか。

1　102

2　152

3　201

4　1021

5　1102

解説　　　**正解　5**　　　TAC生の正答率　**80%**

2進法の1010110を10進法に直すと、$1×2^6+0×2^5+1×2^4+0×2^3+1×2^2+1×2^1+0×2^0=86$となる。また、3進法の2110を10進法に直すと、$2×3^3+1×3^2+1×3^1+0×3^0=66$となる。これらの和は10進法で$86+66=152$となり、10進法の152を5進法に直すと、下図より1102となるので、正解は**5**である。

$$
\begin{array}{r|r|c}
5 &)\ 152 & \text{余り} \\
5 &)\ \ 30 & \cdots\quad 2 \\
5 &)\ \ \ 6 & \cdots\quad 0 \\
  & \quad\ \ 1 & \cdots\quad 1
\end{array}
$$

現代文		

数的推理　N進法

2014年度
教養 No.15

　2進法で101011と表す数と、3進法で211と表す数がある。これらの和を7進法で表した数として、正しいのはどれか。

1　　22

2　　43

3　　65

4　116

5　122

解 説　　　正解　**5**　　　TAC生の正答率　**82%**

　2進法の101011を10進法で表すと、$2^5 \times 1 + 2^4 \times 0 + 2^3 \times 1 + 2^2 \times 0 + 2^1 \times 1 + 1 \times 1 = 43$、3進法の211を10進法で表すと、$3^2 \times 2 + 3^1 \times 1 + 1 \times 1 = 22$となり、これらの和は$43 + 22 = 65$となる。10進法の65を7進法で表すと、次のように122となるので、正解は**5**となる。

$$
\begin{array}{r}
7 \ )\ \underline{65} \qquad\quad \text{余り} \\
7 \ )\ \underline{\ 9\ } \quad \cdots \quad 2 \\
1 \quad \cdots \quad 2
\end{array}
$$

数的推理	数列	2016年度 教養 No.15

次の数列の和として、正しいのはどれか。

$$\frac{1}{1\times 2}、\frac{1}{2\times 3}、\frac{1}{3\times 4}、\frac{1}{4\times 5}、\frac{1}{5\times 6}、\cdots、\frac{1}{15\times 16}$$

1 $\dfrac{13}{16}$

2 $\dfrac{13}{15}$

3 $\dfrac{223}{240}$

4 $\dfrac{15}{16}$

5 $\dfrac{253}{240}$

解 説　　**正解　4**　　　TAC生の正答率　**55%**

各分数を部分分数に分解する。$\dfrac{1}{1\times 2}=\dfrac{1}{1}-\dfrac{1}{2}$、$\dfrac{1}{2\times 3}=\dfrac{1}{2}-\dfrac{1}{3}$、$\dfrac{1}{3\times 4}=\dfrac{1}{3}-\dfrac{1}{4}$、…、のように分解することができるので、問題文の数列の和は以下のように計算することができる。

$$\frac{1}{1\times 2}+\frac{1}{2\times 3}+\frac{1}{3\times 4}+\frac{1}{4\times 5}+\frac{1}{5\times 6}+\cdots+\frac{1}{15\times 16}$$

$$=\left(\frac{1}{1}-\frac{1}{2}\right)+\left(\frac{1}{2}-\frac{1}{3}\right)+\left(\frac{1}{3}-\frac{1}{4}\right)+\left(\frac{1}{4}-\frac{1}{5}\right)+\left(\frac{1}{5}-\frac{1}{6}\right)+\cdots+\left(\frac{1}{15}-\frac{1}{16}\right)$$

$$=\frac{1}{1}-\frac{1}{16}=\frac{15}{16}$$

よって、正解は**4**となる。

| 数的推理 | 規則性 | 2019年度
教養 No.15 |

次のパスカルの三角形において、上から10段目の左から5番目の数と、上から13段目の右から7番目の数との和として、正しいのはどれか。

```
1段目                    1
2段目                  1   1
3段目                1   2   1
4段目              1   3   3   1
5段目            1   4   6   4   1
6段目          1   5   10   10   5   1
7段目        1   6   15   20   15   6   1
8段目      1   7   21   35   35   21   7   1
9段目    1   8   28   56   70   56   ·   ·   ·
     ·        ·    ·    ·    ·    ·    ·    ·
     ·      ·    ·    ·    ·    ·    ·    ·
```

1　621

2　918

3　1050

4　1134

5　1419

128

解説	正解 **3**		TAC生の正答率 **77**%

　それぞれ、左斜め上の数と右斜め上の数を足せばよい。例えば10段目の左から4番目の数は28＋56＝84、10段目の左から5番目の数は56＋70＝126となる。

　よって、順次必要な部分だけ数を計算していくと下図のようになり、求める値は126＋924＝1050となるので、正解は**3**となる。

```
 1段目                          1
 2段目                       1     1
 3段目                    1     2     1
 4段目                 1     3     3     1
 5段目              1     4     6     4     1
 6段目           1     5    10    10     5     1
 7段目        1     6    15    20    15     6     1
 8段目     1     7    21    35    35    21     7     1
 9段目  1     8    28    56    70    56    28     8     1
10段目  ○   ○   ○   84   126  126   84    ○   ○   ○
11段目    ○   ○   ○   210  252  210    ○   ○   ○
12段目      ○   ○   ○   462  462    ○   ○   ○
13段目  ○   ○   ○   ○   ○   ○   924   ○   ○   ○   ○   ○
```

[別　解]

　パスカルの三角形において、n段目の左からm番目の数は、$_{n-1}C_{m-1}$で求めることができる。

　よって、10段目の左から5番目の数と、13段目の右から7番目（＝左から7番目）の数の和は、$_9C_4 + {}_{12}C_6 = 126 + 924 = 1050$となる。

数的推理 — 規則性　2015年度 教養 No.16

下図のように、白と黒の碁石を交互に追加して正方形の形に並べていき、最初に白の碁石の総数が120になったときの正方形の一辺の碁石の数として、正しいのはどれか。

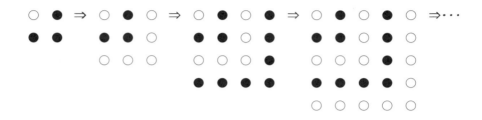

1　11
2　13
3　15
4　17
5　19

解説　正解 3　　TAC生の正答率 78%

　L字型の列ごとに碁石の個数を確認する。碁石の数は、前の列に並んでいる個数に2個足して次の列に並んでいる個数となる。

　1列目：白で1個
　2列目：黒で1＋2＝3［個］
　3列目：白で3＋2＝5［個］
　4列目：黒で5＋2＝7［個］
　5列目：白で7＋2＝9［個］

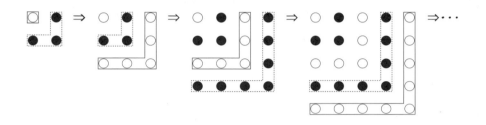

　この規則で6列目以降を考えると、6列目は黒で9＋2＝11［個］、7列目は白で11＋2＝13［個］となるので、1列目から白だけ着目すると、1、5、9、13、…と4個ずつ増えていくことがわかる。白は奇数列より、15列目まで足すと、（1列目：1個）＋（3列目：5個）＋（5列目：9個）＋（7列目：13個）＋（9列目：17個）＋（11列目：21個）＋（13列目：25個）＋（15列目：29個）＝120個となる。

　このように15列目まで足すと、白の碁石の総数が120個になるので、正方形の一辺の碁石の個数は15個となる。

　よって、正解は**3**となる。

| 数的推理 | 覆面算 | 2021年度 教養 No.14 |

それぞれ異なる一桁の四つの自然数 a ～ d について、壊れている二つの電卓 X と電卓 Y を使って、「a ⊠ b ⊟ c ⊞ d ⊟」の計算を行ったところ、次のことが分かった。

ア　電卓Xでは、「4」又は「6」を押すと「3」と入力される。
イ　電卓Xでは、「5」又は「8」を押すと「2」と入力される。
ウ　電卓Xでは、「7」又は「9」を押すと「1」と入力される。
エ　電卓Xでの計算結果は、5.5であった。
オ　電卓Yでは、「⊞」、「⊟」、「⊟」のどれを押しても「⊠」と入力される。
カ　電卓Yでの計算結果は、840であった。

以上から判断して「a × b ÷ c + d」の計算結果として、正しいのはどれか。

1　11.8

2　12.2

3　12.4

4　14.2

5　23.2

| 解 説 | 正解 **1** | TAC生の正答率 **58%** |

a、b、c、dは1桁の自然数であり、電卓Yでの計算結果が4つの数の積である$840=2^3\times3\times5\times7$となったことから、4数の組合せは（3, 5, 7, 8）または（4, 5, 6, 7）となる。

（3, 5, 7, 8）の場合、電卓Xではそれぞれ（3, 2, 1, 2）と入力される。この4数で「○×○÷○＋○＝5.5」となるが、0.5ができるためには÷の直後は2である必要があり、また、÷の前までの○×○の計算結果が奇数となる必要がある。これを満たすのは「3×1÷2＋2（または1×3÷2＋2）」だけであるが、計算結果は3.5となるので不適である。

（4, 5, 6, 7）の場合、電卓Xではそれぞれ（3, 2, 3, 1）と入力される。同様に考えると、これを満たすのは「3×3÷2＋1」だけであり、この場合は計算結果が5.5となる。

よって、実際の計算は「4×6÷5＋7（または6×4÷5＋7）」で、計算結果は11.8となるから、正解は**1**である。

数的推理 魔方陣 2021年度 教養 No.16

　下の図のA～Iに、1～9の異なった整数を一つずつ入れ、A～Iを頂点とする六つの正方形において、頂点に入る数の和がいずれも20となるようにする。Aに3が入るとき、2が入る場所を全て挙げているものとして、妥当なのはどれか。

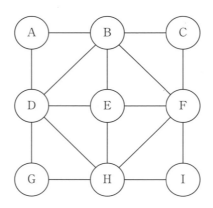

1　B、F、H
2　C、G
3　C、G、I
4　F、H
5　G、I

解説　正解 4　　　TAC生の正答率 40%

　1～9の整数の総和は45である。問題文よりAは3で、また、最大の正方形の4つの頂点A、C、G、Iの和が20で、次に大きい正方形の4つの頂点B、D、F、Hの和が20だから、Eの値は45−20−20＝5である（図1）。

　E＝5を頂点とする正方形が4つあるので、この4つの正方形に使われている数を考える。1、2、3、4、6、7、8、9のうち異なる3つを用いて20−5＝15となるような組合せは、①（9, 4, 2）、②（8, 6, 1）、③（8, 4, 3）、④（7, 6, 2）の4通りだけである。このうち、3が使われているのは③だけだから、B、Dには4、8のいずれかが入ることになる。このとき、ここまででAとEのみ数字が判明しており、A、E、Iを通る直線を軸として対称な図形になっている。よって、対称な位置の数値を入れ替えたものも必ずできることになるから、B＝4、D＝8として残りを考え、完成図と対称なものもできると考える（図2）。

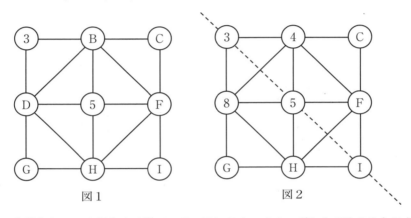

図1　　　　　　　　　図2

　③以外に8が使われている組合せは②で、G、Hには1、6のいずれかが入ることになる。Hは他の組合せにも使われている数だから6、Gが1となる。同様に、②以外に6が使われている組合せは④で、F、Iには2、7のいずれかが入ることになるが、Fは他の組合せにも使われている数だから2、Iが7となり、残るCが9となる（図3）。また、図3と点線を軸として対称なものもできる（図4）。

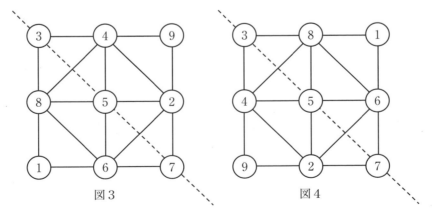

図3　　　　　　　　　図4

　よって、2が入るのはFまたはHであるから、正解は **4** である。

| | 数的推理 | 魔方陣 | 2018年度
教養 No.12 |

下の図のように、縦、横、斜めのいずれの四つの数字の和も同じになるようにした方陣がある。X に入る数字として、正しいのはどれか。

	15	18	
22	A	B	13
21	C	D	X
	17	10	

1　1

2　2

3　3

4　4

5　5

解 説　　**正解　4**　　　　　　　　　　　TAC生の正答率 ▶ **63%**

　中央の縦2列、横2列に数字やアルファベットが振られているので、これをヒントに解いていく。それぞれの列の数字の和は、$15+A+C+17$（①）、$18+B+D+10$（②）、$22+A+B+13$（③）、$21+C+D+X$（④）であり、問題文より①＝②＝③＝④である。ここから、この4本の式を連立方程式で整理することによって検討する。

　まず、Aがどちらにも含まれている①と③に着目する。①＝③であることから、$15+A+C+17=22+A+B+13$であり、この式を整理すると$C=B+3$（⑤）となる。さらに、Bがどちらにも含まれている②と③に着目する。②＝③であることから、$18+B+D+10=22+A+B+13$であり、この式を整理すると$D=A+7$（⑥）となる。

　ここから、③と④の式を比較する。③の式を整理すると$A+B+35$（③′）となる。一方、④の式に⑤と⑥を代入すると、$21+(B+3)+(A+7)+X$となり、式を整理すると$A+B+31+X$（④′）となる。③′＝④′であるので、$A+B+35=A+B+31+X$が成り立ち、$X=4$となる。

　よって、正解は**4**となる。

数的推理 — 場合の数　2021年度 教養 No.12

下の図のように、五本の平行な線a〜eが、他の六本の平行な線p〜uと交差しており、a、e、q、s、tは細線、b、c、d、p、r、uは太線である。これらの平行な線を組み合わせてできる平行四辺形のうち、少なくとも一辺が細線である平行四辺形の総数として、正しいのはどれか。

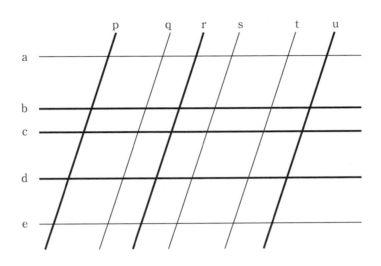

1　141
2　142
3　143
4　144
5　145

解説　正解　1　TAC生の正答率 72%

「少なくとも一辺が細線である平行四辺形の総数」は、「できる平行四辺形の総数」－「いずれの辺も細線でない（＝太線である）平行四辺形の総数」で求められる。

「できる平行四辺形の総数」について、a〜eのうち2辺、p〜uのうち2辺を選んで4辺とすれば平行四辺形ができるから、その総数は $_5C_2 \times _6C_2 = 150$ である。

「いずれの辺も細線でない（＝太線である）平行四辺形の総数」について、b、c、dのうち2辺、p、r、uのうち2辺を選んで4辺とすればすべて太線の平行四辺形となるから、その総数は $_3C_2 \times _3C_2 = 9$ である。

よって、「少なくとも一辺が細線である平行四辺形の総数」は150－9＝141となるから、正解は**1**である。

数的推理	確率	2021年度 教養 No.11

　サービスエリアがA、B、C、Dの順にある高速道路を利用するとき、「AB間で渋滞に巻き込まれる確率」は0.2、「BC間で渋滞に巻き込まれる確率」は0.1、「CD間で渋滞に巻き込まれる確率」は0.3である。この高速道路をAからDまで走るとき、少なくともAB間、BC間、CD間のいずれかで渋滞に巻き込まれる確率として、正しいのはどれか。

1　0.418

2　0.442

3　0.496

4　0.504

5　0.507

解 説　　**正解　3**　　　　　　　　　TAC生の正答率　**89%**

　「少なくともAB間、BC間、CD間のいずれかで渋滞に巻き込まれる確率」は、1－「AB間、BC間、CD間のいずれにおいても渋滞に巻き込まれない確率」で求められる。

　「AB間で渋滞に巻き込まれない確率」は1－0.2＝0.8、「BC間で渋滞に巻き込まれない確率」は1－0.1＝0.9、「CD間で渋滞に巻き込まれない確率」は1－0.3＝0.7であるから、「AB間、BC間、CD間のいずれにおいても渋滞に巻き込まれない確率」は0.8×0.9×0.7＝0.504である。

　よって、「少なくともAB間、BC間、CD間のいずれかで渋滞に巻き込まれる確率」は1－0.504＝0.496となるから、正解は**3**である。

数的推理	確率	2020年度 教養 No.11

20本のくじの中に、当たりくじが3本入っている。ここから同時に2本のくじを引いたとき、当たりくじが1本のみ含まれている確率として、正しいのはどれか。

1　$\dfrac{24}{95}$

2　$\dfrac{49}{190}$

3　$\dfrac{5}{19}$

4　$\dfrac{51}{190}$

5　$\dfrac{26}{95}$

解説　　**正解　4**　　　　TAC生の正答率　**93%**

20本のくじから2本のくじを引く組合せは、$_{20}C_2 = \dfrac{20 \times 19}{2 \times 1} = 190$［通り］ある。そのうち当たりくじを1本、はずれくじを1本引く組合せは、$_3C_1 \times _{17}C_1 = 51$［通り］ある。

したがって、求める確率は$\dfrac{51}{190}$となるので、正解は**4**である。

数的推理	確率	2019年度 教養 No.11

袋Aには白玉3個と赤玉5個、袋Bには白玉4個と赤玉2個が入っている。袋Aから1個、袋Bから1個の玉をそれぞれ無作為に取り出すとき、取り出した2個が異なる色の玉である確率として、正しいのはどれか。

1 $\dfrac{1}{2}$

2 $\dfrac{13}{24}$

3 $\dfrac{7}{12}$

4 $\dfrac{5}{8}$

5 $\dfrac{2}{3}$

解説　　正解　2　　　　　　　　　　　TAC生の正答率 **93%**

余事象の発想を使って、全体の確率から取り出した2個が同じ色の玉である確率を引くことで、取り出した2個が異なる色の玉である確率を求める。

取り出した2個が同じ色の玉である確率は、(i)赤玉が2個になる場合と、(ii)白玉が2個になる場合の2通りがあるので、それぞれ計算する。

(i)　袋A、袋Bのどちらからも赤玉を取り出す確率

袋Aの玉は8個中5個が赤玉であるので、Aから赤玉を取り出す確率は $\dfrac{5}{8}$、袋Bの玉は6個中2個が赤玉であるので、Bから赤玉を取り出す確率は $\dfrac{2}{6}$ である。したがって、(i)の確率は $\dfrac{5}{8} \times \dfrac{2}{6} = \dfrac{5}{24}$ となる。

(ii)　袋A、袋Bのどちらからも白玉を取り出す確率

袋Aの玉は8個中3個が白玉であるので、Aから白玉を取り出す確率は $\dfrac{3}{8}$、袋Bの玉は6個中4個が白玉であるので、Bから白玉を取り出す確率は $\dfrac{4}{6}$ である。したがって、(ii)の確率は $\dfrac{3}{8} \times \dfrac{4}{6} = \dfrac{1}{4}$ となる。

(i)、(ii)より、取り出した2個が同じ色の玉である確率は $\dfrac{5}{24} + \dfrac{1}{4} = \dfrac{11}{24}$ となる。

よって、取り出した2個が異なる色の玉である確率は全体の確率1から余事象の確率 $\dfrac{11}{24}$ を引いて $1 - \dfrac{11}{24} = \dfrac{13}{24}$ となるので、正解は**2**となる。

数的推理	確率	2018年度 教養 No.11

1～6の目が一つずつ書かれた立方体のサイコロを3回振ったとき、出た目の和が素数になる確率として、正しいのはどれか。

1 $\dfrac{23}{108}$

2 $\dfrac{13}{54}$

3 $\dfrac{29}{108}$

4 $\dfrac{67}{216}$

5 $\dfrac{73}{216}$

解説　　正解　**5**　　TAC生の正答率　**54%**

　1～6の目が一つずつ書かれた立方体のサイコロを3回振ったとき、目の出方の全ての場合の数は $6^3 = 216$［通り］となる。

　このうち、該当する場合の数、つまり3つの出た目の和が素数になる場合の数を調べる。以下、3つのサイコロを（A，B，C）と区別して考える。3つの目の和は最小で3（1，1，1）、最大で18（6，6，6）であり、3～18に含まれる素数は3、5、7、11、13、17である。足してこれらの数になる3つの数の和を数え上げていけばよい。パターンがかなり多いので、3つの数字のうち1つを小さい数から固定して、残り2つで数え上げる。

　目の和が3になる3つの数は（1，1，1）の1通りとなる。

　目の和が5になる3つの数は（1，1，3）、（1，2，2）、（1，3，1）、（2，1，2）、（2，2，1）、（3，1，1）の6通りとなる。

　目の和が7になる3つの数は（1，1，5）、（1，2，4）、（1，3，3）、（1，4，2）、（1，5，1）、（2，1，4）、（2，2，3）、（2，3，2）、（2，4，1）、（3，1，3）、（3，2，2）、（3，3，1）、（4，1，2）、（4，2，1）、（5，1，1）の15通りとなる。

　目の和が11になる3つの数は（1，4，6）、（1，5，5）、（1，6，4）、（2，3，6）、（2，4，5）、（2，5，4）、（2，6，3）、（3，2，6）、（3，3，5）、（3，4，4）、（3，5，3）、（3，6，2）、（4，1，6）、（4，2，5）、（4，3，4）、（4，4，3）、（4，5，2）、（4，6，1）、（5，1，5）、（5，2，4）、（5，3，3）、（5，4，2）、（5，5，1）、（6，1，4）、（6，2，3）、（6，3，2）、（6，4，1）の27通りとなる。

　目の和が13になる3つの数は（1，6，6）、（2，5，6）、（2，6，5）、（3，4，6）、（3，5，5）、（3，6，4）、（4，3，6）、（4，4，5）、（4，5，4）、（4，6，3）、（5，2，6）、（5，3，5）、（5，4，4）、（5，5，3）、（5，6，2）、（6，1，6）、（6，2，5）、（6，3，4）、（6，4，3）、（6，5，2）、（6，6，1）の21通りとなる。

　目の和が17になる3つの数は（5，6，6）、（6，5，6）、（6，6，5）の3通りとなる。

　したがって、3つの出た目の和が素数になる場合の数は $1 + 6 + 15 + 27 + 21 + 3 = 73$［通り］となる。

　よって、出た目の和が素数になる確率は $\dfrac{73}{216}$ となるので、正解は**5**となる。

数的推理　確率

2017年度
教養 No.11

　白組の生徒10人、赤組の生徒7人及び青組の生徒6人の中から、くじ引きで3人の生徒を選ぶとき、白組、赤組及び青組の生徒が1人ずつ選ばれる確率として、正しいのはどれか。

1 $\dfrac{420}{12167}$

2 $\dfrac{10}{253}$

3 $\dfrac{60}{253}$

4 $\dfrac{1}{3}$

5 $\dfrac{43}{105}$

解 説　　正解　**3**

TAC生の正答率 **76%**

　生徒の名前が書かれたくじを1本ずつ3回引くと考え、まず、1本目に白組、2本目に赤組、3本目に青組の生徒が選ばれる確率を求める。全体で10＋7＋6＝23［人］いるうち、1本目に白組の生徒が選ばれる確率は$\dfrac{10}{23}$となる。続いて2本目に赤組の生徒が選ばれる確率は$\dfrac{7}{22}$となる。最後に3本目に青組の生徒が選ばれる確率は$\dfrac{6}{21}$となる。よって、この確率は$\dfrac{10}{23}\times\dfrac{7}{22}\times\dfrac{6}{21}$となる。

　さらに、同様に白組、赤組、青組の生徒が1人ずつ選ばれるくじの引き方の順番が何通りあるかを考えると、3組の順番を入れ替えるパターンとなるので、${}_3P_3＝3\times2\times1＝6$［通り］だけあることがわかる。

　したがって、白組、赤組、青組の生徒が1人ずつ選ばれる確率は$\dfrac{10}{23}\times\dfrac{7}{22}\times\dfrac{6}{21}\times6＝\dfrac{60}{253}$となるので、正解は**3**となる。

数的推理	確率	2016年度 教養 No.11

1000から9999までの4桁の整数の中から、1つの整数を無作為に選んだとき、選んだ整数の各位の数字の中に同じ数字が2つ以上含まれる確率として、正しいのはどれか。

1 $\dfrac{9}{25}$

2 $\dfrac{62}{125}$

3 $\dfrac{692}{1375}$

4 $\dfrac{683}{1250}$

5 $\dfrac{83}{125}$

解説　　**正解　2**　　　　　TAC生の正答率 **64%**

　1000から9999までの4桁の整数は、全部で9999－999＝9000[個]ある。この中から1つの整数を選んだとき、「選んだ整数の各位の数字の中に同じ数字が2つ以上含まれている」の余事象は「選んだ整数の各位の数字の中に同じ数字がまったく含まれていない」である。

　余事象の場合の数を求めると、0～9の数字から異なる4つの数字を選んで4桁の整数をつくればよいので、千の位は9通り、百の位は9通り、十の位は8通り、一の位は7通りあるので、9×9×8×7[通り]となる。

　よって、求める確率は$1-\dfrac{9\times9\times8\times7}{9000}=1-\dfrac{63}{125}=\dfrac{62}{125}$となるので、正解は**2**となる。

143

数的推理　確率　2015年度 教養 No.10

下図のすごろくにおいて、「スタート」の位置から、立方体のサイコロ一つを振って出た目の数だけコマを進ませ、3回目でちょうど「ゴール」の位置に止まる確率として、正しいのはどれか。ただし、「スタートに戻る」の位置に止まったときは、「スタート」の位置に戻る。

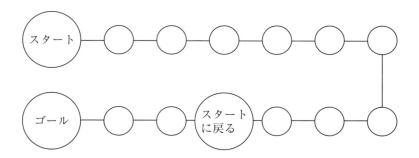

1　$\dfrac{1}{72}$
2　$\dfrac{1}{12}$
3　$\dfrac{7}{72}$
4　$\dfrac{7}{36}$
5　$\dfrac{7}{12}$

解 説   正解 **2**   TAC生の正答率 **84**%

　立方体のサイコロを3回振った場合のすべての目の出方は6×6×6＝216［通り］である。図より、「スタート」から「ゴール」までに、コマは13進むので、合計が13となるようなサイコロの目の出方を考える。まず、左下表のような2回振った場合のサイコロの目の出方を考えると36通りある。3回目を振って合計が13となる目の出方は、2回振った場合のサイコロの目の合計が7〜12の場合に限られる。よって、その部分の目の出方に○を付けた表が右下表となる。

	1	2	3	4	5	6
1	2	3	4	5	6	7
2	3	4	5	6	7	8
3	4	5	6	7	8	9
4	5	6	7	8	9	10
5	6	7	8	9	10	11
6	7	8	9	10	11	12

	1	2	3	4	5	6
1						○
2					○	○
3				○	○	○
4			○	○	○	○
5		○	○	○	○	○
6	○	○	○	○	○	○

　表の○の数は21個あるので、サイコロを3回振って合計13となる目の出方は21通りある。

　しかし、例えば、1回目に4、2回目に6、3回目に3が出た場合は、2回目の合計が10となり、「スタートに戻る」の位置に止まり、「ゴール」には向かわず、「スタート」に戻ってしまう。つまり、はじめの2回の合計が10となる目の出方を引かなければならない。

　よって、サイコロを2回振って目の合計が10となる目の出方を考えると、左上表より3通り（網掛け部分）ある。

　したがって、サイコロを3回振って「スタート」から「ゴール」する目の出方は21−3＝18［通り］となる。

　以上より、求める確率は$\frac{18}{216}＝\frac{1}{12}$となり、正解は**2**となる。

数的推理	確率	2015年度 教養 No.11

　２個の立方体のサイコロＡ及びＢを同時に振ったとき、Ａの出た目の数からＢの出た目の数を引いた数が素数になる確率として、正しいのはどれか。

1 $\dfrac{1}{9}$

2 $\dfrac{2}{9}$

3 $\dfrac{5}{18}$

4 $\dfrac{13}{36}$

5 $\dfrac{4}{9}$

解 説　　正解　2　　　　　　　TAC生の正答率　45%

　２個のサイコロＡ及びＢを同時に振ったときのすべての目の出方は6×6＝36[通り]である。次に、Ａの出た目の数からＢの出た目の数を引いた数が素数となる場合の数を求める。サイコロの目は最大6であるので、求める素数は２、３、５のみである。よって、素数ごとに考えていくと、素数２の場合は、（Ａ，Ｂ）＝（３，１）、（４，２）、（５，３）、（６，４）の４通りあり、素数３の場合は、（Ａ，Ｂ）＝（４，１）、（５，２）、（６，３）の３通りあり、素数５の場合は、（６，１）の１通りあるので、合計８通りある。

　したがって、求める確率は$\dfrac{8}{36}=\dfrac{2}{9}$となり、正解は**2**である。

数的推理	確率	2014年度 教養 No.11

1～9の異なる9つの整数が1個に1つずつ書かれた9個のボールが入った袋から、無作為に2個のボールを取り出すとき、2個のボールに書かれた整数の積が偶数になる確率として、正しいのはどれか。

1 $\dfrac{11}{18}$

2 $\dfrac{2}{3}$

3 $\dfrac{13}{18}$

4 $\dfrac{7}{9}$

5 $\dfrac{5}{6}$

解 説　　**正解　3**　　　　　　　　　　　TAC生の正答率　**77%**

9個のボールが入った袋から、無作為に2個のボールを取り出す場合のすべての取り出し方は $_9C_2$ $=\dfrac{9\times8}{2\times1}=36$［通り］である。「2個のボールに書かれた整数の積が偶数」の余事象は、「2個のボールに書かれた整数の積が奇数」である。2個の数の積が奇数となるのは、（奇数）×（奇数）のみの場合であるので、2個の奇数は（1，3，5，7，9）の5個の奇数から選べばよい。したがって、その取り出し方は $_5C_2=10$［通り］となる。

よって、求める確率は $1-\dfrac{10}{36}=\dfrac{13}{18}$ となるので、正解は**3**となる。

| 数的推理 | 確率 | 2014年度 教養 No.12 |

30本のくじの中に、1等の当たりくじが1本、2等の当たりくじが2本、3等の当たりくじが7本入っている。ここから同時に4本を引いたとき、1等、2等及び3等の当たりくじがそれぞれ1本のみ含まれている確率として、正しいのはどれか。

1 $\dfrac{2}{3915}$

2 $\dfrac{4}{3915}$

3 $\dfrac{8}{3915}$

4 $\dfrac{2}{783}$

5 $\dfrac{8}{783}$

解 説　　**正解　5**　　　　　　　　　TAC生の正答率　**56%**

30本のくじの中から、無作為に4本のくじを引く場合のすべての引き方は $_{30}C_4 = \dfrac{30 \times 29 \times 28 \times 27}{4 \times 3 \times 2 \times 1}$ $= 5 \times 29 \times 7 \times 27$［通り］である。引いた4本のくじに1等、2等及び3等の当たりくじがそれぞれ1本のみ含まれている引き方は、1等の当たりくじ1本から1本、2等の当たりくじ2本から1本、3等の当たりくじ7本から1本、はずれくじ20本から1本を引けばよいので、$_{1}C_1 \times _{2}C_1 \times _{7}C_1 \times _{20}C_1 = 1 \times 2 \times 7 \times 20$［通り］である。

　よって、求める確率 $\dfrac{1 \times 2 \times 7 \times 20}{5 \times 29 \times 7 \times 27} = \dfrac{8}{783}$ となるので、正解は **5** となる。

数的推理	確率	2013年度 教養 No.11

ある商店街の福引抽選会において、2本の当たりくじを含む8本のくじの中から3人が順番にそれぞれ1本ずつくじを引いたとき、3人のうち2人が当たる確率として、正しいのはどれか。ただし、引いたくじは戻さない。

1　$\dfrac{1}{8}$

2　$\dfrac{2}{13}$

3　$\dfrac{3}{14}$

4　$\dfrac{3}{28}$

5　$\dfrac{9}{64}$

解 説　　正解　4　　TAC生の正答率　87%

3人が順番に1本ずつくじを引き、2人が当たる場合は、例えば、1人目が「当たり」、2人目が「当たり」、3人目が「はずれ」が考えられる。この確率を求めると、$\dfrac{2}{8} \times \dfrac{1}{7} \times \dfrac{6}{6} = \dfrac{1}{28}$ となる。そして、この3人のうち2人が当たる場合は、$_3C_1 = 3$［通り］あるので、求める確率は $\dfrac{1}{28} \times 3 = \dfrac{3}{28}$ となる。

よって、正解は**4**となる。

下の図のように、一辺の長さ4aの正方形ABCDの頂点Aに、一辺の長さ3aの正方形EFGHの対角線の交点を合わせて二つの正方形を重ねたとき、太線で囲まれた部分の面積として、正しいのはどれか。

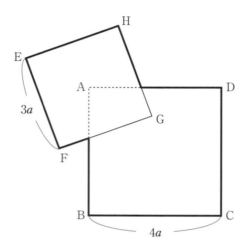

1 $\dfrac{89}{4}a^2$

2 $\dfrac{91}{4}a^2$

3 $\dfrac{93}{4}a^2$

4 $\dfrac{95}{4}a^2$

5 $\dfrac{97}{4}a^2$

解 説　正解　**2**　　TAC生の正答率　80%

頂点Aは正方形EFGHの重心であり、正方形の重心を通る直線は正方形の面積を二等分するから、次の図のように補助線を引くと、正方形EFGHの面積は4等分されていることになる。よって、正方形ABCDと正方形EFGHが重なった部分の面積は、正方形EFGHの面積の$\frac{1}{4}$であるから、太線で囲まれた部分の面積は、$(4a)^2 + (3a)^2 - (3a)^2 \times \frac{1}{4} = \frac{91}{4}a^2$ となる。

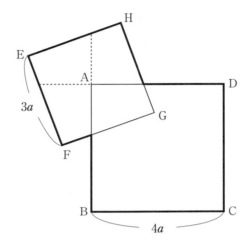

したがって、正解は**2**である。

数的推理 — 平面図形

2021年度 教養 No.22

下の図のように、同じ大きさの15個の正方形のマス目を描いて点A～Eを置き、点Aから点B及び点Eをそれぞれ直線で結んだとき、∠ABCと∠DAEの角度の和として、正しいのはどれか。

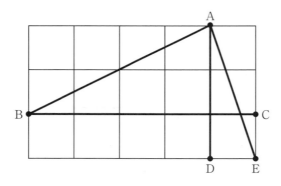

1　35°
2　40°
3　45°
4　50°
5　55°

解説　正解 **3**　　TAC生の正答率 **58%**

マス目の1目盛の長さを1とおくと、$AE = \sqrt{3^2 + 1^2} = \sqrt{10}$、$AB = \sqrt{2^2 + 4^2} = \sqrt{20}$であり、$\sqrt{10}^2 + \sqrt{10}^2 = \sqrt{20}^2$であることを利用する。

点Dの1目盛左の点をFとすると、$AF = \sqrt{3^2 + 1^2} = \sqrt{10}$であり、また、$BF = \sqrt{3^2 + 1^2} = \sqrt{10}$であるから、△ABFはAF＝BFの二等辺三角形である。また、$\sqrt{10}^2 + \sqrt{10}^2 = \sqrt{20}^2$より、△ABFは直角三角形でもあるから、$\angle AFB = 90°$、$\angle FAB = \angle FBA = 45°$である。$\angle ABF = \angle ABC + \angle CBF$であり、Fの1目盛上の点をGとすると、3辺の長さがそれぞれ等しいから、△ADEと△BGFは合同であり、$\angle DAE = \angle GBF$となる。

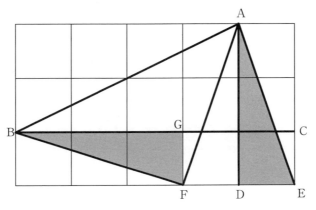

したがって、$\angle ABC + \angle DAE = \angle ABC + \angle GBF = \angle ABF = 45°$となるので、正解は**3**である。

数的推理 平面図形

2020年度 教養 No.14

下の図のように、四角形ABCDは、線分AE、BE、CE、DEによって四つの三角形に分割されており、AE＝CE＝2、AD＝4、BE＝5、∠AEB＝∠DAE＝∠CED＝90°であるとき、三角形BCEの面積として、正しいのはどれか。

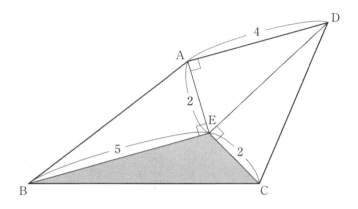

1　$2\sqrt{3}$
2　$2\sqrt{5}$
3　$3\sqrt{3}$
4　$3\sqrt{5}$
5　$4\sqrt{5}$

解説　正解 **2**　　TAC生の正答率 **33%**

∠AEB = ∠DEC = 90°より、∠AED + ∠BEC = 180°となる。和が180°となる2角をそれぞれ持つ三角形の面積比は、それぞれの角をはさんでいる2辺の長さの積の比と等しくなる。よって、△BEC：△AED =（5×2）：（2×DE）となる。

△AEDについて、面積は$\frac{1}{2}×2×4=4$であり、また、三平方の定理より$2^2+4^2=DE^2$だから、DE = $2\sqrt{5}$である。よって、△BEC：4 =（5×2）：（2×$2\sqrt{5}$）となり、△BEC×$4\sqrt{5}$ = 40が成り立つ。

これを解くと△BEC = $2\sqrt{5}$となるので、正解は **2** である。

[別　解]

∠AEB = ∠DEC = 90°より、∠AED + ∠BEC = 180°となる。また、AE = ECであることを利用し、BEおよびEDが底辺になるように△BCEと△EADを並べて描くと次の図のようになる。2つの三角形において底辺から点A（= C）までの高さは等しいから、面積の比は底辺の比と等しくなる。△AEDについて、面積は$\frac{1}{2}×2×4=4$であり、また、三平方の定理より$2^2+4^2=DE^2$だから、DE = $2\sqrt{5}$である。よって、△BEC：4 = 5：$2\sqrt{5}$となり、これを解くと△BEC = $2\sqrt{5}$となる。

よって、正解は **2** である。

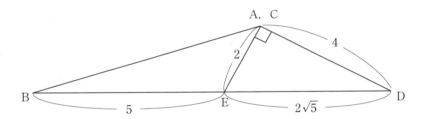

数的推理　平面図形　2020年度 教養 No.15

　一辺4cmの正方形9個を隙間なく並べて、一辺12cmの正方形を作る。この作った正方形の対角線が交わる点を中心とし、半径4cmの円を描く。このとき、下の図のように着色した部分の面積として、正しいのはどれか。ただし、円周率はπとする。

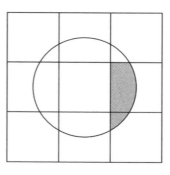

1　$4\pi - 4 \text{cm}^2$

2　$4\pi - 5 \text{cm}^2$

3　$4\pi - 6 \text{cm}^2$

4　$4\pi - 7 \text{cm}^2$

5　$4\pi - 8 \text{cm}^2$

解説　正解　1　　TAC生の正答率　69%

円に以下のように補助線を引くと、①～⑤の5つの部分に分けられる。①～④の面積はいずれも等しいから、求める着色した部分の面積（＝①）は、円の面積から⑤の面積を引いたものを4等分したものとなる。

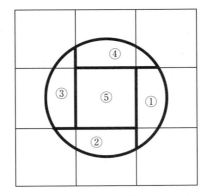

円の面積は $\pi \times 4^2 = 16\pi \,[\mathrm{cm}^2]$ で、⑤の面積は $4^2 = 16\,[\mathrm{cm}^2]$ だから、着色した部分の面積（＝①）は $(16\pi - 16) \div 4 = 4\pi - 4\,[\mathrm{cm}^2]$ となる。

したがって、正解は **1** である。

数的推理 平面図形

2020年度 教養 No.16

下の図のように、直線 a 上の点 X を始点として、動点 P が直線 a と 45 度の角度をなして直線 b に向けて出発した。動点 P は直線 b に到達したところで直角に曲り、直線 c に到達すると再び直角に曲り、直線 b に向かって進んだ。これを点 P が点 Y に限りなく近づくまで繰り返したとすると、動点 P が進む距離として、最も近い数値はどれか。ただし、XY 間の距離は 8 cm とする。

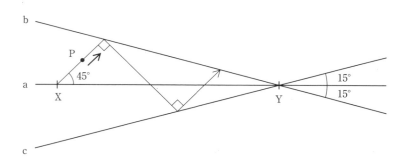

1 $4\sqrt{3}$ cm
2 $8\sqrt{2}$ cm
3 $8\sqrt{3}$ cm
4 $16\sqrt{2}$ cm
5 $16\sqrt{3}$ cm

解説　正解　**2**　　TAC生の正答率　**49%**

　XYを対角線とした正方形を描くと以下のようになる。Xを出発した動点Pは、直線aと45度の角度をなして直線bに向けて移動するから、正方形の辺上を上方向に移動し、直線bに到達したところで直角に曲がるから右方向に移動し、直線cに達したところで直角に曲がるから上方向に移動し、…、と進んでいく。このような移動でYまで進んだとすると、上方向に移動した距離の総和は正方形の縦の長さと等しく、右方向に移動した距離の総和は正方形の横の長さと等しい。正方形の対角線の長さはXY＝8[cm]であるから、1辺の長さは$8 \div \sqrt{2} = 4\sqrt{2}$[cm]であり、動点Pの移動距離は$4\sqrt{2} \times 2 = 8\sqrt{2}$[cm]となる。実際はYまで到達しないが、Yに限りなく近づいていくということは、動点Pの移動距離も$8\sqrt{2}$cmに限りなく近づいていくことになる。

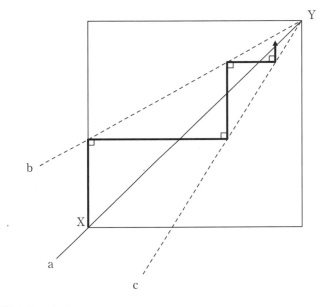

したがって、正解は**2**である。

数的推理 — 平面図形

2019年度 教養 No.14

　下の図のように、三角形ABCは、AB＝ACの二等辺三角形であり、辺AB上に点D、Fが、辺AC上に点E、Gが置かれ、線分DE、EF、FG、GBによって五つの三角形に分割されている。この五つの三角形のそれぞれの面積が全て等しいとき、ADの長さとAEの長さの比として、正しいのはどれか。

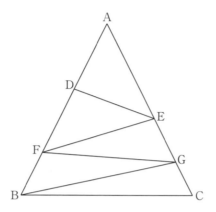

	AD	:	AE
1	5	:	7
2	9	:	13
3	15	:	22
4	45	:	62
5	45	:	64

解説　　正解　**5**　　TAC生の正答率　31%

△EAFについて底辺分割定理を用いると、△ADEと△DEFの面積が等しいので、底辺の比はAD：DF＝1：1となる。

△FGAについて底辺分割定理を用いると、△EFA（＝△ADE＋△DEF）と△EFGは面積比が2：1であるので、底辺の比はAE：EG＝2：1となる。同様に、△GABについて底辺分割定理を用いると、△AFG（＝△ADE＋△DEF＋△EFG）と△BFGは面積比が3：1であるので、底辺の比はAF：FB＝3：1となる。さらに、△BACについて底辺分割定理を用いると、△ABG（＝△ADE＋△DEF＋△EFG＋△BFG）と△CBGは面積比が4：1であるので、底辺の比はAG：GC＝4：1となる。

ここで、AB＝AC＝1とおくと、AF＝AB×$\frac{3}{4}$＝1×$\frac{3}{4}$＝$\frac{3}{4}$、AD＝AF×$\frac{1}{2}$＝$\frac{3}{4}$×$\frac{1}{2}$＝$\frac{3}{8}$となる。

また、AG＝AC×$\frac{4}{5}$＝1×$\frac{4}{5}$＝$\frac{4}{5}$、AE＝AG×$\frac{2}{3}$＝$\frac{4}{5}$×$\frac{2}{3}$＝$\frac{8}{15}$となる。

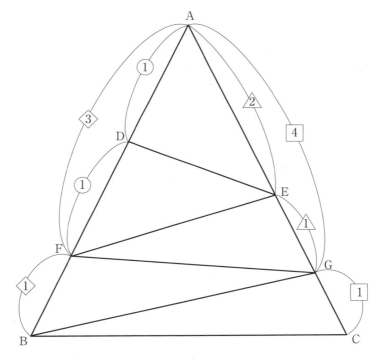

よって、AD：AE＝$\frac{3}{8}$：$\frac{8}{15}$＝45：64となるので、正解は**5**となる。

数的推理 — 平面図形

下の図のような台形の高さhとして、正しいのはどれか。

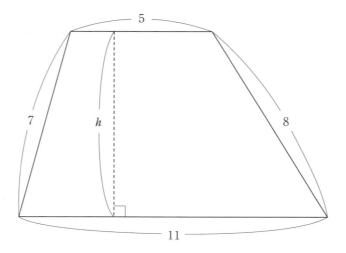

1. $\dfrac{7\sqrt{3}}{2}$
2. $\dfrac{7\sqrt{15}}{4}$
3. $\dfrac{3\sqrt{21}}{2}$
4. $\dfrac{5\sqrt{39}}{4}$
5. $\dfrac{3\sqrt{30}}{2}$

解 説　正解　2　　TAC生の正答率 61%

下図のように上辺の頂点から下辺に向けて垂線を引き、下辺を3分割した長さをそれぞれ x、5、y とすると、$x+5+y=11$ より、$x+y=6$（①）となる。次に、2つの直角三角形において三平方の定理を用いると、$x^2+h^2=49$（②）、$y^2+h^2=64$（③）となる。③−②より、$y^2-x^2=15$ となり、これを整理して $(y+x)(y-x)=15$（④）となる。④に①を代入すると、$6×(y-x)=15$ より、$2y-2x=5$（⑤）となる。

①×2−⑤より、$x=\dfrac{7}{4}$ となる。これを②に代入すると、$h^2=49-\dfrac{49}{16}=\dfrac{49×16}{16}-\dfrac{49}{16}=\dfrac{49}{16}×(16-1)=\dfrac{49}{16}×15$ となる。これを解いて $h=\pm\dfrac{7\sqrt{15}}{4}$ より、$h>0$ なので $h=\dfrac{7\sqrt{15}}{4}$ となる。

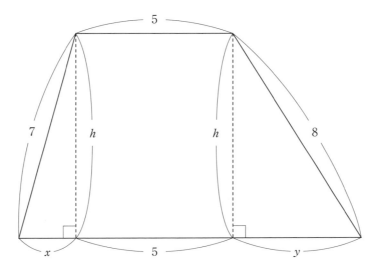

よって、正解は **2** となる。

数的推理 — 平面図形

下の図のような、一辺20cmの正五角形の内側に、各頂点を中心として各辺を半径とする円弧を描いたとき、図の斜線部分の周りの長さとして、正しいのはどれか。ただし、円周率はπとする。

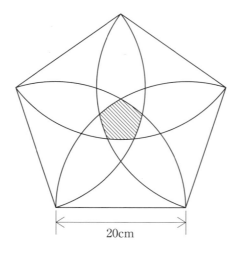

1. $\dfrac{4}{3}\pi$ cm
2. $\dfrac{10}{3}\pi$ cm
3. $\dfrac{5}{2}\sqrt{3}\pi$ cm
4. $\dfrac{20}{3}\pi$ cm
5. $\dfrac{25}{2}\sqrt{3}\pi$ cm

解　説　　正解　4　　TAC生の正答率　44%

　斜線部分の図形は、長さが等しい5つの弧でできているので、その1つの弧AEの長さを求めればよい。図のように、AとB、AとCをそれぞれ直線で結ぶと、1辺が20cmの正三角形ができ、同様に、CとE、DとEをそれぞれ直線で結ぶと、1辺が20cmの正三角形ができる。また、正五角形の1つの内角は $\dfrac{180\times(5-2)}{5}=108[°]$ である。∠ACE＝∠ACB＋∠DCE－∠BCDより、∠ACE＝60＋60－108＝12[°]となる。

　したがって、弧AEの長さは $2\pi\times20\times\dfrac{12}{360}=\dfrac{4}{3}\pi$ となるので、5つの弧の長さは $\dfrac{4}{3}\pi\times5=\dfrac{20}{3}\pi$ [cm]となる。

　よって、正解は**4**となる。

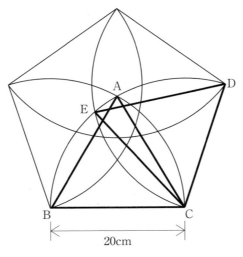

数的推理 — 平面図形

下の図のように、台形に半円が内接しているとき、半円の面積として、正しいのはどれか。ただし、円周率はπとする。

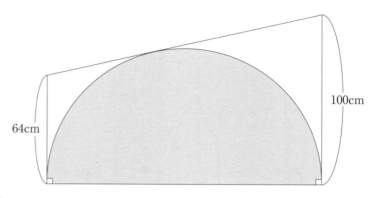

1 $2,400\,\pi\,\mathrm{cm}^2$

2 $2,600\,\pi\,\mathrm{cm}^2$

3 $2,800\,\pi\,\mathrm{cm}^2$

4 $3,000\,\pi\,\mathrm{cm}^2$

5 $3,200\,\pi\,\mathrm{cm}^2$

> **解　説**　　**正解　5**　　TAC生の正答率　49%

説明のため、台形の頂点をそれぞれA～Dとし、補助線として辺BCと平行かつ同じ長さである線分AEを引く。また、ADと半円の接点をFとする。

ここで半円の半径をr[cm]とすると、AEは半円の直径BCと同じ長さとなるので、AE＝$2r$[cm]となる。

また、「円の外にある点からその円に引いた2本の接線の長さは等しくなる」ことから、AB＝AF＝64cm、CD＝DF＝100cmとなり、DE＝CD－ABであるので、直角三角形ADEにおいて三平方の定理を用いると、$(64+100)^2=(100-64)^2+(2r)^2$となり、これを解いて、$r^2=6400$となる。

求める半円の面積は、$\frac{1}{2}r^2\pi$ cm^{2}なので、$r^2=6400$を代入すると、3200π cm^{2}となる。

よって、正解は**5**となる。

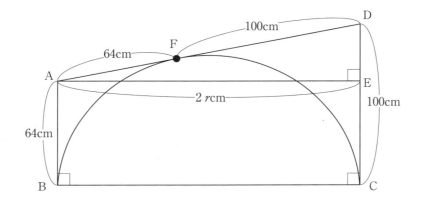

数的推理　平面図形　2017年度 教養 No.21

図1のような五角形の将棋の駒を、図2の実線部分のように3枚を1組として、角どうしが接するように並べ続けたとき、環状になるために必要な駒の枚数として、正しいのはどれか。

図1

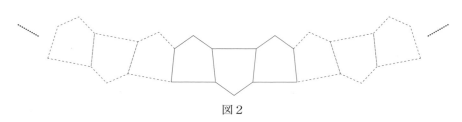

図2

1　60枚
2　72枚
3　108枚
4　120枚
5　135枚

解説　正解　3　　TAC生の正答率　74%

　五角形の将棋の駒は、等脚台形と二等辺三角形に分けられ、等脚台形の底角が85°であるので、上角は（360－2×85）÷2＝95[°]である（図3）。
　図4のように上向きの駒2つと下向きの駒1つを1つのセットとして考える。
　斜線部分の三角形を無視すると、3つの駒によってできる内角は170°より、その外角は10°となる。環状になるということは、頂点Aをもつ正n角形をつくるということである。n角形の外角の和は常に360°であるので、360÷10＝36となり、頂点Aをもつ正三十六角形をつくることができる。

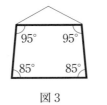
図3

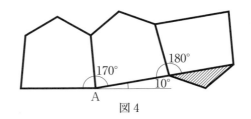
図4

　したがって、図4のセットが36組あればよいので、駒の枚数は36×3＝108[枚]となり、正解は **3** となる。

数的推理 — 平面図形

図1のような五角形の将棋の駒を、図2の実線部分のように3枚を1組として、角どうしが接するように並べ続けたとき、環状になるために必要な駒の枚数として、正しいのはどれか。

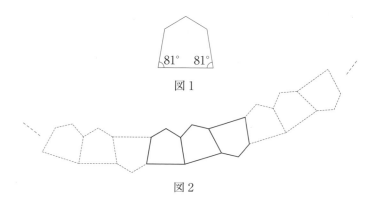

1　48枚
2　54枚
3　60枚
4　66枚
5　72枚

解説　正解　3　　TAC生の正答率　46%

　五角形を図1のように四角形と三角形に分けると、四角形は等脚台形となり、残りの内角はそれぞれ99°となる。よって、図2の頂点❶の角度は180°となる。また、頂点❷の内角は162°であるので、その頂点の外角は180－162＝18°となる。

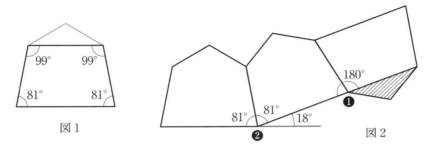

　斜線部分の三角形を無視すると、3つの駒1組によってできる内角は162°より、その外角は18°となる。環状になるということは、頂点❷を頂点としてもつ正n角形となることである。よって、n角形の外角の和は常に360°であるので、360°÷18°＝20となり、頂点❷を頂点としてもつ正二十角形となる。したがって、20組あればよいので、駒の枚数は20×3＝60［枚］となる。

　よって、正解は **3** となる。

数的推理 — 平面図形

下図のように、一辺の長さ$5a$の正方形ABCDの頂点Cに、一辺の長さ$3a$の正方形EFGHの対角線の交点を合わせて重ねたとき、この2つの正方形によってつくられる太線で囲まれた部分の面積として、正しいのはどれか。

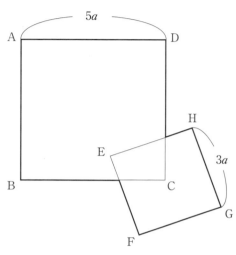

1. $\dfrac{307a^2}{10}$
2. $\dfrac{247a^2}{8}$
3. $\dfrac{187a^2}{6}$
4. $\dfrac{127a^2}{4}$
5. $\dfrac{67a^2}{2}$

解説　正解　4　　TAC生の正答率 67%

太線で囲まれた部分の面積を求めるためには、正方形ABCDと正方形EFGHの面積の和から重なっている部分の面積を引けばよい。そこで、重なっている部分の面積を求める。

重なっている部分について、以下のように点Cから辺EHと辺EFに向かってそれぞれ垂線を下ろす（なお、解説の便宜上、以下のように点I～Lを振る）。

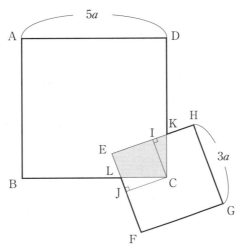

このとき、△CIKと△CJLの2つの直角三角形ができる。点Cは正方形EFGHの対角線の交点であることから、辺ICと辺JCはどちらも正方形EFGHの一辺の半分の長さとなるので長さが等しい（①）。また∠CIK = ∠CJL（= 90°）（②）であり、∠KCIも∠LCJもどちらも角度が90° − ∠ICLなので、∠KCI = ∠LCJ（③）となる。よって、△CIKと△CJLは①、②、③より一辺とその両端の角度がそれぞれ等しいので、合同な直角三角形である。したがって、重なっている部分である四角形EKCLの面積は、正方形EICJの面積と等しいので、面積は $\dfrac{3}{2}a \times \dfrac{3}{2}a = \dfrac{9}{4}a^2$ となる。

よって、太線で囲まれた部分の面積は $(5a)^2 + (3a)^2 - \dfrac{9}{4}a^2 = \dfrac{127a^2}{4}$ となるので、正解は**4**となる。

数的推理 — 平面図形

下図のように、三角形ABCはAC＝BCの二等辺三角形であり、三角形ABD及び三角形ACEは正三角形であるとき、∠BFCの角度として、正しいのはどれか。

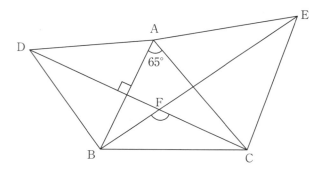

1 115°
2 120°
3 125°
4 130°
5 135°

解説　正解 2　　TAC生の正答率 50%

　△ABCに着目する。△ABCはAC＝BCの二等辺三角形であるので、∠ABC＝65°、∠ACB＝180－(65＋65)＝50°となる。そして、CDとABは直交しているので、CDは角の二等分線より、∠BCF＝25°となる。

　また、△ACEは正三角形より、∠BCE＝∠ACB＋∠ACE＝50＋60＝110°となる。△BCEに着目する。△BCEはBC＝CEの二等辺三角形であるので、∠CBE＝$\frac{180－110}{2}$＝35°となる。

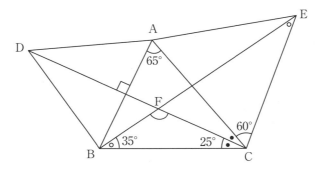

　したがって、三角形の内角の和は180°より、∠BFC＝180－(35＋25)＝120°となるので、正解は **2** となる。

数的推理 — 平面図形

下図のように、直径の等しい2個の円A及び円Bがある。円Aには直径の等しい2個の円aが円Aの中心で互いに接しながら内接し、円Bには直径の等しい4個の円bがそれぞれ他の2つの円bに接しながら内接しているとき、1個の円aの面積に対する1個の円bの面積の比率として、正しいのはどれか。

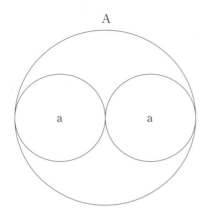
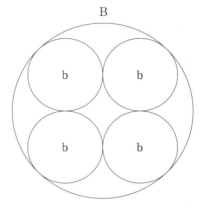

1. $3 - 2\sqrt{2}$
2. $6 - 4\sqrt{2}$
3. $9 - 6\sqrt{2}$
4. $12 - 8\sqrt{2}$
5. $15 - 10\sqrt{2}$

解説　正解 4　　TAC生の正答率 45%

円A（B）の直径を4とすると、図1より、円aの半径は1となる。

図2のように、円bの半径を r とおく。4つの円bの中心を結ぶと、1辺の長さが $2r$ の正方形ができる。よって、対角線（直角二等辺三角形の斜辺）の長さは $2\sqrt{2}r$ となるので、円Bの直径は、次のように表せる。

$r + 2\sqrt{2}r + r = 4$

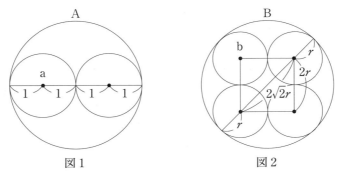

図1　　　　　　　　図2

r について解くと、$r = 2(\sqrt{2}-1)$ となる。円aと円bは相似な図形であるので、面積比は円a：円b $= 1^2 : \{2(\sqrt{2}-1)\}^2 = 1 : 12-8\sqrt{2}$ となる。

よって、1個の円aの面積に対する1個の円bの面積の比率は $12-8\sqrt{2}$ となるので、正解は **4** となる。

数的推理 — 平面図形

下図のように、点Oを中心とする直径8aの円の中に、4つの正六角形があり、各正六角形はそれぞれ一つの頂点を円の中心Oと接し、別の頂点A、B、C、Dで円と接している。直線AOCと直線BODが直角に交わるとき、網掛部分の面積として、正しいのはどれか。

1 $(7\sqrt{3}-3)a^2$
2 $10\sqrt{3}a^2$
3 $(14\sqrt{3}-6)a^2$
4 $20\sqrt{3}a^2$
5 $(28\sqrt{3}-12)a^2$

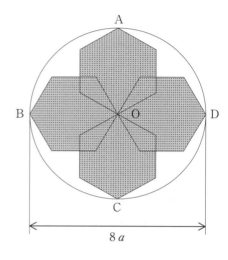

解説　正解　5　　TAC生の正答率　20%

円の半径は$4a$となり、半径は正六角形の対角線に等しい。したがって、正六角形の対角線の長さが$4a$であるので、正六角形の1辺の長さは$2a$となる。よって、1つの正六角形の面積は$\frac{\sqrt{3}}{4}\times(2a)^2\times 6$であるので、4つの正六角形の面積は$\frac{\sqrt{3}}{4}\times(2a)^2\times 6\times 4=24\sqrt{3}a^2$（①）となる。

求める網掛部分を見ると、重なっている部分があり、その部分は図1の斜線分である。図1の白い三角形に着目すると、この三角形の3つの内角はそれぞれ正六角形の外角に等しく、その角度は$180-120=60°$となる。よって、白い三角形は1辺が$2a$の正三角形であることがわかる。

また、図1の正方形の1辺の長さは、（正三角形の高さ）$\times 2$であるので、正三角形の高さが$\sqrt{3}a$より、正方形の1辺の長さは$2\sqrt{3}a$となる。

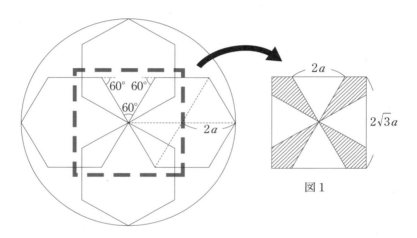

図1

よって、重なっている部分の面積は、図1の正方形から正三角形を4つ引けばよいので、$2\sqrt{3}a\times 2\sqrt{3}a-\frac{\sqrt{3}}{4}\times(2a)^2\times 4=12a^2-4\sqrt{3}a^2$（②）となる。

したがって、求める面積は、①から②を引けばよいので、$24\sqrt{3}a^2-(12a^2-4\sqrt{3}a^2)=(28\sqrt{3}-12)a^2$となるので、正解は**5**となる。

資料解釈　実数のグラフ

次の図から正しくいえるのはどれか。

酒造好適米5銘柄の生産量の推移

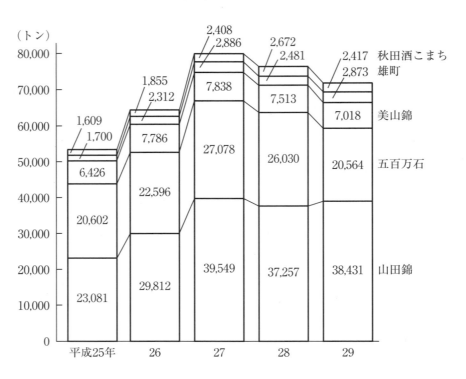

1　平成25年から27年までの各年についてみると、酒造好適米5銘柄の生産量の合計に占める美山錦の生産量の割合は、いずれの年も10％を上回っている。

2　平成25年における山田錦の生産量を100としたとき、29年における山田錦の生産量の指数は、150を下回っている。

3　平成26年から29年までの各年についてみると、五百万石の生産量に対する秋田酒こまちの生産量の比率は、いずれの年も0.1を下回っている。

4　平成27年から29年までの3か年における雄町の生産量の年平均は、2,800トンを上回っている。

5　平成29年における酒造好適米5銘柄の生産量の対前年増加率を銘柄別にみると、最も小さいのは五百万石であり、次に小さいのは秋田酒こまちである。

| 解 説 | 正解 **5** | TAC生の正答率 **81%** |

1 ✕ 平成27年の酒造好適米5銘柄の生産量の合計は、2,408＋2,886＋7,838＋27,078＋39,549＝79,759［トン］で、その10％は7,975.9［トン］である。一方、美山錦の生産量は7,838トンであるから、合計の10％を上回っていない。

2 ✕ 基準を100としたときに、指数が150を下回っているということは、基準の1.5倍を下回っているということと同じである。平成25年の山田錦の生産量は23,081トンで、その1.5倍は23,081＋23,081÷2＝34,621.5［トン］である。一方、平成29年の山田錦の生産量は38,431トンだから、平成25年の1.5倍を上回っている。

3 ✕ 五百万石の生産量に対する秋田酒こまちの生産量の比率が0.1を下回っているということは、秋田酒こまちの生産量が五百万石の生産量の10％を下回っているということと同じである。平成29年を見ると、五百万石の生産量は20,564トンで、その10％は2,056.4トンである。一方、秋田酒こまちの生産量は2,417トンだから、10％を上回っている。

4 ✕ 3か年の生産量の年平均が2,800トンを上回っているということは、3か年の生産量の合計が2,800×3＝8,400［トン］を上回っているということと同じである。雄町の平成27年から29年の3か年の生産量の合計は2,886＋2,481＋2,873＝8,240［トン］だから、8,400トンを下回っている。

5 〇 平成29年の対前年増加率について、雄町と山田錦は前年よりプラス、秋田酒こまちと美山錦と五百万石は前年よりマイナスだから、対前年増加率が小さいのはマイナスの3銘柄になる。対前年増加率が小さいということは、対前年減少率が大きいということと同じであるので、対前年減少率の大小を比較する。秋田酒こまちは平成28年が2,672トンで、平成29年は2,672－2,417＝255［トン］だけ減少している。減少率は$\frac{255}{2,672}$で、2,672の10％が267.2で、1％が約26.7で、9％が約267.2－26.7＝240.5だから、減少率は9％と10％の間である。美山錦は平成28年が7,513トンで、平成29年は7,513－7,018＝495［トン］だけ減少している。減少率は$\frac{495}{7,513}$で、7,513の10％が751.3で、1％が約75.1で、9％が約751.3－75.1＝676.2だから、減少率は9％より小さい。五百万石は平成28年が26,030トンで、平成29年は26,030－20,564＝5,466［トン］だけ減少している。減少率は$\frac{5,466}{26,030}$で、26,030の10％が2,603だから、減少率は10％より大きい。よって、対前年減少率は、美山錦＜秋田酒こまち＜五百万石であるから、対前年増加率が最も小さいのは五百万石で、次に小さいのは秋田酒こまちである。

資料解釈 — 実数のグラフ　2020年度 教養 No.17

次の図から正しくいえるのはどれか。

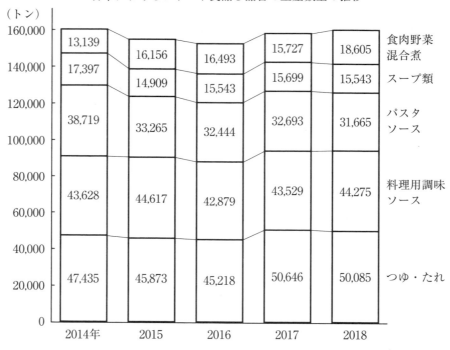

日本におけるレトルト食品5品目の生産数量の推移

1　2014年における料理用調味ソースの生産数量を100としたとき、2018年における料理用調味ソースの生産数量の指数は105を上回っている。

2　2015年から2017年までについてみると、パスタソースの生産数量の3か年の累計に対する食肉野菜混合煮の生産数量の3か年の累計の比率は0.5を下回っている。

3　2015年から2017年までの各年についてみると、つゆ・たれの生産数量に対する料理用調味ソースの生産数量の比率は、いずれの年も0.9を上回っている。

4　2016年におけるレトルト食品の生産数量の対前年増加率を品目別にみると、5品目のうち最も大きいのはスープ類であり、最も小さいのはパスタソースである。

5　2016年から2018年までの各年についてみると、レトルト食品5品目の生産数量の合計に占めるつゆ・たれの生産数量の割合は、いずれの年も30%を下回っている。

| 解説 | 正解 2 | TAC生の正答率 84% |

1 ✕ 2014年における料理用調味ソースの生産数量を100としたとき、2018年のそれの指数が105を上回っているということは、2014年の生産数量に対する2018年の生産数量の増加率が5％を上回っていることと同じである。2014年に対する2018年の生産数量の増加量は44,275－43,628＝647である。2014年の生産数量は43,638トンで、43,628の10％が約4,363だから、5％は約4,363÷2≒2,182である。よって、647は増加率5％を下回っている。

2 ◯ パスタソースの生産数量の3か年の累計に対する食肉野菜混合煮のそれの比率が0.5を下回っているということは、食肉野菜混合煮の生産数量の累計がパスタソースの生産数量の累計の半分より少ないことと同じである。2015年から2017年の3年間の生産数量の累計は、食肉野菜混合煮が16,156＋16,493＋15,727であり、パスタソースが33,265＋32,444＋32,693で、その半分は16,632.5＋16,222＋16,346.5である。16,493＜16,632.5、16,156＜16,222、15,727＜16,346.5であるから、16,156＋16,493＋15,727＜16,632.5＋16,222＋16,346.5となる。よって、半分より少ない。

3 ✕ 比率が0.9を上回っているということは、割合が90％を上回っていることと同じである。2017年をみると、つゆ・たれの生産数量は50,646で、10％が約5,065だから、90％は50,646－5,065＝45,581である。料理用調味ソースの生産数量は43,539だから、90％を下回っている。

4 ✕ 2015年から2016年にかけて、生産数量が減少しているのが3品目あり、増加率が最も小さいということは、減少率が最も大きいことになる。パスタソースの2015年は33,265で、2016年の減少量は33,265－32,444＝821である。33,265の1％が約333で、3％が333×3＝999だから、減少率は3％より小さい。一方、料理用調味ソースの2015年は44,617で、2016年の減少量は44,617－42,879＝1,738である。44,617の1％が約446で、3％が446×3＝1,338だから、減少率は3％より大きい。よって、増加率が最も小さい＝減少率が最も大きいのは、パスタソースではない。

5 ✕ 2017年をみると、レトルト食品5品目の生産数量の合計は、グラフの目盛より約160,000トンである。実際に計算してみても15,727＋15,699＋32,693＋43,529＋50,646＜16,000＋16,000＋33,000＋44,000＋51,000＝160,000で、160,000トンより少ない。160,000トンだとしてもその30％は16,000×3＝48,000［トン］であり、実際は160,000トンより少ないので30％の値もこれより少ない。よって、つゆ・たれの生産数量の50,646トンは30％を上回っている。

次の図から正しくいえるのはどれか。

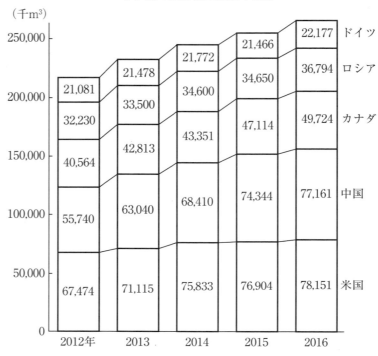

5か国の製材品生産量の推移

1　2012年から2014年までの各年についてみると、ロシアの製材品生産量に対するドイツの製材品生産量の比率は、いずれの年も0.6を下回っている。

2　2012年における中国とドイツとの製材品生産量の計を100としたとき、2016年における中国とドイツとの製材品生産量の計の指数は135を上回っている。

3　2013年から2015年までについてみると、中国の製材品生産量の3か年の累計に対するカナダの製材品生産量の3か年の累計の比率は0.7を下回っている。

4　2014年から2016年までの各年についてみると、5か国の製材品生産量の合計に占める米国の製材品生産量の割合は、いずれの年も35％を上回っている。

5　2015年における製材品生産量の対前年増加率を国別にみると、5か国のうち最も大きいのはカナダであり、次に大きいのは米国である。

| 解 説 | 正解 **3** | | TAC生の正答率 **89%** |

1 ✕　ロシアの製材品生産量が小さく、ドイツの製材品生産量が大きそうな年として、2012年に着目すると、21,081÷32,230≒0.654となるので、0.6を上回っている。したがって、いずれの年も0.6を下回っているとはいえない。

2 ✕　指数が135を上回っているかを調べるには、増加率が35％より大きいかどうかを調べればよい。中国とドイツの製材品生産量の計は2012年が55,740＋21,081＝76,821［千m³］、2016年が77,161＋22,177＝99,338［千m³］であり、76,821から99,338で約22,500の増加量である。76,821の10％は約7,682、5％は約3,841であり、35％を少なめに概算しても7,500×3＋3,800＝26,300であることから、22,500の増加量は増加率にすると35％未満である。したがって、指数は135を上回っているとはいえない。

3 〇　中国の製材品生産量の3か年の累計は63,040＋68,410＋74,344＝205,794［千m³］であり、これの0.7倍は少なく概算しても205,000×0.7＝143,500［千m³］である。一方、カナダの製材品生産量の3か年の累計は42,813＋43,351＋47,114＝133,278［千m³］であるので、中国の0.7倍を下回る。したがって、比率は0.7を下回っている。

4 ✕　最も35％を下回っていそうな年として、5か国合計が大きく米国の割合が小さそうな2016年に着目する。2016年の5か国の製材品生産量の合計は、左端の目盛りから読み取ると確実に250,000［千m³］を上回っている。250,000［千m³］の35％は250,000×0.35＝87,500［千m³］であり、米国は78,151［千m³］であるから、確実に下回っている。したがって、少なくとも2016年は35％を上回っていない。

5 ✕　2014年から2015年で米国の製材品生産量は75,833［千m³］から76,904［千m³］に増加しており、76,904－75,833＝1,071［千m³］の増加量である。一方、中国は68,410［千m³］から74,344［千m³］に増加しており、74,344－68,410＝5,934［千m³］の増加量である。中国のほうが基準となる2014年の数値が小さく、増加量が大きいことから、2015年の対前年増加率は米国よりも中国のほうが大きいことがわかる。したがって、米国よりも中国のほうが大きい。

資料解釈　実数のグラフ

次の図から正しくいえるのはどれか。

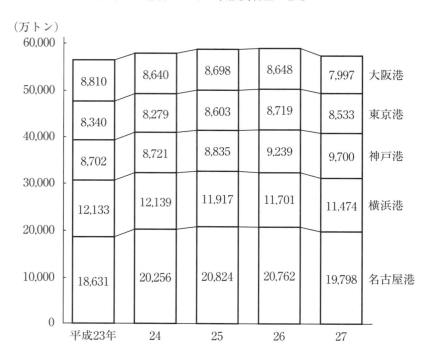

日本の5港湾における取扱貨物量の推移

1. 平成23年から25年までについてみると、名古屋港の取扱貨物量の3か年の累計に対する横浜港の取扱貨物量の3か年の累計の比率は0.5を下回っている。

2. 平成23年における神戸港と大阪港との取扱貨物量の計を100としたとき、27年における神戸港と大阪港との取扱貨物量の計の指数は103を上回っている。

3. 平成24年から26年までの各年についてみると、横浜港の取扱貨物量と東京港の取扱貨物量との差は、いずれの年も3,000万トンを下回っている。

4. 平成25年から27年までの各年についてみると、5港湾の取扱貨物量の合計に占める名古屋港の取扱貨物量の割合は、いずれの年も30％を上回っている。

5. 平成25年における取扱貨物量の対前年増加率を港湾別にみると、5港湾のうち最も大きいのは東京港であり、次に大きいのは神戸港である。

解説　　正解　**4**

TAC生の正答率 **82%**

1　✕　名古屋港の取扱貨物量の３か年の累計に対する横浜港の取扱貨物量の３か年の累計の比率が0.5を下回るということは、名古屋港の取扱貨物量の３か年の累計が横浜港の取扱貨物量の３か年の累計の２倍を上回るということである。平成23年から25年までの３か年の累計について、百の位で四捨五入して計算すると、名古屋港は19,000＋20,000＋21,000＝60,000［万トン］、横浜港は12,000＋12,000＋12,000＝36,000［万トン］であり、60,000＜36,000×2＝72,000より、名古屋港が横浜港の２倍を上回っていないため、名古屋港に対する横浜港の比率は0.5を下回っていない。

2　✕　平成23年における神戸港と大阪港との取扱貨物量の計は、8,702＋8,810＝17,512［万トン］であり、平成27年における神戸港と大阪港との取扱貨物量の計は、9,700＋7,997＝17,697［万トン］である。23年の計を100としたとき、27年の計の指数が103を上回るということは、23年から27年にかけての増加率が３％を上回るということである。23年から27年にかけての増加量は17,697－17,512＝185である。23年の計である17,512の１％が約175で、３％が175×3＝525だから、185は３％を下回る。よって23年の計を100としたとき、27年の計の指数は103を上回っていない。

3　✕　横浜港の取扱貨物量と東京港の取扱貨物量との差は、平成24年が12,139－8,279＝3,860［万トン］、平成25年が11,917－8,603＝3,314［万トン］、平成26年が11,701－8,719＝2,982［万トン］であり、平成24年と25年は3,000万トンを上回っている。

4　〇　平成25年の名古屋港の取扱貨物量は20,824万トンであり、５港湾の取扱貨物量の合計は，十の位で四捨五入して計算すると、8,700＋8,600＋8,800＋11,900＋20,800＝58,800［万トン］である。58,800の10％が5,880で、30％が5,880×3＝17,640だから、20,824は30％を上回っている。平成26年の名古屋港の取扱貨物量は20,762万トンであり、５港湾の取扱貨物量の合計は、十の位で四捨五入して計算すると、8,600＋8,700＋9,200＋11,700＋20,800＝59,000［万トン］である。59,000の10％が5,900で、30％が5,900×3＝17,700だから、20,762は30％を上回っている。平成27年の名古屋港の取扱貨物量は19,798万トンであり、５港湾の取扱貨物量の合計は、十の位で四捨五入して計算すると、8,000＋8,500＋9,700＋11,500＋19,800＝57,500［万トン］である。57,500の10％が5,750で、30％が5,750×3＝17,250だから、19,798は30％を上回っている。よって、平成25年から27年までの各年とも、５港湾の取扱貨物量の合計に占める名古屋港の取扱貨物量の割合は30％を上回っている。

5　✕　神戸港の取扱貨物量は、平成24年の8,721万トンに対し、25年は8,835－8,721＝114［万トン］増加している。8,721の１％が約87で、２％が87×2＝約174だから、神戸港の平成25年における取扱貨物量の対前年増加率は２％より小さい。名古屋港の取扱貨物量は、平成24年の20,256万トンに対し、25年は20,824－20,256＝568［万トン］増加している。20,256の１％が約203で、２％が203×2＝約406だから，名古屋港の平成25年における取扱貨物量の対前年増加率は２％より大きい。よって、平成25年における取扱貨物量の対前年増加率は、神戸港よりも名古屋港の方が大きいため、誤りである。

資料解釈　実数のグラフ

次の図から正しくいえるのはどれか。

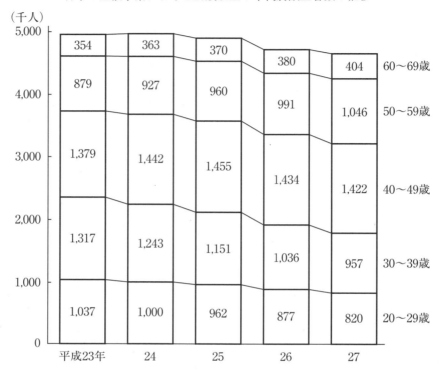

日本の血液事業における20歳以上の年代別献血者数の推移

1 平成23年から25年までの各年についてみると、年代別の献血者数の合計に占める40〜49歳の割合は、いずれの年も30％を下回っている。

2 平成23年における20〜29歳の献血者数を100としたとき、27年における20〜29歳の献血者数の指数は75を下回っている。

3 平成24年から26年までの各年についてみると、30〜39歳の献血者数に対する60〜69歳の献血者数の比率は、いずれの年も0.3を上回っている。

4 平成25年から27年までの3か年における50〜59歳の献血者数の年平均は、1,000千人を上回っている。

5 平成27年における献血者数の対前年増加率を年代別にみると、最も大きいのは60〜69歳であり、次に大きいのは40〜49歳である。

| 解説 | 正解　**1** | TAC生の正答率　**73%** |

1　**○**　平成23年の40〜49歳の献血者数は1,379千人であり、年代別の献血者数の合計の30％は（1,037 ＋1,317＋1,379＋879＋354）×0.3＝4,966×0.3≒1,490［千人］であるので、平成23年の年代別の献血者数の合計に占める40〜49歳の割合は、30％を下回っている。平成24年の40〜49歳の献血者数は1,442千人であり、年代別の献血者数の合計の30％は（1,000＋1,243＋1,442＋927＋363）×0.3＝4,975 ×0.3≒1,493［千人］であるので、平成24年の年代別の献血者数の合計に占める40〜49歳の割合は、30％を下回っている。平成25年の40〜49歳の献血者数は1,455千人であり、年代別の献血者数の合計の30％は（962＋1,151＋1,455＋960＋370）×0.3＝4,898×0.3≒1,469［千人］であるので、平成25年の年代別の献血者数の合計に占める40〜49歳の割合は、30％を下回っている。よって、平成23年から25年の各年において、合計に占める40〜49歳の割合は、いずれの年も30％を下回っている。

2　**✕**　平成23年における20〜29歳の献血者数を100としたとき、27年における20〜29歳の献血者数の指数は75を下回っているということは、平成27年における20〜29歳の献血者数が、平成23年における20〜29歳の献血者数の75％を下回っているのと同じことである。平成27年における20〜29歳の献血者数は820千人であり、平成23年における20〜29歳の献血者数の75％は、1,037×0.75≒778［千人］であるから、平成27年における20〜29歳の献血者数は、平成23年における20〜29歳の献血者数の75％を上回っている。

3　**✕**　30〜39歳の献血者数に対する60〜69歳の献血者数の比率が0.3を上回るということは、60〜69歳の献血者数が30〜39歳の献血者数の30％を上回るということと同じである。平成24年の60〜69歳の献血者数は363千人であり、30〜39歳の献血者数の30％は、1,243×0.3≒373［千人］であるので、平成24年は、30〜39歳の献血者数に対する60〜69歳の献血者数の30％を下回っている。よって、平成24年から26年までのいずれの年も、60〜69歳の献血者数が30〜39歳の献血者数の30％を上回っているとはいえない。

4　**✕**　平成25年から平成27年までの3か年における50〜59歳の献血者数の年平均が1,000千人を上回るということは、平成25年から平成27年までの3か年における50〜59歳の献血者数の合計が1,000 ×3＝3,000［千人］を上回るということと同じである。平成25年から平成27年までの3か年における50〜59歳の献血者数の合計は、960＋991＋1046＝（1,000－40）＋（1,000－9）＋（1,000＋46）＝3,000－3 ＝2,997［千人］であるので、平成25年から平成27年までの3か年における50〜59歳の献血者数の合計は、1,000×3＝3,000［千人］を下回っている。

5　**✕**　平成26年から平成27年にかけて献血者数が増加している年代は60〜69歳と50〜59歳であり、40〜49歳は減少しているので、平成27年における対前年増加率は40〜49歳よりも50〜59歳の方が大きい。

資料解釈 実数のグラフ

2016年度 教養 No.17

次の図から正しくいえるのはどれか。

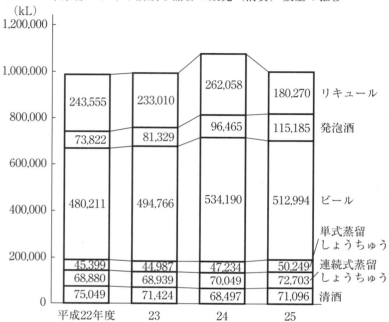

東京都における酒類6品目の販売（消費）数量の推移

1 平成22年度から24年度までの3か年における清酒の販売（消費）数量の1年当たりの平均は、70,000kℓを下回っている。

2 平成22年度における単式蒸留しょうちゅうと連続式蒸留しょうちゅうの販売（消費）数量の計を100としたとき、24年度における単式蒸留しょうちゅうと連続式蒸留しょうちゅうの販売（消費）数量の計の指数は、110を上回っている。

3 平成23年度から25年度までの各年度についてみると、酒類6品目の販売（消費）数量の合計に占めるリキュールの販売（消費）数量の割合は、いずれの年度も23％を下回っている。

4 平成23年度から25年度までの各年度についてみると、ビールの販売（消費）数量に対する発泡酒の販売（消費）数量の比率は、いずれの年も0.20を下回っている。

5 平成24年度における販売（消費）数量の対前年度増加率を品目別にみると、最も大きいのは発泡酒であり、次に大きいのはリキュールである。

解 説　　**正解　5**　　　TAC生の正答率　**84%**

1　✕　平成22年度から24年度までの３か年における清酒の販売（消費）数量の１年あたりの平均は、仮平均を70,000kLとおけば、（仮平均との差の合計）＝5,049＋1,424－1,503＞0より、70,000kLを上回っている。

2　✕　平成22年度における単式蒸留しょうちゅうと連続式蒸留しょうちゅうの販売（消費）数量の計は45,399＋68,880＝114,279［kL］であり、114,279kLを100としたとき、指数110に対応する値は、114,279＋11,427.9≒125,700［kL］である。一方、平成24年度のそれは、47,234＋70,049＝117,283［kL］であり、125,700kLより小さいので、指数は110を上回っていない。

3　✕　平成23年度の酒類６品目の販売（消費）数量の合計は、233,010＋81,329＋494,766＋44,987＋68,939＋71,424＝994,455［kL］で1,000,000kLより小さいので、その23％は230,000kLより小さい。一方、リキュールの販売（消費）数量は233,010kLであるから、平成23年度においては、23％を上回っている。

4　✕　平成23年度から25年度のすべての年度で、$\dfrac{発泡酒の販売（消費）数量}{ビールの販売（消費）数量}＜0.20$（①）が成り立つかどうかを調べる。①式は、計算しやすいように変形すれば、（発泡酒の販売（消費）数量）×10＜ビールの販売（消費）数量×2（②）であるが、平成25年度では、（発泡酒の販売（消費）数量）×10＝1,151,850に対し、（ビールの販売（消費）数量）×2＝512,994×2＝1,025,988なので、②式を満たさない。

5　〇　平成23年度から24年度にかけて、販売（消費）数量が減少している品目は清酒のみだけであるので、清酒の対前年増加率が最も低い。したがって、清酒以外の５品目について考える。

	リキュール	発泡酒	ビール	単式蒸留	連続式蒸留
平成23年度	233,010	81,329	494,766	44,987	68,939
平成24年度	262,058	96,465	534,190	47,234	70,049
対前年増加量	29,048	15,136	39,424	2,247	1,110

平成23年度に対して、平成24年度が10％以上増加していれば、平成24年度の対前年増加率が10％を超えているといえるが、これはリキュールと発泡酒しかない。さらに、リキュールの増加率について、233,010の10％は23,301、５％は11,651で、15％は23,301＋11,651＝34,952だから、対前年増加量の29,048は増加率にして15％未満であるが、発泡酒の増加率について、81,329の10％は8,133、５％は4,066で、15は8,133＋4,066＝12,199だから、対前年増加量の15,136は増加率にして15％以上である。したがって、平成24年度の対前年増加率は発泡酒が最も高く、次に大きいのがリキュールである。

資料解釈　実数のグラフ

次の図から正しくいえるのはどれか。

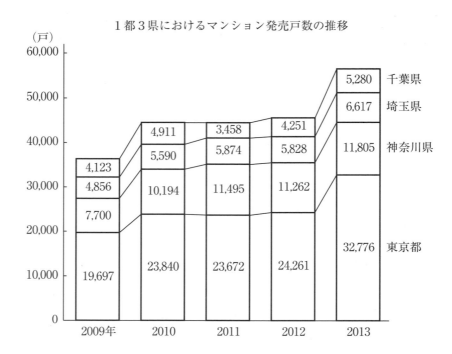

1都3県におけるマンション発売戸数の推移

1　2009年における都県別の発売戸数をそれぞれ100としたとき、2011年における都県別の発売戸数の指数が125を上回っているのは神奈川県及び埼玉県である。

2　2009年から2012年までの各年についてみると、東京都の発売戸数に対する千葉県の発売戸数の比率は、いずれの年も0.17を下回っている。

3　2010年における発売戸数の対前年増加率を都県別にみると、最も大きいのは東京都であり、次に大きいのは神奈川県である。

4　2010年から2013年までの各年についてみると、1都3県におけるマンション発売戸数の合計に占める埼玉県の場合は、いずれの年も15％を下回っている。

5　2011年から2013年までの3か年における千葉県の発売戸数の1年当たりの平均は、4,500戸を上回っている。

| 解 説 | **正解　4** | TAC生の正答率　**88%** |

1　×　指数125を上回っているとは、増加率25％を上回っていることと同じである。2009年の発売戸数から2011年の発売戸数を見ると、神奈川県は、7,700から11,495に約3,800増加している。7,700の10％は770、5％は385より、25％は1,925であるので、増加率は25％を上回っている。埼玉県は、4,856から5,874に約1,000増加している。4,856の10％は約486、5％は243より、25％は1,215であるので、増加率は25％を下回っている。よって、指数が125を上回っているのは神奈川県及び埼玉県ではない。

2　×　千葉県の発売個数と東京都の発売戸数の17％を比べる。2009年は、千葉県の発売戸数は4,123、東京都の発売戸数19,697の10％は約1,970、1％は197より、17％は1,970＋197×7＝3,349であるので、千葉県の発売戸数は17％を上回っている。この時点で誤りとなる。

3　×　2010年における発売戸数の対前年増加率を求める。東京都は19,697から23,840へ約4,000増加しており、19,697の10％は約1,970であるので、増加率は20％程度である。神奈川県は7,700から10,194へ約2,500増加しており、7,700の10％は770であるので、増加率は30％程度である。よって、対前年増加率は、東京都より神奈川県の方が大きい。

4　○　埼玉県の発売戸数と1都3県の発売戸数の合計（以下、発売戸数の合計と表す）の15％を比べる。

2010年の埼玉県の発売戸数は5,590で、発売戸数の合計（4,911＋5,590＋10,194＋23,840＝）44,535の10％は約4,454、5％は2,227より、発売戸数の合計の15％は4,454＋2,227＞5,590となる。

2011年の埼玉県の発売戸数は5,874で、発売戸数の合計（3,458＋5,874＋11,495＋23,672＝）44,499の10％は約4,450、5％は2,225より、発売戸数の合計の15％は4,450＋2,225＞5,590となる。

2012年の埼玉県の発売戸数は5,828で、発売戸数の合計（4,251＋5,828＋11,262＋24,261＝）45,602の10％は約4,560、5％は2,280より、発売戸数の合計の15％は4,560＋2,280＞5,828となる。

2013年の埼玉県の発売戸数は6,617で、発売戸数の合計（5,280＋6,617＋11,805＋32,776＝）56,478の10％は約5,648で、5％は2,824より、発売戸数の合計の15％は5,648＋2,824＞6,617となる。

よって、埼玉県の発売戸数は、いずれの年も発売戸数の合計の15％を下回っている。

5　×　3か年における千葉県の発売戸数の1年当たりの平均が、4,500戸を上回っていることは、3か年における千葉県の発売戸数の合計が4,500×3＝13,500戸を上回っていることと同じである。2011年から2013年までの3か年における千葉県の発売戸数は3,458＋4,251＋5,280＝12,989となり、13,500を上回っていない。

資料解釈 — 実数のグラフ

次の図から正しくいえるのはどれか。

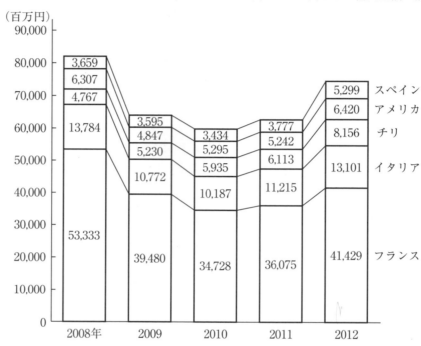

我が国におけるスティルワイン（2リットル以下）の5か国からの輸入金額の推移

1. 2008年から2010年までの各年についてみると、5か国からの輸入金額の合計に占めるチリからの輸入金額の割合は、いずれの年も9％を下回っている。
2. 2008年におけるフランスからの輸入金額を100としたとき、2012年におけるフランスからの輸入金額の指数は75を下回っている。
3. 2009年から2011年までの各年についてみると、イタリアからの輸入金額に対するスペインからの輸入金額の比率は、いずれの年も0.3を上回っている。
4. 2010年から2012年までの3か年におけるアメリカからの輸入金額の1年当たりの平均は、6,000百万円を上回っている。
5. 2012年における輸入金額の対前年増加率を国別にみると、最も大きいのはチリであり、次に大きいのはスペインである。

解 説　**正解　3**　　　　　　　　　　　TAC生の正答率　**79%**

1　**✕**　2010年に着目する。チリからの輸入金額は5,935［百万円］で、5か国からの輸入金額の合計は3,434＋5,295＋5,935＋10,187＋34,728＝59,579［百万円］である。59,579の9％は約596×9＝5,364より、チリからの輸入金額の割合は、9％を上回っている。

2　**✕**　2008年におけるフランスからの輸入金額は53,333百万円、2012年のそれは41,429（百万円）である。2008年から2012年を見ると11,904減少し、53,333の10％は約5,333、5％は約2,667であるので、25％は約（2,667×5＝）13,335である。したがって25％未満の減少率であるので、2008年における輸入金額を100としたとき、2012年におけるそれの指数は75を下回ってはいない。

3　**〇**　スペインからの輸入金額とイタリアからの輸入金額×0.3を比較する。2009年は3,595＞10,772×0.3≒1,077×3、2010年は3,434＞10,187×0.3≒1,019×3、2011年は3,777＞11,215×0.3≒1,122×3である。よって、イタリアからの輸入金額に対するスペインからの輸入金額の比率は、いずれの年も0.3を上回っている。

4　**✕**　2010年から2012年までの3か年におけるアメリカからの輸入金額の合計が6,000×3＝18,000［百万円］を上回っているかを考える。合計は5,295＋5,242＋6,420＝16,957［百万円］であるので、18,000百万円を上回ってはいない。

5　**✕**　2011年におけるチリからの輸入金額は6,113百万円、2012年のそれは8,156百万円である。対前年増加量は2,043で、6,113の10％は約611より40％未満の増加率である。一方、2011年におけるスペインからの輸入金額は3,777百万円、2012年のそれは5,299百万円である。対前年増加量は1,522で、3,777の10％は約378より40％以上の増加率である。よって、対前年増加率が最も大きい国はチリではない。

資料解釈　実数のグラフ

次の図から正しくいえるのはどれか。

主要4地域からわが国への外国人入国者数の推移

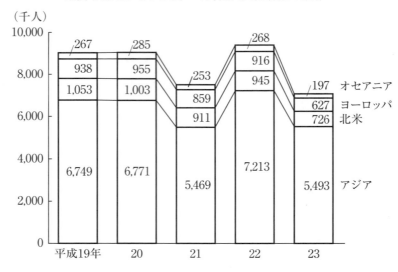

1　平成19年から21年までの3か年の外国人入国者数の累計を地域別にみると、アジアからの外国人入国者数は、オセアニアからの外国人入国者数を18,500千人以上、上回っている。

2　平成19年から23年までの5か年におけるヨーロッパからの外国人入国者数の1年当たりの平均は、870千人を上回っている。

3　平成20年から23年までの各年についてみると、北米からの外国人入国者数に対するアジアからの外国人入国者数の比率は、いずれの年も7.0を下回っている。

4　平成20年における北米からの外国人入国者数とオセアニアからの外国人入国者数の計を100としたとき、23年における北米からの外国人入国者数とオセアニアからの外国人入国者数の計の指数は75を下回っている。

5　平成22年における外国人入国者数の対前年増加率を地域別にみると、最も大きいのはアジアからの外国人入国者数であり、最も小さいのはヨーロッパからの外国人入国者数である。

| 解 説 | 正解 **4** | TAC生の正答率 **75%** |

1 ✕ 平成19年から21年までの３か年のアジアからの外国人入国者数は、6,749＋6,771＋5,469＝18,989［千人］で、オセアニアからのそれは、267＋285＋253＝805［千人］であるので、その差は18,989－805＝18,184［千人］となる。よって、アジアからの外国人入国者数は、オセアニアからのそれを18,500千人以上、上回っていない。

2 ✕ 「平成19年から23年までの５か年におけるヨーロッパからの外国人入国者数の１年当たりの平均は、870千人を上回っている」とは、「５か年のヨーロッパからの外国人入国者数の合計が870×5＝4,350［千人］を上回っている」と同じことである。ヨーロッパからの外国人入国者数の５か年の合計は、938＋955＋859＋916＋627＝4,295［千人］であるので、4,350千人を上回っていない。

3 ✕ 北米からの外国人入国者数に対するアジアからの外国人入国者数の比率は $\dfrac{\text{アジアからの外国人入国者数}}{\text{北米からの外国人入国者数}}$ で求めることができ、平成22年の値は $\dfrac{7,213}{945}$ となり、分母は1,000未満、分子は7,000以上であるので、$\dfrac{7,213}{945}>7$ となる。よって、いずれの年も7.0を下回っているとはいえない。

4 〇 「平成20年における北米からの外国人入国者数とオセアニアからの外国人入国者数の計を100としたとき、23年における同２地域の外国人入国者数の計の指数は75を下回っている」とは、「平成20年の北米からの外国人入国者数とオセアニアからの外国人入国者数の計に対して、23年の同２地域の計は減少率が25％を上回っている」と同じことである。平成20年の北米からの外国人入国者数とオセアニアからの外国人入国者数の計は1,003＋285＝1,288［千人］、23年の同２地域の外国人入国者数の計は726＋197＝923［千人］である。1,288から923では365減少し、1,288の25％は約129×2＋64＝322となるので、減少率は25％を上回っている。

5 ✕ 平成21年のヨーロッパからの外国人入国者数は859千人、22年の同地域からそれは916千人である。859から916では57増加し、859の１％は約8.6より増加率６％以上である。一方、21年の北米からの外国人入国者数は911千人、22年の同地域からのそれは945千人である。911から945では34増加し、911の１％は約9より、増加率６％未満である。よって、増加率が最も小さいのはヨーロッパからの外国人入国者数ではない。

資料解釈 — 対前年増加率のグラフ

次の図から正しくいえるのはどれか。

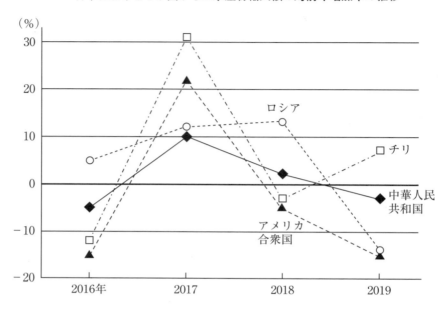

日本における４か国からの水産物輸入額の**対前年増加率**の推移

1 　2015年から2019年までのうち、チリからの水産物輸入額が最も多いのは2017年であり、最も少ないのは2016年である。

2 　2015年から2019年までの各年についてみると、アメリカ合衆国からの水産物輸入額に対するロシアからの水産物輸入額の比率が最も小さいのは2015年である。

3 　2016年における中華人民共和国からの水産物輸入額を100としたとき、2018年における中華人民共和国からの水産物輸入額の指数は105を下回っている。

4 　2016年から2019年までの４か年におけるアメリカ合衆国からの水産物輸入額の年平均は、2018年におけるアメリカ合衆国からの水産物輸入額を上回っている。

5 　2017年と2019年の水産物輸入額についてみると、2017年の水産物輸入額に対する2019年の水産物輸入額の増加率が最も大きいのは、ロシアである。

解 説　　**正解　2**　　　　　　　　　　　　　　TAC生の正答率　**61％**

指数を用いた場合、近似法で考える。

1　✕　2017年のチリからの水産物輸入額を100とすると、2018年の対前年増加率は約－3％だから、指数は100－3＝97で、2019年の対前年増加率は約＋7％だから、97＋7＝104となる。よって、水産物輸入額が最も多いのは2017年ではない。

2　〇　2015年のロシアからの水産物輸入額を100とすると、2016年の対前年増加率は約＋5％だから、指数は100＋5＝105で、2017年の対前年増加率は約＋12％だから、指数は105＋12＝117で、2018年の対前年増加率は約＋13％だから、指数は117＋13＝130で、2019年の対前年増加率は約－14％だから、指数は130－14＝116となる。一方、2015年のアメリカからの水産物輸入額を100とすると、2016年の対前年増加率は約－15％だから、指数は100－15＝85で、2017年の対前年増加率は約＋22％だから、指数は85＋22＝107であり、2018年、2019年の対前年増加率はともにマイナスだから、指数は107より小さくなる。アメリカ合衆国からの水産物輸入額に対するロシアからの水産物輸入額の比率の大小は指数で比較でき、2015年が$\frac{100}{100}＝1$であり、2016年が$\frac{105}{85}$、2017年が$\frac{117}{107}$でいずれも1より大きい。また、2018年、2019年の分母（アメリカ合衆国からの水産物輸入額）はいずれも107より小さく、分子（ロシアからの水産物輸入額）はそれぞれ130、116だから、比率の分数はやはり1より大きい。よって、比率が最も小さいのは2015年である。

3　✕　2016年の中華人民共和国からの水産物輸入額を100とすると、2017年の対前年増加率は約＋10％だから、指数は100＋10＝110で、2018年の対前年増加率はプラスだから、指数は110より大きい。よって、105を上回っていることになる。

4　✕　2016年のアメリカ合衆国からの水産物輸入額を100とすると、2017年の対前年増加率は約＋22％だから、指数は100＋22＝122である。2018年の対前年増加率は約－5％で、122の10％が12.2で、5％が6.1だから、指数は122－6.1＝115.9である。2019年の対前年増加率は約－15％で、115.9の10％が約11.6で、5％が11.6÷2＝5.8だから、指数は115.9－（11.6＋5.8）＝98.5である。よって、2016年から2019年までの4か年の平均は（100＋122＋115.9＋98.5）÷4＝109.1で、2018年の指数は115.9だから、2018年の値を下回っている。

5　✕　2017年のロシアからの水産物輸入額を100とすると、2018年の対前年増加率は約＋13％で、2019年の対前年増加率は約－14％であるから、100＋13－14＝99であり、2017年に対する2019年の増加率はマイナスである。チリを見ると、2017年のチリからの水産物輸入額を100とすると、2018年の対前年増加率は約－3％で、2019年の対前年増加率は約＋7％であるから、100－3＋7＝104であり、2017年に対する2019年の増加率はプラスである。よって、増加率が最も大きいのはロシアではない。

資料解釈　対前年増加率のグラフ

次の図から正しくいえるのはどれか。

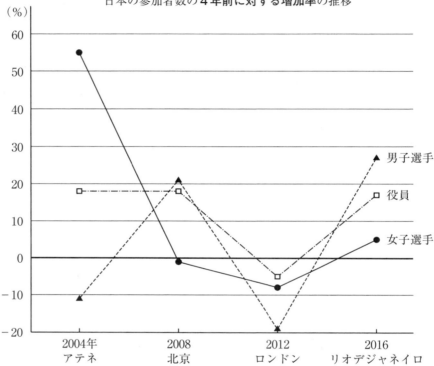

オリンピック競技大会（夏季大会）における
日本の参加者数の4年前に対する増加率の推移

1　2000年と2016年についてみると、2000年の大会への参加者数に対する2016年の大会への参加者数の増加率が最も大きいのは、女子選手である。

2　2000年から2016年までの5大会のうち、大会への男子選手の参加者数が最も多いのは2008年の大会であり、最も少ないのは2004年の大会である。

3　2004年の大会への役員の参加者数を100としたとき、2016年の大会への役員の参加者数の指数は130を上回っている。

4　2004年から2016年までの4大会における女子選手の参加者数の平均は、2008年の大会への女子選手の参加者数を上回っている。

5　2008年から2016年までの3大会についてみると、男子選手の参加者数に対する役員の参加者数の比率が最も大きいのは、2016年の大会である。

| 解説 | 正解 3 | TAC生の正答率 65% |

1 ✕ 2000年の女子選手の参加者数を100とすると、2004年は約55％の増加だから155、2008年は約1％の減少だから155−1.55≒154、2012年は約8％の減少だから154−1.54×8≒142、2016年は約5％の増加だから142＋14.2÷2≒149となり、約49％の増加となる。一方、2000年の役員の参加者数を100とすると、2004年は約18％の増加だから118、2008年は約18％の増加だから118＋11.8×2−1.18×2≒139、2012年は約5％の減少だから139−13.9÷2≒132、2016年は約17％の増加だから132＋13.2＋1.32×7≒154となり、約54％の増加となる。よって、増加率が最も大きいのは女子選手ではない。

2 ✕ 2008年の男子選手の参加者数を100とする。2012年は約19％の減少、2016年は約27％の増加である。2012年が20％の減少、2016年が25％の増加の場合、2012年が100−20＝80、2016年が80＋80÷4＝100となり、2008年と2016年の値が等しくなる。実際は、2012年は20％より減少率が小さく、2016年は25％より増加率が大きいので、2016年の値は100より大きくなる。よって、最も多いのは2008年ではない。

3 〇 2004年の役員の参加者数を100としたとき、2016年のそれが130を上回っているということは、2004年に対する2016年の増加率が30％を上回っていることと同じである。**1**の解説より、2000年の役員の参加者数を100としたとき、2004年が118で、2016年が154であり、指数では154−118＝36だけ増加している。118の10％が11.8で、30％が11.8×3＝35.4だから、36の増加率は30％をわずかに上回っている。

4 ✕ 4大会の女子選手の参加者数の平均が2008年の参加者数を上回っているということは、4大会の女子選手の参加者数の合計が、2008年の女子選手の参加者数の4倍を上回っているということと同じである。**1**の解説より、2000年の女子選手の参加者数を100とすると、2004年が155で、2008年が154で、2012年が142で、2016年が149であり、4大会の合計は155＋154＋142＋149＝600である。2008年の女子選手の参加者数の4倍は154×4＝616だから、下回っていることになる。

5 ✕ 男子選手の参加者数に対する役員の参加者数の比率は $\dfrac{役員の参加者数}{男子選手の参加者数}$ で求められる。

2012年の比率は $\dfrac{2012年の役員の参加者数}{2012年の男子選手の参加者数}$ であり、2016年の比率は増加率を利用すると、

$\dfrac{2012年の役員の参加者数×(100＋17)\％}{2012年の男子選手の参加者数×(100＋27)\％} = \dfrac{2012年の役員の参加者数}{2012年の男子選手の参加者数} \times \dfrac{117\％}{127\％}$ となる。

$\dfrac{117\％}{127\％}<1$ より、2016年の比率は2012年より小さくなる。よって、比率が最も大きいのは2016年ではない。

資料解釈 　対前年増加率のグラフ

次の図から正しくいえるのはどれか。

日本における民生用電気機械器具4器具の生産数量の**対前年増加率**の推移

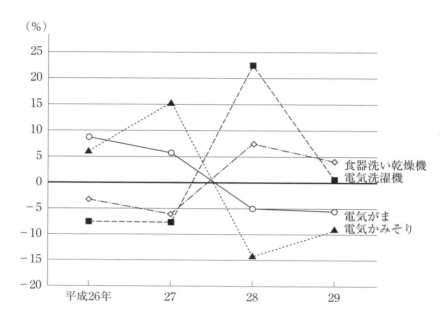

1 平成25年における電気洗濯機の生産数量を100としたとき、28年の電気洗濯機の生産数量の指数は110を上回っている。

2 平成25年から27年までの各年についてみると、電気がまの生産数量に対する電気かみそりの生産数量の比率が最も小さいのは25年である。

3 平成26年から28年までの3か年における食器洗い乾燥機の生産数量の年平均は、25年における食器洗い乾燥機の生産数量を下回っている。

4 平成26年から29年までのうち、電気洗濯機の生産数量が最も多いのは28年であり、最も少ないのは26年である。

5 平成29年における民生用電気機械器具4器具の生産数量についてみると、生産数量が27年に比べて増加したのは電気かみそりだけである。

解説　　**正解 3**　　　　　　　　　　　　　TAC生の正答率　79%

1　✕　電気洗濯機の生産数量の平成26年、27年、28年の対前年増加率はそれぞれ約－8％、約－8％、約＋23％であるので、25年を100とすると28年は100×(1－0.08)×(1－0.08)×(1＋0.23)≒104.1となる。したがって、28年の電気洗濯機の生産数量の指数は110を上回っていない。

2　✕　電気がまの生産数量に対する電気かみそりの生産数量の比率は$\dfrac{電気かみそりの生産数量}{電気がまの生産数量}$と表せる。それぞれの生産数量を平成25年と26年で比較すると、25年と比べて26年の電気がまの生産数量の対前年増加率は約＋8％、電気かみそりの生産数量の対前年増加率は約＋6％である。比率の分数は、分母の方が分子よりも増加率が大きいので、分数の値は小さくなる。したがって、25年よりも26年の方が比率は小さくなっているので、比率が最も小さいのは25年ではない。

3　〇　平成25年を100として、26年、27年、28年を指数で表し、その3か年合計が100×3＝300を下回るかどうかを調べればよい。食器洗い乾燥機の生産数量の26年度、27年度、28年度の対前年増加率はそれぞれ約－3％、約－6％、約＋8％であるので、25年を100とすると26年は100×(1－0.03)＝97、27年は97×(1－0.06)≒91、28年は91×(1＋0.08)≒98となる。3か年合計は97＋91＋98＝286であり、300を下回っている。したがって、3か年の年平均は25年を下回っている。

4　✕　電気洗濯機の生産数量の対前年増加率をみると、平成29年は約＋1％でプラスになっている。したがって、29年は28年よりも多いので、最も多いのは28年ではない。

5　✕　電気かみそりの生産数量の対前年増加率をみると、平成28年は約－14％、29年は約－9％でいずれもマイナスになっている。したがって、電気かみそりは27年に比べて29年の生産数量が増加していない。

資料解釈　対前年増加率のグラフ

次の図から正しくいえるのはどれか。

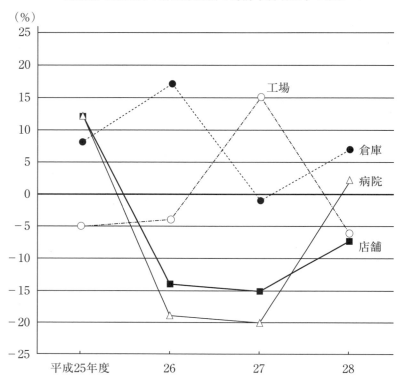

建築物の用途別の着工床面積の**対前年度増加率**の推移

1 　平成24年度から28年度までの各年度についてみると、倉庫の着工床面積に対する店舗の着工床面積の比率が最も小さいのは26年度である。

2 　平成24年度における店舗の着工床面積を100としたとき、28年度における店舗の着工床面積の指数は70を下回っている。

3 　平成25年度から28年度までのうち、工場の着工床面積が最も大きいのは27年度であり、次に大きいのは28年度である。

4 　平成26年度から28年度までの3か年度における病院の着工床面積の年度平均は、25年度における病院の着工床面積の80％を上回っている。

5 　平成28年度における建築物の用途別の着工床面積をみると、着工床面積が24年度に比べて増加したのは、倉庫と病院である。

| 解 説 | 正解　3 | TAC生の正答率　82% |

1 ✕　平成27年度の着工床面積の対前年度増加率は、倉庫が約－1％、店舗が約－15％である。よって、平成26年度の倉庫の着工床面積をx、平成26年度の店舗の着工床面積をyとすると、倉庫の着工床面積に対する店舗の着工床面積の比率は、平成26年度が$\dfrac{y}{x}$、平成27年度が$\dfrac{y \times 0.85}{x \times 0.99}$である。$\dfrac{0.85}{0.99} < 1$より、$\dfrac{y}{x} > \dfrac{y \times 0.85}{x \times 0.99}$となり、倉庫の着工床面積に対する店舗の着工床面積の比率は、平成26年度よりも平成27年度の方が小さいので、最も小さいのは平成26年度ではない。

2 ✕　店舗の着工床面積の対前年度増加率は、平成25年度が約12％、平成26年度が約－14％、平成27年度が約－15％、平成28年度が約－7％である。平成24年度における店舗の着工床面積を100として、28年度における店舗の着工床面積の指数を求めると、$100 \times 1.12 \times 0.86 \times 0.85 \times 0.93 ≒ 76.14$となり、70を上回っている。

3 〇　工場の着工床面積の対前年度増加率は、平成26年度が約－4％、平成27年度が約15％、平成28年度が約－6％である。よって、平成25年度の工場の着工床面積を100とすると、平成26年度は$100 \times 0.96 = 96$、平成27年度は$96 \times 1.15 = 110.4$、平成28年度は$110.4 \times 0.94 ≒ 103.8$となる。よって、最も大きいのは平成27年度で、次に大きいのは平成28年度である。

4 ✕　病院の着工床面積の対前年度増加率は、平成26年度が約－19％、平成27年度が約－20％、平成28年度が約2％である。よって、平成25年度における病院の着工床面積を100とすると、平成26年度は$100 \times 0.81 = 81$、平成27年度は$81 \times 0.8 = 64.8$、平成28年度は$64.8 \times 1.02 ≒ 66.1$である。平成26年度の指数は80を超えているが、平成27年度、28年度の指数は80を大きく下回っており、平成26年度から28年度までの3か年度における指数の平均は明らかに80を下回っている。

5 ✕　表中の年度において、倉庫の着工床面積が前年に比べて減少したのは平成27年度の約－1％のみであり、その他の年は全て前年に比べて5％以上増加しているため、倉庫の着工床面積は、平成24年度から平成28年度にかけて明らかに増加している。病院の着工床面積の対前年度増加率は、平成25年度が約12％、平成26年度が約－19％、平成27年度が約－20％、平成28年度が約2％である。よって平成24年度の病院の着工床面積を100とすると、平成28年度のそれの指数は、$100 \times 1.12 \times 0.81 \times 0.8 \times 1.02 = 100 \times (1.12 \times 1.02) \times (0.81 \times 0.8) ≒ 100 \times 1.14 \times 0.65 ≒ 100 \times 0.74 = 74$となる。よって、病院の着工床面積は平成28年度は平成24年度に比べて減少している。

資料解釈 — 対前年増加率のグラフ

2017年度 教養 No.18

次の図から正しくいえるのはどれか。

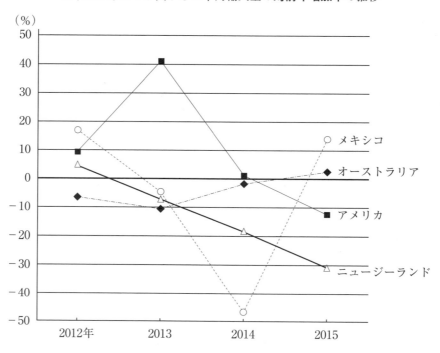

日本における４か国からの牛肉輸入量の**対前年増加率**の推移

1　2012年におけるメキシコからの牛肉輸入量を100としたとき、2015年におけるメキシコからの牛肉輸入量の指数は70を下回っている。

2　2013年から2015年までの各年についてみると、オーストラリアからの牛肉輸入量はいずれの年も前年に比べて増加している。

3　2012年から2015年までの各年のアメリカからの牛肉輸入量についてみると、最も多いのは2013年であり、最も少ないのは2015年である。

4　2013年から2015年までのうち、ニュージーランドからの牛肉輸入量が前年に比べて減少した年についてみると、いずれの年においてもアメリカからの牛肉輸入量は前年に比べて増加している。

5　2013年から2015年までの３か年における、ニュージーランドからの牛肉輸入量の年平均は、2012年におけるニュージーランドからの牛肉輸入量の60％を下回っている。

| 解説 | 正解　**1** | | TAC生の正答率　**81%** |

1　○　2013年におけるメキシコからの牛肉輸入量の対前年増加率は−4％、2014年のそれは−47％、2015年のそれは+13％であるので、2012年におけるメキシコからの牛肉輸入量を100とすると、2015年のそれは$100 \times 0.96 \times 0.53 \times 1.13 \fallingdotseq 57.5$であり、70を下回っている。

2　×　2013年のオーストラリアからの牛肉輸入量の対前年増加率は−10.5％、2014年のそれは−2％であるので、2013年と2014年は、オーストラリアからの牛肉輸入量は前年に比べて減少している。

3　×　2014年におけるアメリカからの牛肉輸入量の対前年増加率は+1％であり、2013年より増加している。よって、アメリカからの牛肉輸入量が最も多いのは2013年ではない。

4　×　2015年について、ニュージーランドからの牛肉輸入量の対前年増加率は−31％なので、前年より減少しているが、アメリカからの牛肉輸入量の対前年増加率は−12％であるので、アメリカからの牛肉輸入量も前年に比べて減少している。

5　×　2013年におけるニュージーランドからの牛肉輸入量の対前年増加率は−7％、2014年のそれは−18％、2015年のそれは−31％である。2012年におけるニュージーランドからの牛肉輸入量を100とすると、この60％は、$100 \times 0.6 = 60$である。一方、2013年におけるニュージーランドからの牛肉輸入量は$100 \times 0.93 = 93$、2014年のそれは$93 \times 0.82 \fallingdotseq 76.3$、2015年のそれは$76.3 \times 0.69 \fallingdotseq 52.6$であり、2013年から2015年までの3か年におけるニュージーランドからの牛肉輸入量の年平均は、$(93 + 76.3 + 52.6) \div 3 \fallingdotseq 74.0$となる。よって、2013年から2015年までの3か年におけるニュージーランドからの牛肉輸入量の年平均は、2012年におけるニュージーランドからの牛肉輸入量の60％を上回っている。

資料解釈 — 対前回増加率のグラフ

次の図から正しくいえるのはどれか。

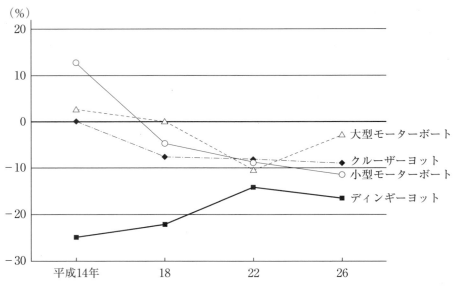

プレジャーボートの艇種別の隻数の前回調査に対する増加率の推移

（注）最近の調査は、平成8年、14年、18年、22年及び26年に計5回実施。

1. 平成14年、18年及び22年の各年のうち、小型モーターボートの隻数に対するディンギーヨットの隻数の比率が最も小さいのは14年である。

2. 平成14年、18年及び22年の各年についてみると、ディンギーヨットの隻数は、いずれの年も前回の調査の年に比べて増加している。

3. 平成18年における艇種別の隻数についてみると、8年における艇種別の隻数に比べて、いずれの艇種別の隻数も減少している。

4. 平成18年、22年及び26年の各年のうち、大型モーターボートの隻数が最も少ないのは、22年である。

5. 平成18年におけるクルーザーヨットの隻数を100としたとき、26年におけるクルーザーヨットの隻数の指数は90を下回っている。

解 説　　**正解　5**　　　　TAC生の正答率 ▶ 92%

1　✕　平成14年の小型モーターボートとディンギーヨットの隻数をそれぞれ a 、b とおく。平成18年および22年の小型モーターボートの隻数は、それぞれ、$a \times (1-0.05) = a \times 0.95$ および $a \times (1-0.05) \times (1-0.09) = a \times 0.95 \times 0.91$ であり、平成18年および22年のディンギーヨットの隻数は、それぞれ、$b \times (1-0.22) = b \times 0.78$ および $b \times (1-0.22) \times (1-0.14) = b \times 0.78 \times 0.86$ である。よって、小型モーターボートの隻数に対するディンギーヨットの隻数の比率は平成14年、18年および22年のそれぞれで、$\dfrac{b}{a}$ 、$\dfrac{b \times 0.78}{a \times 0.95}$ および $\dfrac{b \times 0.78 \times 0.86}{a \times 0.95 \times 0.91}$ である。これらの大小は、共通項である $\dfrac{b}{a}$ を落とした、1、$\dfrac{0.78}{0.95}$ および $\dfrac{0.78 \times 0.86}{0.95 \times 0.91}$ で比較できる。すると、$1 > \dfrac{0.78}{0.95} > \dfrac{0.78 \times 0.86}{0.95 \times 0.91}$ がわかり、小型モーターボートの隻数に対するディンギーヨットの隻数の比率の最小値は平成14年でない。

2　✕　平成14年、18年および22年のディンギーヨットの隻数の対前回増加率が負の値なので、いずれの年も前回の調査の年に比べて減少している。

3　✕　大型モーターボートの隻数についてみると、平成14年および18年の対前回増加率はそれぞれ３％および０％なので、平成18年は平成８年に対して $(1+0.03) \times (1+0.00) = 1.03$[倍]になっており、大型モーターボートの隻数は増加している。

4　✕　大型モーターボートの隻数は平成26年が22年に対し－３％増加、つまり３％減少しており、平成26年は22年より減少している。よって、大型モーターボートの隻数が最も少ないのが平成22年とは言えない。

5　〇　平成18年におけるクルーザーヨットの隻数を100としたとき、平成26年におけるクルーザーヨットの隻数の指数は $100 \times (1-0.08) \times (1-0.09) = 100 \times 0.92 \times 0.91 = 83.72$ であり、90を下回っている。

資料解釈　対前年増加率のグラフ　2015年度 教養 No.18

次の図から正しくいえるのはどれか。

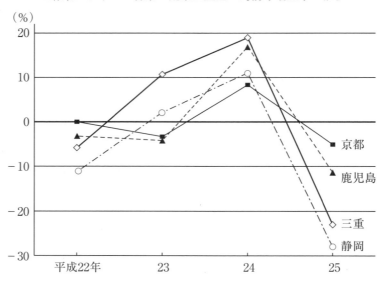

4府県における一番茶の荒茶生産量の**対前年増加率**の推移

1 平成21年の京都の一番茶の荒茶生産量を100としたとき、23年の京都の一番茶の荒茶生産量の指数は90を下回っている。

2 平成21年から24年までのうち、鹿児島の一番茶の荒茶生産量が最も多いのは24年であり、最も少ないのは22年である。

3 平成22年から24年までの三重の一番茶の荒茶生産量についてみると、3か年の1年当たりの平均の一番茶の荒茶生産量は、25年の一番茶の荒茶生産量を上回っている。

4 平成22年から25年までの各年についてみると、静岡の一番茶の荒茶生産量が前年に比べて増加した年は、いずれの年も鹿児島の一番茶の荒茶生産量は前年に比べて増加している。

5 平成23年の一番茶の荒茶生産量を府県別にみると、一番茶の荒茶生産量が22年に比べて減少したのは京都だけである。

| 解 説 | 正解 　3 | | TAC生の正答率　95% |

1 ×　23年の京都の一番茶の荒茶生産量の指数は、近似計算すると、100＋0－4＝96より、指数90を上回っている。

2 ×　23年の鹿児島の一番茶の荒茶生産量の対前年増加率はマイナスであるので、23年の生産量は22年の生産量より少ない。よって、生産量が最も少ない年は22年ではない。

3 ○　22年の三重の一番茶の荒茶生産量を100とおくと、23年のそれは100×1.11＝111、24年のそれは111×1.19≒132、25年のそれは132×0.77≒102となる。22年から24年の生産量の合計と25年の生産量×3を比べると、100＋111＋132＞102×3＝306となり、3か年の1年当たりの平均の生産量は、25年の生産量を上回っている。

4 ×　22年から23年に着目する。23年の静岡の一番茶の荒茶生産量の対前年増加率はプラスであるので、(22年の生産量)＜(23年の生産量) となる。23年の鹿児島の一番茶の荒茶生産量の対前年増加率はマイナスであるので、(22年の生産量)＞(23年の生産量) となる。よって、23年は、静岡の生産量が増加しているが、鹿児島の生産量が減少している。

5 ×　23年の一番茶の荒茶生産量の対前年増加率を見ると、京都と鹿児島がマイナスであるので、両府県とも22年の生産量に比べて23年は減少している。

資料解釈 — 対前年増加率のグラフ

次の図から正しくいえるのはどれか。

シリコンウエハのサイズ別生産量の**対前年増加率**の推移

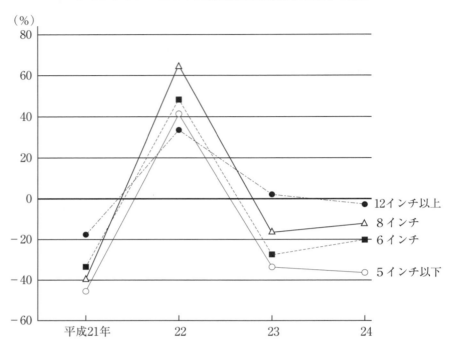

1 平成20年の5インチ以下のシリコンウエハの生産量を100としたとき、22年の5インチ以下のシリコンウエハの生産量の指数は70を下回っている。

2 平成20年から23年までのうち、6インチのシリコンウエハの生産量が最も多いのは20年であり、最も少ないのは21年である。

3 平成21年から23年までの各年についてみると、8インチのシリコンウエハの生産量が前年に比べて減少した年は、いずれの年も12インチ以上のシリコンウエハの生産量は前年に比べて減少している。

4 平成22年から24年までの各年についてみると、8インチのシリコンウエハの生産量に対する6インチのシリコンウエハの生産量の比率は、いずれの年も前年に比べて増加している。

5 平成24年のシリコンウエハの生産量をサイズ別にみると、生産量が21年に比べて増加したのは12インチのシリコンウエハだけである。

解 説　　**正解　2**　　　　　　　　　　　　　TAC生の正答率　**32%**

1　×　平成20年の5インチ以下のシリコンウエハの生産量を100としたときの22年のそれの生産量は$100 \times (1-0.45) \times (1+0.41) = 55 \times 1.41 \doteqdot 77.6$である。よって、指数70を下回っていない。

2　○　平成20年の6インチのシリコンウエハの生産量を100とおく。21年のそれは$100 \times (1-0.35) = 65$、22年のそれは$65 \times (1+0.48) = 96.2$、23年のそれは$96.2 \times (1-0.28) \doteqdot 69.3$より、生産量が最も多いのは20年であり、最も少ないのは21年である。

3　×　平成23年に着目する。8インチのシリコンウエハの対前年増加率はマイナスであるので、生産量は前年に比べて減少している。同年の12インチ以上のシリコンウエハの対前年増加率はプラスであるので、生産量は前年に比べて増加している。よって、8インチのシリコンウエハの生産量が前年に比べて減少した年は、いずれの年も12インチ以上のシリコンウエハの生産量は前年に比べて減少してはいない。

4　×　8インチのシリコンウエハの生産量に対する6インチのシリコンウエハの生産量の比率は$\dfrac{6インチのシリコンウエハの生産量}{8インチのシリコンウエハの生産量}$で求められる。平成22年から23年に着目すると、分子である平成23年の6インチのシリコンウエハの生産量の対前年増加率は約-28%、分母である平成23年の8インチのシリコンウエハの生産量の対前年増加率は約-18%であるので、比率は（平成22年）＞（平成23年）となる。よって、比率はいずれの年も前年に比べて増加してはいない。

5　×　12インチのシリコンウエハの対前年増加率は資料にないので、生産量の大小関係は判断できない。

資料解釈 — 対前年度増加率のグラフ

次の図から正しくいえるのはどれか。

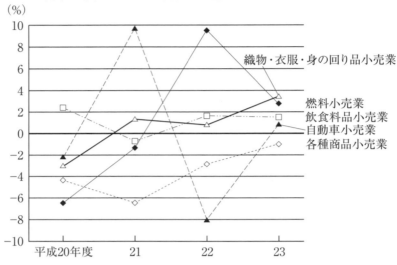

小売業5業種における販売額の**対前年度増加率**の推移

1. 平成19年度における織物・衣服・身の回り品小売業の販売額を100としたとき、22年度における織物・衣服・身の回り品小売業の販売額の指数は102を上回っている。

2. 平成20年度から22年度までの各年度についてみると、飲食料品小売業の販売額が前年度に比べて増加した年度は、いずれの年度も各種商品小売業の販売額が前年度に比べて増加している。

3. 平成21年度から23年度までの3か年における飲食料品小売業の販売額の1年当たりの平均は、20年度における飲食料品小売業の販売額を上回っている。

4. 平成21年度から23年度までのうち、燃料小売業の販売額が最も多いのは22年度であり、最も少ないのは21年度である。

5. 平成23年度における自動車小売業の販売額に対する燃料小売業の販売額の比率は、20年度における自動車小売業の販売額に対する燃料小売業の販売額の比率を下回っている。

| | 解 説 | | 正解 **3** | TAC生の正答率 **62%** |

1 ✕ 平成19年度における織物・衣服・身の回り品小売業の販売額を100としたとき、22年度のそれの販売額の指数を近似計算すると、$100 - 3 + 1.5 + 0.8 = 99.3$となり、102を上回っていない。

2 ✕ 平成20年度に着目すると、飲食料品小売業の販売額の対前年度増加率はプラスであるので、前年度に比べて販売額は増加しているが、各種商品小売業の販売額の対前年度増加率はマイナスであるので、前年度に比べて販売額は減少している。よって、飲食料品小売業の販売額が前年度に比べて増加した年度は、いずれの年度も各種商品小売業の販売額が前年度に比べて増加しているとはいえない。

3 ◯ 平成20年度における飲食料品小売業の販売額を100とおき、平成21年度のそれの販売額を近似計算すると、$100 - 0.5 = 99.5$、22年度は$99.5 + 1.8 = 101.3$、23年度は$101.3 + 1.7 = 103$となる。題意は、「平成21～23年度の3か年の合計が$100 \times 3 = 300$を上回っている」ことと同じである。よって、3か年の合計は$99.5 + 101.3 + 103 = 303.8$であるので、300を上回っている。

4 ✕ 平成23年度の燃料小売業の販売額の対前年度増加率はプラスであるので、（平成22年度の販売額）＜（平成23年度の販売額）となり、販売額が最も多いのは平成22年度ではない。

5 ✕ 自動車小売業の販売額に対する燃料小売業の販売額の比率は $\dfrac{燃料小売業の販売額}{自動車小売業の販売額}$ で求めることができる。平成20年度における自動車小売業の販売額、燃料小売業の販売額をそれぞれ100とおくと、23年度における自動車小売業の販売額は$100 \times (1 + 0.098) \times (1 - 0.08) \times (1 + 0.01)$となり、燃料小売業の販売額は$100 \times (1 - 0.013) \times (1 + 0.098) \times (1 + 0.028)$となる。ここで、$(1 + 0.01)$＜$(1 + 0.028)$、$(1 - 0.08)$＜$(1 - 0.013)$であるので、$100 \times (1 + 0.098) \times (1 - 0.08) \times (1 + 0.01) < 100 \times (1 - 0.013) \times (1 + 0.098) \times (1 + 0.028)$となり、平成23年度の$\dfrac{燃料小売業の販売額}{自動車小売業の販売額} > 1$となる。平成20年度の$\dfrac{燃料小売業の販売額}{自動車小売業の販売額} = \dfrac{100}{100} = 1$であるので、平成23年度の$\dfrac{燃料小売業の販売額}{自動車小売業の販売額}$は20年度の$\dfrac{燃料小売業の販売額}{自動車小売業の販売額}$を下回っていない。

215

資料解釈　総数と構成比のグラフ

次の図から正しくいえるのはどれか。

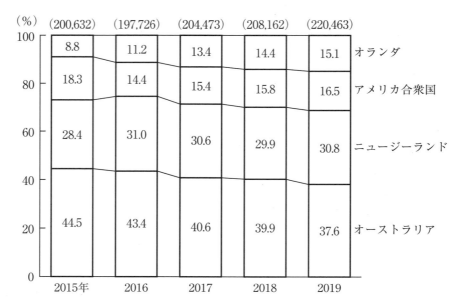

日本における4か国からのナチュラルチーズ輸入量の構成比の推移

（注）（　）内の数値は、4か国からのナチュラルチーズ輸入量の合計（単位：トン）を示す。

1　2015年についてみると、オーストラリアからのナチュラルチーズ輸入量は、アメリカ合衆国からのナチュラルチーズ輸入量を55,000トン以上、上回っている。

2　2015年におけるオランダからのナチュラルチーズ輸入量を100としたとき、2019年におけるオランダからのナチュラルチーズ輸入量の指数は180を下回っている。

3　2016年から2018年までの3か年におけるアメリカ合衆国からのナチュラルチーズ輸入量の累計は、93,000トンを下回っている。

4　2016年から2019年までのうち、オーストラリアからのナチュラルチーズ輸入量が最も多いのは2018年であり、最も少ないのは2019年である。

5　2017年から2019年までのうち、ニュージーランドからのナチュラルチーズ輸入量が前年に比べて最も増加したのは、2017年である。

| 解 説 | 正解　**3** | TAC生の正答率　**61%** |

1　✕　2015年のオーストラリアからのナチュラルチーズ輸入量は200,632[トン]×44.5%、アメリカからのナチュラルチーズ輸入量は200,632[トン]×18.3%だから、その差は200,632[トン]×(44.5−18.3)%＝200,632[トン]×26.2%で、200,632[トン]×26.2%＜201,000[トン]×27%＝54,270[トン]だから、55,000トンより小さい。よって、55,000トン以上上回ってはいない。

2　✕　基準の指数を100としたときに180を下回っているということは、基準の1.8倍を下回っているということと同じである。2015年のオランダからのナチュラルチーズ輸入量は200,632[トン]×8.8%で、2019年のオランダからのナチュラルチーズ輸入量は220,463[トン]×15.1%である。総数は200,632トンから220,463−200,632＝19,831[トン]だけ増加しており、200,632の10％が約20,063で、1％が約2,006で、9％が20,063−2,006＝18,057だから、増加率は9％より大きい。構成比は8.8％から15.1−8.8＝6.3[ポイント]だけ増加しており、8.8の10％が0.88で、70％が0.88×7＝6.16だから、増加率は70％より大きい。2015年に対する2019年の増加率がそれぞれ9％、70％だとすると、2019年の値は、（2016年の値）×1.09×1.7＝（2016年の値）×1.853となり、2016年に対して約1.85倍となる。実際の増加率は9％、70％よりそれぞれ大きいから、1.85倍を上回っていることになる。

3　〇　正確に計算して、アメリカ合衆国からのナチュラルチーズ輸入量は、2016年が197,726[トン]×14.4％＝28,472.544≒28,473[トン]、2017年が204,473[トン]×15.4％＝31,488.842≒31,489[トン]、2018年が208,162[トン]×15.8％＝32,889.596≒32,890[トン]だから、累計で28,473＋31,489＋32,890＝92,852[トン]となり、93,000トンを下回っている。

4　✕　2016年のオーストラリアからのナチュラルチーズ輸入量は197,726[トン]×43.4％、2018年のオーストラリアからのナチュラルチーズ輸入量は208,162[トン]×39.9％である。値をそれぞれ6％ずつ増加すると、2016年は197,726[トン]×43.4％×1.06＝209,590[トン]×43.4％、2018年は208,162[トン]×39.9％×1.06≒208,162[トン]×42.3％となる。209,590[トン]＞208,162[トン]、43.4％＞42.3％より、209,590[トン]×43.4％＞≒208,162[トン]×42.3％であるから、2018年より2016年の方が多い。

5　✕　上から3桁で概算する。ニュージーランドからのナチュラルチーズ輸入量は、2016年が198,000[トン]×31.0％＝61,380[トン]、2017年が204,000[トン]×30.6％＝62,424[トン]だから、2017年の対前年増加量は62,424−61,380＝1,044[トン]である。一方、2018年が208,000[トン]×29.9％＝208,000[トン]×(30−0.1)％＝62,192[トン]、2019年が220,000[トン]×30.8％＝67,760[トン]だから、2019年の対前年増加量は67,760−62,192＝5,568[トン]である。よって、最も増加したのは2017年ではない。

資料解釈 — 総数と構成比のグラフ

次の図から正しくいえるのはどれか。

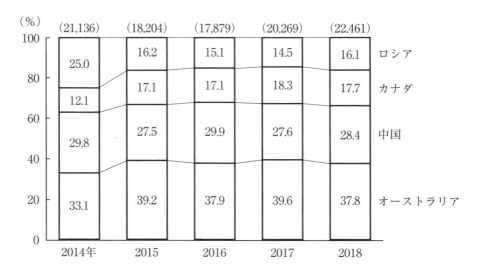

日本から４か国への自動車輸出額の構成比の推移

（注）（　）内の数値は、４か国への自動車輸出額の合計（単位：億円）を示す。

1　2014年におけるオーストラリアへの自動車輸出額を100としたとき、2017年におけるオーストラリアへの自動車輸出額の指数は120を下回っている。

2　2015年から2017年までの３か年における中国への自動車輸出額の累計は、15,000億円を下回っている。

3　2015年から2018年までのうち、ロシアへの自動車輸出額が最も多いのは2015年であり、最も少ないのは2017年である。

4　2016年から2018年までのうち、カナダへの自動車輸出額が前年に比べて最も増加したのは、2018年である。

5　2018年についてみると、オーストラリアへの自動車輸出額は、中国への自動車輸出額を2,500億円以上、上回っている。

| 解 説 | 正解　**1** | | TAC生の正答率　**73%** |

1　○　2014年におけるオーストラリアへの自動車輸出額を100としたときに2017年のそれが120を下回っているということは、2017年の輸出額が2014年の輸出額の1.2倍を下回っているということと同じである。2014年の輸出額の1.2倍は $(21,136 \times 33.1\%) \times 1.2 = 21,136 \times (33.1 + 3.31 \times 2)\% = 21,136 \times 39.72\%$ であり、2017年の輸出額は $20,269 \times 39.6\%$ である。$21,136 > 20,269$、$39.72\% > 39.6\%$ より、$21,136 \times 39.72\% > 20,269 \times 39.6\%$ となるから、2017年の輸出額は2014年の輸出額の1.2倍を下回っている。

2　×　2015年から2017年までの3か年における中国への自動車輸出額の累計は、$18,204 \times 27.5\% + 17,879 \times 29.9\% + 20,269 \times 27.6\% > (18,200 + 17,800 + 20,000) \times 27\% = 56,000 \times (30 - 3)\% = 16,800 - 1,680 = 15,120$［億円］である。よって、15,000億円を上回っている。

3　×　2015年のロシアへの自動車輸出額は $18,204 \times 16.2\%$［億円］であるのに対し、2018年のそれは $22,461 \times 16.1\%$［億円］である。構成比がほぼ変わらないのに対し、輸出額全体は2018年の方が20％以上大きいから、値は2018年の方が大きい。よって、最も多いのは2015年ではない。

4　×　2017年のカナダへの自動車輸出額の対前年増加額は $20,269 \times 18.3\% - 17,879 \times 17.1\% > 20,200 \times 18\% - 17,900 \times 18\% = 2,300 \times 18\% = 414$ で、414億円より多い。一方、2018年のカナダへの自動車輸出額の対前年増加額は $22,461 \times 17.7\% - 20,269 \times 18.3\% < 22,500 \times 18\% - 20,200 \times 18\% = 2,300 \times 18\% = 414$ で、414億円より少ない。よって、2017年の対前年増加額＞2018年の対前年増加額であるから、前年に比べて最も増加したのは2018年ではない。

5　×　2018年のオーストラリアと中国への自動車輸出額の差は、$22,461 \times (37.8 - 28.4)\% = 22,461 \times 9.4\% < 22,461 \times 10\% = 2,246.1$［億円］である。よって、2,500億円以上、上回ってはいない。

資料解釈　総数と構成比のグラフ

次の図から正しくいえるのはどれか。

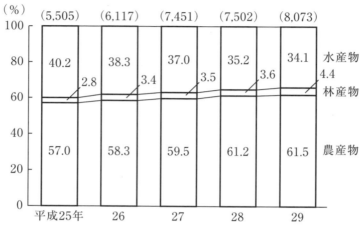

日本における農林水産物の輸出額の構成比の推移

（注）（　）内数値は、農林水産物の輸出額の合計（単位：億円）を示す。

1　平成25年から27年までの3か年における水産物の輸出額の累計は、7,000億円を下回っている。

2　平成26年における林産物の輸出額を100としたとき、27年における林産物の輸出額の指数は120を上回っている。

3　平成26年から28年までのうち、農産物の輸出額が前年に比べて最も増加したのは、26年である。

4　平成27年から29年までのうち、水産物の輸出額が最も多いのは29年であり、最も少ないのは27年である。

5　平成29年についてみると、農産物の輸出額は、水産物の輸出額を2,500億円以上、上回っている。

解 説 **正解 2** TAC生の正答率 **85%**

1 ✕ 平成25年から27年までの3か年における水産物の輸出額の累計を計算すると、5,505×40.2％＋6,117×38.3％＋7,451×37.0％≒2,213＋2,343＋2,757＝7,313[億円]となる。したがって、累計は7,000億円を下回っていない。

2 ○ 指数が120を上回っているかを調べるには、増加率が20％より大きいかどうかを調べればよい。平成26年における林産物の輸出額は6,117×3.4％、27年における林産物の輸出額は7,451×3.5％で求めることができる。まず総数の増加率に着目すると、6,117から7,451で増加量は1,334であり、6,117の10％は約612であることから、1,334は20％以上の増加率であることがわかる。構成比も3.4％から3.5％で増加していることをふまえると、6,117×3.4％から7,451×3.5％で増加率は20％を超えることは確実にいえる。したがって、26年における林産物の輸出額を100とすると、27年の指数は120を上回っている。

3 ✕ 総数も構成比もいずれもそれなりに大きく増えているところに着目するのがよい。農産物の輸出額について平成26年の対前年増加量をみると、25年が5,505×57.0％、26年が6,117×58.3％であり、総数は6,117－5,505＝612、構成比は58.3－57.0＝1.3[％]増えている。同様に27年の対前年増加量をみると、26年が6,117×58.3％、27年が7,451×59.5％であり、構成比は59.5－58.3＝1.23[％]増えているので26年とほぼ同じであるが、総数が7,451－6,117＝1,334でかなり大きく増えているので、27年のほうが大きいのではないかと目星をつける。25年は5,505×57.0％≒3,138、26年は6,117×58.3％≒3,566なので、26年は前年に比べて3,566－3,138＝428増えている。同様に27年は7,451×59.5％≒4,433なので、27年は前年に比べて4,433－3,566＝867増えている。したがって、前年に比べて最も増加したのは、26年ではない。

4 ✕ 最も少ないのは平成27年であるという点について、構成比が27年よりかなり小さくなっている28年がもっと少ないのではないかと推測を立てて、27年と28年を比較する。27年は7,451×37.0％≒2,757、28年は7,502×35.2％≒2,641である。したがって、最も少ないのは27年ではない。

5 ✕ 平成29年の農産物の輸出額と水産物の輸出額の差は8,073×（61.5％－34.1％）＝8,073×27.4％で求められる。このとき、少し多めに見積もって概算しても8,100×30％＝2,430なので、8,073×27.4％が2,500を超えないことは確実にいえる。したがって、農産物の輸出額は水産物の輸出額を2,500億円以上、上回ってはいない。

資料解釈　総数と構成比のグラフ

次の図から正しくいえるのはどれか。

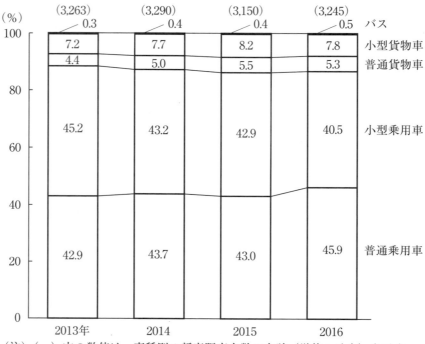

車種別の新車販売台数の構成比の推移

（注）（　）内の数値は、車種別の新車販売台数の合計（単位：千台）を示す。

1　2013年から2015年までの3か年における普通貨物車の新車販売台数の累計は、400千台を上回っている。

2　2013年における小型貨物車の新車販売台数を100としたとき、2015年における小型貨物車の新車販売台数の指数は120を上回っている。

3　2013年から2016年までのうち、普通乗用車の新車販売台数が最も多いのは2014年であり、次に多いのは2016年である。

4　2013年から2016年までの4か年におけるバスの年平均の新車販売台数は、11千台を下回っている。

5　2014年における小型乗用車の新車販売台数に対する2016年の比率は、0.9を下回っている。

| 解 説 | **正解　1** | TAC生の正答率　**82%** |

1　○　普通貨物車の新車販売台数は、2013年が3,263×4.4％［千台］、2014年が3,290×5.0％［千台］、2015年が3,150×5.5％［千台］である。合計の数値は2015年の3,150が最小であり、構成比は2103年の4.4％が最小だから、3か年とも3,150×4.4％［千台］を上回っていることになる。3,150の1％が31.5で、4％が31.5×4＝126だから、4.4％は126＋12.6＝138.6であり、3か年の累計は138.6×3＝415.8［千台］を上回っている。よって、2013年から2015年までの3か年における普通貨物車の新車販売台数の累計は、400千台を上回っている。

2　×　2013年における小型貨物車の新車販売台数を100としたとき、2015年における小型貨物車の新車販売台数の指数が120を上回るということは、2015年の値が、2013年の値の1.2倍を上回るのと同じである。小型貨物車の新車販売台数は、2013年が3,263×7.2％［千台］、2015年が3,150×8.2％［千台］である。2013年の値の1.2倍は、3,263×7.2％×1.2であり、明らかに3,263×7.2％×1.2＝3,263×8.64％＞3,150×8.2％であるから、13年における小型貨物車の新車販売台数を100としたとき、2015年における小型貨物車の新車販売台数の指数は120を下回る。

3　×　普通乗用車の新車販売台数は、2014年が3,290×43.7％［千台］、2016年が3,245×45.9％［千台］である。新車販売台数の合計は2014年の方が3,290－3,245＝45だけ大きく、3,245の1％が32.45で、2％が32.45×2＝64.9だから、新車販売台数の合計については、2014年は2016年の2％未満だけ増加している。一方、構成比は2016年の方が、45.9－43.7＝2.2だけ大きく、43.7の10％が4.37で、5％が4.37÷2≒2.19だから、構成比については、2016年は2014年の約5％増加している。2016年の構成比の増加率の方が大きく、3,290×43.7％＜3,245×45.9％となるので、普通乗用車の新車販売台数が最も多いのは2014年ではない。

4　×　2013年のバスの新車販売台数は3,263×0.3％＝3,263×0.003≒9.79［千台］で、2016年のバスの新車販売台数は3,245×0.5％＝3,245×0.005≒16.22［千台］だから、この2か年におけるバスの年平均の新車販売台数は、（9.79＋16.22）÷2≒13［千台］で、11千台を上回る。また、2014年と2015年のバスの新車販売台数はそれぞれ3,290×0.4％と3,150×0.4％で、いずれも3,000×0.4％＝3,000×0.004＝12を上回ることになる。よって、2013年と2016年の2か年の平均、2014年、2015年がいずれも11千台を上回っているので、4か年の年平均も11千台を上回っている。

5　×　小型乗用車の新車販売台数は、2014年が3,290×43.2％［千台］、2016年が3,245×40.5％［千台］である。新車販売台数の合計について、2016年は2014年に比べて3,290－3,245＝45減であり、3,290の1％が約33で、2％が33×2＝66であるから、新車登録台数の合計は2014年から2016年にかけて2％未満の減少である。一方、構成比について、2016年は2014年に比べて43.2－40.5＝2.7減であり、43.2の1％が約0.43で、7％が0.43×7＝3.01であるから、小型乗用車の構成比は2014年から2016年にかけて7％未満の減少である。2014年から2016年にかけて、新車登録台数の合計は2％未満の減少、小型乗用車の構成比は7％未満の減少であるが、0.98×0.93≒0.91＞0.9より、2014年における小型乗用車の新車販売台数に対する2016年のそれの比率は、0.9を上回っている。

資料解釈 　総数と構成比のグラフ

2017年度 教養 No.19

次の図から正しくいえるのはどれか。

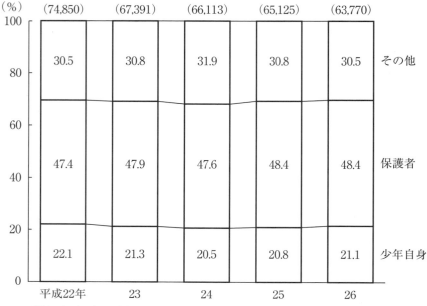

警察が受理した少年相談の件数の相談者別の構成比の推移

（注）（ ）内の数値は、少年相談の件数の合計（単位：件）を示す。

1　平成22年から24年までの3か年における、少年自身からの少年相談の年平均の件数は、15,000件を上回っている。

2　平成22年から25年までのうち、保護者からの少年相談の件数が最も多いのは22年であり、次に多いのは25年である。

3　平成23年におけるその他からの少年相談の件数を100としたとき、25年におけるその他からの少年相談の件数の指数は98を下回っている。

4　平成26年についてみると、保護者からの少年相談の件数は、その他からの少年相談の件数を12,000件以上、上回っている。

5　少年自身からの少年相談の件数についてみると、平成25年に対する26年の比率は0.9を下回っている。

| 解説 | 正解 **3** | TAC生の正答率 **73%** |

1 ✕ 　平成22年から24年までの３か年における少年自身からの少年相談の年平均の件数が15,000件を上回るということは、３か年の合計が15,000×3＝45,000［件］を上回ることと同じである。平成22年における少年自身からの少年相談の件数は、74,850×0.221≒16,542［件］、平成23年のそれは67,391×0.213≒14,354［件］、平成24年のそれは66,113×0.205≒13,553［件］であり、３か年の合計は16,542＋14,354＋13,553＝44,449［件］となる。よって、平成22年から24年までの３か年における少年自身からの少年相談の件数の合計は、45,000件を下回っている。

2 ✕ 　保護者からの少年相談の件数は、（少年相談の件数の合計）×（保護者からの少年相談の構成比）で求められる。平成23年と平成25年の件数を比較してみると、平成23年は67,391×0.479≒32,280［件］、平成25年は65,125×0.484≒31,521［件］で、平成23年の件数＞平成25年の件数となる。よって、保護者からの少年相談の件数について、平成22年の次に平成25年が多いとはいえない。

3 ◯ 　平成23年におけるその他からの少年相談の件数を100としたときの25年におけるそれの指数が98を下回っているということは、その他からの少年相談の件数について、平成23年から平成25年にかけての減少率が２％を上回っているということと同じである。その他からの少年相談の件数について、平成23年から平成25年にかけての減少量は、67,391×0.308－65,125×0.308＝（67,391－65,125）×0.308＝2,266×0.308である。次に、平成23年におけるその他からの少年相談の件数の２％は、67,391×0.308×0.02＝67,391×0.02×0.308≒1,348×0.308である。2,266×0.308＞1,348×0.308より、平成23年から平成25年にかけての減少率は２％を上回っている。

4 ✕ 　平成26年の保護者からの少年相談の件数は、63,770×0.484、平成26年のその他からの少年相談の件数は、63,770×0.305であるので、その差は63,770×0.484－63,770×0.305＝63,770×（0.484－0.305）＝63,770×0.179である。63,770×0.179＜63,770×0.18≒11,479＜12,000となるから、平成26年の保護者からの少年相談の件数と平成26年のその他からの少年相談の件数の差は12,000件を下回っている。

5 ✕ 　比率が0.9を下回っているということは、減少率が10％を上回っていることと同じである。少年自身からの少年相談の件数について、平成25年から平成26年にかけての減少率が10％を上回っているかどうか確認する。少年自身からの少年相談の件数は、（少年相談の件数の合計）×（少年自身からの少年相談の構成比）で求められる。平成25年から平成26年にかけて、少年自身からの少年相談の構成比は20.8から21.1に増加している。少年相談の件数の合計は、65,125から63,770に減少しているが、その減少量は65,125－63,770＝1,355であり、65,125の１％は約651、２％が約1,302であるので、その減少率は２％程度である。よって少年自身からの少年相談の件数について、平成25年から平成26年にかけての減少率は10％を上回ってはいない。

資料解釈　総数と構成比のグラフ

次の図から正しくいえるのはどれか。

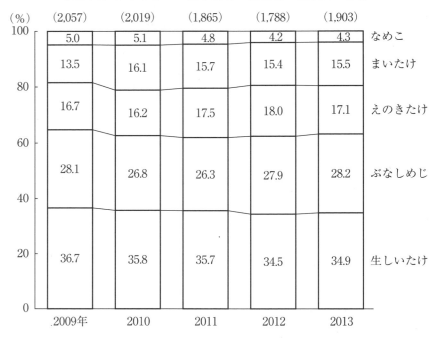

我が国におけるきのこ類5品目の生産額の構成比の推移

（注）（　）内の数値は、きのこ類5品目の生産額の合計（単位：億円）を示す。

1　2009年におけるえのきたけとなめこの生産額の計は、2011年におけるえのきたけとなめこの生産額の計を上回っている。

2　2009年における生しいたけの生産額を100としたとき、2012年における生しいたけの生産額の指数は75を下回っている。

3　2010年から2012年までのまいたけの生産額の3か年の累計は、800億円を下回っている。

4　2010年から2013年までの各年の生産額を品目別にみると、いずれの年もぶなしめじはなめこを430億円以上、上回っている。

5　2011年から2013年までの3か年におけるえのきたけの生産額の1年当たりの平均は、310億円を下回っている。

解 説　正解　1　　　TAC生の正答率　77%

1 ○　2009年におけるえのきたけとなめこの生産額の計は2,057×(16.7＋5.0)[%]＝20.57×21.7[億円]であり、2011年におけるえのきたけとなめこの生産額の計は1,865×(17.5＋4.8)[%]＝18.65×22.3[億円]である。20.57に対し18.65は約10%減少しているが、21.7に対し22.3は約3%の増加であり、20.57×21.7＞18.65×22.3が成り立つ。よって、2009年におけるえのきたけとなめこの生産額の計は、2011年におけるえのきたけとなめこの生産額の計を上回っている。

2 ×　2009年における生しいたけの生産額を100としたとき、2012年における生しいたけの生産額の指数が75を下回っていれば、$\frac{2012年における生しいたけの生産額}{2009年における生しいたけの生産額} < \frac{75}{100} = 0.75$が成り立つ。2009年における生しいたけの生産額は2,057×36.7[%]、2012年における生しいたけの生産額は1,788×34.5[%]より、$\frac{2012年における生しいたけの生産額}{2009年における生しいたけの生産額} = \frac{1,788 \times 34.5}{2,057 \times 36.7} = \frac{1,788}{2,057} \times \frac{34.5}{36.7}$となる。$\frac{1,788}{2,057} ≒ 0.87$、$\frac{34.5}{36.7} ≒ 0.94$であり、$\frac{2012年における生しいたけの生産額}{2009年における生しいたけの生産額} ≒ 0.87 \times 0.94 = 0.8178 > 0.75$となるから、$\frac{2012年における生しいたけの生産額}{2009年における生しいたけの生産額} < 0.75$は成り立たない。

3 ×　これは、2,019×16.1[%]＋1,865×15.7[%]＋1,788×15.4[%]＜800（①）が成り立つかどうかを調べればよい。左辺を少なく見積もっても、（①の左辺）＞2,000×15[%]＋1,850×15[%]＋1,750×15[%]＝(2,000＋1,850＋1,750)×15[%]＝5,600×15[%]＝840であり、800を超える。よって、①の左辺＜800は成り立たない。

4 ×　2011年のぶなしめじとなめこの生産額の差を計算すれば、1,865×26.3[%]－1,865×4.8[%]＝1,865×21.5[%]≒410[億円]であり、ぶなしめじがなめこを430億円以上、上回ってはいない。

5 ×　これは、1,865×17.5[%]＋1,788×18.0[%]＋1,903×17.1[%]＜310×3が成り立つかどうかを調べればよい。左辺を少なく見積もっても、（②の左辺）＜1,850×17[%]＋1,750×17[%]＋1,900×17[%]＝5,500×17[%]＝935であり、310×3＝930を超える。よって、②の左辺＜930は成り立たない。

資料解釈　総数と構成比のグラフ

次の図から正しくいえるのはどれか。

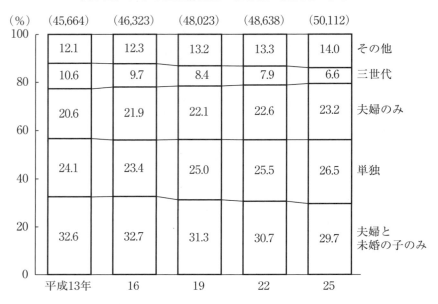

我が国における世帯構造別の世帯数の構成比の推移

（注）（　）内の数値は、世帯数の合計（単位：千世帯）を示す。

1 平成13年についてみると、夫婦と未婚の子のみの世帯数は、単独の世帯数を3,500千世帯以上、上回っている。

2 平成16年、19年及び22年の各年についてみると、夫婦のみの世帯数が3年前に比べ増加した年は、いずれの年の単独の世帯数も3年前に比べ増加している。

3 平成19年、22年及び25年の各年についてみると、三世代の世帯数に対するその他の世帯数の比率は、いずれの年も1.8を上回っている。

4 三世代の世帯数についてみると、平成13年を100としたとき、25年の指数は、60を下回っている。

5 夫婦と未婚の子のみの世帯数についてみると、平成16年、19年及び22年の3か年の平均は、15,500千世帯を上回っている。

解説 **正解 1** TAC生の正答率 **85%**

1 ○ 平成13年の夫婦と未婚の子のみの世帯数は45,664×32.6％で表され、同年の単独の世帯数は45,664×24.1％で表される。これらの差は45,664×32.6％−45,664×24.1％＝45,664×(32.6−24.1)％＝45,664×8.5％≒457×8＋229＝3,885より、3,500千世帯以上、上回っている。

2 × 平成13年から16年をみる。夫婦のみの世帯数は、平成13年は45,664×20.6％、平成16年は46,323×21.9％より、総量、構成比とも平成16年の方が大きいので、(平成13年)＜(平成16)となる。単独世帯数は、平成13年は45,664×24.1％、平成16年は46,323×23.4％であり、総量は約660増加し45,664の1％は約457、0.5％は約230より1.5％程度の増加となり、構成比は0.7減少し24.1の1％は約0.24より3％程度の減少となる。よって、(平成13年)＞(平成16年)となり、夫婦のみの世帯数が増加した年は、いずれの年の単独の世帯数も増加しているとはいえない。

3 × 各年における三世代の世帯数に対するその他の世帯数の比率は $\dfrac{その他の世帯数}{三世代の世帯数}$ ＝$\dfrac{ある年の総量×その他の世帯数の構成比}{ある年の総量×三世代の世帯数の構成比}$ で求めることができるが、同年において $\dfrac{ある年の総量}{ある年の総量}$ ＝1より、$\dfrac{その他の世帯数の構成比}{三世代の世帯数の構成比}$ だけで比べればよい。平成19年は $\dfrac{13.2}{8.4}$ ＜1.8より、いずれの年も1.8を上回っているとはいえない。

4 × 指数60を下回っていることは、減少率が40％を上回っていることと同じである。三世代の世帯数についてみると、平成13年は45,664×10.6％≒4,566＋46×6＝4,842で平成25年は50,112×6.6％≒501×6＋50×6＝3,306となり、約1,500減少し4,842の10％は約484より30％程度の減少となる。よって、減少率は40％を上回っていないので、指数60を下回っていない。

5 × 夫婦と未婚の子のみの世帯数は、平成16年は46,323×32.7％≒46,323×33％＝4,632×3＋463×3＝15,285となり、平成19年は48,023×31.3％≒48,023×31％＝4,802×3＋480＝14,886となり、平成22年は48,638×30.7％≒48,638×31％＝4,864×3＋486＝15,078となる。いずれの年も15,500を超えていないので、3か年の平均が15,500千世帯を上回ってはいない。

資料解釈　総数と構成比のグラフ

次の図から正しくいえるのはどれか。

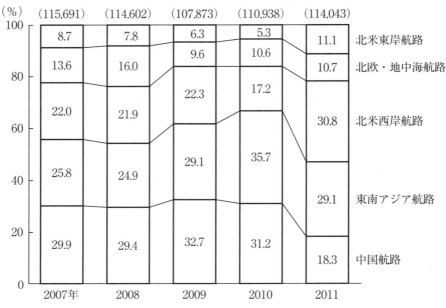

東京港におけるコンテナ船総トン数の主要5航路別構成比の推移

（注）（　）内の数値は総トン数（単位：千トン）を示す。

1　2007年についてみると、中国航路のコンテナ船総トン数は、東南アジア航路のコンテナ船総トン数を4,800千トン以上、上回っている。

2　2008年から2010年までのうち、北欧・地中海航路のコンテナ船総トン数が前年に比べ増加した年は、いずれの年も北米西岸航路のコンテナ船総トン数は前年に比べ減少している。

3　2009年から2011年までの各年についてみると、北米西岸航路のコンテナ船総トン数に対する北米東岸航路のコンテナ船総トン数の比率は、いずれの年も0.33を下回っている。

4　東南アジア航路のコンテナ船総トン数についてみると、2008年を100としたとき、2010年の指数は、145を上回っている。

5　北米東岸航路のコンテナ船総トン数についてみると、2009年から2011年の3か年の累計は、23,000千トンを下回っている。

解 説　　**正解　2**　　　　　　　　　　　　　TAC生の正答率　**55%**

1　**×**　2007年の中国航路のコンテナ船総トン数は115,691×29.9%［千トン］、同年の東南アジア航路のコンテナ船総トン数は115,691×25.8%［千トン］である。その差は、115,691×(29.9－25.8)% ＝ 115,691×4.1% ≒ 1,157×4 ＝ 4,628［千トン］であるので、4,800千トンを上回ってはいない。

2　**○**　2007年から2008年を見ると、2007年の北欧・地中海航路のコンテナ船総数は115,691×13.6% ≒ 15,734［千トン］、2008年のそれは114,602×16.0% ≒ 18,336［千トン］であるので、前年に比べて増加している。2007年の北米西岸航路のコンテナ船総トン数は115,691×22.0%［千トン］、2008年のそれは114,602×21.9%［千トン］であり、総量、構成比とも減少しているので、前年に比べて減少している。2008年から2009年を見ると、2009年の北欧・地中海航路のコンテナ船総トン数は107,873×9.6%であり、前年に比べて総量、構成比とも減少しているので、前年に比べて減少している。2009年から2010年を見ると、2010年の北欧・地中海航路のコンテナ船総トン数は110,938×10.6%であり、前年に比べて総量、構成比とも増加しているので、前年に比べて増加している。2009年の北米西岸航路のコンテナ船総トン数は107,873×22.3% ≒ 24,056［千トン］、2010年のそれは110,938×17.2% ≒ 19,081［千トン］であるので、前年に比べて減少している。したがって、北欧・地中海航路のコンテナ船総トン数が前年に比べて増加した年は、北米西岸航路のコンテナ船総トン数は前年に比べて減少している。

3　**×**　北米西岸航路のコンテナ船総トン数に対する北米東岸航路のコンテナ船総トン数の比率は $\dfrac{\text{北米東岸航路のコンテナ船総トン数}}{\text{北米西岸航路のコンテナ船総トン数}}$ で求めることができる。同年であれば、総トン数は同じであるので、比率は $\dfrac{\text{北米東岸航路のコンテナ船総トン数の構成比}}{\text{北米西岸航路のコンテナ船総トン数の構成比}}$ で求めることができる。2011年に着目すると、比率は $\dfrac{11.1}{30.8}$ ≒ 0.36 となり、0.33を上回っている。

4　**×**　2008年の東南アジア航路のコンテナ船総トン数は114,602×24.9%［千トン］、2010年のそれは110,938×35.7%［千トン］である。2008年から2010年の構成比を見ると、10.8増加しており、24.9の10%は約2.5より40%程度の増加率である。総量は減少しているので、明らかに増加率は45%未満となる。したがって、2008年を100としたとき、2010年の指数は145を下回っている。

5　**×**　2009年の北米東岸航路のコンテナ船総トン数は107,873×6.3%［千トン］で6,800千トン程度であり、2010年のそれは110,938×5.3%［千トン］で6,000千トン程度であり、2011年のそれは114,043×11.1%［千トン］で1,200千トン程度である。よって、合計は6,800＋6,000＋12,600［千トン］＝25,400［千トン］となり、23,000千トンを上回っている。

資料解釈　総数と構成比のグラフ

次の図から正しくいえるのはどれか。

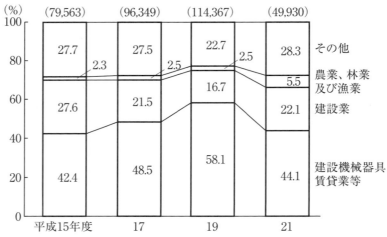

建設機械の業種別購入台数の構成比の推移

（注）（ ）内の数値は、購入台数の合計（単位：台）を示す。

1 　平成15年度から19年度までを2年度ごとにみると、建設業の購入台数が最も多いのは15年度であり、次に多いのは19年度である。

2 　平成15年度から21年度までを2年度ごとにみると、その他の購入台数は、いずれの年度も26,000台を下回っている。

3 　平成17年度における農業、林業及び漁業の購入台数を100としたとき、21年度における農業、林業及び漁業の購入台数の指数は120を上回っている。

4 　平成17年度に対する19年度の購入台数の比率について業種別にみると、最も大きいのは建設機械器具賃貸業等であり、最も小さいのは建設業である。

5 　平成21年度についてみると、建設機械器具賃貸業等の購入台数は建設業の購入台数を12,000台以上、上回っている。

解説 　　**正解　4**　　　　　　　　　　　　　　　TAC生の正答率 **63%**

1 ✕ 　平成15年度、17年度、19年度の各年度の建設業の購入台数は、15年度が79,563×27.6％≒ 22,000［台］、17年度が96,349×21.5％≒20,700［台］、19年度が114,367×16.7％≒19,000［台］となる。 よって、購入台数が2番目に多いのは19年度ではない。

2 ✕ 　平成17年度のその他の購入台数は96,349×27.5％≒26,500［台］より、26,000台を上回っている。

3 ✕ 　「100としたとき指数120を上回っている」とは、「倍率が1.2倍以上」と同じことである。平 成17年度の農業、林業及び漁業の購入台数は96,349×2.5％、21年度のそれは49,930×5.5％である。 総量を見ると、96,349から49,930へと半分未満減少しているので、倍率は0.5倍程度、構成比を見る と、2.5から5.5へと2倍程度となっている。したがって、0.5×2＝1.0であるので、倍率は1.2倍以上 ではない。

4 ◯ 　平成17年度に対する19年度のある業種の購入台数の比率は$\dfrac{平成19年度のある業種の購入台数}{平成17年度のある業種の購入台数}$

$=\dfrac{平成19年度の（購入台数の合計）×（ある業種の構成比）}{平成17年度の（購入台数の合計）×（ある業種の構成比）}$で求めることができ、各業種の

$\dfrac{平成19年度の購入台数の合計}{平成17年度の購入台数の合計}$は共通なので、大小関係は$\dfrac{平成19年度のある業種の構成比}{平成17年度のある業種の構成比}$で求める

ことができる。その他は$\dfrac{22.7}{27.5}<1$、農業、林業及び漁業は$\dfrac{2.5}{2.5}=1$、建設業は$\dfrac{16.7}{21.5}<1$、建設機械器

具賃貸業等は$\dfrac{58.1}{48.5}>1$であり、最も大きいのは建設機械器具賃貸業等である。また、（建設業）

$\dfrac{16.7}{21.5}$と（その他）$\dfrac{22.7}{27.5}$を比べると、分母、分子ともに6増加しているので、分子の増加率の方が

分母の増加率より大きいことがわかり、（建設業）$\dfrac{16.7}{21.5}<$（その他）$\dfrac{22.7}{27.5}$となる。よって、最も小

さいのは建設業である。

5 ✕ 　平成21年度の建設機械器具賃貸業等の購入台数と建設業の購入台数の差は、49,930×（44.1－ 22.1）％＝49,930×22％≒4,993×2＋499×2<12,000［台］である。

資料解釈 　総数と構成比のグラフ

次の図から正しくいえるのはどれか。

りんごの結果樹面積及び出荷量の状況

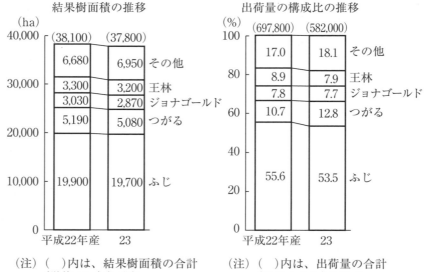

（注）（　）内は、結果樹面積の合計（単位：ha）を示す。

（注）（　）内は、出荷量の合計（単位：トン）を示す。

1　ふじの結果樹面積当たりの出荷量についてみると、平成22年産を100としたとき、23年産の指数は75を下回っている。

2　つがるの出荷量についてみると、平成23年産は22年産に比べて1,000トン以上増加している。

3　ジョナゴールドの結果樹面積当たりの出荷量についてみると、平成23年産は22年産を上回っている。

4　王林の出荷量についてみると、平成22年産に対する23年産の比率は、0.85を下回っている。

5　結果樹面積の合計に占めるその他の結果樹面積の割合についてみると、平成23年産は22年産の1.1倍を上回っている。

解説　　正解　**4**　　　TAC生の正答率　**61%**

りんごの出荷量は（出荷量の合計）×（ある種のりんごの出荷量の構成比）で求めることができる。

1 ×　ふじの結果樹面積当たりの出荷量は$\dfrac{ふじの出荷量}{ふじの結果樹面積}$で求めることができ、平成22年産は$\dfrac{697,800 \times 0.556}{19,900} = 19.5$、平成23年産は$\dfrac{582,000 \times 0.535}{19,700} \fallingdotseq 15.8$である。「平成22年産を100としたとき、23年産の指数が75を下回っている」は、「平成22年産に対して23年産は減少率25%以上である」と同じことなので、19.5から15.8へは3.7減少し、19.5の10%は1.95であるので、減少率は25%未満である。

2 ×　つがるの出荷量は、平成22年産が697,800×10.7% $\fallingdotseq$ 74,664[トン]、平成23年産は582,000×12.8% $\fallingdotseq$ 74,496[トン]であり、その差は1,000トン未満である。

3 ×　ジョナゴールドの結果樹面積当たりの出荷量は$\dfrac{ジョナゴールドの出荷量}{ジョナゴールドの結果樹面積}$で求めることができ、平成22年産は$\dfrac{697,800 \times 0.078}{3,030}$、平成23年産は$\dfrac{582,000 \times 0.077}{2,870}$であり、分子の出荷量の構成比はほぼ同じなので、分子の出荷量の合計と分母を比較する。582,000から697,800へは115,800増加し、582,000の10%は58,200なので、増加率は10%以上であり、2,870から3,030へは160増加し、2,870の10%は287なので、増加率は10%未満となる。したがって、$\dfrac{697,800 \times 0.078}{3,030} > \dfrac{582,000 \times 0.077}{2,870}$となり、平成23年産は22年産を上回っていない。

4 ○　「平成22年産に対する23年産の比率が0.85を下回っている」とは、「平成22年産に対して23年産は減少率が15%を上回っている」と同じである。平成22年産の王林の出荷量は697,800×8.9%、23年産は582,000×7.9%で求めることができ、697,800から582,000へは115,800減少し、697,800の10%は69,780なので、減少率は10%以上であり、8.9から7.9へは1.0減少し、8.9の10%は0.89なので、減少率は10%以上である。したがって、合わせると、減少率は15%を上回っている。

5 ×　結果樹面積の合計に占めるその他の結果樹面積の割合は$\dfrac{その他の結果樹面積}{結果樹面積の合計}$で求めることができ、平成22年産は$\dfrac{6,680}{38,100}$、23年産は$\dfrac{6,950}{37,800}$である。22年産の1.1倍は$\dfrac{6,680 + 668}{38,100} = \dfrac{7,348}{38,100}$となり、これと23年産と比べると、分母は300増加し、分子は約400増加しているので、元が小さい値である分子の増加率の方が分母の増加率より大きい。よって、$\dfrac{6,950}{37,800} < \dfrac{7,348}{38,100}$となり、23年産は22年産の1.1倍を上回っていない。

資料解釈 　対前年増加率と構成比のグラフ

次の図から正しくいえるのはどれか。

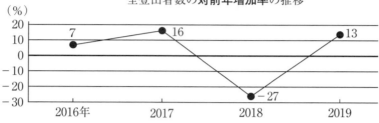

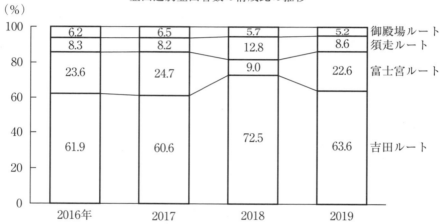

1 2015年から2018年までの各年についてみると、富士山登山者の全登山者数が最も少ないのは2015年である。

2 2016年から2018年までの各年についてみると、吉田ルートの登山者数に対する御殿場ルートの登山者数の比率は、いずれの年も0.1を上回っている。

3 富士宮ルートについてみると、2016年から2018年までの3か年の登山者数の年平均は、2019年の登山者数を下回っている。

4 須走ルートについてみると、2017年の登山者数は、2019年の登山者数を下回っている。

5 吉田ルートについてみると、2017年の登山者数を100としたとき、2019年の登山者数の指数は、95を上回っている。

| 解説 | 正解　**3** | | TAC生の正答率　**70%** |

　2015年の全登山者数を100とすると、2016年の対前年増加率は＋7％だから、指数は100＋7＝107、2017年の対前年増加率は＋16％で、107の10％が10.7で、5％が10.7÷2＝5.35で、1％が1.07だから、指数は107＋(10.7＋5.35＋1.07)＝124.12≒124.1、2018年の対前年増加率は－27％で、124.1の10％が12.41で、30％が12.41×3＝37.23で、3％が約3.72だから、指数は124.1－(37.32－3.72)＝90.5で、2019年の対前年増加率は＋13％で、90.5の10％が9.05で、1％が約0.91で、3％が0.91×3＝2.73だから、指数は90.5＋(9.05＋2.73)＝102.28≒103である。よって、選択肢において、全登山者数を指数で表すと、2015年が100で、2016年が107で、2017年が124.1で、2018年が90.5で、2019年が103となるので、これを用いて計算する。

1　✕　前述のとおり、(2015年の指数)＞(2018年の指数)となるので、最も少ないのは2015年ではない。

2　✕　ある年における吉田ルートの登山者数に対する御殿場ルートの登山者数の比率は、

$\dfrac{全登山者数×御殿場ルートの構成比}{全登山者数×吉田ルートの構成比}＝\dfrac{御殿場ルートの構成比}{吉田ルートの構成比}$で求められる。2018年を見ると$\dfrac{5.7}{72.5}$

で、72.5の10％(＝比率0.1)が7.25だから、5.7は10％(＝比率0.1)を下回っている。

3　◯　富士宮ルートの登山者数は、2016年が107×23.6％＜108×25％＝27、2017年が124.1×24.7％＜124.4×25％＝31.1、2018年が90.5×9.0％＜91×9％＝8.19で、27＋31.1＋8.19＝66.29＜66.3より、3か年の平均は66.3÷3＝22.1より小さい。一方、2019年は103×22.6％＞103×22％＝22.66より、22.66より大きい。よって、2016年から2018年の登山者数の3か年の平均は、2019年の登山者数を下回っている。

4　✕　須走ルートの登山者数について、2017年は124.1×8.2％＞120×8％＝9.6より、9.6より大きい。一方、2019年は103×8.6％＜103×9％＝9.27より、9.27より小さい。よって、2017年の登山者数は2019年の登山者数を上回っている。

5　✕　基準を100としたときに、指数が95を上回っているということは、基準の95％を上回っているということと同じである。吉田ルートの登山者数について、2019年は103×63.6％＜103×64％＝65.92より、65.92より小さい。一方、2017年は124.1×60.6％＞124×60％＝74.4より、74.4より大きく、その95％は、74.4×95％＝74.4×(100－10÷2)％＝74.4－7.44÷2＝70.68より大きい。よって、2019年は2017年の95％を下回っている。

資料解釈 — 複数の資料

次の図表から正しくいえるのはどれか。

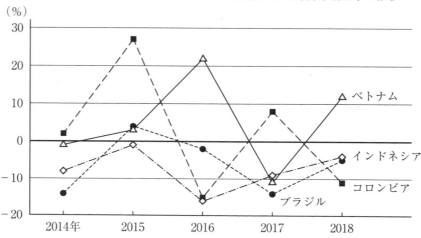

日本におけるコーヒー生豆の輸入状況

日本におけるコーヒー生豆の国別輸入量（2013年）　（単位：トン）

ブラジル	ベトナム	コロンビア	インドネシア
157,275	79,473	60,730	45,402

日本におけるコーヒー生豆の国別輸入量の**対前年増加率**の推移

1 2013年におけるブラジルからのコーヒー生豆の輸入量を100としたとき、2015年におけるブラジルからのコーヒー生豆の輸入量の指数は95を上回っている。

2 2014年におけるベトナムからのコーヒー生豆の輸入量とインドネシアからのコーヒー生豆の輸入量との差は、35,000トンを下回っている。

3 2014年に対する2015年のコーヒー生豆の国別輸入量についてみると、最も増加しているのはブラジルであり、最も減少しているのはインドネシアである。

4 2015年から2017年までの3か年におけるコロンビアからのコーヒー生豆の輸入量の累計は、210,000トンを上回っている。

5 2016年から2018年までの3か年におけるベトナムからのコーヒー生豆の輸入量の年平均は、2014年におけるベトナムからのコーヒー生豆の輸入量を下回っている。

| 解 説 | 正解 **4** | TAC生の正答率 **73**% |

1 ✕　2013年におけるブラジルからのコーヒー生豆輸入量を100とすると、2014年は約14％の減少だから86で、2015年は約4％の増加だから$86＋0.86×4≒89$となる。よって、指数は95を下回っている。

2 ✕　2013年のベトナムからのコーヒー生豆輸入量とインドネシアからの生豆輸入量の差は$79,473－45,402＝34,071$［トン］である。2014年はベトナムが約1％の減少だから$79,473×1％≒795$［トン］程度減少し、インドネシアは約8％の減少だから$45,402×8％≒3,632$［トン］ほど減少しているため、輸入量の差は$－795－（－3,632）＝2,837$［トン］程度広がったことになる。よって、$34,071＋2,837＞35,000$より、2014年の差は35,000トンを上回っている。

3 ✕　2015年のブラジルからのコーヒー生豆輸入量の対前年増加率は約5％であり、2014年の輸入量が2013年と同じままの157,275トンだとすると、増加量は$157,275×5％≒15,728÷2＝7,864$［トン］となるが、2014年の輸入量は2013年より減少しており、157,275トンより少ないため、2015年の対前年増加量も7,864トンより少ない。一方、2015年のコロンビアからのコーヒー生豆輸入量の対前年増加率は約27％であり、2014年の輸入量が2013年と同じままの60,730トンだとすると、増加量は$60,730×27％≒6,073×3－607×3＝16,395$［トン］となるが、2014年の輸入量は2013年より増加しており、60,730トンより多いため、2015年の対前年増加量も16,395トンより多い。よって、最も増加しているのはブラジルではない。

4 〇　2013年におけるコロンビアからのコーヒー生豆輸入量を100とすると、2014年は約2％の増加だから102で、2015年は約27％の増加だから$102＋1.02×27≒130$で、2016年は約15％の減少だから$130－（13＋13÷2）≒111$で、2017年は約8％の増加だから$111＋1.11×8≒120$となる。2015年から2017年までの3か年の指数の累計は$130＋111＋120＝361$であり、指数361は指数100の3.61倍だから、指数361の輸入量は$60,730×3.61＞60,000×3.5＝210,000$［トン］となる。よって、3か年の輸入量の累計は210,000トンを上回っている。

5 ✕　2014年におけるベトナムからのコーヒー生豆輸入量を100とすると、2015年は約3％の増加だから103で、2016年は約22％の増加だから$103＋10.3×2＋1.03×2≒126$で、2017年は約10％の減少だから$126－12.6≒113$で、2018年は約12％の増加だから113より大きい。よって、2016年から2018年の3か年の値はいずれも2014年の値より大きいから、3か年の平均は2014年の値を上回っている。

資料解釈 複数の資料

次の図から正しくいえるのはどれか。

東京都における献血状況

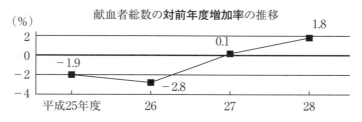

献血者総数の**対前年度増加率**の推移

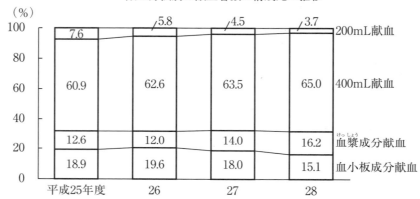

献血方法別の献血者数の構成比の推移

1 　平成24年度から27年度までの各年度についてみると、献血者総数が最も少ないのは27年度である。

2 　平成25年度から27年度までの各年度についてみると、400mL献血の献血者数に対する血漿成分献血の献血者数の比率は、いずれの年度も0.2を下回っている。

3 　血小板成分献血についてみると、平成26年度から28年度までの3か年度の献血者数の年度平均は、25年度の献血者数を上回っている。

4 　400mL献血についてみると、平成27年度の献血者数は、25年度の献血者数を上回っている。

5 　200mL献血についてみると、平成26年度の献血者数を100としたとき、27年度の献血者数の指数は70を下回っている。

| 解説 | 正解 **4** | TAC生の正答率 **68%** |

1 ✕　献血者総数の対前年増加率は、平成27年度が+0.1%であるので、少なくとも26年度よりは多い。したがって、献血者総数が最も少ないのは27年度ではない。

2 ✕　年度内では基準が同じなので、構成比の値で比較することができる。平成27年度についてみると、400mL献血の献血者数の構成比は63.5%であり、$63.5 \times 0.2 = 12.7$[%]となるが、血漿成分献血の献血者数の構成比は14.0%である。したがって、いずれの年度も0.2を下回っているとはいえない。

3 ✕　まず献血者総数を明らかにする。平成25年度の献血者総数を100とおくと、対前年度増加率と近似法の計算により、26年度は$100 \times (1 - 0.028) = 100 \times 0.972 = 97.2$、27年度は$97.2 \times (1 + 0.001) \fallingdotseq 97.2 + 0.1 = 97.3$、28年度は$97.3 \times (1 + 0.018) \fallingdotseq 97.3 + 1.8 = 99.1$と表せる。これをふまえて血小板成分献血の献血者数を計算すると、25年は$100 \times 18.9\% = 18.9$となるので、26年度から28年度までの3か年度の献血者数の合計が$18.9 \times 3 = 56.7$を上回るかを調べればよい。26年度は$97.2 \times 19.6\% \fallingdotseq 19.1$、27年度は$97.3 \times 18.0\% \fallingdotseq 17.5$、28年度は$99.1 \times 15.1\% \fallingdotseq 15.0$であり、合計は$19.1 + 17.5 + 15.0 = 51.6$となるので、56.7を下回る。したがって、26年度から28年度までの3か年度の献血者数の年度平均は、25年度の献血者数を上回っていない。

4 ◯　**3**で明らかにした献血者総数の数値を用いて計算する。400mL献血の献血者数は平成25年度が$100 \times 60.9\% = 60.9$、27年度が$97.3 \times 63.5\% \fallingdotseq 61.8$である。したがって、27年度の献血者数は、25年度の献血者数を上回っている。

5 ✕　**3**で明らかにした献血者総数の数値を用いて計算する。200mL献血の献血者数は26年度が$97.2 \times 5.8\%$、27年度が$97.3 \times 4.5\%$で求めることができる。このとき、総数はほぼ同じ数値であるので、構成比で比較をすればよい。構成比は5.8%から4.5%で1.3%減少している。このとき、5.8%の10%は0.58%であり、30%は$0.58 \times 3 = 1.74$[%]であるので、1.3%は30%未満であることがわかる。したがって、1.3%の減少は減少率でいうと30%未満であるので、26年度の献血者数を100としたとき、27年度は70を下回っているとはいえない。

現代文

英文

判断推理

数的推理

資料解釈

空間把握

文芸

日本史

世界史

241

資料解釈　複数の資料

次の図表から正しくいえるのはどれか。

ある共済組合における決算の概要

全体支出額、全体収入額及び掛金・負担金収入額（平成24年度）

（単位：億円）

全体支出額	全体収入額	掛金・負担金収入額
3,759	2,885	2,529

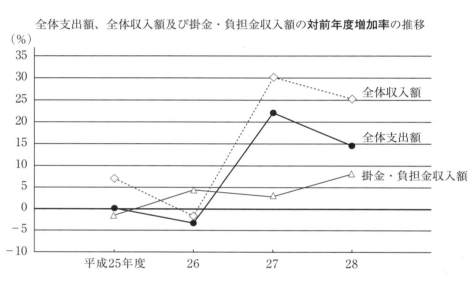

全体支出額、全体収入額及び掛金・負担金収入額の**対前年度増加率**の推移

1 　平成24年度から26年度までの3か年度における全体支出額の年度平均は、3,500億円を下回っている。

2 　平成24年度から27年度までのうち、全体収入額が最も多いのは27年度であり、最も少ないのは26年度である。

3 　平成25年度から27年度までのうち、掛金・負担金収入額が前年度より増加した年度は、いずれの年度も全体収入額は前年度より増加している。

4 　平成26年度における全体収入額を100としたとき、28年度における全体収入額の指数は180を上回っている。

5 　平成28年度における全体支出額と掛金・負担金収入額との差は、2,000億円を上回っている。

| 解説 | 正解 **5** | | TAC生の正答率 **84%** |

1 ✕ 図より、平成25年度の全体支出額の対前年度増加率は約±０％、平成26年度の全体支出額の対前年増加率は約−３％であるので、平成24年度の全体支出額を100とすると、平成25年度は100、平成26年度は97であり、平成24年度から26年度までの３か年度の平均は、（100＋100＋97）÷３＝99となる。よって、平成24年度から26年度までの３か年度の平均は、平成24年度の全体支出額である3,759億円の99％であり、3,759の１％が約38で、99％が3,759−38＝3,721であるから、平成24年度から26年度までの３か年度における全体支出額の平均は、3,500億円を上回っている。

2 ✕ 図より、全体収入額の対前年度増加率は、平成25年度がおよそ７％、平成26年度がおよそ−２％である。増減率が10％未満なので、指数に％の値をそのまま増減した近似法を用いて計算する。平成24年度の全体収入額を100とすると、平成25年度の全体収入額は100＋7＝107、平成26年度は107−2＝105となる。よって、平成24年度の全体収入額＜平成26年度の全体収入額となるので、最も少ないのは平成26年度ではない。

3 ✕ 図より、平成25年度から27年度までのうち、掛金・負担金収入額が前年度より増加した年度は、平成26年度と27年度であるが、平成26年度の全体収入額の対前年増加率は約−２％であり、前年度より減少している。

4 ✕ 図より、全体収入額の対前年度増加率は、平成27年度が約31％、平成28年度が約26％である。よって、平成26年度の全体収入額を100とすると、平成28年度の全体収入額の指数は100×1.31×1.26≒165であるから、180を下回っている。

5 ○ 表より、平成24年度の全体支出額は3,759[億円]であり、図より、全体支出額の対前年度増加率は、平成25年度が約±０％、平成26年度が約−３％、平成27年度が約22％、平成28年度が約15％であるので、平成28年度の全体支出額は3,759×1.00×0.97×1.22×1.15≒5,116[億円]である。また、表より、平成24年度の掛金・負担金収入額は2,529億円であり、図より、掛金・負担金収入額の対前年度増加率は、平成25年度が約−２％、平成26年度が約４％、平成27年度が約３％、平成28年度が約８％であるので、平成28年度の掛金・負担金収入額は2,529×0.98×1.04×1.03×1.08≒2,867[億円]である。よって、その差は5,116−2,867＝2,249[億円]であるので、2,000億円を上回っている。

資料解釈 — 複数の資料

次の図表から正しくいえるのはどれか。

邦画、洋画別の映画の公開本数と興行収入の状況

邦画、洋画別の映画の公開本数と興行収入（2011年）

公開本数（単位：本）		興行収入（単位：百万円）	
邦画	洋画	邦画	洋画
441	358	99,531	81,666

邦画、洋画別の映画の公開本数と興行収入の**対前年増加率**の推移

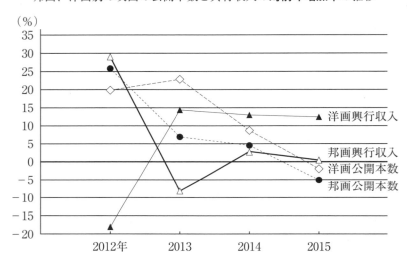

1　2011年における邦画の公開本数を100としたとき、2014年における邦画の公開本数の指数は150を上回っている。

2　2012年から2015年までのうち、邦画の興行収入が最も多いのは2012年であり、最も少ないのは2015年である。

3　2013年から2015年までの各年についてみると、洋画の興行収入は、邦画の興行収入をいずれも下回っている。

4　2013年から2015年までの3か年における洋画の興行収入の累計は、230,000百万円を下回っている。

5　2013年から2015年までの各年についてみると、洋画の公開本数は、邦画の公開本数をいずれも上回っている。

| 解 説 | 正解 **3** | | TAC生の正答率 **66%** |

1 ✕　邦画の公開本数の対前年増加率は2012年が＋26％、2013年が＋7％、2014年が＋4％であるので、2011年における邦画の公開本数を100としたときの2014年のそれの指数は、100×1.26×1.07×1.04≒140.2であり、150を下回っている。

2 ✕　邦画の興行収入の対前年増加率は2014年が＋3％、2015年が0％であるので、2013年における邦画の興行収入を100とすると、2015年のそれの指数は100×1.03×1＝103となり、2013年の指数を上回る。よって、2012年から2015年までのうち、邦画の興行収入が最も少ないのは2015年ではない。

3 〇　2011年の洋画の興行収入は81,666百万円であり、洋画の興行収入の対前年増加率は、2012年が－18％、2013年が＋14％、2014年が＋13％、2015年が＋12％であるので、洋画の興行収入は、2012年が81,666×0.82≒66,966［百万円］、2013年が66,966×1.14≒76,341［百万円］、2014年が76,341×1.13≒86,265［百万円］、2015年が86,265×1.12＝96,617［百万円］である。また、2011年の邦画の興行収入は99,531百万円であり、邦画の興行収入の対前年増加率は、2012年が＋29％、2013年が－8％、2014年が＋3％、2015年が0％であるので、邦画の興行収入は、2012年が99,531×1.29≒128,395［百万円］、2013年が128,395×0.92≒118,123［百万円］、2014年が118,123×1.03≒121,667［百万円］、2015年が121,667×1＝121,667［百万円］である。よって、2013年から2015年までの各年とも、洋画の興行収入は、邦画の興行収入を下回っている。

4 ✕　**3**の解説より、2013年から2015年までの3か年における洋画の興行収入の累計は、約76,341＋86,265＋96,617＝259,223［百万円］であるので、230,000百万円を上回っている。

5 ✕　2011年の洋画の公開本数は358本であり、洋画の公開本数の対前年増加率は、2012年が＋20％、2013年が＋23％であるので、洋画の公開本数は、2012年が358×1.2≒430本、2013年が430×1.23≒529本である。一方、2011年の邦画の公開本数は441本であり、邦画の公開本数の対前年増加率は、2012年が＋26％、2013年が＋7％であるので、邦画の公開本数は、2012年が441×1.26≒556［本］、2013年が556×1.07≒595［本］である。よって、2013年の洋画の公開本数は、邦画の公開本数を下回っているので、2013年から2015年までの各年について、洋画の公開本数は、邦画の公開本数をいずれも上回っているとはいえない。

資料解釈 — 複数の資料

次の図表から正しくいえるのはどれか。

主なチェーンストアにおける４取扱部門の販売額の状況

取扱部門別の販売額（2009年）　　　　　　　　　（単位：百万円）

食料品	衣料品	住関品	サービス
8,086,010	1,369,262	2,568,032	48,746

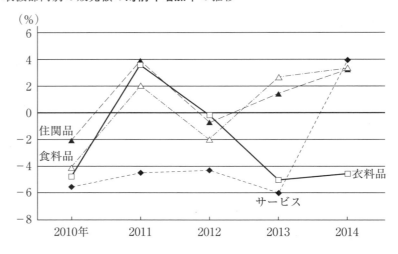

取扱部門別の販売額の**対前年増加率**の推移

1 2009年における食料品の販売額を100としたとき、2012年における食料品の販売額の指数は90を下回っている。

2 2010年に対する2011年の販売額を取扱部門別にみると、最も増加しているのは食料品であり、次に増加しているのは衣料品である。

3 2011年から2013年までの３か年における住関品の販売額の累計は、7,500,000百万円を上回っている。

4 2011年から2014年までのうち、衣料品の販売額が最も多いのは2011年であり、最も少ないのは2013年である。

5 2013年におけるサービスの販売額は、前年におけるサービスの販売額に比べて3,000百万円以上減少している。

| 解 説 | 正解　**3** | TAC生の正答率　**88%** |

1　**×**　2009年の食料品の販売額を100としたとき、2012年の食料品の販売額の指数は100×(1−0.041)×(1+0.020)×(1−0.020)（①）で得られる。近似法を用いれば、（①の値）≒100×(1−0.041+0.020−0.020)＝95.9より、90を下回ってはいない。

2　**×**　2010年に対する2011年の販売増加率を取扱部門別にみると、食料品は2.0％、衣料品は3.8％、住関品3.9％である。2010年に対する2011年の販売増加額は、食料品が (8,086,010×0.96)×2.0％、衣料品は (1,369,262×0.95)×3.8％であり、8,086,010＞1,369,262×2より、2010年に対する2011年の販売増加額に関して、（食料品）＝ (8,086,010×0.96)×2.0＞(1,369,262×2×0.95)×2＞(1,369,262×0.95)×3.9＝（衣料品）と評価できる。よって、食料品の方が衣料品より大きい。また、住関品の2010年に対する2011年の販売増加額は (2,568,032×0.98)×3.9％となり、（住関品）＝ (2,568,032×0.98)×3.9＞(1,369,262×0.95)×3.8＝（衣料品）も成り立つ。したがって、2010年に対する2011年の販売増加額は、食料品も住関品も衣料品より大きく、販売増加額に関して2番目に大きい取扱部門が衣料品とは言えない。

3　**〇**　住関品の2010年の販売額は2009年の2％減で、2,568,032の1％は25,680、2％は51,360だから、2,568,032−51,360＝2,516,672＞2,500,000となる。また、2011年は2010年の4％増であり、2012年は2011年の約1％減で、2010年からは＋4−1＝3％増と考えられる。よって、2011年、2012年ともに2010年の値より大きく、3か年とも2,500,000百万円を上回っているから、その累計も2,500,000×3＝7,500,000［百万円］を上回っている。

4　**×**　衣料品の販売額の2014年の対前年増加率は負の値であり、2013年より販売額は減少している。よって、2011年から2014年までのうち、衣料品の販売額が最も少ないのが2013年ではない。

5　**×**　サービスの販売額は2009年以降毎年減少しており、2012年の値は50,000百万円より小さい。また、2013年は2012年に比べて6％減であるが、50,000百万円の6％は50,000×0.06＝3,000［百万円］であるから、50,000百万円より小さい値の6％は3,000百万円より小さいことになる。よって、2013におけるサービスの販売額は、2012年のそれに比べ、3,000百万円以上減少してはいない。

資料解釈　複数の資料　2015年度 教養 No.20

次の図表から正しくいえるのはどれか。

我が国におけるメモリ部品の生産金額の状況

メモリ部品3品目の生産金額（平成21年）　　　　　　　　　　（百万円）

種類	磁気録音・録画テープ	その他の磁気テープ	光ディスク	合　計
生産金額	32,967	46,898	33,783	113,648

メモリ部品3品目の生産金額の**対前年増加率**の推移

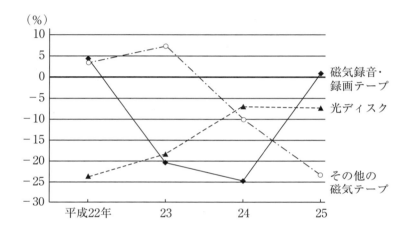

1　平成21年から23年までの3か年についてみると、磁気録音・録画テープの1年当たりの平均生産金額は、30,000百万円を上回っている。

2　平成21年から24年までのうち、光ディスクの生産金額が最も多いのは24年であり、最も少ないのは22年である。

3　平成22年から24年までのうち、その他の磁気テープの生産金額が前年より増加した年は、いずれの年も光ディスクの生産金額は前年より増加している。

4　平成23年における光ディスクの生産金額を100としたとき、25年における光ディスクの生産金額の指数は80を下回っている。

5　平成25年における磁気録音・録画テープの生産金額とその他の磁気テープの生産金額との計は、70,000百万円を上回っている。

| 解 説 | 正解　**1** | TAC生の正答率　**77%** |

1 ○　3か年の1年当たりの平均生産金額が30,000百万円を上回っていることは、3か年の生産金額の合計が30,000×3＝90,000［百万円］を上回っていることと同じである。磁気録音・録画テープの生産金額は、平成21年は32,967百万円、平成22年は、対前年増加率が約4％なので、約32,967＋330×4＝34,287［百万円］、平成23年は、対前年増加率が約−20％なので、約3,429×8＝27,432［百万円］となる。3か年の生産金額の合計は32,967＋34,287＋27,432＝94,686［百万円］となり、90,000百万円を上回っている。

2 ×　平成24年の光ディスクの生産金額の対前年増加率はマイナスであるので、生産金額は平成23年に比べて平成24年は減少している。よって、光ディスクの生産金額が最も多いのは平成24年ではない。

3 ×　平成22年をみると、その他の磁気テープの生産金額の対前年増加率はプラスであるので、前年に比べて生産金額は増加しているが、光ディスクの生産金額の対前年増加率はマイナスであるので、前年に比べて生産金額は減少している。よって、その他の磁気テープの生産金額が前年より増加した年は、いずれの年も光ディスクの生産金額は前年より増加したとはいえない。

4 ×　光ディスクの対前年増加率は、平成24年が約−7％、平成25年が約−8％であるので、近似計算すると平成25年の生産金額の指数は100−7−8＝85となり、80を上回っている。

5 ×　平成25年における磁気録音・録画テープの生産金額は約32,967×(1＋0.045)×(1−0.2)×(1−0.25)×(1＋0.01)≒20,877［百万円］であり、同年のその他の磁気テープの生産金額は約46,898×(1＋0.04)×(1＋0.07)×(1−0.1)×(1−0.24)≒35,670［百万円］であるので、計は20,877＋35,670＝56,547［百万円］となり、70,000百万円を下回っている。

資料解釈 — 複数の資料

2014年度 教養 No.20

次の図表から正しくいえるのはどれか。

博物館類似施設の入館者数の状況

博物館類似施設の入館者数（平成22年度） （単位：千人）

科学博物館	歴史博物館	美術博物館	動物園
19,251	58,211	28,316	14,648

博物館類似施設の入館者数の前回調査年度に対する増加率の推移

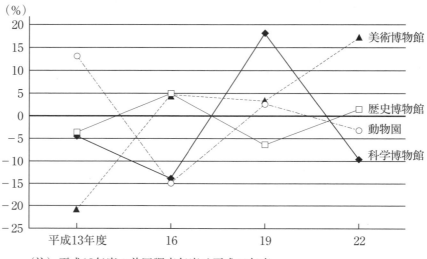

（注）平成13年度の前回調査年度は平成10年度

1 平成10年度における美術博物館の入館者数を100としたとき、19年度及び22年度の各年度における美術博物館の入館者数の指数は、いずれも95を下回っている。

2 平成10年度、13年度及び16年度の3か年における科学博物館の入館者数の平均は、19,500千人を下回っている。

3 平成13年度、16年度、19年度及び22年度の各年度についてみると、歴史博物館の入館者数が前回調査年度に比べて増加した年度は、いずれの年度も動物園の入館者数が前回調査年度に比べて増加している。

4 平成16年度における歴史博物館の入館者数と科学博物館の入館者数との差は、45,000千人を上回っている。

5 平成19年度における動物園の入館者数に対する美術博物館の入館者数の比率は、13年度における動物園の入館者数に対する美術博物館の入館者数の比率を上回っている。

解説　　**正解　5**　　　TAC生の正答率　**52%**

1　✕　平成19年度の美術博物館の入館者数の指数は、$100 \times (1 - 0.21) \times (1 + 0.04) \times (1 + 0.03) \fallingdotseq 84.6$ であり、平成22年度のそれは、$84.6 \times (1 + 0.17) \fallingdotseq 99$である。よって、いずれも95を下回っているとはいえない。

2　✕　平成10年度の科学博物館の入館者数をx[千人]とおくと、平成22年度のそれは、$x \times (1 - 0.04) \times (1 - 0.14) \times (1 + 0.18) \times (1 - 0.09) = 19,251$と表され、これを解くと、$x \fallingdotseq 21,700$[千人]となる。科学博物館の入館者数は、平成13年度は$21,700 \times 0.96 \fallingdotseq 20,832$[千人]、平成16年度は$20,832 \times 0.86 \fallingdotseq 17,915$[千人]である。よって、3か年の合計は約$21,700 + 20,832 + 17,915 = 60,447$[千人]となり、$19,500 \times 3 = 58,500$[千人]を上回る。つまり、3か年の平均は19,500千人を下回っていない。

3　✕　平成16年度の歴史博物館の入館者数の対前回増加率はプラスであるので、入館者数は前回に比べて増加している。一方、同年度の動物園の入館者数の対前回増加率はマイナスであるので、入館者数は前回に比べて減少している。したがって、歴史博物館の入館者数が前回に比べて増加した年度は、いずれの年度も動物園の入館者数も増加しているとはいえない。

4　✕　**2**の解説より、平成16年度の科学博物館の入館者数は約17,915千人である。平成10年度の歴史博物館の入館者数をy[千人]とおくと、平成22年度のそれは$y \times (1 - 0.04) \times (1 + 0.05) \times (1 - 0.06) \times (1 + 0.02) = 58,211$と表され、これを解くと、$y \fallingdotseq 60,240$[千人]となる。平成16年度の入館者数は$60,240 \times 0.96 \times 1.05 \fallingdotseq 60,722$[千人]となる。よって、歴史博物館の入館者数と科学博物館の入館者数の差は$60,722 - 17,915 = 42,807$[千人]となり、45,000千人を上回っていない。

5　◯　動物園の入館者数に対する美術博物館の入館者数の比率は$\dfrac{\text{美術博物館の入館者数}}{\text{動物園の入館者数}}$で求めることができる。平成13年度から平成19年度を見ると、動物園の場合は15％減少して3％増加しているので、入館者数は減少している。美術博物館の場合は4％増加して3％増加しているので、入館者数は増加している。したがって、比率は（平成13年度）＜（平成19年度）となる。

空間把握	正多面体	2020年度 教養 No.23

　正八面体の八つの面のうち、二面を黒、残りの六面を赤に塗り分ける。このときにできる正八面体の種類の数として、妥当なのはどれか。ただし、回転して同じになる場合は、同種類とする。

1　3種類

2　4種類

3　5種類

4　6種類

5　7種類

解説　正解　1　　TAC生の正答率 13%

黒に塗る面をどこに置くかを考える。1つ目の黒に塗る面は、どの面を塗っても回転させれば同じ位置になる（図1）。残る7面のうち2つ目に黒く塗る面が、1つ目に黒に塗った面と、①辺を共有する面、②辺を共有しないが頂点を共有する面、③辺も頂点も共有しない面、に分けて考える。

図1

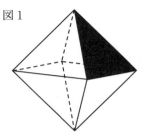

①にあたる面は、図2、図3、図4のように3面ある。これらは回転させてすべて同じ面の配置（例えば図4の位置）にすることができるので、この3通りの塗り方は1通りとして数える。

図2　　　　　　　図3　　　　　　　図4

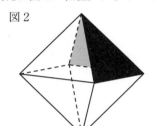 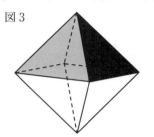 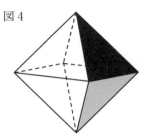

②にあたる面は、図5、図6、図7のように3面ある。これらは回転させてすべて同じ面の配置（例えば図7の位置）にすることができるので、この3通りの塗り方は1通りとして数える。

図5　　　　　　　図6　　　　　　　図7

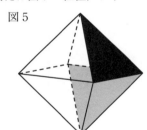 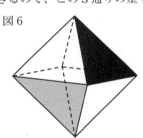 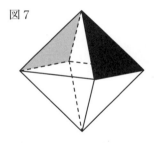

③にあたる面は、図8のように平行の1面で、1通りである。

図8

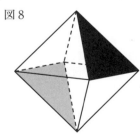

以上より、黒の2面の塗り分け方は全部で3通りあるから、正解は **1** である。

253

空間把握 | 展開図

2015年度
教養 No.21

下図のような展開図の点線を山にして折ってできる正八面体を、ある方向から見た図として、あり得るのはどれか。

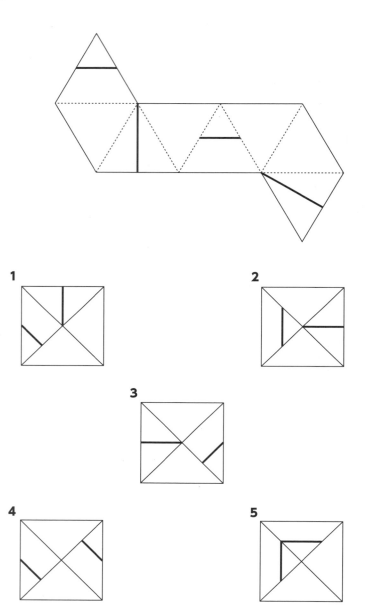

解説　正解　3　　TAC生の正答率 77%

展開図より、図1の面が隣どうしになることはないので、**5**はあり得る図ではない。

1の4面が集まっている頂点は、展開図では①となるが、4面の配列は、展開図では反時計回りにA→B→C→Dとなるが、**1**では時計回りにA→B→C→Dとなり、配列が逆となっている。よって、あり得る図ではない。

1つの頂点に集まる4面を組み立てた場合、向かい合う2面の位置関係は、展開図において、図2のように間に1面挟んだ両隣の2面（斜線部分）となる。頂点②で4面を組み立てると、図3のように面Eと面Fが向かい合うので、**2**はあり得ず、**3**はあり得る図となる。

ちなみに、面Dと面Eは頂点③で向かい合うので、図4のようになり、**4**はあり得る図ではない。

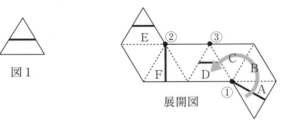
展開図

図1

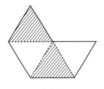
選択肢　　図2

図3

図4

空間把握 立体の切断　2019年度 教養 No.22

　下の図のような、一辺の長さが6cmの立方体ABCDEFGHを、頂点A、頂点F及び点Pの3点を通る平面で切断したとき、切断面の面積として、正しいのはどれか。ただし、点Pは辺CD上にあり、CPの長さは2cmとする。

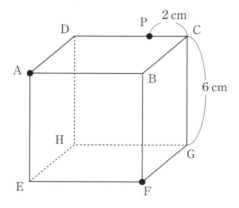

1　$\sqrt{22}$cm^2

2　$2\sqrt{22}$cm^2

3　$4\sqrt{22}$cm^2

4　$6\sqrt{22}$cm^2

5　$8\sqrt{22}$cm^2

解説　正解　5　　TAC生の正答率　53%

切断線を引く。同一面上の2点は直線で結べるので、頂点Aと点P、頂点Aと頂点Fを直線で結ぶ（図1）。平行な面に対しては、切断線は平行となるので、点Pから面CDHGに引くことのできる切断線は、切断線AFに平行である。よって、点PからAFと平行な線を引き、辺CG上に現れる点をQとおく（図2）。さらに、点Qと頂点Fは同一面上の2点となるので、直線で結ぶと、切断面AFQPは等脚台形（図3）となり、この図形の面積を求めればよい。

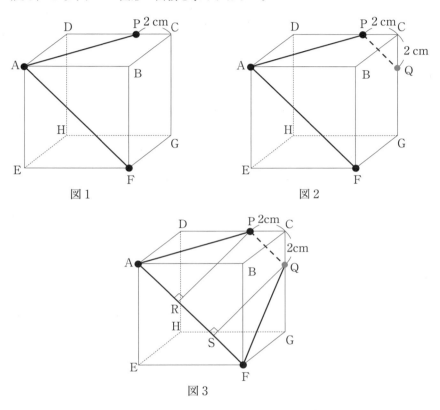

点P及び点Qから辺AFにそれぞれ垂線を引き、その足を点R、Sとおく。△CPQは直角二等辺三角形よりPQ＝$2\sqrt{2}$cmであり、△AEFも直角二等辺三角形よりAF＝$6\sqrt{2}$cmである。PQ＝RS、AR＝SFより、FS＝$(6\sqrt{2}-2\sqrt{2})\div 2=2\sqrt{2}$[cm]である。また、△FGQはGQ＝4cm、FG＝6cmの直角三角形より、三平方の定理より、FQ＝$\sqrt{6^2+4^2}=2\sqrt{13}$[cm]となる。よって、△FQSに着目すると、三平方の定理より、QS＝$\sqrt{(2\sqrt{13})^2-(2\sqrt{2})^2}=2\sqrt{11}$[cm]となる。

したがって、切断面の面積は、$(2\sqrt{2}+6\sqrt{2})\times 2\sqrt{11}\times\frac{1}{2}=8\sqrt{22}$[cm²]となるので、正解は**5**である。

空間把握 立体の切断

2016年度 教養 No.23

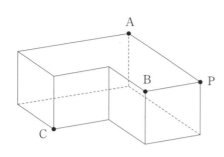

左図のように、3つの立方体をL字形に並べた形状をした立体を、頂点A、B及びCの3点を通る平面で切断したとき、頂点Pを含む側の立体にできる切断面の形状として、妥当なのはどれか。

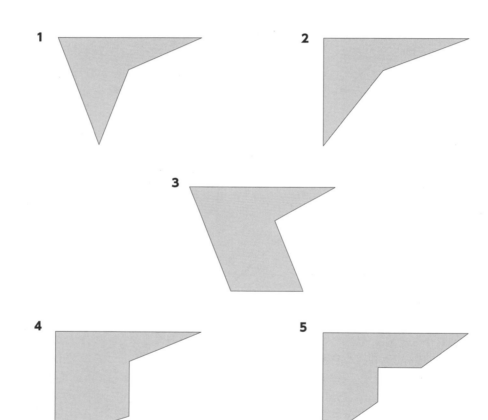

解説　正解 3　　TAC生の正答率 48%

点Aと点Bは同一平面上の点であるので直線で結ぶことができる。点Cから下面に引くことができる切断線は切断線ABに平行になる。ここで、立方体の1辺を1とすると、切断線ABは奥に2進む間に右に1進んでいる。点Cから下面に引くことができる切断線がABと平行になるには、奥に1進む間に右に$\frac{1}{2}$進めばよい。そのときに立体の辺にできる切断点をDとおくと、点Dと点Aは同一平面上の点となるので直線で結ぶことができる。ここまでを図示したものが図1である。

点Cから左前面に引くことができる切断線は切断線ADに平行になる。切断線ADは右に$2-\frac{1}{2}=\frac{3}{2}$進む間に上に1進んでいる。すなわち、右に$\frac{1}{2}$進む間に上に$\frac{1}{3}$進んでいることになる。点Cから左前面に引くことができる切断線がADと平行になるには、右に1進む間に上に$\frac{2}{3}$進めばよい。そのときに立体の辺にできる切断点をEとおくと、点Eと点Bは同一平面上の点となるので直線で結ぶことができる。ここまでを図示したものが図2である。

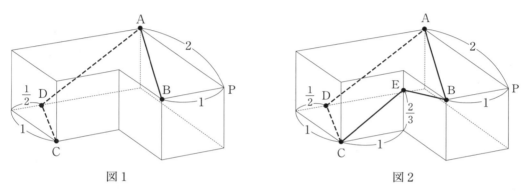

図1　　　　　　　　　　　図2

図2より、頂点Pを含む側の立体にできる切断面は五角形であり、辺ABと辺CDは平行である。よって、選択肢より、正解は **3** となる。

空間把握　立体の切断

2015年度 教養 No.23

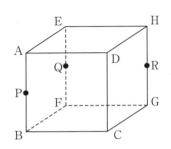

左図のような立方体において、A、G、Qの3点を通る平面と、F、P、Rの3点を通る平面とが、それぞれ平面ABCD上につくる交線を表す図として、妥当なのはどれか。ただし、P、Q、Rはそれぞれ、線分AB、EF、GHの中点とする。

1
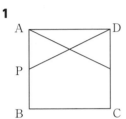

2
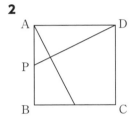

3
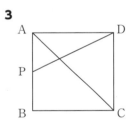

4
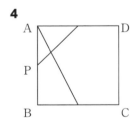

5
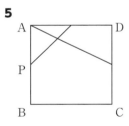

解 説　　正解　1　　TAC生の正答率　67%

　A、G、Qの3点を通る平面を考える。AとQ、QとGは同一平面上の点より、そのまま直線で結ぶ。平面CDHGに現れる線は、GからAQと平行に引けばよい。そのとき、辺CDに現れる頂点はCDの中点（Sとおく）となる。よって、AとSは同一平面上の点となるので、そのまま直線で結ぶと、平面は図1のようになる。

　次に、F、P、Rの3点を通る平面を考える。FとP、FとRは同一平面上の点より、そのまま直線で結ぶ。平面ABCDに現れる線は、PからFRと平行に引けばよい。そのとき、辺CDに現れる頂点はDとなる。よって、DとRは同一平面上の点となるので、そのまま直線で結ぶと、平面は図2のようになる。

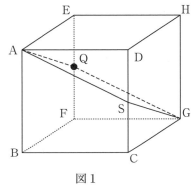
図1

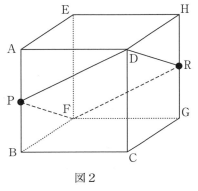
図2

したがって、平面ABCD上につくる交線を表す図は下図のようになるので、正解は**1**となる。

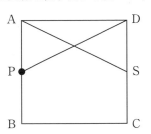

空間把握　投影図

2016年度 教養 No.22

　左図のような正面図となる形状をした置物の平面図として、妥当なのはどれか。ただし、置物は回転して、どの向きを正面としてもよい。

1

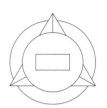

2

3

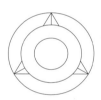

4

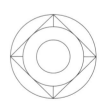

5

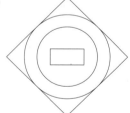

解説　正解　1　　TAC生の正答率 8%

　与えられた正面図より、一番上の図形は「円」であり、この図形は平面図では図の中央に現れ、選択肢を確認すると、「円または長方形」であるので、図形として考えられるのは、「球または円柱」である。

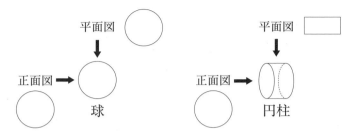

　5では、図の中央にある「長方形」の長辺（太線）を正面方向とすれば、正面図では「円」として現れる。しかし、この場合、一番下の図形の①と②の辺は正面図ではそれぞれ面を表すが、折れ曲がっているので、正面図では同一平面とはならない。よって、正面から見ると、A●の部分が辺として見えるため、実線が必要となり、妥当な平面図ではない。

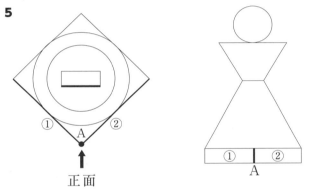

　2、**3**、**4**の平面図の正面方向はそれぞれ矢印で表したとおりとなる。それぞれの太線は正面図では太線Bを表しており、太線Bより右側には図形はない。しかし、これらの選択肢では、正面から見た場合に、それぞれの点線より右側に図形（網掛け部分）があり、この図形を正面から見ると、例えば、図のように、太線Bより右側に図形（網掛け部分）が現れる。よって、妥当な平面図ではない。

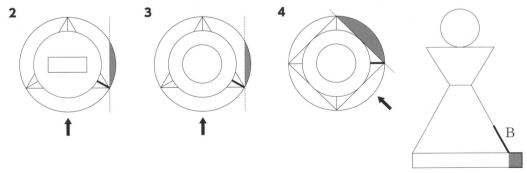

　以上より、消去法から正解は**1**となる。

空間把握 — 投影図 — 2013年度 教養 No.23

下図で表される立体の辺の数として、妥当なのはどれか。ただし、辺とは２つの平面の交線をいい、この立体の底面は平面である。

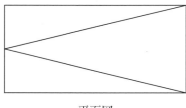

平面図

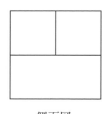
側面図

正面図

側面図

背面図

1. 18
2. 19
3. 20
4. 21
5. 22

解説　正解 **3**　　TAC生の正答率 27%

与えられた投影図より、見取図を描くと次のようになる。

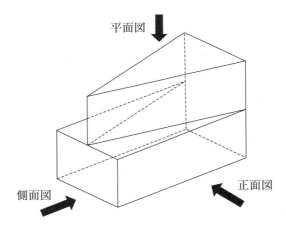

見取図をもとに、辺の向き別に辺を数えると次のようになる。

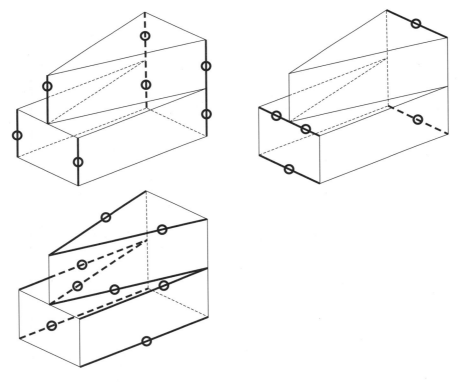

○の数を数えると、20個あるので、辺は20本あり、正解は **3** となる。

空間把握　サイコロ

下の図のように、側面に2か所の穴がある木箱に9個の同じ立方体が収められている。一つの立方体の各面には、1～6の異なる数字が一つずつ書かれており、数字の位置関係は9個の立方体で同一である。この状態において、木箱の底面側に接している各立方体の面の九つの数字の和が32であるとき、この立方体の2の数字が書かれている面の反対側の面に書かれている数字として、正しいのはどれか。

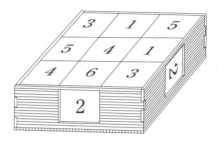

1　1
2　3
3　4
4　5
5　6

解説 **正解 2** TAC生の正答率 **62%**

1～6の面とそれぞれ平行な面を、順にa、b、c、d、e、fとする。木箱の底面側に接している九つの面の和は32より、次の式が成り立つ。

$2a + 2c + 2d + 2e + f = 32$　……①

①は$2(a + c + d + e) = 32 - f$と変形でき、$32 - f$は偶数となる。32は偶数であるので、$32 - f$が偶数となるにはfも偶数である必要がある。よって、6の面と平行なfの面は、2または4であるが、6と2は隣どうしの面であるので、$f = 4$と決まる。したがって、$d = 6$となるので、①は次のようになる。

$2a + 2c + 2 \times 6 + 2e + 4 = 32$

$2a + 2c + 2e = 16$

$a + c + e = 8$　……②

残る1、2、3、5のうち、②を満たす（a，c，e）の組合せは（1，2，5）のみであるので、$b = 3$と決まり、2の面と平行な面は3となる。

よって、正解は**2**となる。

空間把握 立体の構成   2021年度 教養 No.23

　同じ大きさの立方体の積み木を重ねたものを、正面から見ると図1、右側から見ると図2のようになる。このとき、使っている積み木の数として**考えられる最大の数と最小の数の差**として、妥当なのはどれか。

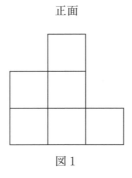
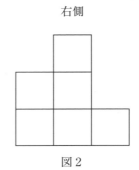

図1　　　　　図2

1 　0

2 　2

3 　4

4 　6

5 　8

解説　正解 **5**　TAC生の正答率 **61%**

平面図に、それぞれの列で見える立方体の個数を書き入れると、図1のようになる。ここから平面図での9つのエリアにそれぞれ立方体の積み木が何個積まれているかを考える。

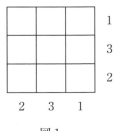

図1

使っている立方体の積み木の最大数について、立方体が1個だけ見える列は、最大でも1個しか積まれていないので、すべてのエリアに最大の1個積まれているとする（図2）。同様に、立方体が2個見える列は最大で2個、3個見える列は最大で3個なので、空いているエリアにそれぞれ最大個数だけ積まれているとする（図3）。図3より、積まれている立方体の積み木の最大数は14である。

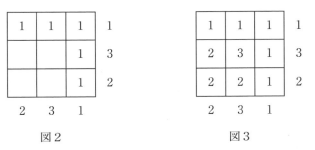

図2　　　　　　　　図3

使っている立方体の積み木の最小数について、立方体が3個見える列は、どこか1か所に3個積まれていればよいので、正面、右側からともに3個見える列の交差するエリアに3個積まれているとする（図4）。同様に、立方体が2個見える列はどこか1か所に2個、1個だけ見える列はどこか1か所に1個積まれていればよいので、それぞれ列の交差するエリアに積まれているとする（図5）。図5より、積まれている立方体の積み木の最小数は6である。

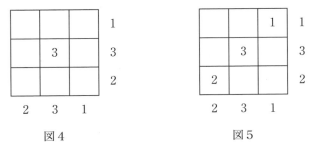

図4　　　　　　　　図5

以上より、最大の数と最小の数の差は14－6＝8となるので、正解は**5**である。

空間把握 — 立体の構成　2017年度 教養 No.23

　1個の立方体の表面を、これと同じ大きさの立方体で埋め尽くすには、少なくとも前後、左右、上下に計6個の立方体が必要となる。今、下の図のように、同じ大きさの立方体Aを2個並べてできた六面体の表面を、立方体Aを10個使って埋め尽くした立体をつくった。この立体の表面を、更に立方体Aで埋め尽くすとき、新たに最小限必要となる立方体Aの個数として、正しいのはどれか。

1　24個

2　26個

3　28個

4　30個

5　32個

解説　正解　2　　TAC生の正答率 51%

立方体の五面図を描き、図1のように各面を前後面、上下面、左右面とする。立方体Aを2個並べてできた六面体の表面を、立方体Aを10個使って埋め尽くした立体の五面図は図2のようになる（10個の立方体Aを●で示す）。この五面図をもとに立体の見取り図を描くと図3のようになる。

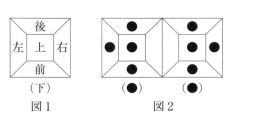
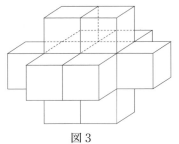

図3の立体は、上下対称となっているので、上から1段目の表面を埋め尽くす立方体Aの個数と3段目の表面を埋め尽くす立方体Aの個数は同じである。上から1段目の表面を埋め尽くす立方体Aの個数は、図4より8個となり、上から1段目と3段目の合計個数は8×2＝16［個］となる。

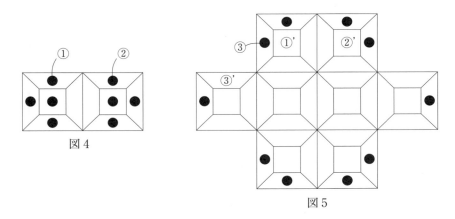

1段目において図4の①の面に接した立方体Aは、2段目において図5の①'の面にも同時に接するので、図5の①'に●を入れる必要はない。同様に、図4の②の面に接した立方体Aは、図5の②'の面にも同時に接し、図5の③の面に接した立方体Aは、③'の面にも同時に接するので、それぞれ●を入れる必要はない。

上から2段目では、側面のみに立方体Aが埋め尽くされればよいので、図5より10個となる。

以上より、立方体Aの個数は16＋10＝26［個］となるので、正解は**2**となる。

空間把握 — 軌跡

2021年度 教養 No.24

下の図のように、一辺の長さaの正三角形が、一辺の長さaの五つの正方形でできた図形の周りを、正方形の辺に接しながら、かつ、辺に接している部分が滑ることなく矢印の方向に回転し、一周して元の位置に戻るとき、頂点Pが描く軌跡の長さとして、正しいのはどれか。ただし、円周率はπとする。

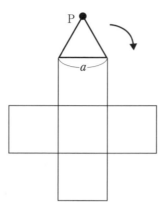

1. $\dfrac{26}{3}\pi a$
2. $9\pi a$
3. $\dfrac{28}{3}\pi a$
4. $\dfrac{29}{3}\pi a$
5. $10\pi a$

解説　正解 **3**　　TAC生の正答率 **82%**

点Pの軌跡を描くと次の図のようになる。軌跡は8つの円弧でできており、これらの円弧はすべて同じ長さである。

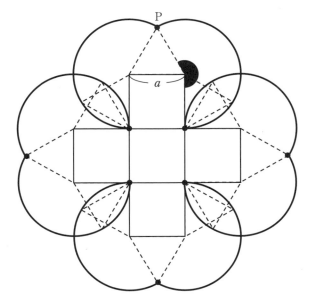

円弧1つについて、半径の長さは a で、中心角は $360 - (90 + 60) = 210 [°]$ だから、弧の長さは $2\pi a \times \dfrac{210}{360} = \dfrac{7}{6}\pi a$ である。

よって、全体の軌跡の長さは $\dfrac{7}{6}\pi a \times 8 = \dfrac{28}{3}\pi a$ となるから、正解は **3** である。

空間把握　軌跡

下の図のような、直径2cmの半円と一辺の長さが2cmの正三角形ABCを組み合わせた図形が、直線に接しながら、かつ直線に接している部分が滑ることなく矢印の方向に1回転するとき、辺BCの中点Pの描く軌跡の長さとして、正しいのはどれか。ただし、円周率はπとする。

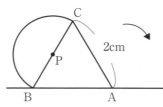 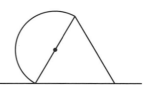

1. $\dfrac{2+\sqrt{3}}{4}\pi$ cm
2. $\dfrac{2+\sqrt{3}}{3}\pi$ cm
3. $\dfrac{2+\sqrt{3}}{2}\pi$ cm
4. $\dfrac{2(2+\sqrt{3})}{3}\pi$ cm
5. $\dfrac{3(2+\sqrt{3})}{4}\pi$ cm

解説　正解　4　　TAC生の正答率　75%

問題の図形を矢印の方向に1回転させたときの点Pの描く軌跡は、下図のようになる。

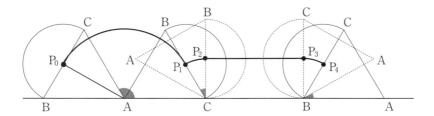

まず、図形は頂点Aで120°回転する。そのときの回転半径はAP$_0$の長さに等しい。△ACP$_0$は内角が30°、60°、90°の直角三角形であるので、ACとAP$_0$の比率は、AC：AP$_0$＝2：$\sqrt{3}$である。AC＝2cmであるので、2：AP$_0$＝2：$\sqrt{3}$より、AP$_0$＝$\sqrt{3}$cmとなる。よって、弧P$_0$P$_1$の長さは、$2\pi \times \sqrt{3} \times \frac{120°}{360°}$＝$\frac{2\sqrt{3}}{3}$[cm]となる。次に図形は頂点Cで30°回転する。そのときの回転半径はCP$_1$の長さに等しい。点P$_1$は辺BCの中点であるので、CP$_1$＝1cmとなる。よって、弧P$_1$P$_2$の長さは、$2\pi \times 1 \times \frac{30°}{360°}$＝$\frac{\pi}{6}$[cm]となる。さらに、図形は円弧CBが直線と接するように回転する。P$_2$P$_3$の長さは円弧CBの長さに等しいので、P$_2$P$_3$＝$2\pi \times 1 \times \frac{1}{2}$＝$\pi$[cm]となる。最後に、図形は頂点Bで30°回転する。これは2番目の回転、すなわち頂点Cでの回転と同じであるので、弧P$_3$P$_4$＝$\frac{\pi}{6}$[cm]となる。

したがって、点Pの描く軌跡の長さは、$\frac{2\sqrt{3}\pi}{3} + \frac{\pi}{6} + \pi + \frac{\pi}{6} = \frac{2(2+\sqrt{3})\pi}{3}$[cm]となり、正解は**4**である。

空間把握 — 軌跡 2018年度 教養 No.23

下の図のように、直径 a の円が長方形の内側を辺に接しながら1周したとき、円が描いた軌跡の面積として、正しいのはどれか。ただし、円周率は π とする。

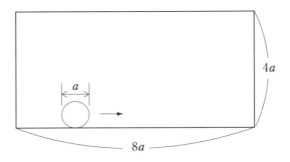

1. $(16+\pi)a^2$
2. $\left(19+\dfrac{\pi}{4}\right)a^2$
3. $\left(20+\dfrac{\pi}{4}\right)a^2$
4. $\left(21+\dfrac{\pi}{4}\right)a^2$
5. $(24+\pi)a^2$

解説　正解 **2**　　TAC生の正答率 66%

円が描く軌跡の領域は、図1の白い部分である。よって、この領域は、横$8a$、縦$4a$の長方形から中央の斜線部分の縦$2a$、横$6a$の長方形と四隅の斜線部分を引けばよいことがわかる。

四隅の斜線部分の合計面積は、図2のように1辺がaの正方形から半径$\frac{a}{2}$の円を引いた面積と等しくなるので、その面積は、$a \times a - \pi \times \left(\frac{a}{2}\right)^2 = a^2 - \frac{\pi}{4}a^2$ となる。

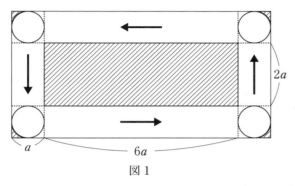

図1

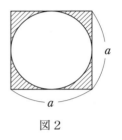

図2

したがって、求める面積は、$8a \times 4a - \{(6a \times 2a) + \left(a^2 - \frac{\pi}{4}a^2\right)\} = \left(19 + \frac{\pi}{4}\right)a^2$ となるので、正解は **2** となる。

空間把握　軌跡　2013年度 教養 No.24

下図は、長方形の部屋を上から見たものであり、直径 a の円形の掃除ロボットが、部屋の内側を壁に接しながら一周して床を掃除した。このとき、掃除ロボットが描く軌跡の面積として、正しいのはどれか。ただし、円周率は π とする。

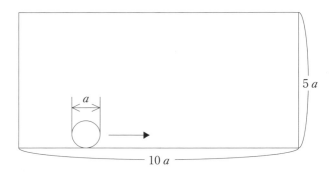

1　$(22 + 4\pi)a^2$

2　$\left(25 + \dfrac{\pi}{4}\right)a^2$

3　$\left(26 + \dfrac{\pi}{4}\right)a^2$

4　$(26 + \pi)a^2$

5　$\left(27 + \dfrac{\pi}{4}\right)a^2$

解説　正解 2　　TAC生の正答率 40%

円形の掃除ロボットが描く軌跡の領域は、図1の白い部分である。よって、この領域は、縦$5a$、横$10a$の長方形から中央の斜線部分の縦$3a$、横$8a$の長方形と四隅の斜線部分を引けばよいことがわかる。

四隅の斜線部分は、図2のように1辺がaの正方形から半径$\frac{a}{2}$の円を引けばよいので、その面積は、$a \times a - \pi \times \left(\frac{a}{2}\right)^2 = a^2 - \frac{\pi}{4}a^2$となる。

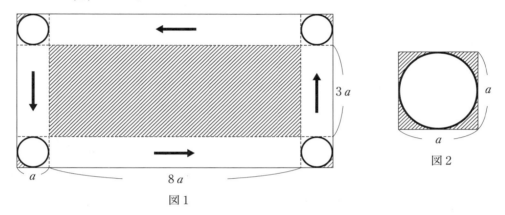

図1　　図2

したがって、求める面積は、$5a \times 10a - \left\{(3a \times 8a) + \left(a^2 - \frac{\pi}{4}a^2\right)\right\} = \left(25 + \frac{\pi}{4}\right)a^2$となるので、正解は**2**となる。

空間把握 — 軌跡　2018年度 教養 No.24

　下の図のように、長さ26cmの線分ABが、両端を円周に接しながら矢印の方向に1周して元の位置に戻るとき、線分ABが描く軌跡の面積として、正しいのはどれか。ただし、円周率はπとする。

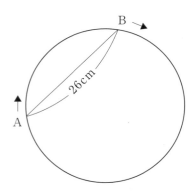

1　$100\pi\text{cm}^2$

2　$121\pi\text{cm}^2$

3　$144\pi\text{cm}^2$

4　$169\pi\text{cm}^2$

5　$196\pi\text{cm}^2$

解説　正解 4　TAC生の正答率 62%

線分ABを指示通りに移動させると、線分ABの中点（図1の●）が常に円から最も遠い位置にあり、この点を結んでいくと図1のような円となる。よって、線分ABが描く軌跡の図形は、黒塗り部分であることがわかり、この部分の面積は、大円の面積から中央にある白い小円の面積を引けば求められる。

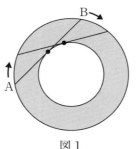
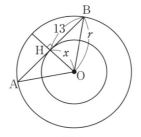

図1　　　　図2

図2（cmは省略してある）のように、円の中心をOとして、△OABを作ると、△OABは二等辺三角形となる。点Oから辺ABに中線を引き、辺ABとの交点をHとおく。二等辺三角形の頂角から引いた中線は、垂線と一致するので、△OBHは直角三角形となる。OB = r [cm]、OH = x [cm]として三平方の定理を用いると、$r^2 = 13^2 + x^2$となり、$x^2 = r^2 - 13^2$（①）となる。

黒塗り部分の面積は、$\pi \times r^2 - \pi \times x^2$であり、この式に①を代入すると、$\pi \times r^2 - \pi \times (r^2 - 13^2) = 13^2 \pi = 169\pi$ [cm^2]となる。

よって、正解は **4** となる。

空間把握　軌跡　2017年度 教養 No.24

下の図のように、一辺の長さ a の正六角形の外側を、一辺の長さ a の正方形が、矢印の方向に滑ることなく回転して1周したとき、正方形の頂点Pが描く軌跡の長さとして、正しいのはどれか。ただし、円周率は π とする。

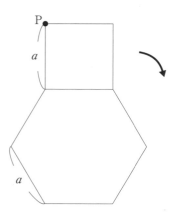

1　$\left(\frac{1}{3}\sqrt{2}+\frac{1}{2}\right)\pi a$

2　$\left(\frac{2}{3}\sqrt{2}+1\right)\pi a$

3　$\left(\sqrt{2}+\frac{3}{2}\right)\pi a$

4　$\left(\frac{4}{3}\sqrt{2}+2\right)\pi a$

5　$\left(\frac{5}{3}\sqrt{2}+\frac{5}{2}\right)\pi a$

解説　正解　5

一辺の長さ a の正六角形の外側を、一辺の長さ a の正方形が、矢印の方向に滑ることなく回転して1周したときの点Pの描く軌跡は、次の図のように5つの円弧を描くことがわかる。

回転中心❶においての回転角度を求めると、正六角形の1つの内角は120°であるので、回転角度は $360-(120+90)=150[°]$ となる。そして、回転中心は❶〜❻の6つがあるが、それぞれの回転角度は、いずれも150°である。

回転中心❶、❺では、軌跡はそれぞれ弧AB、弧DEであり、中心角150°、半径 $\sqrt{2}a$ となるので、長さは $2\pi \times \sqrt{2}a \times \dfrac{150°}{360°} = \dfrac{5\sqrt{2}}{6}\pi a$ （①）となる。回転中心❷、❹、❻では、軌跡はそれぞれ弧BC、弧CD、弧EFであり、中心角150°、半径 a となるので、長さは $2\pi \times a \times \dfrac{150°}{360°} = \dfrac{5}{6}\pi a$ （②）となる。また、回転中心❸では、回転中心と点Pが一致するので、軌跡は点となる。

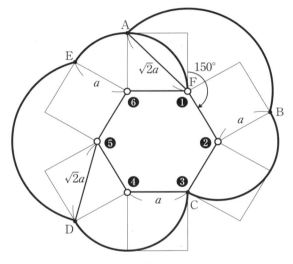

よって、求める軌跡の長さは、①、②より、$\dfrac{5\sqrt{2}}{6}\pi a$ が2つと $\dfrac{5}{6}\pi a$ が3つで、

$$\dfrac{5\sqrt{2}}{6}\pi a \times 2 + \dfrac{5}{6}\pi a \times 3 = \dfrac{5\sqrt{2}}{3}\pi a + \dfrac{5}{2}\pi a = \left(\dfrac{5}{3}\sqrt{2} + \dfrac{5}{2}\right)\pi a$$

となるので、正解は **5** となる。

空間把握 — 軌跡

2016年度 教養 No.24

下図のように一辺の長さ a の立方体を平らな床面に置いた後、立方体の面と同じ大きさの正方形のマス目A〜Eの上を滑ることなくA、B、C、D、Eの順に90°ずつ回転させた。このとき、立方体の頂点Pが描く軌跡の長さとして、正しいのはどれか。ただし、円周率は π とする。

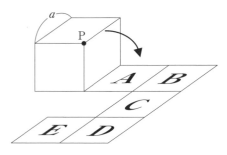

1   $\dfrac{3}{4}\pi a$

2   πa

3   $\dfrac{3}{2}\pi a$

4   $2\pi a$

5   $\dfrac{5}{2}\pi a$

解説　正解 3　TAC生の正答率 76%

太線の１辺でAに転がしたとき、点Pの描く軌跡は、半径 a、回転角度90°のおうぎ形となるので、軌跡の長さは、$2\pi \times a \times \dfrac{90}{360} = \dfrac{1}{2}\pi a$（①）となる（図１）。太線の１辺でBに転がしたとき、回転軸に点Pが含まれるので、この回転ではおうぎ形は現れない（図２）。同様に、太線の１辺でCに転がしたときも、回転軸に点Pが含まれるので、この回転ではおうぎ形は現れない（図３）。太線の１辺でDに転がしたとき、点Pの描く軌跡は、半径 a、回転角度90°のおうぎ形となるので、軌跡の長さは、$2\pi \times a \times \dfrac{90}{360} = \dfrac{1}{2}\pi a$（②）となる（図４）。太線の１辺でEに転がしたとき、点Pの描く軌跡は、半径 a、回転角度90°のおうぎ形となるので、軌跡の長さは、$2\pi \times a \times \dfrac{90}{360} = \dfrac{1}{2}\pi a$（③）となる（図５）。

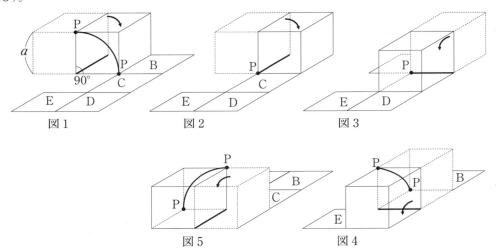

よって、点Pの描く軌跡の長さは、①＋②＋③より、$\dfrac{1}{2}\pi a + \dfrac{1}{2}\pi a + \dfrac{1}{2}\pi a = \dfrac{3}{2}\pi a$となり、正解は **3** となる。

空間把握　図形の回転　2020年度 教養 No.24

下の図のように、半径3の円板A～Fを並べて、円板の中心が一辺の長さが6の正六角形の頂点となるように固定する。半径3の円板Gが、固定した円板A～Fと接しながら、かつ接している部分が滑ることなく、矢印の方向に回転し、1周して元の位置に戻るとき、円板Gの回転数として、正しいのはどれか。

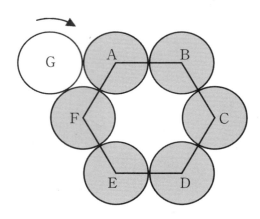

1　2回転
2　4回転
3　6回転
4　8回転
5　10回転

解説　正解　2　　TAC生の正答率　50%

1つの円が、半径比n倍の円の外周を滑らずに1周（＝360°）してもとの位置に戻るまでに、自分自身は$(n+1)$回転する。このとき、円の回転角度がθとすると、円は$(n+1) \times \dfrac{\theta}{360}$［回転］する。このことを用いて考える。

円板Gが右回りに回転し、開始時の円板A、Fと接している位置から、円板A、Bと接している位置まで移動したときの回転数を考える。円板A～Gまではすべて同じ大きさだから$n=1$である。また、このときの円板Gの回転角度を考えると、半径の長さはすべて等しいので円板A、G、Fの中心を結んだ三角形と、円板A、B、G′の中心を結んだ三角形はいずれも正三角形である。さらに、円板A～Fの中心は正六角形の頂点であるから、円板Fと円板Aの中心を結んだ線および円板Aと円板Bの中心を結んだ線のなす角は正六角形の1つの内角と同じ120°である。円板A、Fと接している位置から、円板A、Bと接している位置まで移動したときの回転角度は（図の黒く塗られた角度）は、$360-(60+60+120)=120$［°］であり、円板Gは、この位置までに$2 \times \dfrac{120}{360} = \dfrac{2}{3}$［回転］している。円板A、Bと接している位置から、円板B、Cと接している位置まで移動したときの回転も同じ回転数となり、開始時から1周して元の位置に戻るまで、この回転が6回繰り返されるから、円板Gの回転数は$\dfrac{2}{3} \times 6 = 4$［回転］となる。

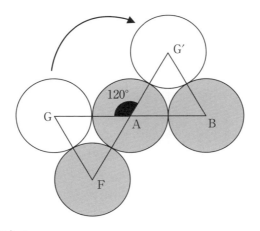

したがって、正解は**2**である。

空間把握 — 図形の回転

2019年度 教養 No.23

下の図のように、同一平面上で直径3aの大きい円に、「A」の文字が描かれた直径aの円盤Aが外接し、「B」の文字が描かれた直径aの円盤Bが内接している。円盤Aと円盤Bがそれぞれ、アの位置から大きい円の外側と内側に接しながら、かつ、接している部分が滑ることなく矢印の方向に回転し、大きい円を半周してイの位置に来たときの円盤A及び円盤Bのそれぞれの状態を描いた図の組合せとして、妥当なのはどれか。

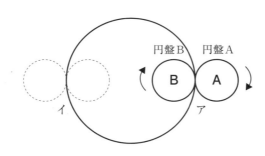

1.

2.

3.

4.

5.

解 説　　**正解　1**　　　　　　　　TAC生の正答率　**64%**

　円盤Aが直径$3a$の円の外側を1周するとき、円盤Aの回転数は$\left(\dfrac{3a}{a}+1=\right)$4回転である。イの位置に来たとき、円盤Aは直径$3a$の円を半周しているので、そのときの円盤Aの回転数は$4\times\dfrac{1}{2}=2$[回転]である。よって、イの位置に来たときの円盤Aの状態は、アの位置と同じなので、Aの向きは「A」となる。

　円盤Bが直径$3a$の円の内側を1周するとき、円盤Aの回転数は$\left(\dfrac{3a}{a}-1=\right)$2回転である。イの位置に来たとき、円盤Bは直径$3a$の円を半周しているので、そのときの円盤Bの回転数は$2\times\dfrac{1}{2}=1$[回転]である。したがって、イの位置に来たときの円盤Bの状態は、アの位置と同じなので、Bの向きは「B」となる。

　よって、正解は**1**である。

空間把握　図形の回転　2015年度 教養 No.24

下図のように、一辺の長さ a の正三角形が、一辺の長さ $2a$ の正方形の内側を、矢印の方向に滑ることなく正方形の辺に接して1秒当たり60度の速さで回転し、一周して元の位置に戻るまでに要する時間として、正しいのはどれか。

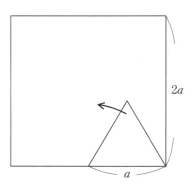

1　8秒
2　9秒
3　10秒
4　11秒
5　12秒

解説　正解 3　TAC生の正答率 80%

　一辺の長さaの正三角形が、一辺の長さ$2a$の正方形の内側を、矢印の方向に滑ることなく正方形の辺に接して回転し、一周して元の位置に戻るまでを図示したものが下図となる。回転角度をみると、②、④、⑥、⑧はそれぞれ30°、①、③、⑤、⑦はそれぞれ120°であるので、回転角度の合計は30°×4＋120°×4＝600°となる。1秒当たり60°の速さで回転するので、元の位置まで戻るのに600÷60＝10［秒］かかることがわかる。

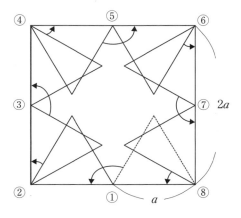

よって、正解は **3** となる。

空間把握 — 図形の回転　2014年度 教養 No.24

　下図のように、同一平面上で、直径4Rの円Zに、半分が着色された直径Rの円X及び直径$\frac{3}{2}$Rの円Yが、アの位置で接している。円X及び円Yが、それぞれ矢印の方向に円Zの円周に接しながら滑ることなく回転し、円Xは円Zを半周してイの位置で停止し、円Yは円Zを$\frac{3}{4}$周してウの位置で停止したとき、円X及び円Yの状態を描いた図の組合せとして、正しいのはどれか。

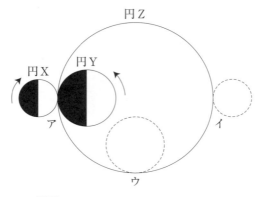

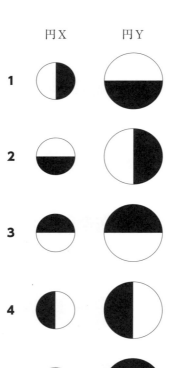

| 解 説 | 正解　**1** | TAC生の正答率　**40%** |

円 X が円 Z に外接して 1 周すると、円 X は $\dfrac{4R}{R}+1=5$[回転]する。いま、円 X は円 Z に外接して $\dfrac{1}{2}$ 周するので、円 X は $5\times\dfrac{1}{2}=2\dfrac{1}{2}$[回転]する。2 回転しても着色の向きはアの位置のときと変わらないが、それから $\dfrac{1}{2}$ 回転してイの位置にくると、着色の向きはアの位置のときと比べると左右が逆となる（右側が黒色）。

円 Y が円 Z に内接して 1 周すると、円 Y は $\dfrac{4R}{\dfrac{3R}{2}}-1=\dfrac{5}{3}$[回転]する。いま、円 Y は円 Z に内接して $\dfrac{3}{4}$ 周するので、円 Y は $\dfrac{5}{3}\times\dfrac{3}{4}=1\dfrac{1}{4}$[回転]する。1 回転しても着色の向きはアの位置のときと変わらないが、それから $\dfrac{1}{4}$ 回転してウの位置にくると、着色の向きはアの位置のときと比べると黒色が真下となる。

よって、正解は **1** となる。

空間把握 — 回転体

2014年度 教養 No.23

左図のような図形を、軸Ⅰを中心に一回転させてできた立体を、次に軸Ⅱを中心に一回転させたときにできる立体として、正しいのはどれか。

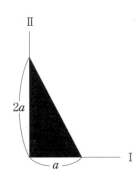

1
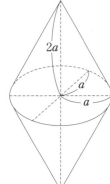

2
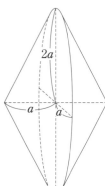

3
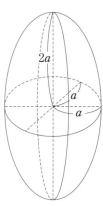

4
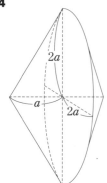

5
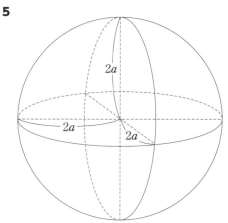

解説　正解　5　　TAC生の正答率 19%

　図形を、軸Ⅰを中心に一回転させてできた立体は図1のように、底面が半径2aの円で、高さaの直円錐となる。

　次に、図1の直円錐を、軸Ⅱを中心に一回転させたときの立体を考える。図1を2つの平面で考えると、半径2aの円と底辺4a、高さaの二等辺三角形となる。よって、この2つの平面を、軸Ⅱを中心に一回転させた立体を合わせたときに、最も軸Ⅱから離れている部分が、できる立体の外形となる。

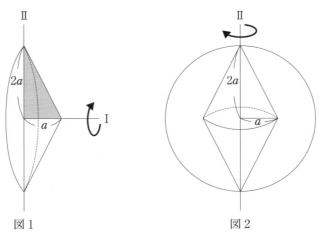

図1　　　　　　　　　図2

　図2より、できる立体は球となるので、正解は **5** となる。

空間把握 — 平面パズル   2021年度 教養 No.21

　下の図のような、上段に68628、中段に92965、下段に68828の数字を描いた紙を、点線のところで切断してA〜Fの小片とし、B、C、D、Eを裏返すことなく並べ替えたとき、上段に82688、中段に59825、下段に82588となる並べ方として、妥当なのはどれか。ただし、B、C、D、Eは、B、C、D、Eをそれぞれ上下逆にした小片を表すものとする。

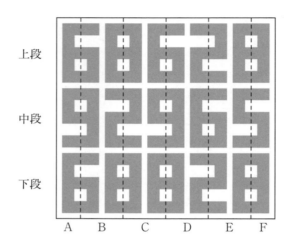

1　A－Ǝ－D－C－A

2　A－Ǝ－B－C－A

3　A－Ɔ－B－D－Ǝ－A

4　A－Ɔ－D－B－C－F

5　A－B－C－D－Ǝ－A

解 説　正解　**4**　　TAC生の正答率　73%

並べ替え後は図1のようになる。このうち、図2の形になっている部分に注目する。

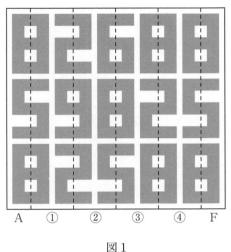

図1

図2

④の上段、下段は左右ともに図2の形になっている。B～Eのうち、このようになっているのはCだけである。なお、④の中段を見ると上下はそのままの向きで並べている。②の中段は左右ともに図2の形になっている。B～Eのうち、このようになっているのはDだけである。なお、②の上段の右が図2の形になっており、Dは下段の左が図2の形になっているから、②はDを上下逆にして並べている。

よって、②はDを上下逆にしたもの、④はCであるから、消去法より正解は**4**である。

空間把握 — 平面パズル — 2016年度 教養 No.21

　下図のような、上段に62868、下段に98625の数字を描いた紙を、破線のところで切断してA〜Fの小片とし、B、C、D及びEを裏返すことなく並べ替えたとき、上段に62528、下段に99886となる並べ方として、正しいのはどれか。ただし、B、C、D及びEは、それぞれ上下逆にした小片を表すこととする。

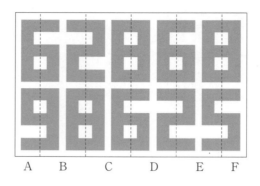

1　A－B－C－Ǝ－D－F

2　A－D－Ǝ－C－B－A

3　A－Ɔ－Ǝ－D－B－F

4　A－Ɔ－D－Ǝ－B－F

5　A－D－B－Ɔ－Ǝ－F

解説　正解　4　　TAC生の正答率 69%

　上段の左から5番目の数字「8」、下段の左から5番目の数字「6」に着目すると、小片Fの左隣の小片の右側は図1の点線の図形のように、上段、下段とも同じ形にならなければならない。そして、この形は、小片がそのままの向きなら小片の右側に、上下逆にした小片なら左側にないといけない（図2）。このことを踏まえると、満たすのは小片Cしかなく、そのままの向きで小片Fの左隣に並べることになる。

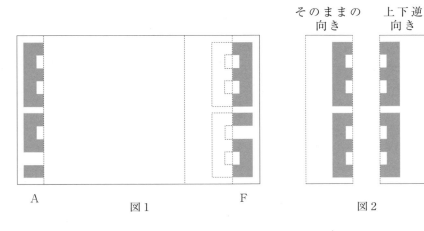

　次に、上段の左から4番目の数字「2」、下段の左から4番目の数字「8」に着目すると、小片Cの左隣の小片の右側は図3の点線の図形のように、上段、下段とも異なる形にならなければならない。そして、この形は、小片がそのままの向きなら小片の右側に、上下逆にした小片なら左側にないといけない（図4）。このことを踏まえると、満たすのは小片Bしかなく、そのままの向きで小片Cの左隣に並べることになる。

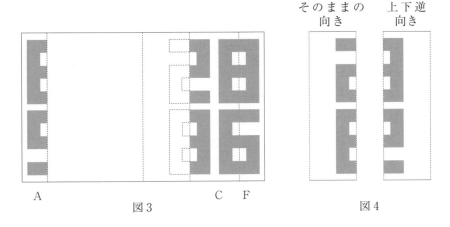

　よって、消去法より、正解は **4** となる。

空間把握　平面パズル

図1に示すA～Eの紙片のうち4枚をすき間なく、かつ、重なり合うことなく並べて、図2に示す台形における着色部分をはみ出すことなく全て埋めるとき、**必要でない紙片**として、妥当なのはどれか。ただし、いずれの紙片も裏返さないものとする。

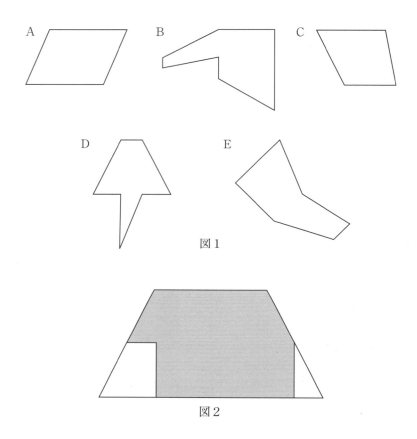

1　A
2　B
3　C
4　D
5　E

解説　正解　2　　TAC生の正答率 47%

着色部分左端の直角のくぼみから考えると紙片Dが左側に入ることが分かる。次に、着色部分右端に入るのは紙片Bか紙片Eのいずれかである（図Ⅰ、図Ⅱ）。

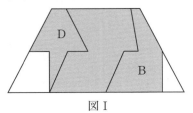
図Ⅰ

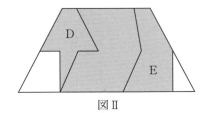
図Ⅱ

すると、残った部分には、上側に紙片Cが入り、下側に紙片Aが入ることになる。ここで、紙片Cと紙片Aでは、紙片Aのほうが横に長いので、着色部分を全て埋めることができるのは、図Ⅱのように埋めた場合である。そして、最終的に図Ⅲのようになる。

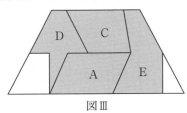
図Ⅲ

以上より、不要な紙片はBであるから、正解は **2** である。

空間把握　平面パズル

2014年度 教養 No.22

下図のようなA～Eの5個の図形から4個を選んで、すき間なく、かつ重なり合うことなく並べ合わせて正方形をつくるとき、**必要でない図形**として、妥当なのはどれか。ただし、いずれの図形も裏返さないものとする。

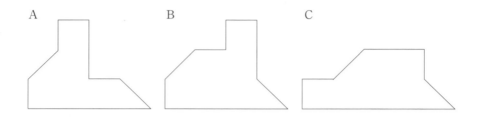

1 A
2 B
3 C
4 D
5 E

解　説　　正解　2　　　　　　　　　　　TAC生の正答率　58%

　A〜Eの5個の図形をそれぞれ、下図のように正方形と直角二等辺三角形で構成させているように区分してみる。

　1つの正方形の面積を1とすると、面積はAが6、Bが7、Cが7、Dが6、Eが6であり、新しくできる正方形の面積は25と考えられるので、6＋6＋6＋7＝25より、面積7であるBまたはCが必要でない図形となる。

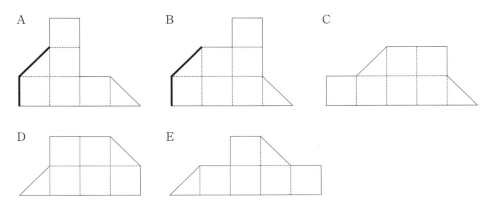

　特徴的なEを図1、図2のように置くと、図中の太線部分と重なる辺はAの太線とBの太線である。しかし、図2では、これ以上他の図形を配置することは不可能である。よって、図1より、残りの部分にC、Dを配置すると正方形ができる（図3）。

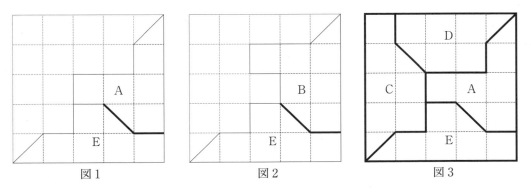

　よって、必要でない図形はBとなり、正解は **2** となる。

空間把握 — 位相

2015年度 教養 No.22

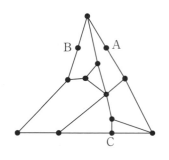

左図は、ゴムひもの結び目を平板にピンで留めて作った図形であり、線はゴムひもを、点は結び目を表している。結び目とピンをともに動かしたときにできる図形として、妥当なのはどれか。ただし、ピンは他のピンと同じ位置又はゴムひも上に動かさず、ゴムひもは他のゴムひもと交差しない。

1
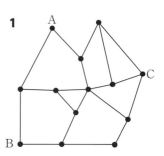

2
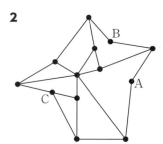

3
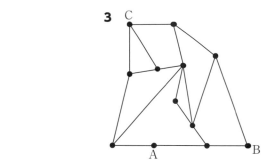

4
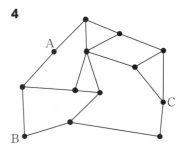

5
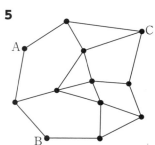

解説 正解 **1** TAC生の正答率 **71%**

　各結び目（●）に集まるひもの数は次のようになり、条件通り結び目とピンを動かしても各結び目に集まるひもの数は変わらない。ひもが5本集まる結び目は1つあるが、4本集まる結び目や6本集まる結び目はない。よって、**5**は、ひもが5本集まる結び目がなく、**2**は、ひもが6本集まる結び目が1つあり、**3**は、ひもが4本集まる結び目があるので、妥当な図形ではない。

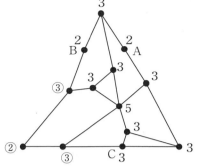

　BとCの間にある図形の外側の結び目に着目すると、Bから見て、③→②→③の3つの結び目がある（上図）。**1**では、Bから見て③→②→③の3つの結び目があり、**4**では、Bから見て③→②の2つの結び目しかない。よって、**4**は妥当な図形ではなく、**1**が妥当な図形となる。

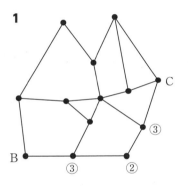
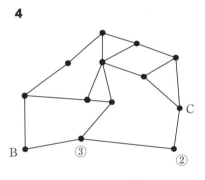

空間把握 — 図形の分割　2020年度 教養 No.21

　下の図のように、円を1本の直線で仕切ると、円が分割される数は2である。円を7本の直線で仕切るとき、円が分割される最大の数として、正しいのはどれか。

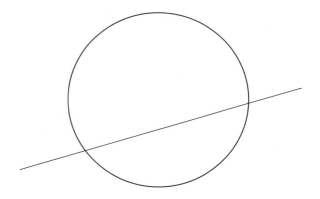

1　20
2　23
3　26
4　29
5　32

解説　正解　4　　TAC生の正答率 84%

　4本まで実際に直線を描いたときに分割される最大の数は、2本では分割数4、3本では分割数7、4本では分割数11となる。このとき、n本目の直線を引いたとき、分割数がnだけ増加していると推測できる。なお、最大で分割数がnだけ増加することは、以下の（参照）からも確認できる。

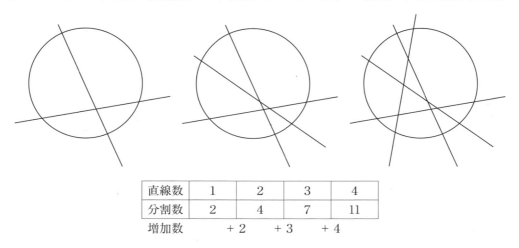

直線数	1	2	3	4
分割数	2	4	7	11
増加数		+2	+3	+4

（参照）
　平面上の2つの直線が交わる回数は多くて1回であり、n本目の直線を引くときに平面（円）に描かれている直線の数は$n-1$である。よって、交点は最大で$n-1$個でき、n本目の直線はn個の領域を通過することになる。直線が通過した領域は2つに分割されるから、n個の領域を通過した場合、領域（＝分割数）はnだけ増加することになる。

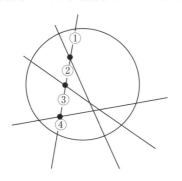

4本目の直線を引く場合、できる交点の最大数は3であり、4つの領域を通過することになるから、分割数は4だけ増加する

　以上より、7本の直線で仕切ったときの分割される最大数は、初めの領域数1から、1+1+2+3+4+5+6+7＝29となるので、正解は**4**である。

空間把握 — 図形の数

下図の中にある三角形の数として、正しいのはどれか。

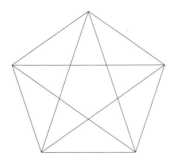

1　20
2　25
3　30
4　35
5　40

解説　正解　4　　TAC生の正答率　56%

三角形の大きさ別に数えると、次のようになる。

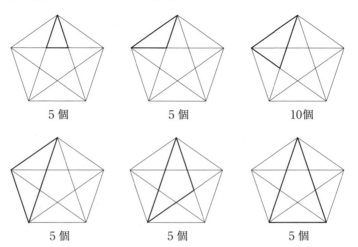

よって、三角形の個数は5＋5＋10＋5＋5＋5＝35［個］となるので、正解は**4**である。

空間把握　平面構成　2013年度 教養 No.22

　下図のように、同じ大きさの正方形の板A、Bがあり、それぞれの板には同じ大きさの正方形の穴があいている。板Bを90度ずつ回転させて板の角が合うように板Aと重ねたとき、一致する穴の最も少ない数として、正しいのはどれか。ただし、板は裏返さないものとする。

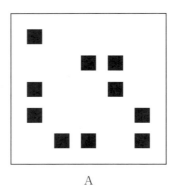
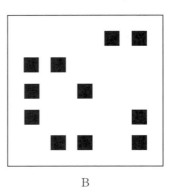

A　　　　　　　　B

1　2
2　3
3　4
4　5
5　6

解説　正解　2　　TAC生の正答率　63%

Bを時計回りに90°ずつ回転させたものをAと重ねると、次のようになり、一致する穴には○で印を付ける。

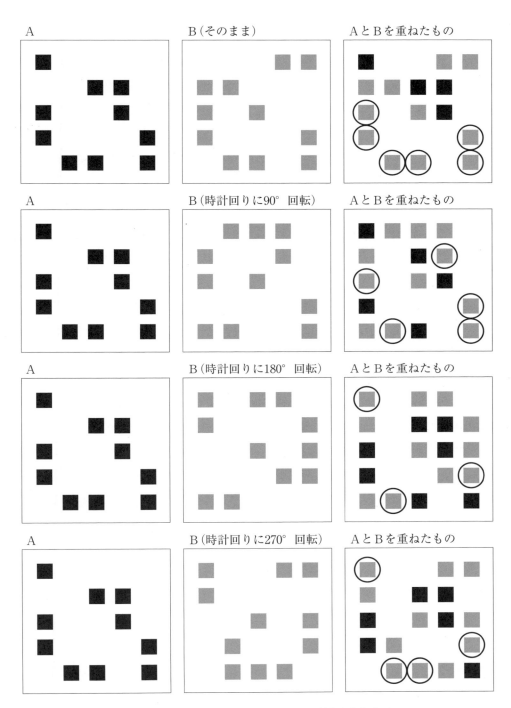

上図より、一致する穴が最も少ないのは3つであるので、正解は**2**となる。

空間把握 — 折り紙　　2020年度 教養 No.22

下の図のように、1〜8の数字が書かれた展開図について、点線部分を山折りかつ直角に曲げて立方体をつくるとき、重なり合う面に書かれた数字の組合せとして、妥当なのはどれか。

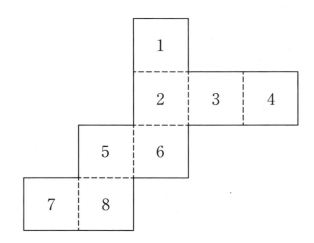

1 1と7、3と8
2 1と7、4と8
3 3と7、4と8
4 4と7、1と8
5 4と7、3と8

解 説　正解　**2**　　TAC生の正答率　83%

立方体の展開図では、90度開いている辺どうしは重なるので、図1の7と8の面は、図2のように移動させることができる。

図1
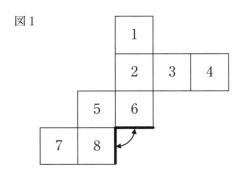

図2
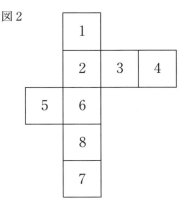

立方体の平行面は、展開図では正方形が一直線上に3面並んだ場合の両端の面となる。図2において横1列に「2・3・4」が並んでいるから、2の面と4の面は平行であり、縦1列に「2・6・8」が並んでいるから、2の面と8の面は平行である。立方体において、1つの面に対して平行な面はただ1つであるから、2の面と平行である4と8の面は立方体を組み立てたときに同じ位置で重なることになる。同様に、図2において縦1列に「1・2・6」および「6・8・7」が並んでいるから、1の面と6の面、6の面と7の面がそれぞれ平行であり、立方体を組み立てたときに1と7の面は重なることになる。

よって、正解は**2**である。

空間把握　折り紙

下の図のような長方形の紙片を折って正六角形をつくるとき、紙片の折り目として妥当なのはどれか。ただし、破線は、折り目を表し、いずれも山折りとする。

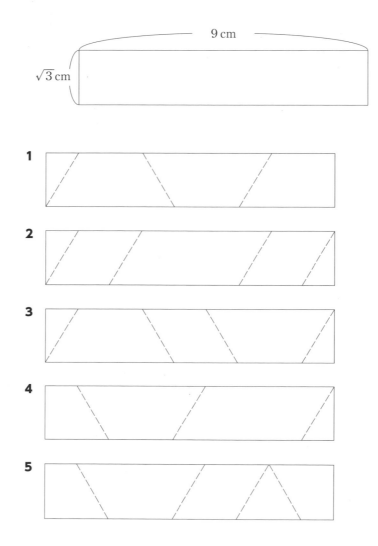

解説　正解　1　　TAC生の正答率 29%

1 ○　破線①で折ると、左側の三角形は、右側の紙片に完全に隠れる。さらに、破線②で折ると図1のようになる。次に、破線③で折ると、図2のようになり、正六角形ができる。

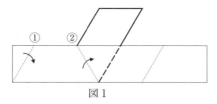
図1

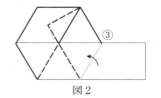
図2

2 ×　破線①で折ると、左側の三角形は、右側の紙片に完全に隠れる。さらに、破線②で折ると図3のようになる。次に、破線③で折ると、右側の三角形は、左側の紙片に完全に隠れる。そして、破線④で折ると、図4のようになり、正六角形はできない。

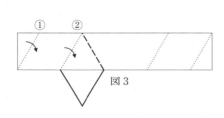
図3

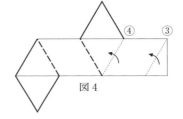
図4

3 ×　破線①で折ると、左側の三角形は、右側の紙片に完全に隠れる。さらに、破線②で折ると図5のようになる。次に、破線③で折ると、右側の三角形は、左側の紙片に完全に隠れる。そして、破線④で折ると、図6のようになり、正六角形はできない。

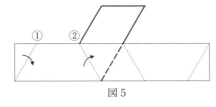
図5

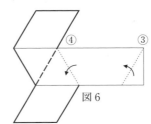
図6

4 ×　正六角形ができるということは、少なくとも同じ長さの辺が6本必要となる。しかし、下図のように、同じ長さの辺（○で示した辺）が5本しかない。よって、破線で折っていった場合、最終的に正六角形はできない。

5 ×　破線①及び②で折ると図7のようになる。次に、破線③で折ると、図8のようになり、最後に破線④で折っても正六角形はできない。

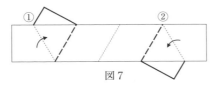
図7

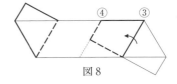
図8

空間把握　折り紙　2014年度 教養 No.21

下図のように、正方形の紙を点線を谷にして矢印の方向に折り畳み、出来上がった三角形の黒い部分を切り取ったとき、残った紙を広げた形として、正しいのはどれか。

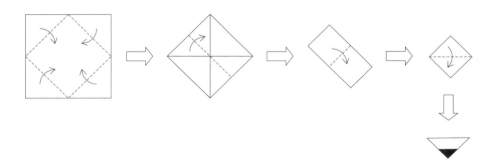

1

2
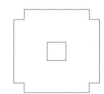

3
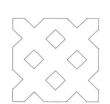

4
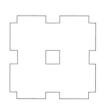

5
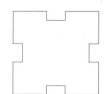

解説　正解　1　　TAC生の正答率　56%

最後の図形を順次広げていくと、次のようになる（黒色の図形は切り取った部分）。

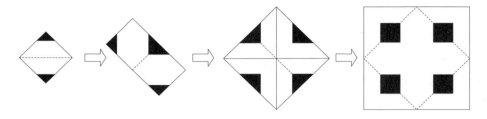

図より、正解は **1** となる。

文芸　百人一首の和歌

2021年度
教養 No.25

次の小倉百人一首の和歌ア～エの空欄A～Dに当てはまる語句の組合せとして、妥当なのはどれか。

ア　春過ぎて夏来にけらし　A　衣干すてふ天の香具山
イ　　B　山鳥の尾のしだり尾の長々し夜をひとりかも寝む
ウ　　C　神代も聞かず竜田川からくれなゐに水くくるとは
エ　　D　光のどけき春の日にしづ心なく花の散るらむ

	A	B	C	D
1	白妙の	あしびきの	ちはやぶる	ひさかたの
2	白妙の	たらちねの	いはばしる	あらたまの
3	白妙の	たらちねの	ちはやぶる	ひさかたの
4	若草の	あしびきの	ちはやぶる	ひさかたの
5	若草の	たらちねの	いはばしる	あらたまの

解説　正解　1

TAC生の正答率　**74%**

空欄Aには「白妙の」が入る。「白妙の」は「衣」を導く枕詞である。アの和歌は持統天皇の歌で、「もう春は過ぎ、夏が来たようだ。夏になると白い衣を干すという天の香具山に、衣が干されているのが見える」という意味である。

空欄Bには「あしびきの」が入る。「あしびきの」は「山」を導く枕詞である。イの和歌は柿本人麻呂の歌で、「山鳥のあの垂れ下がった長い尾のように、長いこの秋の夜を、私は一人で寂しく寝るのであろうなあ」という意味である。

空欄Cには「ちはやぶる」が入る。「ちはやぶる」は「神」を導く枕詞である。ウの和歌は在原業平の歌で、「遠い神代にも、聞いたことがない。竜田川が紅葉を浮かべ、真っ赤な色に水をしぼり染めにしているなどということは」という意味である。

空欄Dには「ひさかたの」が入る。「ひさかたの」は「光」を導く枕詞である。エの和歌は紀友則の歌で、「こんなにのどかな春の光が差している春の日に、桜はどうして落ち着いた気持ちもなく散っていくのであろうか」という意味である。

なお、**2**にある「たらちねの」は「母・親」を導く枕詞、「いはばしる」は「滝」を導く枕詞、「あらたまの」は「年・月・春」を導く枕詞、**4**にある「若草の」は「妻」を導く枕詞である。

以上より、**1**が最も妥当である。

文芸	日本の古典文学	2016年度 教養 No.27

次の我が国の古典文学の一節Ａ～Ｃと、それぞれの作品名の組合せとして、妥当なのはどれか。

Ａ　「春はあけぼの。やうやうしろくなり行く、山ぎはすこしあかりて、むらさきだちたる雲のほそくたなびきたる。」

Ｂ　「いづれの御時にか、女御・更衣あまたさぶらひたまひける中に、いとやむごとなき際にはあらぬが、すぐれて時めきたまふありけり。」

Ｃ　「祇園精舎の鐘の声、諸行無常の響あり。娑羅双樹の花の色、盛者必衰のことはりをあらはす。奢れる人も久しからず、唯春の夜の夢のごとし。」

	Ａ	Ｂ	Ｃ
1	土佐日記	伊勢物語	太平記
2	土佐日記	源氏物語	平家物語
3	枕草子	伊勢物語	太平記
4	枕草子	源氏物語	太平記
5	枕草子	源氏物語	平家物語

解 説　　　**正解　5**　　　TAC生の正答率 **90%**

Ａ　「枕草子」の冒頭である。「枕草子」は平安時代中期に清少納言によって書かれた随筆である。

Ｂ　「源氏物語」の冒頭である。「源氏物語」は平安時代中期に紫式部によって書かれた物語である。

Ｃ　「平家物語」の冒頭である。「平家物語」は鎌倉時代前期に書かれた軍記物語で、作者は不詳である。

　以上より **5** が最も妥当である。

　「土佐日記」は平安時代前期に紀貫之によって書かれた日記文学である。その冒頭は「男もすなる日記といふものを、女もしてみむとて、するなり。それの年の十二月二十日あまり一日の日、戌の時に門出す。」と始まる。

　「伊勢物語」は平安時代前期に書かれた歌物語で、作者は不詳である。

　「太平記」は室町時代前期に書かれた軍記物語で、作者は不詳である。

| 文芸 | 日本の近代作家 | 2019年度
教養 No.25 |

日本の作家に関する記述として、妥当なのはどれか。

1　武者小路実篤は、耽美派の作家の一人であり、彼の代表的な作品には、「その妹」や「和解」がある。

2　谷崎潤一郎は、耽美派の作家の一人であり、彼の代表的な作品には、「刺青」や「痴人の愛」がある。

3　芥川龍之介は、白樺派の作家の一人であり、彼の代表的な作品には、「山月記」や「李陵」がある。

4　志賀直哉は、新思潮派の作家の一人であり、彼の代表的な作品には、「人間万歳」や「暗夜行路」がある。

5　川端康成は、新感覚派の作家の一人であり、彼の代表的な作品には、「日輪」や「旅愁」がある。

解説　　正解　2　　TAC生の正答率　58%

1　×　「耽美派の作家」という箇所、作品の一部が誤りである。武者小路実篤は、耽美派ではなく白樺派の作家である。また、「その妹」は武者小路実篤の戯曲なので正しいが、「和解」は志賀直哉の作品である。

2　○　「耽美派」、「刺青」、「痴人の愛」などのキーワードで判断できる。

3　×　「白樺派の作家」、代表的な作品が誤り。芥川龍之介は、白樺派ではなく新思潮派の作家である。また、「山月記」、「李陵」は中島敦の作品である。

4　×　「新思潮派の作家」という箇所、作品の一部が誤り。志賀直哉は、新思潮派ではなく白樺派の作家である。また、「暗夜行路」は志賀直哉の作品だが、「人間万歳」は武者小路実篤の作品である。

5　×　作品が誤り。川端康成は新感覚派の作家で正しいが、「日輪」、「旅愁」は横光利一の作品である。

文芸	日本の作曲家	2020年度 教養 No.25

日本の作曲家に関する次の記述と、それぞれに該当する人物名との組合せとして最も妥当なのはどれか。

A　明治12年に東京で生まれ、西洋音楽の様式を日本で最も早い時期に取り入れた作曲家である。「花」、「荒城の月」、「箱根八里」などの代表曲があり、22歳でドイツの音楽院への入学を果たすも、病気のためわずか23歳で生涯を閉じた。

B　明治11年に鳥取で生まれ、キリスト教系の学校で音楽の基礎を学び、文部省唱歌の作曲委員を務めた。「春の小川」、「朧月夜」、「ふるさと」など、作詞家高野辰之との作品を多く残したとされている。

C　大正13年に東京で生まれ、戦後の日本で、オペラから童謡にいたるまで様々なジャンルの音楽を作曲した。オペラ「夕鶴」や、ラジオ歌謡「花の街」、童謡「ぞうさん」など幅広い世代に親しまれる楽曲を残した。

	A	B	C
1	瀧廉太郎	成田為三	團伊玖磨
2	瀧廉太郎	成田為三	中田喜直
3	瀧廉太郎	岡野貞一	團伊玖磨
4	山田耕筰	成田為三	中田喜直
5	山田耕筰	岡野貞一	團伊玖磨

解説　　**正解　3**　　　　　　　　　　TAC生の正答率　**29%**

A　瀧廉太郎の説明である。「花」、「荒城の月」、「箱根八里」などの曲名や、「病気のためわずか23歳で生涯を閉じた」という説明がヒントになる。選択肢の中にある山田耕筰は、明治19年に生まれた指揮者・作曲家である。指揮者としては国際的にも活躍し、日本における西洋音楽の普及に貢献した。童謡「赤とんぼ」、「ペチカ」、「待ちぼうけ」の作曲者としても知られる。

B　岡野貞一の説明である。「春の小川」、「朧月夜」、「ふるさと」などの曲名がヒントになる。選択肢にある成田為三は、明治26年に生まれた作曲家で、「浜辺の歌」などで知られる。

C　團伊玖磨の説明である。オペラ「夕鶴」や、童謡「ぞうさん」などがヒントになる。選択肢にある中田喜直は、大正12年に生まれた作曲家・社会運動家である。「小さい秋みつけた」や「めだかの学校」の作曲者として知られる。

以上より、**3**が最も妥当である。

| 文芸 | ノーベル賞 | 2018年度
教養 No.25 |

ノーベル賞に関する記述として、妥当なのはどれか。

1 ノーベル賞の受賞者を選考する組織は部門ごとに決まっており、文学賞はノルウェーのノーベル賞委員会が、平和賞はスウェーデン・アカデミーが、それぞれ選考を行っている。

2 ノーベル賞は、文学賞、平和賞など7部門から構成されているが、全ての部門において、受賞者は個人のみが対象となっており、団体又は組織は対象となっていない。

3 2017年のノーベル文学賞はカズオ・イシグロ氏が受賞したが、これで日本出身の作家としては、川端康成氏に次いで2人目の受賞となった。

4 2017年のノーベル文学賞の授賞理由は、「私たちの時代の人々の困難や勇気を、聞き書きを通じて多層的に描き出した」であった。

5 2017年のノーベル文学賞を受賞したカズオ・イシグロ氏の代表作には、英国の王立文学協会賞を受賞した「遠い山なみの光」や英国のブッカー賞を受賞した「日の名残り」がある。

解説　　**正解　5**　　TAC生の正答率　**42%**

1 ✕　文学賞はスウェーデン・アカデミーが、平和賞はノルウェーのノーベル賞委員会が、それぞれ選考を行っている。その他のノーベル賞では、物理学賞、化学賞、経済学賞はスウェーデンの王立科学アカデミーが、生理学・医学賞はスウェーデンのカロリンスカ研究所が選考を担当している。ここでは、平和賞だけノルウェーで選考していることに注意しておこう。

2 ✕　ノーベル賞は、文学賞、平和賞、物理学賞、化学賞、経済学賞、生理学・医学賞の6部門から構成されている。また、組織も受賞対象になっている。たとえば、2017年のノーベル平和賞は、国際NGO「核兵器廃絶国際キャンペーン（ICAN）」が受賞している。

3 ✕　「日本出身」のノーベル文学賞受賞者は、川端康成（1968年受賞）、大江健三郎（1994年受賞）、カズオ・イシグロ（2017年受賞）の3人である。ただし、カズオ・イシグロは長崎市生まれではあるものの、幼少期にイギリスに移住してイギリス国籍を取得しているため（そして、日本は二重国籍を認めていないことからその時点で日本国籍は喪失しているため）、「日本人」の受賞者としては通常カウントされない。

4 ✕　2017年のノーベル文学賞の受賞理由は、「感情に強く訴える小説群により、世界とつながっているという我々の幻想に潜む深淵を明るみに出したことに対して」であった。問題文にあるのは、2015年のノーベル文学賞の受賞理由である。

5 〇　その他に、「わたしを離さないで」もブッカー賞に最終選考まで残り、日本でもテレビドラマ化された作品として知られている。

| 文芸 | ルネサンス期の芸術 | 2017年度 教養 No.25 |

ヨーロッパにおけるルネサンスの時期の作品と作者の組合せとして、妥当なのはどれか。

	作品	作者
1	考える人	オーギュスト・ロダン
2	最後の晩餐	レオナルド・ダ・ヴィンチ
3	真珠の耳飾りの少女	ヨハネス・フェルメール
4	ダヴィデ像	ピーテル・パウル・ルーベンス
5	タンギー爺さん	フィンセント・ファン・ゴッホ

解説　　**正解　2**　　TAC生の正答率　68%

1　×　「考える人」はオーギュスト・ロダン作であるが、ロダンは19世紀に活躍した彫刻家である。設問の「ルネサンス期」とは14〜16世紀にかけて、イタリアで始まり、西ヨーロッパで展開された文化運動である。以上より「ルネサンス期の作品と作者」ではないため妥当ではない。

2　〇　レオナルド・ダ・ヴィンチはイタリア盛期ルネサンスを代表する芸術家であり、「最後の晩餐」はレオナルド・ダ・ヴィンチの代表作である。

3　×　「真珠の耳飾りの少女」はオランダの画家ヨハネス・フェルメール作であるが、彼は17世紀のバロック期に活躍した画家である。そのため「ルネサンス期の作品と作者」ではないため妥当ではない（**1**解説参照）。

4　×　「ダヴィデ像」の作者はピーテル・パウル・ルーベンスではなくミケランジェロである。ミケランジェロはルネサンス期に活躍した人物で、絵画ではシスティーナ礼拝堂の「天地創造」や「最後の審判」が著名である。ルーベンスはバロック期に活躍したフランドル派の画家であり、代表作は「受胎告知」、「キリスト昇架」等である。

5　×　「タンギー爺さん」はフィンセント・ファン・ゴッホ作であるが、彼は19世紀に活躍した後期印象派の画家である。そのため「ルネサンス期の作品と作者」ではないため妥当ではない（**1**解説参照）。なお、「ひまわり」、「種まく人」などもゴッホの作品として著名である。

文芸　月の異名と二十四節気

2013年度
教養 No.27

　下表は、太陰暦による月の異名と二十四節気を表したものである。空欄A～Eに当てはまる語句の組合せとして、妥当なのはどれか。

太陰暦による月の異名と二十四節気

月	異名	二十四節気
1月	睦月	立春
		雨水
2月	如月	C
		春分
3月	弥生	清明
		D
4月	卯月	立夏
		小満
5月	皐月	芒種
		夏至
6月	A	小暑
		大暑
7月	文月	立秋
		処暑
8月	葉月	E
		秋分
9月	B	寒露
		霜降
10月	神無月	立冬
		小雪
11月	霜月	大雪
		冬至
12月	師走	小寒
		大寒

	A	B	C	D	E
1	水無月	長月	啓蟄	穀雨	白露
2	水無月	長月	穀雨	白露	啓蟄
3	水無月	長月	白露	啓蟄	穀雨
4	長月	水無月	啓蟄	穀雨	白露
5	長月	水無月	穀雨	白露	啓蟄

解説　　　**正解　1**　　　　　　　　　　　　TAC生の正答率　**26%**

　二十四節気は難しいが、季節の特徴と、漢字から分かる意味とをヒントに考えていくとよい。

　Aには、「水無月」が入る。田んぼに水を注ぎ入れる月にあたり、6月を「水無月」と呼ぶ。

　Bには、「長月」が入る。秋の夜長の頃という意味の「夜長月」が略されて、「長月」となったとされる。

　Cには、「啓蟄（けいちつ）」が入る。「啓」とは、「ひらく」という意味で、「蟄」とは、虫などが冬眠するという意味である。「啓蟄」とは、冬眠していた虫が地上へ這い出てくることを表している。

　Dには、「穀雨（こくう）」が入る。穀物をうるおす春の雨が降る時期で、農家にとっては種まきの時期にあたる。

　Eには、「白露（はくろ）」が入る。夜には大気が冷え込むようになり、朝には草木に露が見られることから、「白露」と呼ばれる。

　以上より、妥当なものは**1**である。

| | 文芸 | 文化遺産 | 2015年度 教養 No.27 |

次のA～Eのうち、世界遺産条約に基づいて作成される「世界遺産一覧表」に記載されている文化遺産の組合せとして、妥当なのはどれか。

A　厳島神社
B　古都京都の文化財
C　富岡製糸場と絹産業遺産群
D　彦根城
E　武家の古都・鎌倉

1　A、B、C

2　A、B、D

3　A、D、E

4　B、C、E

5　C、D、E

解　説　　**正解　1**　　TAC生の正答率　**88%**

2015年6月7日（採用試験実施日）時点で世界遺産に登録されている日本の文化遺産は以下である。

	名称	所在地	登録された年
文化遺産	1．法隆寺地域の仏教建築物	奈良県	1993年
	2．姫路城	兵庫県	1993年
	3．古都京都の文化財	京都府・滋賀県	1994年
	4．白川郷・五箇山の合掌造り集落	岐阜県・富山県	1995年
	5．原爆ドーム	広島県	1996年
	6．厳島神社	広島県	1996年
	7．古都奈良の文化財	奈良県	1998年
	8．日光の社寺	栃木県	1999年
	9．琉球王国のグスクおよび関連遺産群	沖縄県	2000年
	10．紀伊山地の霊場と参詣道	三重県・奈良県・和歌山県	2004年
	11．石見銀山遺跡とその文化的景観	島根県	2007年
	12．平泉	岩手県	2011年
	13．富士山	山梨県・静岡県	2013年
	14．富岡製糸場と絹産業遺産群	群馬県	2014年

出所：日本ユネスコ協会連盟ホームページより作成

日本史	奈良時代の文化	2019年度 教養 No.26

奈良時代の文化に関する記述として、妥当なのはどれか。

1 712年に完成した「古事記」は、天武天皇が太安万侶に「帝紀」と「旧辞」をよみならわせ、これを稗田阿礼に筆録させたものである。

2 751年に編集された「懐風藻」は、日本に現存する最古の漢詩集として知られている。

3 官吏の養成機関として中央に国学、地方に大学がおかれ、中央の貴族や地方の豪族である郡司の子弟を教育した。

4 仏像では、奈良の興福寺仏頭（旧山田寺本尊）や薬師寺金堂薬師三尊像に代表される、粘土で作った塑像や原型の上に麻布を漆で塗り固めた乾漆像が造られた。

5 正倉院宝庫には、白河天皇が生前愛用した品々や、螺鈿紫檀五絃琵琶などシルクロードを伝わってきた美術工芸品が数多く保存されている。

解 説　　**正解　2**　　　　　　　　　　TAC生の正答率 **30%**

1 ✕ 太安万侶と稗田阿礼の説明が反対である。「古事記」は稗田阿礼によみならわせた「帝紀」と「旧辞」を、後に太安万侶に筆録させて成立したと言われている。

2 〇 奈良時代には貴族の教養として漢詩文が盛んに作られた。現存最古の漢詩集「懐風藻」は、中国からの影響を強く受けたものとされている。

3 ✕ 奈良時代の教育制度に関する説明だが、国学と大学の説明が反対である。

4 ✕ 仏像の手法の説明が誤り。「塑像」や「乾漆像」は奈良時代を代表する手法だが、興福寺仏頭、薬師寺金堂薬師三尊像はいずれも金属で作られた鋳造仏である。

5 ✕ 「白河天皇」という箇所が誤り。正倉院宝庫は、聖武天皇が生前愛用した品々等が保存されている。白河天皇は平安期の天皇なので、「奈良時代の文化」の説明として明らかに誤りであると判断できるだろう。

| 日本史 | 室町時代の文化 | 2018年度 教養 No.26 |

室町時代の文化に関する記述として、妥当なのはどれか。

1 南北朝の動乱期には、「平家物語」などの軍記物が作られ、また、「二条河原落書」にみられるような和歌が盛んとなり、後鳥羽上皇は「新古今和歌集」を編集した。

2 足利義政が建てた鹿苑寺金閣は、北山文化を代表する一向宗の建物であり、足利義満が建てた慈照寺銀閣は、東山文化の中で生まれた寝殿造の建物である。

3 足利義満は五山の制を整え、一向宗の寺院と僧侶を統制し保護したため、浄土宗文化が盛んとなり、義満に仕えた五山の僧の雪舟は、障壁画に幽玄の境地を開いた。

4 北山文化の時期には、安土城や大坂城など、武家の居城の内部に、簡素な中に幽玄を重んじた枯山水の庭園が造られた。

5 応仁の乱が起こると、多くの公家や文化人が戦乱を避けて地方に移住したことから、朱子学をはじめとする中央の文化が地方に普及した。

解説 **正解 5** TAC生の正答率 **50%**

1 ✕ 平家物語（信濃前司行長の著といわれる）と後鳥羽上皇の命により編纂された勅撰和歌集である新古今和歌集は、「室町時代の文化」ではなく、鎌倉時代前期に著されたものである。

2 ✕ 8代将軍足利義政（任1449～73）と3代将軍足利義満（任1368～94）の建てた寺院の記述が逆である。足利義満が鹿苑寺金閣、足利義政が慈照寺銀閣を建てた。また、慈照寺銀閣は寝殿造ではなく書院造の建物であり（寝殿造は鹿苑寺金閣に取り入れられた建築様式である）、鹿苑寺金閣は一向宗ではなく臨済宗相国寺派に属する。

3 ✕ 足利義満が五山の制を整えたのは事実であるが、これは一向宗ではなく臨済宗の寺格を定めたものである。また、水墨画を大成させた雪舟が活躍したのは15世紀後半の東山文化が展開されていたころであり、足利義満に仕えていたことはない。

4 ✕ 織田信長が築いた安土城（1576）、豊臣秀吉が築いた大坂城（1583）はいずれも16世紀後半に築城された城で、14世紀末から15世紀初頭に展開された北山文化の時期とは異なるので誤りとなる。

5 ○ 朱子学の普及では、南禅寺の禅僧だった桂庵玄樹が肥後や薩摩で講義を行い、山口では連歌師の宗祇が身を寄せるなどして、中央文化の地方普及が進んだ。

日本史	初期の幕藩体制	2017年度 教養 No.26

江戸時代初期の幕府の統治に関する記述として、妥当なのはどれか。

1 　3代将軍徳川家光の頃には、将軍と諸大名との主従関係が揺らぎ始め、強力な領主権を持つ将軍と大名とが土地と人民を統治する惣領制が弱体化した。

2 　キリシタン大名の有馬晴信と小西行長は、幕府がキリスト教徒を弾圧したことに反発し、1637年に島原の乱を起こしたが、翌年鎮圧され、有馬と小西の藩は領地を没収された。

3 　島原の乱の鎮圧後、幕府はポルトガル船の来航を禁止し、平戸のオランダ商館を長崎の出島に移し、外国貿易の相手をオランダや中国などに制限した。

4 　徳川家光は、寛永の御成敗式目を発布し、大名に国元と江戸とを3年交代で往復する参勤交代を義務付け、大名の妻子は江戸に住むことを強制された。

5 　幕府の職制は、徳川家康が将軍となると直ちに整備され、五大老と呼ばれる重臣が政務を統轄し、勘定奉行等の五奉行が幕府の財政や裁判等の実務を執り行い、これらの役職には、原則として有力な外様大名が就いた。

解説　　**正解　3**　　　　　　　　　　TAC生の正答率　**61%**

1 ✕　江戸時代の将軍と大名の関係は惣領制ではなく幕藩体制という。惣領制とは、中世の武家社会において惣領（一族の長）を中心に庶子を構成員とする一族の結合体制をいい、室町時代の初期には惣領制は解体していった。

2 ✕　有馬晴信と小西行長はいずれもキリシタン大名ではあったが、島原の乱（1637）が起こる以前に両名とも亡くなっている。（有馬は1612年、小西は1600年に死去）。島原の乱は、天草領主寺沢氏、島原領主松倉氏らの圧政に対して領民らを中心に起こされた一揆である。

3 〇　島原の乱鎮圧後の貿易体制について、正しく説明されている。

4 ✕　御成敗式目（1232）は鎌倉時代に制定されたもので、江戸時代の武家の根本法典は武家諸法度である。3代将軍徳川家光（任1623〜51）が定めたのは寛永の武家諸法度（1635）であり、参勤交代などが制度化された。なお、参勤交代は「3年交代」ではなく1年交代であるので、この部分でも誤りとなる。

5 ✕　幕府の職制は、「徳川家康が将軍になると直ちに」ではなく、家光の頃に整ったといわれる。五大老・五奉行の制は豊臣政権で設けられたもので、江戸時代に政務を統轄したのは老中である。また、幕政に参画できたのは「原則として有力な外様大名」ではなく親藩・譜代大名とされていた。

| 日本史 | 明治初期の政策 | 2014年度 教養 No.25 |

明治政府の初期の政策に関する記述として、妥当なのはどれか。

1 政府は、殖産興業を進めるため、先に設置した内務省に軍需工場や鉱山の経営、鉄道・通信・造船業などの育成にあたらせ、続いて設置した工部省に軽工業の振興、内国勧業博覧会の開催を行わせた。

2 政府は、新貨条例を定めて円・銭・厘を単位とする新硬貨を発行するとともに、国立銀行条例を定めて全国に官営の国立銀行を設立し、そのうちの第一国立銀行を日本初の中央銀行に指定して唯一の紙幣発行銀行とした。

3 政府は、西欧にならった近代的な軍隊の創設を目指して徴兵令を公布したが、平民は徴兵の対象には含まれず、武士の身分を失い生活に困窮していた士族のうち、満20歳以上の男子のみが徴兵の対象とされた。

4 政府は、土地の売買を認め、土地所有者に地券を発行するとともに、課税の基準を収穫高から地価に改め、地価の一定割合を地租として土地所有者に金納させることにより、安定的な財源の確保を図った。

5 政府は、民間による鉄道の敷設を奨励したため、日本鉄道会社により新橋・横浜間に日本で初めての鉄道が敷設されたほか、東海道線をはじめとする幹線鉄道の多くが民営鉄道として敷設された。

解 説　　正解　**4**　　　　　　　　　　TAC生の正答率　**79%**

1 ✕　工部省は殖産興業を担当する中央官庁として1870年に設置（1885年廃止）され、鉄道・鉱山・造船・通信・軍需工場など近代国家に必要なインフラ整備を担当した。内務省は1873年、地方行政・警察・土木など内政全般を所管した。また、軽工業の振興のため、初代内務卿の大久保利通の建議によって、第1回内国勧業博覧会が開催された（政府主催、内務省主管）。以上より、工部省と内務省の記述が逆である。

2 ✕　国立銀行条例（1872）は、民間の金融機関の設立に関する法令であり、官営の国立銀行設置とは無関係である。第一国立銀行は、同法令に基づき設立された民間銀行であり、渋沢栄一が頭取を務め、我が国の中央銀行にあたる日本銀行は1882年に設立された。

3 ✕　徴兵令の対象は満20歳に達した男子であり、平民や士族といった区別はない。

4 〇

5 ✕　新橋―横浜間に初めて鉄道（東海道線）が開通したが、これは官営であり、東海道線は官営として1889年に新橋―神戸間が全通した。また、日本鉄道会社は上野―青森間の鉄道を敷設した民間の鉄道会社で、これ以外にも私鉄の建設が続いたことは事実である。なお、1906年制定の鉄道国有法により幹線鉄道を手がける私鉄は政府によって買収され、全国の主要鉄道は国鉄となった。

日本史	明治時代の教育・文化	2021年度 教養 No.26

明治時代の教育・文化に関する記述として、妥当なのはどれか。

1 政府は、1872（明治5）年に教育令を公布し、同年、小学校令によって6年間の義務教育が定められた。

2 文学の分野において、坪内逍遙（しょうよう）が「小説神髄」で自然主義をとなえ、夏目漱石ら「文学界」の人々を中心に、ロマン主義の作品が次々と発表された。

3 芸術の分野において、岡倉天心やフェノロサが日本の伝統的美術の復興のために努力し、1887（明治20）年には、官立の東京美術学校が設立された。

4 1890（明治23）年、教育に関する勅語が発布され、教育の基本として、国家主義的な教育方針を排除し、民主主義教育の導入が行われた。

5 絵画の分野において、洋画ではフランスに留学した横山大観らが印象派の画風を日本に伝え、日本画では黒田清輝らの作品が西洋の美術に影響を与えた。

解説　　**正解　3**　　　　　　　TAC生の正答率 **57%**

1 ✕　教育令は、1879年に発布されている。小学校令は、1886年に発布され、6年間ではなく、4年間の義務教育が定められた。1872年に発布されたのは学制で、フランス式の急進的な制度だったため、学制反対の農民一揆が起こった。政府は教育令を発布し、アメリカ式の緩やかな教育制度に変更した。

2 ✕　坪内逍遙が『小説神髄』で主張したのは、写実主義である。自然主義は田山花袋などが唱えた。浪漫主義の拠点となった雑誌が「文学界」であることは正しいが、夏目漱石は余裕派に属する作家である。「文学界」を創刊したのは北村透谷であり、森鷗外（のちに余裕派）や樋口一葉らが寄稿した。

3 ◯　フェノロサは、お雇い外国人として東大で哲学を教えていたアメリカ人である。日本の古美術復興のため、岡倉天心とともに尽力し、東京美術学校（東京芸術大学の前身）を設立した。

4 ✕　教育に関する勅語は、忠君愛国や忠孝を重視する儒教的道徳思想を根本とし、天皇の絶対性を強化したものである。各学校で天皇の写真とともに神格化された。ゆえに民主主義教育の要素は皆無である。

5 ✕　横山大観は東京美術学校出身の日本画家である。朦朧体による画風が特徴的で、「屈原」などの作品がある。黒田清輝は洋画家で、渡仏し、ラファエル＝コランに師事した。日本に印象派を紹介し、白馬会を創設した。「舞妓」、「湖畔」などの作品がある。

日本史	大正～昭和初期の日本	2016年度 教養 No.25

大正から昭和初期の我が国の出来事に関する記述として、妥当なのはどれか。

1 第一次世界大戦の開戦以来、我が国はアジア、アメリカ市場に軍需品を輸出したことで大戦景気と呼ばれる好況となり、設備投資が進んで生産性が向上したことから、大戦終結後も好況が継続した。

2 関東大震災の死者・行方不明者は10万人以上、壊れたり焼けたりした家屋は50万戸以上に上り、我が国の経済は大きな打撃を受け、企業の手持ちの手形が決済不能となり、日本銀行の特別融資でしのいだが、決済は進まなかった。

3 手形の処理法案を審議する過程で、一部の銀行の不良な経営状態が暴かれ、群衆が預金の払戻しを求めて行列する騒ぎが起こり、銀行の休業が続出する金融恐慌が発生し、モラトリアム（支払猶予令）によっても収拾できなかった。

4 世界恐慌が始まった翌年、我が国は、生産性の低い企業を救済することを目指して、輸入品の代金支払のために金貨や地金を輸出することを禁じたが、世界恐慌の影響を受け、昭和恐慌と呼ばれる恐慌に陥った。

5 我が国のゆきづまりの原因が財閥・政党などの支配層の無能と腐敗にあると考えた一部の将校が二・二六事件を起こし、岡田啓介首相を殺害して、大正末以来の政党内閣が終わった。

解説　　正解　**2**　　TAC生の正答率　**46%**

1 ✕ 第一次世界大戦（1914～18）が終結し、特にヨーロッパ諸国の生産力が回復してくると、大戦期間中に好調だった輸出が後退し、輸入が増加、1920年には株式市場の暴落などのいわゆる戦後不況に見舞われた。なお、大戦が勃発すると、アメリカ市場には生糸、アジア市場は綿糸・綿織物、ヨーロッパ市場には軍需品を主に輸出していた。

2 ◯

3 ✕ 田中義一内閣で蔵相を務めた高橋是清がモラトリアム（支払猶予令：1927）を発し、銀行を3週間休業させ、その間に日銀の非常貸出しを行い（要するに大量に紙幣を発行）、再開後の支払いに備えさせ、これが奏功し、金融恐慌は収束に向かった。

4 ✕ 世界恐慌（1929）がはじまった同年に発足した浜口雄幸内閣（蔵相井上準之助）は、現在でいう「選択と集中」を進めるために緊縮財政を採って、生産性の低い企業の「救済」ではなく淘汰を進め、為替相場の安定を図るため、世界恐慌の翌年に金輸出解禁を実施した。

5 ✕ 政党内閣が終焉を迎えたのは犬養毅首相が襲撃された五・一五事件（1932）である。これ以降太平洋戦争終結まで政党内閣は出現しなかった。なお、陸軍青年将校らが中心となって起こしたクーデターである二・二六事件（1936）では、岡田啓介首相は奇跡的に難を逃れており殺害されていない。

日本史	第二次世界大戦後の日本	2020年度 教養 No.26

第二次世界大戦直後の日本の状況に関する記述として、妥当なのはどれか。

1 ワシントンの連合国軍最高司令官総司令部（GHQ）の決定に従い、マッカーサーは東京に極東委員会（FEC）を置いた。

2 経済の分野では、財閥解体とともに独占禁止法が制定され、農地改革により小作地が全農地の大半を占めるようになった。

3 現在の日本国憲法は、幣原喜重郎内閣の草案を基礎にしてつくられ、1946年5月3日に施行された。

4 新憲法の精神に基づいて作成された地方自治法では、都道府県知事が国会の任命制となり、これまで以上に国の関与が強められた。

5 教育の機会均等をうたった教育基本法が制定され、中学校までを義務教育とする、六・三制が採用された。

解説　　正解　5　　　　　TAC生の正答率 **44%**

1 ✕　GHQは東京に置かれ、極東委員会はワシントンに置かれた。GHQの最高司令官はマッカーサーである。GHQ本部は、東京丸の内の第一生命館（現・DNタワー21）を接収して置かれた。

2 ✕　農地改革の目的は自作農の創設である。農地改革により小作地はわずか全農地の10%に減少し、大量の自作農が生まれた。こうして明治以来の寄生地主はなくなり、農村の民主化が達成された。

3 ✕　幣原内閣が草案を作成したことは正しいが、そのまま受け入れられたわけではなく、GHQ側はマッカーサー草案を提示し、それを日本政府が追加修正を加えながらまとめていった。こうして、日本国憲法は、1946年11月3日に公布され、1947年5月3日に施行された。

4 ✕　地方自治法は、民主的で能率的な地方行政を行うために制定されたもので、国会の任命制や国の関与の強化はない。より地域住民の意思を反映させるため、首長は住民の選挙で決められ、リコール制も導入された。

5 〇　1947年の教育基本法により小学校6年、中学3年の六・三制による9年間の義務教育が導入された。また、当該法令では男女共学や教育の機会均等なども規定されている。

世界史	17世紀のイギリス	2020年度 教養 No.27

17世紀のイギリスの歴史に関する記述として、妥当なのはどれか。

1 クロムウェルに率いられた議会派は、国王軍を破ると、国王チャールズ2世を裁判にかけて処刑し、共和政をはじめる十月革命をおこした。

2 クロムウェルの独裁に不満を持った国民は王制を復古させ、王権神授説をとったチャーチルが立憲君主政の頂点に立った。

3 議会と国教会は国王一家を追放し、カトリックの王族を招き、議会との間に「権利の章典」を定めることで、共和政が確立した。

4 イングランド銀行や公債の発行による積極財政をすすめ、国内産業を盛んにし、海外の植民地を拡大していった。

5 ヴィクトリア女王による絶対王政により、官僚制、常備軍を整えるなど、国内の中央集権化を推進した。

解 説　　**正解　4**　　TAC生の正答率　**39%**

1　✕　チャールズ2世ではなく、チャールズ1世を処刑した。十月革命ではなく、ピューリタン革命である。十月革命は、1917年11月（ロシア暦は10月）にロシアで起きた革命である。

2　✕　クロムウェルによる軍事独裁政治は国民の不満を招いた。クロムウェル没後、王政復古によりチャーチルではなく、チャールズ2世が即位した。チャーチルは20世紀の首相である。

3　✕　議会がカトリックの王族を招いたことはない。ジェームズ2世の悪政に対し、議会がジェームズ2世の娘のメアリと夫のウィレムを国王としてオランダから招聘した。その結果、ジェームズ2世は亡命した。これを名誉革命といい、権利の章典は、名誉革命後に発布された。この権利の章典によって、議会が主権を握る立憲王政が確立された。共和政はクロムウェルの軍事独裁政権時代だけである。

4　◯　イングランド銀行は、1694年に設立された。さらに国債制度を導入し、対外戦争の戦費などに充てた。

5　✕　ヴィクトリア女王は19世紀の女王である。肢はエリザベス1世についての説明である。エリザベス1世は、イギリス絶対王政の最盛期の女王で、アルマダ海戦でスペインの無敵艦隊を破り、オランダの独立を支援した。東インド会社を設立し、重商主義政策を推進し、国家財政を豊かにした。

世界史	産業革命	2017年度 教養 No.27

第１次産業革命及び第２次産業革命に関する記述として、妥当なのはどれか。

1　第１次産業革命とは、17世紀のスペインで始まった蒸気機関等の発明による生産力の革新に伴う社会の根本的な変化のことをいい、第１次産業革命により18世紀の同国の経済は大きく成長し、同国は「太陽の沈まぬ国」と呼ばれた。

2　第１次産業革命の時期の主な技術革新として、スティーヴンソンが特許を取得した水力紡績機、アークライトが実用化した蒸気機関車、エディソンによる蓄音機の発明などがある。

3　第１次産業革命は生産力の革新によって始まったが、鉄道の建設は本格化するには至らず、第２次産業革命が始まるまで、陸上の輸送量と移動時間には、ほとんど変化がなかった。

4　19世紀後半から始まった第２次産業革命では、鉄鋼、化学工業などの重工業部門が発展し、石油や電気がエネルギー源の主流になった。

5　第２次産業革命の進展につれて、都市化が進むとともに、労働者階層に代わって新資本家層と呼ばれるホワイトカラーが形成され、大衆社会が生まれた。

解 説　　**正解　4**　　　TAC生の正答率 **57%**

1　✕　第１次産業革命は「17世紀のスペインで始まった」のではなく、18世紀後半のイギリスで最初に始まった工業化による生産活動の根本的な変化の事をいう。「太陽の沈まぬ国」とは、「常に領土のいずれかで太陽が昇っている」という意味で使われ、世界中に広大な植民地を有していたスペイン＝ハプスブルク朝（1516～1700）のフェリペ２世（位1556～98）治世下の同国を例えていた。

2　✕　スティーブンソンとアークライトの記述が逆である。アークライトが発明した水力紡績機は、ハーグリーブスが人力を動力源として開発した多軸紡績機（ジェニー紡績機）を改良したものであり、スティーブンソンの蒸気機関車の実用化によりイギリスでは短期間で鉄道網が敷かれた。なお、エディソンはアメリカ人の発明家・起業家であり、肢にあるように19世紀後半に蓄音機を発明した。

3　✕　スティーブンソンによる蒸気機関車の実用化や1830年にリバプール・マンチェスター間を世界で初めて乗客を運ぶ鉄道営業が開始されると、1840年代には鉄道投資や敷設が急速に進む「鉄道狂時代」が出現した。以上より「鉄道の建設は本格化するには至らず」とは反対の現象が起こっていた。

4　◯　第２次産業革命について、正しく説明されている。

5　✕　産業革命の進展により製造業が発展すると、それに伴い「新資本家層」ではなく労働者階層が台頭し、選挙法の改正などもあって労働者階層を無視しての政策遂行は困難となり、いわゆる大衆社会が到来した。

	世界史	19世紀のアメリカの歴史	2018年度 教養 No.27

19世紀のアメリカの歴史に関する記述として、妥当なのはどれか。

1 1823年に、第5代大統領モンローは、ラテンアメリカ諸国の独立を支持するため、ヨーロッパ諸国のアメリカ大陸への干渉に反対し相互不干渉を表明するモンロー宣言を発表した。

2 1845年にアメリカ合衆国がカリフォルニアを併合すると、メキシコを植民地支配するポルトガルとの対立が激化し、アメリカ=ポルトガル戦争が勃発し、この戦争に勝利したアメリカ合衆国は、メキシコからテキサスなどを獲得した。

3 アメリカ合衆国の南部諸州は、奴隷制の存続のために州の自治権を制限することを要求し、1861年初めに南部諸州は立憲君主制によるアメリカ連合王国をつくって連邦から分離し、南北戦争が始まった。

4 1863年、南部反乱地域の奴隷解放宣言を出し内外世論の支持を集めたリンカンは、ミズーリの演説で「人民の代表者による、人民のための政治」を訴えた。

5 南北戦争後、荒廃した南部の再建が民主党の主導で進められ、南部各州の憲法の修正により奴隷制は正式に廃止され、解放された黒人に投票権が与えられた。

解説　　　**正解　1**　　　　　　　　　　　　　TAC生の正答率　**55%**

1 ○

2 ✕　19世紀にメキシコを植民地支配していたのはポルトガルではなくスペインであり、1821年にメキシコは独立している。そのメキシコとアメリカ＝メキシコ戦争（米墨戦争：1846〜48）で勝利したアメリカは、テキサスではなくカリフォルニアを獲得した（1848）。なお、テキサスは1836年にメキシコから独立しており、1845年にアメリカに併合されている。

3 ✕　南部諸州は奴隷制存続・自由貿易・州権主義（反連邦主義）を主張し、北部は奴隷制反対・保護貿易・連邦主義の立場の相違から、北部を支持基盤とするリンカンが大統領に就任（任1861〜65）したのを機に、南部は立憲君主制ではなくジェファーソン・デービスを大統領とする共和制のアメリカ連合国の樹立を宣言すると、南北戦争（1861〜65）が始まった。

4 ✕　リンカン大統領のことばである「人民の代表者による、人民のための政治」は、ミズーリではなくゲティスバーグの追悼式典での演説の一節である。

5 ✕　議会はリンカンを支持した共和党が多数を占めていたので、民主党ではなく共和党主導で南部再建が進められた。また、「南部各州の憲法の修正」ではなく、1865年に制定された合衆国憲法修正13条で奴隷制は正式に廃止され、1870年の合衆国憲法修正15条で黒人に投票権が与えられた。ただし、合衆国に復帰した南部諸州を中心に、黒人に対する人種差別や偏見はむしろ強まり、巧妙な州法等によって事実上黒人の投票権は制限され、投票における差別の解消は、人種差別を禁じた公民権法（1964年制定）まで待たなければならなかった。

世界史	戦間期のヨーロッパ	2019年度 教養 No.27

第一次世界大戦後のヨーロッパの歴史に関する記述として、妥当なのはどれか。

1 1919年の国民会議でヴァイマル憲法が制定されたドイツでは、この後、猛烈なインフレーションに見舞われた。

2 イタリアでは、ムッソリーニが率いるファシスト党が勢力を拡大し、1922年にミラノに進軍した結果、ムッソリーニが政権を獲得し、独裁体制を固めた。

3 1923年にフランスは、ドイツの賠償金支払いの遅れを口実にボストン地方を占領しようとしたが、得ることなく撤兵した。

4 1925年にドイツではロカルノ条約の締結後、同年にドイツの国際連合への加盟を実現した。

5 イギリスでは大戦後、労働党が勢力を失った結果、新たにイギリス連邦が誕生した。

解説　　正解　1　　　　　　　　　　　TAC生の正答率 **33%**

1 ○

2 ✕　ムッソリーニが黒シャツ隊（行動隊）を組織・率いて示威行進を行ったのはローマであり（ローマ進軍）、これを機に国王ヴィットーリオ＝エマヌエレ3世（位1900〜46）の大命降下によりムッソリーニは内閣を組織した。以上から文中の「ミラノに進軍」という部分が誤りとなる。

3 ✕　フランスがベルギーと共に「ドイツの賠償金支払いの遅れを口実に」占領したのはボストンではなくドイツ産業の中心地であるルール地方である。

4 ✕　ドイツがイギリスやフランスなど周辺国の理解を得て国際連盟に加盟したのはロカルノ条約を締結（1925）した「同年」ではなく、翌年の1926年である。

5 ✕　イギリスでは20世紀に入り自由党に代わり労働党が伸張し始め、第一次世界大戦後の1922年には初めての労働党内閣（自由党との連立）が誕生している。そのため、「イギリスでは大戦後、労働党が勢力を失った結果」というのは誤りとなる。なお、大戦後、ウェストミンスター憲章（1931）によってイギリス本国とイギリス旧自治領との間でイギリス連邦が誕生したことは事実である。

世界史	20世紀前半における民族運動	2021年度 教養 No.27

20世紀前半における民族運動に関する記述として、妥当なのはどれか。

1 軍人ビスマルクは、祖国防衛戦争を続けて勝利すると、1923年にロカルノ条約を締結し、オスマン帝国にかわるトルコ共和国の建国を宣言した。

2 アラブ地域に民族主義の気運が高まり、第一次世界大戦直後の共和党の反米運動によって独立を認められたエジプト王国などが建国された。

3 イギリスは、ユダヤ人に対しパレスチナでのユダヤ人国家の建設を約束するバルフォア宣言を発したが、アラブ人に対しては、独立国家の建設を約束するフサイン－マクマホン書簡を交わしていた。

4 フランスの植民地であったインドでは、国民会議派の反仏闘争と第一次世界大戦後の民族自決の世界的な流れにより、1919年に自治体制が成立し、同時に制定されたローラット法により、民族運動は保護された。

5 アフガニスタンでは、ガンディーを指導者に、イスラム教徒を中心に組織されたワッハーブ派による非暴力・不服従の運動が起こった。

解説　　　**正解　3**　　　　　　　　　TAC生の正答率 **74%**

1 ✕　ビスマルクは、プロイセンの宰相であり、オスマン帝国にもトルコ共和国にも関係ない。ロカルノ条約は、1925年にドイツがイギリスやフランスなどの戦勝国と締結した集団安全保障条約である。その結果、翌年にドイツは国際連盟に加盟した。トルコ共和国を建国したのは、ムスタファ＝ケマルである。

2 ✕　エジプトを保護国として支配していたのはイギリスである。イギリスの保護国から独立し、1922年にエジプト王国が発足した。共和党ではなく、民族主義政党のワフド党が1924年に政権を握った。

3 〇　第一次世界大戦中、イギリスはユダヤ資本の戦争協力を期待し、パレスチナにおけるユダヤ人国家建設に同意してバルフォア宣言を発した。その一方で、アラブ人国家建設を認める代わりにイギリスへの戦争協力をさせるフサイン＝マクマホン協定（書簡）を交わした。この矛盾する2つの協定がパレスチナ問題を複雑にした要因の一つとなっている。

4 ✕　インドはイギリスの植民地であった。ローラット法は反英独立運動を弾圧するために発布された法令で、逮捕状なしで逮捕できるという悪法である。

5 ✕　ガンディーは、インドの民族運動家であり、ヒンドゥー教徒である。ガンディーが非暴力・不服従の運動をしたのは正しいが、これはイギリス製品の不買運動およびイギリスに税金を払わないという平和的手段で抵抗したものである。アフガニスタンとは関係ない。ワッハーブ派はイスラム教スンニ派の一派で、サウジアラビア王国の国教である。

| 世界史 | 第二次世界大戦 | 2015年度 教養 No.25 |

第二次世界大戦に関する記述として、妥当なのはどれか。

1 ドイツがフランスに侵攻すると、イギリス、ソ連及びポーランドは三国同盟を新たに結んで、ドイツに宣戦布告し、第二次世界大戦が始まった。

2 アメリカが石油の対日禁輸など強い経済的圧力をかけると、日本はオランダと同盟を直ちに結んで、オランダ領のインドネシアから石油を輸入した。

3 カイロ会談では、フランス、イタリア及びスペインの首脳が集まり、エジプトの戦後処理に関するカイロ宣言が発表された。

4 ヤルタ会談では、イギリス、フランス及びオーストラリアの首脳が集まり、中国の戦後処理に関するヤルタ協定が結ばれた。

5 アメリカによる原子爆弾の投下、ソ連の対日参戦後、日本はポツダム宣言を受諾し、第二次世界大戦は終結した。

| 解 説 | 正解 **5** | TAC生の正答率 **83%** |

1 ✕ 第二次世界大戦は、ドイツのポーランド侵攻（1939年9月1日）から始まった。また、フランス・パリがナチス・ドイツによって占領（1940）されたのはポーランドが陥落してからである。なお、三国同盟とは、20世紀初めに締結されたドイツ・オーストリア・イタリア間の同盟であり、イギリス・フランス・ロシア間で結ばれた三国協商側（後に連合国）と対立し、第一次世界大戦を迎えた。

2 ✕ 日本の南進政策に対抗して、オランダはアメリカなどといわゆるABCD包囲網を築いて対日経済封鎖を強化して対抗した。

3 ✕ カイロ会談（1943）に参加したのはローズヴェルト米国大統領・チャーチル英国首相・蔣介石中華民国国民政府主席である。

4 ✕ ヤルタ会談（1945）に参加したのはローズヴェルト米国大統領・チャーチル英国首相・スターリンソ連共産党書記長である。

5 ◯

| 世界史 | アメリカ大統領 | 2013年度 教養 No.25 |

アメリカ合衆国の大統領に関する記述として、妥当なのはどれか。

1 ワシントンは、アメリカの独立戦争で植民地側の軍隊の総司令官となり、イギリスとの戦いに勝利した後、初代大統領となって独立宣言を発表した。

2 トマス＝ジェファソンは、独立宣言の起草者の一人であり、大統領に就任後、メキシコとの戦争に勝利してテキサス、カリフォルニアを獲得し、アメリカの領土を太平洋沿岸にまで広げた。

3 リンカンは、南北戦争後に大統領に就任し、戦争で勝利した北部の主張を受けて、奴隷解放宣言を発表するとともに、保護貿易と連邦制の強化に努めた。

4 ウィルソンは、第一次世界大戦中、軍備の縮小や国際平和機構の設立を提唱し、戦後、国際連盟が結成されると、アメリカは常任理事国として国際紛争の解決に取り組んだ。

5 フランクリン＝ローズヴェルトは、恐慌対策としてニューディール政策を実施したほか、ラテンアメリカ諸国に対する内政干渉を改めて、善隣外交を展開した。

解説　　**正解　5**　　　　　TAC生の正答率 **42%**

1 ✕　アメリカ独立宣言（1776）が発表されたのは、独立戦争（1775〜83）の最中のことである。独立宣言は、独立戦争に勝利したアメリカがパリ条約（1783）で独立を承認される前に発表された。また、アメリカの初代大統領ワシントン（任1789〜1797）が大統領に就任したのは、アメリカの独立が承認された後の出来事である。

2 ✕　アメリカ＝メキシコ戦争（1846〜48）に勝利したアメリカがメキシコからテキサスやカリフォルニアを獲得したのは、トマス＝ジェファソン（任1801〜09）の大統領在任中の出来事ではなく、もっと後の時代のことである。なお、ジェファソンが独立宣言の起草者であるという記述は妥当である。

3 ✕　南北戦争（1861〜65）はリンカン（任1861〜65）の大統領就任後に勃発したので、彼は南北戦争後に大統領に就任したわけではない。また、彼が奴隷解放宣言（1863）を発表したのは南北戦争の最中である。なお、北部が保護貿易と連邦制強化に努めたという記述は妥当である。

4 ✕　第一次世界大戦後に設立された国際連盟にアメリカは加盟しておらず常任理事国になっていない。ウィルソンが第一次世界大戦中に軍備縮小とともに国際平和機構の設立を提唱したことが国際連盟の設立につながったが、戦後にアメリカの連邦議会（特に上院）が反対したために同国は国際連盟に加盟しなかった。

5 〇　フランクリン＝ローズヴェルト（任1933〜45）は、世界恐慌に対処するためニューディール政策を行った。また、マッキンリー（任1897〜1901）や棍棒外交を展開したセオドア＝ローズヴェルト（任1901〜09）などがラテンアメリカで内政干渉をしたが、善隣外交はそのような外交方針からの転換を図るものである。

地理	気候	2021年度 教養 No.28

気候に関する記述として、妥当なのはどれか。

1 気候とは、刻一刻と変化する、気温・気圧などで示される大気の状態や雨・風など、大気中で起こる様々な現象をいう。

2 年較差とは、1年間の最高気温と最低気温との差であり、高緯度になるほど小さく、また、内陸部から海岸部に行くほど小さい。

3 貿易風は、亜熱帯高圧帯から熱帯収束帯に向かって吹く恒常風で、北半球では北東風、南半球では南東風となる。

4 偏西風は、亜熱帯高圧帯と亜寒帯低圧帯において発生する季節風で、モンスーンとも呼ばれる。

5 年降水量は、上昇気流の起こりやすい熱帯収束帯で少なく、下降気流が起こりやすい亜熱帯高圧帯で多くなる傾向にある。

解説　正解　3　　　　　　　　TAC生の正答率　**43%**

1 ✕　気候とは、ある地域で、1年を周期として繰り返される平均的な大気の状態のことである。一方、刻一刻と変化する大気の状態や大気中の様々な状態は、気象という。

2 ✕　年較差が1年間の最高気温と最低気温との差であることは妥当だが、高緯度や内陸部になるほど大きくなる。よって肢の後半の記述は誤りである。

3 〇　貿易風は、亜熱帯高圧帯（中緯度高圧帯）から熱帯収束帯（赤道低圧帯）に向かって吹く恒常風であり、北半球は北東風、南半球は南東風となる。

4 ✕　偏西風は亜熱帯高圧帯（中緯度高圧帯）から亜寒帯低圧帯（高緯度低圧帯）に向かって吹く風で、両半球とも西寄りの風なので、偏西風という。季節風はモンスーンともいい、夏と冬で風向きが反対になり、偏西風とは異なる。偏西風の中でも風速が大きなものをジェット気流という。

5 ✕　熱帯収束帯（赤道低圧帯）は、断熱膨張により冷却されて雲や雨の原因となる上昇気流が起こりやすく、降水量が多くなる。一方、下降気流が起こりやすい亜熱帯高圧帯（中緯度高圧帯）では降水量が少なく、晴天になりやすい。低圧帯では雨が多く、高圧帯では雨が少ないと考えればよい。

| 地理 | 地形 | | 2015年度 教養 No.26 |

地形に関する次の文章の空欄A〜Dに当てはまる語句の組合せとして、妥当なのはどれか。

地殻変動により陸地が沈降したり、気候温暖化により海面が上昇したりすると、陸地は沈水する。山地が広範囲に沈水すると、三陸海岸のように小さな入り江と岬が隣り合う鋸歯状の海岸線の　A　ができる。またノルウェー西海岸には、かつて氷河の浸食でできた　B　が沈水し、湾の最奥部が　A　に比べて広い　C　とよばれる細長い入江がみられる。そして、大きな河川の河口部が沈水すると、河口がラッパ状の入江となり、　D　がつくられる。これらのように沈水によってつくられた海岸を沈水海岸といい、出入りの多い複雑な海岸となることが多い。

	A	B	C	D
1	河岸段丘	カルスト地形	フィヨルド	海岸平野
2	河岸段丘	U字谷	カール	エスチュアリ
3	河岸段丘	カルスト地形	フィヨルド	エスチュアリ
4	リアス海岸	カルスト地形	カール	海岸平野
5	リアス海岸	U字谷	フィヨルド	エスチュアリ

解 説　　**正解　5**　　TAC生の正答率　**87%**

A　「リアス海岸」が入る。河岸段丘は、河川の侵食作用により河川の流路に沿って発達する地形である。

B　「U字谷」が入る。カルスト地形は、石灰岩台地が二酸化炭素を含む雨水による溶食作用を受けて形成された地形である。

C　「フィヨルド」が入る。カールは、山地の谷頭部や山陵直下に氷河の侵食により形成された半円劇場型の凹地である。フィヨルドと同じ氷河地形の一形態ではあるが、形成される場所が大きく異なる。

D　「エスチュアリ」が入る。海岸平野は、陸地に沿った海底の堆積面が地盤隆起・海退により海面上に現れて形成された平野である。

地理	各国の資源・エネルギー	2019年度 教養 No.28

各国の資源・エネルギーに関する記述として、妥当なのはどれか。

1 鉄鉱石は、鉄鋼の原料であり、ロシアとサウジアラビアの2か国で世界の産出量の約70％を占め（2016年）、中国や日本などで多く消費されている。

2 レアアースは、地球上の存在量がまれであるか、技術的な理由で抽出困難な金属の総称であるが、レアアースの一部の元素がレアメタルと呼ばれ、レアメタルの80％以上が中国で産出（2016年）されている。

3 風力発電は、年間を通じて安定した風を必要とするため、偏西風が吹くデンマークやアメリカ合衆国のカリフォルニア州では普及していない。

4 バイオエタノールは、さとうきびやとうもろこしなどを原料として生成したエタノールで、アメリカ合衆国やブラジルなどでは、自動車用の燃料として使用されている。

5 地熱発電は、火山活動の地熱を利用して発電する方法であるが、日本では温泉地や国立公園の規制等があり、地熱発電所は建設されていない。

解説　　**正解　4**　　　　　　　　　　　　TAC生の正答率　**72％**

1　×　鉄鉱石はサウジアラビアではほとんど産出されず、ロシアは世界5位（4.1％）に過ぎない。なお、オーストラリア（産出量1位：36.6％）・ブラジル（同2位：19.0％）の2か国で55.6％を占めている（2016年）。

2　×　レアアースとレアメタルの記述が逆となっている。

3　×　風力発電に必要なのは、年間を通して安定して吹く風であり、偏西風はその条件に当てはまる卓越風の一つである。そのため、偏西風が吹くデンマークでは総発電量の40.6％が風力発電（2014年）によって生み出されている。また、カリフォルニア州は全米でも有数の自然エネルギーによる発電比率が高い州であり、太陽光発電のほか風力発電も導入されており、文中末尾の「普及していない」というのは誤りとなる。

4　○

5　×　我が国には地熱発電所が38か所（2016年）で稼働しており、総発電量の0.2％を賄っている（2017年）。

地理	地誌	2020年度 教養 No.28

ラテンアメリカに関する記述として、妥当なのはどれか。

1 大西洋側には、最高峰の標高が8000mを超えるアンデス山脈が南北に広がり、その南部には、世界最長で流域面積が世界第2位のアマゾン川が伸びている。

2 アンデス山脈のマヤ、メキシコのインカ、アステカなど先住民の文明が栄えていたが、16世紀にイギリス、フランスの人々が進出して植民地とした。

3 アルゼンチンの中部にはパンパと呼ばれる大草原が広がり、小麦の栽培や肉牛の飼育が行われており、アマゾン川流域にはセルバと呼ばれる熱帯林がみられる。

4 ブラジルやアルゼンチンでは、自作農による混合農業が発達しており、コーヒーや畜産物を生産する農場はアシエンダと呼ばれている。

5 チリにはカラジャス鉄山やチュキカマタ鉄山、ブラジルにはイタビラ銅山がみられるなど、鉱産資源に恵まれている。

解説 **正解 3** TAC生の正答率 **71%**

1 **×** アンデス山脈は大西洋側ではなく、太平洋側にある。最高峰でも6959m（アコンカグア山）で、8000mもない。アマゾン川は流域面積が世界1位で、長さは世界2位である。世界最長の川はナイル川である。

2 **×** アンデス山脈にはインカ帝国（現在のペルーにあった）、メキシコにはマヤ文明やアステカ王国が存在した。イギリスとフランスではなく、スペインが進出した。スペインのコルテスがアステカ王国を、スペインのピサロがインカ帝国を滅ぼし、征服した。

3 **○** パンパは温帯草原で、湿潤パンパでは小麦の栽培や肉牛の飼育が、乾燥パンパでは牧羊が盛んである。セルバはアマゾン川流域の熱帯雨林である。

4 **×** 混合農業は主にヨーロッパなどで行われている農業であり、ブラジルではコーヒー・大豆・さとうきびなどの栽培が、アルゼンチンでは小麦の栽培や肉牛の飼育が盛んである。アシエンダは、メキシコやペルーなどの大土地所有制に基づく大農園であり、ブラジルではファゼンダ、アルゼンチンではエスタンシアという。

5 **×** カラジャス鉄山はブラジルにある。チュキカマタは鉄山ではなく、チリで有名な銅山である。イタビラは銅山ではなく、鉄山である。ブラジルは鉄鉱石、チリは銅鉱の産地と覚えておこう。

地理	地誌	2018年度 教養 No.28

中国に関する記述として、妥当なのはどれか。

1 中国は、1953年に、市場経済を導入したが、経済運営は順調に進まず、1970年代末から計画経済による改革開放政策が始まった。

2 中国は、人口の約7割を占める漢民族と33の少数民族で構成される多民族国家であり、モンゴル族、マン族、チベット族、ウイグル族、チョワン族は、それぞれ自治区が設けられている。

3 中国は、1979年に、夫婦一組に対し子供を一人に制限する「一人っ子政策」を導入したが、高齢化や若年労働力不足などの問題が生じ、現在は夫婦双方とも一人っ子の場合にのみ二人目の子供の出産を認めている。

4 中国は、外国からの資本と技術を導入するため、沿海地域に郷鎮企業を積極的に誘致し、「漢江の奇跡」といわれる経済発展を遂げている。

5 中国は、沿海地域と内陸部との地域格差を是正するため、西部大開発を進めており、2006年には青海省とチベット自治区を結ぶ青蔵鉄道が開通している。

解説　正解　**5**　TAC生の正答率 **22%**

1 ✕　市場経済と計画経済の導入の時期が入れ替わっているので誤りとなる。国家が経済活動を一元的に計画・管理し、効率的な資源分配を目指すのが社会主義国家で採られていた計画経済であり、中国ではそれを前提に1953年第一次五か年計画が始まった。社会主義経済の枠内で市場経済を導入した背景には、文化大革命（1966〜76）で疲弊した経済を立て直し、先進国の技術を導入して近代化を進めようとしたことが挙げられる。

2 ✕　漢民族は「人口の7割」ではなく92％を占めており、「漢民族と33の少数民族」ではなく55の少数民族からなる多民族国家である。また、省・直轄市と並んで一級行政区画である自治区は5つ設置されており、文中で誤りとなるのはマン族であり、正しくは寧夏回族自治区である。

3 ✕　2016年1月1日より一人っ子政策は廃止され、「夫婦双方とも一人っ子の場合にのみ」ではなく、すべての夫婦が二人目まで子どもを持つことを認められた。

4 ✕　「漢江の軌跡」とは、1960年代後半から90年代にかけて飛躍的な経済発展を遂げた韓国の高度経済成長をいう。

5 〇

地理

法律

政治

経済

物理

化学

生物

地学

社会事情

345

地理	地誌		2016年度 教養 No.26

ブラジルに関する記述として、妥当なのはどれか。

1 ブラジルは、日本の4倍程度の国土面積を持ち、人口は2億人を超え、貧富の差は大きくないとされる。

2 ブラジルは、20世紀初頭にスペインから独立したが、人口の約半数はラテン系の白人であり、他は混血などとなっている。

3 ブラジルでは、1960年に首都がブラジリアからリオデジャネイロに移転され、リオデジャネイロ沖では石油が掘削されている。

4 ブラジルでは、南東部のイタビラ鉄山に加え、北部のカラジャス鉄山が開発され、世界的な鉄鉱石産出国となっている。

5 ブラジルでは、2012年から2014年までの実質GDP成長率は毎年7％を超え、高度成長が続いている。

解 説　　**正解　4**　　　　　　　　　　　TAC生の正答率　**75%**

1 ✕　ブラジルの国土面積（851.2万km^2）は日本の国土面積（37.8万km^2）のおよそ22.5倍である。

2 ✕　ブラジルの旧宗主国はポルトガルである。

3 ✕　ブラジリアとリオデジャネイロの記述が逆である。現在の首都はブラジリアである。なおリオデジャネイロ沖の石油掘削の記述は正しい。

4 ◯

5 ✕　ブラジルの実質GDP成長率は、2012年が0.9％、2013年が2.3％、2014年が0.1％となっている。

法律	外国人の人権	2019年度 教養 No.29

外国人の人権に関する記述として、妥当なのはどれか。

1 権利の性質上、日本国民のみを対象としているものを除き、外国人にも人権が保障されるが、不法滞在者には人権の保障は及ばない。

2 地方自治体における選挙について、定住外国人に法律で選挙権を付与することは憲法上禁止されている。

3 外国人に入国の自由は国際慣習法上保障されておらず、入国の自由が保障されない以上、在留する権利も保障されない。

4 政治活動の自由は外国人にも保障されており、たとえ国の政治的意思決定に影響を及ぼす活動であっても、その保障は及ぶ。

5 在留外国人には、みだりに指紋の押捺を強制されない自由が保障されておらず、国家機関が正当な理由もなく指紋の押捺を強制しても、憲法には反しない。

解説　　正解　**3**　　TAC生の正答率 **60%**

1 ✕ 「不法滞在者には人権の保障が及ばない」という部分が妥当でない。そもそも、人権は、人が生まれながらに有するものである（普遍性）。また、人権の保障は、「権利の性質上日本国民のみをその対象としていると解されるものを除き、わが国に在留する外国人に対しても等しく及ぶ」ものである（最大判昭53.10.4、マクリーン事件）。したがって、不法滞在者にも、外国人として、一定の人権の保障が及ぶことになる。

2 ✕ 「憲法上禁止されている」という部分が妥当でない。判例は、日本に在留する外国人のうちでも永住者等については、「法律をもって、地方公共団体の長、その議会の議員等に対する選挙権を付与する措置を講ずることは、憲法上禁止されているものではない」としている（最判平7.2.8）。

3 〇 判例と同旨であり妥当である。判例は、「憲法上、外国人は、わが国に入国する自由を保障されているものでないことはもちろん、所論のように在留の権利ないし引き続き在留することを要求しうる権利を保障されているものでもない」としている（最大判昭53.10.4、マクリーン事件）。

4 ✕ 「国の政治的意思決定に影響を及ぼす活動であっても」という部分が妥当でない。判例は、政治活動の自由に関する憲法の保障は、「わが国の政治的意思決定又はその実施に影響を及ぼす活動等外国人の地位にかんがみこれを認めることが相当でないと解されるものを除き」、わが国に在留する外国人に対しても及ぶとしている（最大判昭53.10.4、マクリーン事件）。

5 ✕ 全体として妥当でない。判例は、「何人もみだりに指紋の押なつを強制されない自由を有するものというべきであり、国家機関が正当な理由もなく指紋の押なつを強制することは、同条の趣旨に反して許されず、また、右の自由の保障は我が国に在留する外国人にも等しく及ぶ」としている（最判平7.12.15）。

347

	法律	生存権	2016年度 教養 No.28

憲法に定める生存権に関する記述として、妥当なのはどれか。

1 生存権は、精神、身体及び経済活動の自由とともに、国家権力による束縛や社会的身分から個人が自由に行動する権利を保障する自由権に含まれる。

2 生存権は、20世紀に制定されたワイマール憲法で初めて規定され、ワイマール憲法では、経済的自由を制限することなく生存権の基本的な考え方を示した。

3 食糧管理法違反事件判決では、憲法第25条により個々の国民は、国家に対し具体的、現実的な権利を有するものではなく、社会的立法及び社会的施設の創造拡充に従って個々の国民の具体的、現実的な生活権が設定充実されるとした。

4 朝日訴訟事件判決では、児童福祉手当法が児童扶養手当と障害福祉年金の併給を禁止していることは、身体障害者や母子に対する諸施策や生活保護制度の存在などに照らして合理的理由があり、立法府の裁量の範囲内であるとした。

5 堀木訴訟事件判決では、憲法第25条は、全ての国民が健康で文化的な最低限度の生活を営みうるように国政を運営すべきことを国の責務として宣言したにとどまらず、個々の国民に対して具体的権利を付与したものであるとした。

解説　正解　3　　　　　　　　　　　　　　TAC生の正答率　**48%**

1 ✕　生存権（憲法25条）は、福祉主義の理念に基づき、国家が、国民が人間に値する生活をすることができるよう保障するものであり、国家に対して一定の行為を要求する社会権の一つである。

2 ✕　19世紀の人権宣言が、自由権を中心とする自由国家的人権宣言であったのに対し、20世紀に制定されたワイマール憲法での人権宣言は、社会権をも保障する社会国家的人権宣言となった。それとともに、「所有権は義務を伴う。その行使は、同時に公共の福祉に役立つべきである」（153条3項）として、経済的自由を制限した。

3 〇　戦後の食糧難の折、食糧の需給は食糧管理法により厳しく制限されていたところ、許可なく食糧を自宅に持ち帰ろうとした者が、同法違反で起訴された事件で、判例は、本肢のように判断し、国民は憲法25条により具体的、現実的な権利を有するものではないとした（最大判昭23.9.29）。

4 ✕　本肢は、堀木訴訟事件判決（最大判昭57.7.7）の内容であり、朝日訴訟事件判決ではない。なお、内容的には正しい。

5 ✕　本肢は、朝日訴訟事件判決（最大判昭42.5.24）の内容であり、堀木訴訟事件判決ではない。また、同判決では、憲法25条は、「全ての国民が健康で文化的な最低限度の生活を営み得るように国政を運営すべきことを国の責務として宣言したにとどまり、直接個々の国民に対して具体的権利を賦与したものではない」としている。

法律	刑事手続上の権利	2017年度 教養 No.29

刑事手続上の権利に関する記述として、妥当なのはどれか。

1 何人も、現行犯又は準現行犯として逮捕される場合若しくは緊急逮捕の場合を除き、権限を有する裁判官が発する令状によらなければ、逮捕されることはない。

2 何人も、弁護人に依頼する権利を与えられなければ拘禁されないが、一時的な身体の拘束である抑留については、この限りではない。

3 何人も、住居、書類及び所持品について、侵入、捜索及び押収を受けることのない権利は、逮捕に伴う場合であっても、侵されることはない。

4 何人も、刑事被告人となった場合には、全ての証人に対して審問する機会を充分に与えられ、自費で自己のために強制的手続により証人を求める権利を有する。

5 何人も、現行犯又は準現行犯として逮捕される場合若しくは緊急逮捕の場合を除き、自己に不利益な供述を強要されず、自己に不利益な唯一の証拠が本人の自白である場合、有罪とされない。

解説　　**正解　1**　　　　　　　　　　　　　TAC生の正答率 **72%**

1 〇　憲法上は現行犯として逮捕される場合に、裁判官が発する令状（逮捕状）が不要であると定めている（憲法33条）。これに加えて、刑事訴訟法では準現行犯（罪を行い終ってから間がないと明らかに認められるもの）として逮捕される場合（刑事訴訟法212条２項）及び緊急逮捕の場合（刑事訴訟法210条１項）にも、裁判官が発する令状が不要であると定めている。なお、緊急逮捕をした場合は、事後的に令状の取得が必要である（同法210条１項）。

2 ✕　憲法34条１項は、「何人も、理由を直ちに告げられ、且つ、直ちに弁護人に依頼する権利を与へられなければ、抑留又は拘禁されない。」と規定する（弁護人依頼権）。よって、犯罪の疑いがある者を拘禁する場合だけでなく、抑留する場合も弁護人依頼権を与えなければならない。

3 ✕　憲法35条１項は、「何人も、その住居、書類及び所持品について、侵入、捜索及び押収を受けることのない権利は、第33条の場合を除いては……令状がなければ、侵されない。」と規定する。よって、令状に基づいて侵入・捜索・押収を受ける場合がある。また、「第33条の場合」は逮捕する場合を指すので、逮捕に伴う場合は令状に基づかなくても侵入・捜索・押収を受けることがある。

4 ✕　憲法37条２項は、「刑事被告人は、すべての証人に対して審問する機会を充分に与へられ、又、公費で自己のために強制的手続により証人を求める権利を有する。」と規定する（証人審問権・証人喚問権）。つまり、証人喚問権は「公費」で求めることが可能であって、自費である必要はない。

5 ✕　何人も「自己に不利益な供述を強要されない」（自己負罪拒否特権、憲法38条１項）とともに、「自己に不利益な唯一の証拠が本人の自白である場合には、有罪とされ、又は刑罰を科せられない」（補強法則、憲法38条３項）ことが保障されている。これらの権利は特に例外なく保障されているので、現行犯・準現行犯・緊急逮捕のときも当然にこれらの権利の保障が及ぶ。

| 法律 | 衆議院の優越 | 2018年度 教養 No.29 |

憲法に定める国会における衆議院の優越に関する記述として、妥当なのはどれか。

1 法律案について、参議院が、衆議院の可決した法律案を受け取った後、国会休会中の期間を除いて30日以内に議決しないときは、衆議院は、参議院がその法律案を可決したものとみなすことができる。

2 予算について、参議院で衆議院と異なった議決をした場合に、衆議院で出席議員の3分の2以上の多数で可決したときは、衆議院の議決を国会の議決とする。

3 条約の締結に必要な国会の承認について、参議院で衆議院と異なった議決をした場合に、法律の定めるところにより、両議院の協議会を開いても意見が一致しないときは、衆議院の議決を国会の議決とする。

4 内閣総理大臣は、衆議院議員の中から国会の議決でこれを任命するが、この任命は、他の全ての案件に先立って行わなければならない。

5 衆議院で内閣不信任の決議案を可決したときは、内閣は衆議院を解散しなければならず、また、衆議院で内閣信任の決議案を否決したときは、内閣は総辞職しなければならない。

解説 **正解 3** TAC生の正答率 **87%**

1 ✕ 憲法59条4項は、「参議院が、衆議院の可決した法律案を受け取つた後、国会休会中の期間を除いて60日以内に、議決しないときは、衆議院は、参議院がその法律案を否決したものとみなすことができる。」と定めている。したがって、参議院が議決しない期間を「30日以内」とし、「可決したものとみなす」とする本肢は妥当でない。

2 ✕ 予算について、参議院で衆議院と異なった議決をした場合には、必ず両院協議会が開催される。その後、両院協議会で意見が一致しなかったときには、衆議院の議決を国会の議決とし、予算を成立させる（憲法60条2項）。本肢は、予算成立にあたって、衆議院における出席議員の3分の2以上の再議決を認めており、妥当でない。

3 〇 憲法61条は、「条約の締結に必要な国会の承認については、前条第2項の規定を準用する。」と定めている。そして、本条が準用する憲法60条2項は、「予算について、参議院で衆議院と異なった議決をした場合に、法律の定めるところにより、両議院の協議会を開いても意見が一致しないとき、又は参議院が、衆議院の可決した予算を受け取つた後、国会休会中の期間を除いて30日以内に、議決しないときは、衆議院の議決を国会の議決とする。」と定めている。したがって、本肢は妥当である。

4 ✕ 憲法67条1項は、「内閣総理大臣は、国会議員の中から国会の議決で、これを指名する。この指名は、他のすべての案件に先だつて、これを行ふ。」と定めている。すなわち、内閣総理大臣は「国会議員」の中から指名されるため、衆議院議員に限定されるわけではない。また、内閣総理大臣を任命するのは天皇である（憲法6条1項）。したがって、本肢は妥当でない。

5 ✕ 憲法69条は、「内閣は、衆議院で不信任の決議案を可決し、又は信任の決議案を否決したときは、10日以内に衆議院が解散されない限り、総辞職をしなければならない。」と定めている。すなわち、衆議院で内閣不信任の決議案を可決または内閣信任の決議案を否決した場合には、内閣は、衆議院の解散か内閣の総辞職かの選択をしなければならない。本肢は、不信任決議可決の場合と信任決議否決の場合に分別した上で、それぞれ、内閣に異なった対応を義務づけており、妥当でない。

| 法律 | 衆議院の優越 | 2013年度 教養 No.28 |

憲法に定める国会における衆議院の優越に関する記述として、妥当なのはどれか。

1 法律案について、参議院で衆議院と異なった議決をした場合に、法律の定めるところにより、両議院の協議会を開いても意見が一致しないときは、衆議院で出席議員の過半数で再び可決したとき、法律となる。

2 予算について、参議院で衆議院と異なった議決をした場合に、法律の定めるところにより、両議院の協議会を開いても意見が一致しないときは、衆議院の議決を国会の議決とする。

3 条約の締結に必要な国会の承認については、さきに衆議院に提出しなければならない。

4 内閣総理大臣は、衆議院議員の中から国会の議決で、これを指名し、この指名は、他のすべての案件に先だって、さきに衆議院で行わなければならない。

5 衆議院で内閣不信任決議案を可決したときは、内閣は衆議院を解散しなければならず、また、衆議院で内閣信任決議案を否決したときは、内閣は総辞職をしなければならない。

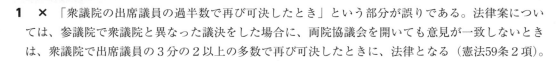

1 ✕ 「衆議院の出席議員の過半数で再び可決したとき」という部分が誤りである。法律案については、参議院で衆議院と異なった議決をした場合に、両院協議会を開いても意見が一致しないときは、衆議院で出席議員の３分の２以上の多数で再び可決したときに、法律となる（憲法59条２項）。

2 ◯ 予算は先に衆議院に提出され（憲法60条１項）、参議院で衆議院と異なった議決をした場合に、両院協議会を開いても意見が一致しないときは、衆議院の議決が国会の議決とされ（同条２項）、法律案のように衆議院での再可決は不要である。

3 ✕ 「さきに衆議院に提出しなければならない」という部分が誤りである。条約の承認については、予算と異なり（憲法60条１項）、衆議院に先議権はない。なぜなら、条約の承認に関する規定である61条は、「前条第２項の規定を準用」しており、60条１項の衆議院の予算先議権は準用していないからである。

4 ✕ 「衆議院議員の中から」という部分と「さきに衆議院で行わなければならない」という部分が誤りである。内閣総理大臣は、「国会議員の中から」国会の議決で指名され（憲法67条１項）、また、予算の場合のような衆議院の先議権はない。

5 ✕ 「内閣は衆議院を解散しなければならず」という部分と「内閣は総辞職をしなければならない」という部分が誤りである。衆議院で内閣不信任決議案を可決した場合も、信任の決議案を否決した場合も、「内閣は」、「10日以内に衆議院が解散されない限り、総辞職をしなければならない」とされており（憲法69条）、衆議院を解散するか総辞職するかを10日以内に選択できる。

| 法律 | 日本の裁判所 | 2018年度 教養 No.30 |

日本の裁判所に関する記述として、妥当なのはどれか。

1 憲法は、裁判官の独立を保障するとともに、裁判官に身分保障を与える規定を設けており、裁判官は、裁判により、心身の故障のために職務を執ることができないと決定された場合を除いて罷免されることはない。

2 最高裁判所は、内閣の指名に基づいて天皇が任命する長官と、内閣総理大臣が任命する14名の裁判官で構成されるが、下級裁判所の裁判官については、最高裁判所の長官が内閣の同意に基づき任命することとされている。

3 裁判において判決に不服がある場合は、上級の裁判所に再度審議と判決を求めることができるが、三審制により、3回目で最終審となり判決が確定するため、判決が確定した後の再審は認められていない。

4 裁判所は、一切の法律、命令、規則、処分が憲法に違反していないかどうかを判断する違憲法令審査権を持ち、この権限は全ての裁判所に与えられており、最高裁判所が終審裁判所として位置付けられている。

5 裁判員制度は、一定の重大な犯罪に関する刑事事件の第二審までに限定して、有権者の中から無作為に選ばれた裁判員が裁判官と一緒に裁判にあたる制度であり、裁判員は、量刑の判断を除いて、裁判官と有罪か無罪かの決定を行う。

| 解 説 | 正解 **4** | TAC生の正答率 **52%** |

1 ✕ 裁判官は、心身の故障だけでなく、弾劾裁判によっても罷免される（憲法78条）。さらに、最高裁判所の裁判官は、この２つの場合に加え、国民審査で罷免される場合もある（憲法79条２項、３項）。したがって、裁判官の罷免を心身の故障に限定する本肢は妥当でない。

2 ✕ 最高裁判所の長官は、内閣の指名に基づいて天皇が任命し（憲法６条２項）、最高裁判所の長官以外の裁判官は、内閣が任命する（憲法79条１項）。一方、下級裁判所の裁判官は、最高裁判所の指名した者の名簿に基づいて、内閣が任命する（憲法80条１項）。本肢は、内閣総理大臣が最高裁判所の長官以外の裁判官を任命する点、および、最高裁判所の長官が下級裁判所の裁判官を任命する点について、妥当でない。

3 ✕ 三審を経て判決が確定した事件については、法律に定められた再審事由がある場合に再審が認められる（民事訴訟法338条、刑事訴訟法435条参照）。したがって、確定判決に対して再審を認めない本肢は妥当でない。

4 〇 憲法81条は、「最高裁判所は、一切の法律、命令、規則又は処分が憲法に適合するかしないかを決定する権限を有する終審裁判所である。」と定めている。そして、判例は、81条について、最高裁判所が違憲審査権を有する終審裁判所であることを明らかにした規定であり、下級裁判所が違憲審査権を有することを否定する趣旨をもつものではないとして、全ての裁判所に違憲審査権の行使を認めている（最大判昭25.2.1）。したがって、本肢は妥当である。

5 ✕ 裁判員裁判の対象は、一定の重大犯罪に関する刑事事件の第一審（地方裁判所）に限定されている。また、裁判員は、犯罪事実の有無だけでなく、量刑についても裁判官とともに判断する。本肢は、第二審（高等裁判所）まで対象とする点、および、量刑の判断を除外する点について、妥当でない。

地理

法律

政治

経済

物理

化学

生物

地学

社会事情

法律	地方自治	2015年度 教養 No.28

我が国の地方自治制度に関する記述として、妥当なのはどれか。

1 明治憲法下では、地方自治制度は、憲法に規定されず、知事は中央政府の任命によるなど、中央集権的な性格の強いものであった。

2 地方自治の本旨のうち、住民自治とは、地方公共団体が国の指揮・監督を受けることなく、独立して政治・行政を行うことをいう。

3 地方公共団体の長及び議員は、住民の直接選挙により選出されるが、その長については、条例で定めれば、議員による間接選挙で選出することができる。

4 財産権の内容は法律で定めなければならず、地方公共団体が、条例で財産権を制限することは一切認められていないとされている。

5 地方公共団体は、住民の投票において、その過半数の同意を得れば、法令に違反する条例を制定することができる。

解説　　**正解　1**　　TAC生の正答率 **79**%

1 〇　明治憲法には地方自治に関する規定はなく、すべて法律で定められていた。また、その内容は中央集権的なもので、知事は中央政府が任命することとされていた。

2 ✕　憲法は、「地方公共団体の組織及び運営に関する事項は、地方自治の本旨に基いて、法律でこれを定める。」(92条) と規定しており、「地方自治の本旨」とは、住民自治と団体自治を意味する。住民自治とは、地方自治が住民の意思に基づいて行われるという民主主義的要素であり、団体自治とは、地方自治が国から独立した団体に委ねられ、団体自らの意思と責任の下でなされるという自由主義的要素である。本肢の内容は団体自治である。

3 ✕　憲法は「地方公共団体の長、その議会の議員及び法律の定めるその他の吏員は、その地方公共団体の住民が、直接これを選挙する。」(93条2項) と規定しており、長の住民による直接選挙は憲法上の要請である。したがって、たとえ条例で定めても、長を議員による間接選挙で選出することはできない。

4 ✕　憲法は、「財産権の内容は、公共の福祉に適合するやうに、法律でこれを定める。」(29条2項) と規定しているが、判例は、条例で財産権を制限することもできるとしている (奈良県ため池条例事件、最大判昭38.6.26)。なぜなら、条例は法律同様の民主的基盤があり、同条項の趣旨に反しないからである。

5 ✕　憲法は、「地方公共団体は」「法律の範囲内で条例を制定することができる」(94条) と規定しており、法律に違反する条例を制定することはできない。したがって、たとえ住民投票で過半数の同意を得たとしても、法令に違反する条例を制定することはできない。

法律	憲法改正	2014年度
		教養 No.28

憲法改正に関する記述として、妥当なのはどれか。

1 憲法改正についての国会の発議には、各議院において、総議員の4分の3以上の者が出席し、出席議員の3分の2以上の者の賛成を得なければならない。

2 憲法改正についての国民の承認には、特別の国民投票又は国会の定める選挙の際に行われる投票において、その過半数の賛成を必要とする。

3 憲法改正について国民の承認を経たときは、国会は、両議院の名で、改正前の憲法と一体を成すものとして、これを公布する。

4 憲法は、その改正の限界に関して、憲法改正国民投票制を廃止する改正は許されない旨を明記している。

5 憲法は、その制定後、一度も改正が行われたことはなく、憲法改正の国民投票に関する手続を定める法律も制定されないままとなっている。

解説　　**正解　2**　　　　　　　　　　　TAC生の正答率 **69%**

1　**×**　憲法改正についての国会の発議には、各議院の「総議員」の3分の2以上の賛成が必要となる（憲法96条1項前段）。なお、憲法96条には出席要件に関する規定がないので、総議員の3分の1以上の出席があればよい（憲法56条1項）。

2　**○**　憲法96条1項後段が「この（国民の）承認には、特別の国民投票又は国会の定める選挙の際行はれる投票において、その過半数の賛成を必要とする」と定める通りである。

3　**×**　憲法改正について国民の承認を経たときは、「天皇」は、「国民」の名で、改正前の憲法と一体を成すものとして、直ちに憲法改正を公布する（憲法96条2項、7条1号）。

4　**×**　憲法改正の限界について憲法は何も規定していないので、憲法改正国民投票制を廃止する改正を許さないとの規定も存在しない。憲法改正には一定の限界があるとするのが通説であるが、これは解釈によって導かれるものである。

5　**×**　憲法制定後、一度も改正が行われていない点は正しい。しかし、憲法改正の国民投票の手続については「日本国憲法の改正手続に関する法律」という法律がすでに制定されている。

| 法律 | 障害者差別解消法 | 2021年度 教養 No.29 |

「障害を理由とする差別の解消の推進に関する法律」に関する記述として、妥当なのはどれか。

1 全ての国民が、障害の有無によって分け隔てられることなく、相互に人格と個性を尊重し合いながら共生する社会の実現に向け、障害を理由とする差別の解消を推進することを目的としている。

2 この法律における社会的障壁とは、障害がある者にとって日常生活又は社会生活を営む上で障壁となるような社会における事物、制度をいい、慣行や観念は含まない。

3 民間事業者には、障害を理由とする差別が禁止され、障害者から配慮を求める意思の表明があった場合、必ず配慮を行うことが法的に義務づけられた。

4 同一の民間事業者によって繰り返し障害を理由とする差別が行われ、自主的な改善が期待できない場合には、民間事業者の事業を担当する大臣から指導・勧告・警告が行われ、それでも改善されない場合には営業停止等の罰則が課される。

5 国民の責務として、日常生活の中で障害者を差別する言論や障害を理由とする差別を行ってはならないと定められており、違反した者には罰則が課される。

解説 　**正解　1** 　　　　　　　　　　　　　TAC生の正答率 ▶ 91%

1 〇 　条文により妥当である。障害を理由とする差別の解消の推進に関する法律（以下「障害者差別解消法」という）1条は、障害を理由とする差別の解消を推進することによって、全ての国民が、障害の有無によって分け隔てられることなく、相互に人格と個性を尊重し合いながら共生する社会の実現に資することを、その目的の一つとして掲げている。

2 ✕ 　「慣行や観念は含まない」という部分が妥当でない。社会的障壁とは、障害がある者にとって日常生活又は社会生活を営む上で障壁となるような社会における事物、制度、慣行、観念その他一切のものをいうと定義されている（障害者差別解消法2条2号）。

3 ✕ 　「必ず配慮を行うことが法的に義務づけられた」という部分が妥当でない。障害者差別解消法8条は「事業者における障害を理由とする差別の禁止」について規定している。もっとも、事業者（民間事業者）は、その事業を行うに当たり、障害者から社会的障壁の除去を要する旨の意思の表明があった場合には、その実施に伴う負担が過重でないときに、社会的障壁の除去の実施について必要かつ合理的な配慮をするように努めなければならない（障害者差別解消法8条2項）。したがって、事業者による障害者への配慮は努力義務にとどめられており、常に配慮を行う努力義務は課せられていない。なお、2021年（令和3年）5月成立の障害者差別解消法改正により、事業者による障害者への合理的な配慮が努力義務から法的義務へと変更されることが決まった（3年以内に施行予定）。

4 ✕ 　「警告が行われ、それでも改善されない場合には営業停止等の罰則が課される」という部分が妥当でない。主務大臣は、障害者差別解消法8条（記述3解説を参照）の規定の施行に関し、特に必要があると認めるときは、事業者が適切に対応するために必要な指針（対応指針）において定める事項について、事業者（民間事業者）に対し、報告を求め、又は助言、指導若しくは勧告をすることができる（障害者差別解消法12条）。しかし、障害者差別解消法には、事業者に対する警告や営業停止等に関する規定は存在しない。

5 ✕ 　全体が妥当でない。障害者差別解消法4条は、国民の責務として、障害を理由とする差別の解消が重要であることに鑑み、国民が障害を理由とする差別の解消の推進に寄与するよう努めなければならない旨を規定している。しかし、障害者差別解消法には、国民に対して障害者差別の言論や障害を理由とする差別を禁止する規定が存在せず、違反者への罰則規定も存在しない。

	法律	労働法	2020年度 教養 No.29

労働法に関する記述として、妥当なのはどれか。

1 労働基本権とは、団結権、団体交渉権、団体行動権（争議権）の三つをいい、労働基準法において定められている。

2 労働法とは、個別的労働関係、団体的労働関係を規律する法の総称であり、労働三法とは労働基準法、労働契約法、労働関係調整法をいう。

3 国家公務員や地方公務員は労働三権に制限が加えられ、最高裁では全農林警職法事件において公務員の争議行為の一律禁止は合憲であるとの判断を示し、今日に至っている。

4 労働関係調整法は、労働争議が発生し、当事者間の自主的な解決が不調の場合に労働基準監督署が、あっせん・調停・勧告の三つの方法によって、争議の収拾にあたることなどを定めている。

5 労働組合法は、労働組合が争議行為を行った場合、労働者は正当な行為である限り刑罰を科されることはないが、使用者は当該争議行為によって受けた損害について、労働組合に賠償請求できるとしている。

解説 **正解 3** TAC生の正答率 46%

1 ✕ 「労働基準法において定められている」という部分が妥当でない。団結権、団体交渉権、団体行動権（争議権）の3つが労働基本権（労働三権）であるため、前段は妥当である。しかし、労働基本権は憲法28条で定められている基本的人権の一つであり、労働組合法や労働関係調整法によって労働基本権の保障が具体化されているので、後段が妥当でない。

2 ✕ 「労働三法とは、労働基準法、労働契約法、労働関係調整法をいう」という部分が妥当でない。労働三法とは、労働基準法（1947年制定）、労働組合法（1945年制定）、労働関係調整法（1946年制定）である。労働契約法は、2007年に制定された比較的新しい法律である。なお、労働法とは、個別的労働関係（使用者と個々の労働者との関係）及び団体的労働関係（使用者と労働組合との関係）を規律する法の総称であると定義されているので、前段は妥当である。

3 ◯ 条文・判例により妥当である。公務員は、労働三権に制限が加えられており、特に争議行為は一律禁止されている。最高裁は全農林警職法事件（最大判昭48.4.25）において、公務員の地位の特性・公共性や、人事院の給与勧告等の代償措置が講じられていることを理由に、争議行為の一律禁止を合憲であると判断しており、この判断は現在でも覆っていない。

4 ✕ 「労働基準監督署が、あっせん・調停・勧告の三つの方法によって」という部分が妥当でない。労働関係調整法は、労働争議（労働組合などの労働者の団体と使用者との間で争議行為が生じ、又は生じるおそれがある状態）が発生し、当事者間の自主的な解決が不調の場合に、公正・中立の機関である労働委員会が、あっせん（斡旋）、調停、仲裁の方法によって、争議の収拾などにあたること等を定めている。労働委員会は、主に使用者と労働組合との間の紛争を解決するための機関であるのに対し、労働基準監督署は、主に労働基準法や労働安全衛生法に違反する事業者への監督をするための機関である。

5 ✕ 「使用者は当該争議行為によって受けた損害について、労働組合に賠償請求できるとしている」という部分が妥当でない。使用者は、正当な行為である労働組合の争議行為によって受けた損害について、労働組合やその組合員に賠償を請求することができない（労働組合法8条）。なお、労働組合の争議行為は、それが正当な行為である限り、労働者は刑罰を科されないので（労働組合法1条2項）、前段は妥当である。

| 政治 | アメリカの大統領制 | 2015年度 教養 No.29 |

次のA～Eのうち、アメリカの大統領制に関する記述の組合せとして、妥当なのはどれか。

A　大統領は、議会が大統領を選ぶ間接選挙によって選出される。
B　大統領は、議会の不信任決議に対し、議会を解散する権限をもつ。
C　大統領は、議会が可決した法案への署名を拒否する拒否権をもつ。
D　大統領は、議会に対し、教書を送付する権限をもつ。
E　大統領は、憲法の最終解釈権をもち、違憲立法審査権を行使する。

1　A、B

2　A、E

3　B、C

4　C、D

5　D、E

解説　　**正解　4**　　　TAC生の正答率 **95%**

A　✕　大統領は、有権者が選出する「大統領選挙人」によって選出される。大統領の選出に議会議員は直接携わらない。

B　✕　アメリカの大統領制には、議会の解散、議会による不信任決議は存在しない。これらが存在しないのが大統領制の特徴でもある。

C　〇　大統領は法案提出権をもたないが、議会が可決した法案について拒否をすることができる。ただし、拒否された法案であっても、議会の3分の2以上で再可決成立させることは可能である。

D　〇　大統領は法案提出権をもたないが、立法や予算上の意見書を提出することができる。これを教書という。予算教書、一般教書などが毎年提出されている。

E　✕　違憲立法審査権は裁判所の役割である。日本と同様に憲法の最終解釈権は連邦最高裁判所が有する。

362

政治	世界の政治体制	2020年度 教養 No.30

世界の政治体制に関する記述として、妥当なのはどれか。

1 フランス及びロシアの大統領は、議院内閣制のもとで議会を中心に選出され、名目的・儀礼的な権限しかもたない。

2 議院内閣制を採用するイギリスでは、政権を担当できなかった野党は、「影の内閣」を組織し、次期政権を担う準備をする。

3 イタリアでは大統領制を採用しており、大統領は議会や裁判所に対して強い独立性を持ち、違憲立法審査権など強い権限をもっている。

4 フィリピンやインドネシアは、権力集中制と呼ばれる軍人や官僚中心の政権が国民の政治的・市民的自由を制限し、経済開発を最優先する体制である。

5 中国では、全国民の意思は中国共産党に集約されているため、立法府に当たるものは存在しない。

解説　　**正解　2**　　TAC生の正答率 **81%**

1 ✕ フランス及びロシアの大統領は、国民に直接選出されることから実質的な権限をもつ。ただし、大統領の下には議会の信任を必要とする内閣があることから、大統領制と議院内閣制が混合した「半大統領制」に分類される。

2 ◯ 二大政党制に分類されるイギリスでは政権交代が何度も起こっていることもあり、野党でいる間も政権担当能力を落とさないように「影の内閣」が制度的に保障されている。

3 ✕ イタリアは、議院内閣制を採用している。そのため、大統領は象徴的な位置づけにとどまっており、違憲立法審査権などの権限は持っていない。

4 ✕ フィリピンやインドネシアは、「権力集中制」ではなく「開発独裁」または「権威主義体制」に該当する。ただし、現在のフィリピンやインドネシアは、「開発独裁」、「権威主義体制」を脱して民主化したと評価されている。

5 ✕ 中国では憲法により、「全国人民代表大会と全国人民代表大会常務委員会は、国家の立法権を行使する」と規定されている。また、行政は国務院、司法は人民法院が担当するが、全国人民代表大会が最上位の組織であり、国務院や人民法院は下位に位置づけられていることから、三権分立はしていない。

政治	選挙制度	2021年度 教養 No.30

日本の選挙制度に関する記述として、妥当なのはどれか。

1 2015年に公職選挙法の一部を改正する法律が成立し、2016年6月の施行日後に初めて行われる国政選挙の公示日以後にその期日を公示又は告示される選挙から、選挙権年齢が満20歳以上から満18歳以上へと引き下げられた。

2 小選挙区制は、選挙民が候補者を理解しやすいという長所があるが、少数分立の不安定な政権が生まれやすいとされており、死票が多く、多額の選挙費用が必要とされている。

3 2000年の公職選挙法改正後、衆議院議員選挙では、比例代表区には政党名のほかに候補者名も書くことができ、得票順に政党内の当選者が決まる拘束名簿式比例代表制に改められた。

4 「一票の格差」とは、選挙区ごとの議員一人当たりの有権者数に格差が生じ、一票の価値が選挙区で異なっている状態をいうが、衆議院議員選挙において、最高裁判所が違憲又は違憲状態と判示したことはない。

5 公職選挙法による連座制では、選挙運動の総括主宰者など、当該候補者と一定の関係にある者が、買収などの選挙違反で有罪となった場合、当該候補者は当選が無効となるほか、全ての選挙区から10年間、立候補できなくなる。

解説　　**正解 1**　　　　　　　　　　　　　TAC生の正答率 **71%**

1 ○　2015年の段階で、世界の約9割の国は議会の選挙権を18歳までに付与していた。

2 ×　「少数分立の不安定な政権が生まれやすい」と「多額の選挙費用が必要」という記述が誤り。まず、1人しか当選できない小選挙区制では小政党の候補者が当選することは難しく、むしろ「少数分立」ではなく「二大政党制」になりやすい傾向がある。また、比例代表制や大選挙区制と比べると選挙区の面積が狭くなるため、選挙費用は抑えられる傾向がある。

3 ×　「政党名のほかに候補者名も書くことができ、得票順に政党内の当選者が決まる」のは、参議院議員選挙で採用されている「非」拘束名簿式比例代表制である。衆議院議員選挙で採用されている「拘束名簿式比例代表制」では、政党名しか書けない。

4 ×　衆議院議員選挙について、最高裁判所は1972年・1983年の選挙を違憲、1980年・1990年・2009年・2012年・2014年の選挙を違憲状態と判示している。なお、参議院議員選挙については、最高裁判所は違憲状態と判示したことはあるが、違憲と判示したことはない。

5 ×　「全て」と「10年間」が誤り。当該候補者は、「同一の」選挙区から「5年間」立候補できなくなる。

政治	地域紛争	2019年度 教養 No.30

地域紛争に関する記述として、妥当なのはどれか。

1 北アイルランド紛争とは、北アイルランドに住む少数派のプロテスタント系住民が、イギリスからの分離独立を求めて起こしたものである。

2 インドとパキスタンは、イギリスからの分離独立後、カシミール地方の帰属を巡って争い、両国の間では、1970年代までに三度に渡る印パ戦争が起きた。

3 チェチェン紛争とは、スラブ系住民が大半を占めるチェチェン共和国が1980年代に独立を宣言後、ロシアがチェチェンに軍事介入したものである。

4 1990年代後半に、コソボ解放軍とセルビア治安部隊との間でコソボ紛争が発生したため、アメリカ軍は単独でセルビア側への空爆を行った。

5 1990年にイラクがイエメンに侵攻し、併合宣言を出したことから、翌年アメリカを中心とした国連平和維持軍はイラク攻撃を開始し、湾岸戦争が始まった。

解説　**正解 2**　TAC生の正答率 **65%**

1 ✕　「少数派のプロテスタント系住民」という点が誤り。北アイルランドの少数派はカトリック系住民である。北アイルランド紛争は英国への帰属を望む多数派プロテスタント系住民とアイルランドへの帰属を望む少数派カトリック系住民との間で生じたものである。

2 ◯　インドとパキスタンの説明として妥当である。インドとパキスタンはカシミール地方の領有などをめぐって、1947－49年、1965－66年、1971年の3度にわたって戦争を行っている。

3 ✕　まず「スラブ系住民が大半」という点が誤り。チェチェン共和国は、チェチェン語を母語とするチェチェン人が多数派である。そして「1980年代に独立を宣言」という点も誤り。チェチェン共和国が独立を宣言したのはソ連崩壊のタイミングである1991年のことである。

4 ✕　「アメリカ軍が単独で…空爆」という点が誤り。コソボ紛争においてセルビアに空爆を行ったのはアメリカ、イギリス、フランス、ドイツなどを中心とするNATO軍である。

5 ✕　まず「イラクがイエメン」という点が誤り。1990年にイラクが侵攻したのは隣国のクウェートである。また「国連平和維持軍」という点も誤り。湾岸戦争はアメリカを中心とする「多国籍軍」とイラクとの間で行われたものである。

政治	**中東・北アフリカ情勢**		**2016年度 教養 No.29**

次のA～Dは中東・北アフリカ地域の政治に関する記述であるが、それぞれに該当する国の組合せとして、妥当なのはどれか。

A　この国は、1948年にパレスチナに建国されたが、これを認めない周辺諸国と4次にわたる中東戦争を戦った。

B　この国では、ヨーロッパ型の近代化を強行してきた王政が1979年に起こった革命によって倒れ、イスラームに基づく共和国に移行した。

C　この国は、大量破壊兵器の保有疑惑に対し、国連の査察への協力が不十分だったことなどから、2003年にアメリカ等の攻撃を受け、フセイン政権が崩壊した。

D　この国では、2011年、「アラブの春」とよばれる反独裁を掲げ民主化を求める運動により、ムバラク政権が崩壊した。

	A	B	C	D
1	イスラエル	イラン	イラク	エジプト
2	イスラエル	イラン	リビア	チュニジア
3	イスラエル	シリア	リビア	チュニジア
4	ヨルダン	イラン	イラク	エジプト
5	ヨルダン	シリア	リビア	チュニジア

解説　　正解　1　　　　　　　　　　TAC生の正答率　85%

A　1948年にパレスチナに建国されたのはイスラエルである。イスラエルの建国にあたっては現地のイスラム教徒の意向が軽視されたため、これに反発した（イスラム教徒を多数抱える）中東諸国とイスラエルとの間で4次にわたり中東戦争が行われた。

B　1979年にホメイニ師の指導により成就したイスラム革命が起こり、王政から共和制に移行したのはイランである。

C　大量破壊兵器の保有を疑われたイラクは、2003年3月からアメリカ等による武力攻撃を受けた。同年4月にはバグダッドが事実上陥落し、フセイン政権は崩壊した。しかし、その後イラクで大量破壊兵器の捜査を行ったアメリカの調査団は、イラクに大量破壊兵器の備蓄はなかったと結論づけた。

D　2011年にムバラク政権が崩壊したのはエジプトである。2010年末にチュニジアで起こった民主化運動が波及し、エジプト国内における反政府デモの高まりを鎮められなくなったことで、約30年続いたムバラク政権は崩壊した。

政治	地域紛争	2013年度 教養 No.29

地域紛争に関する記述として、妥当なのはどれか。

1 インドとパキスタンは、イギリスからの分離独立後、カシミール地方の帰属をめぐり争い、両国の間では、1970年代までに三度にわたる印パ戦争が起きた。

2 北アイルランド紛争とは、1960年代後半に、北アイルランドに住む少数派のプロテスタント系住民がイギリスからの離脱を求めて起こしたものである。

3 コソボ解放軍とセルビア治安部隊の間で起きたコソボ紛争では、2008年にコソボが独立宣言し、当時、国連常任理事国すべての一致で独立が承認された。

4 チェチェン紛争を示す言葉として、「7つの国境、6つの共和国、5つの民族、4つの言語、3つの宗教、2つの文字、1つの国家」がある。

5 ポルトガルの植民地であった東ティモールでは、少数派であるツチ族と多数派であるフツ族との対立が激化し、約200万人が難民として国外に逃れた。

解 説	正解　**1**	TAC生の正答率　**58%**

1 〇　イギリスから独立する際に、ヒンドゥー教徒が多い地域はインド、イスラム教徒が多い地域はパキスタンとして両国は別個の国家として独立した。カシミール地方の帰属などをめぐって両国に対立が生じ、第1次(1947)、第2次(1965)、第3次(1971)の印パ戦争が起きた。

2 ×　北アイルランド紛争は、北アイルランドに住むカトリック系住民がイギリスからの離脱を求めて起こしたものである。アイルランドがイギリスから独立した際に、北アイルランドはイギリス領とされた。

3 ×　2008年にコソボがセルビアからの独立を宣言した際に、セルビアと友好関係にあったロシアは、コソボ独立を承認しなかった。したがって、安保理常任理事国（アメリカ、ロシア、イギリス、フランス、中国）のすべてが一致してコソボの独立を承認したわけではない。

4 ×　「7つの国境、6つの共和国、5つの民族、4つの言語、3つの宗教、2つの文字、1つの国家」とは民族紛争によって崩壊した旧ユーゴスラビア連邦を示す言葉である。チェチェン紛争は、ロシア連邦の構成国であるチェチェン共和国でロシアからの独立を求めて起きた紛争なので、この言葉と無関係である。

5 ×　ツチ族とフツ族が居住しているのは、旧ポルトガル領で東南アジアに位置する東ティモールではなく、アフリカ中部である。したがって両者の対立のために東ティモールで紛争が起きたわけではない。なお、両者の対立が原因で紛争が起きた国として、ルワンダが挙げられる。なお、ルワンダではツチ族が少数派である。

| 政治 | 国際法 | 2017年度 教養 No.30 |

国際法に関する記述として、妥当なのはどれか。

1 オランダのグロティウスは、「国際法の父」と呼ばれており、「海洋自由の原則」を説いた。

2 国際法とは、国家間の合意が文書により明示された法規範のことをいうが、条約は国家間の契約の一種であり、国際法としての性質は有しない。

3 国際司法裁判所は、当事国から合意を得た上で裁判を始めることができるが、その判決は、当事国に対する法的拘束力を持たない。

4 国際刑事裁判所は、オランダのハーグに常設の機関として設置されており、アメリカ、ロシア及び中国は加盟しているが、日本は加盟していない。

5 地域的な国際裁判所として、欧州連合に欧州人権裁判所が設置されているほか、欧州評議会では欧州司法裁判所の設置が検討されている。

解説　　**正解　1**　　　　　　　TAC生の正答率　**49%**

1 ○

2 ✕　条約も、当事国間での合意が文書に明示された国際法の一つである。

3 ✕　国際司法裁判所（ICJ）の判決は、当事国に対して法的拘束力を持つ。従わない場合は、国連安全保障理事会からの制裁が下される可能性もある。

4 ✕　加盟している国と加盟していない国が逆である。国際刑事裁判所（ICC）に、アメリカ、ロシアおよび中国は未だに加盟していないが、日本は2007年に加盟している。

5 ✕　それぞれの裁判所と、置かれている機関が逆である。欧州人権裁判所が欧州評議会（CE）に設置されており、欧州司法裁判所は欧州連合（EU）に、すでに設置されている。なお、欧州評議会は欧州連合とは別機関であり、本部もフランスのストラスブールに置かれている（EUの本部はベルギーの首都ブリュッセルにある）。

政治	安全保障	2014年度 教養 No.29

我が国の安全保障に関する記述として、妥当なのはどれか。

1 国連憲章は、国連加盟国は固有の権利として個別的自衛権を有するが集団的自衛権は有しない、と定めており、我が国の自衛権の解釈もそれに従っている。

2 保安隊は、警察予備隊へと改組され、その後、自衛隊法の成立により、陸上、海上及び航空の3つの自衛隊として編成・強化された。

3 防衛費増大に歯止めをかけるため、三木内閣は、防衛関係費をGNPの1％以内とすると閣議決定し、歴代内閣は、現在までこの1％枠を堅持している。

4 国連平和維持活動（PKO）協力法に基づき、湾岸戦争後、海上自衛隊の掃海艇が、ペルシア湾に派遣された。

5 イラク戦争を受けて成立したイラク復興支援特別措置法に基づき、陸上自衛隊が、イラクに派遣されて民間復興支援活動等にあたった。

解 説	正解 **5**	TAC生の正答率 **68%**

1 ✕ 国連憲章第51条には、国連加盟国固有の権利としての個別的自衛権および集団的自衛権についての記載がある。従来のわが国の自衛権の解釈は、1972年の政府見解に基づくもので、それは個別的自衛権および集団的自衛権のどちらもわが国は保持しているが、集団的自衛権については、憲法上の制約があり使用できないというものである。

2 ✕ 保安隊が警察予備隊に改組されたのではなく、警察予備隊が保安隊に改組されたというのが、歴史的に正しい順序である。ちなみに、警察予備隊の設立は、1950年である。その2年後の1952年に、保安隊に改組されている。そしてさらに2年後の1954年に、保安隊は自衛隊に改組して今日に至っている。

3 ✕ 確かに肢文にあるように、三木内閣時代に防衛関係費のGNP1％枠が設定されたが（1976年）、第三次中曽根内閣期（1986年）に撤廃された。ただし、実際には、1987年から3年間、1％をわずかに上回っただけである。

4 ✕ 湾岸戦争後にペルシア湾に自衛隊の掃海艇を派遣したのは（1991年）、PKO協力法ではなく、自衛隊法を根拠としている。

5 ○

	経済	競争市場	2021年度 教養 No.31

競争的な状態である市場に関する記述として、妥当なのはどれか。

1 供給量が需要量を上回る超過供給の時には価格が上昇し、需要量が供給量を上回る超過需要の時には価格が下落する。

2 価格が上昇すると需要量が増え、価格が下落すると需要量が減るので、縦軸に価格、横軸に数量を表したグラフ上では、需要曲線は右上がりとなる。

3 縦軸に価格、横軸に数量を表したグラフ上では、需要曲線と供給曲線の交点で需要量と供給量が一致しており、この時の価格は均衡価格と呼ばれる。

4 需要量と供給量の間にギャップがあるときには、価格の変化を通じて品不足や品余りが自然に解消される仕組みを、プライマリー・バランスという。

5 技術革新でコストが下がり、全ての価格帯で供給力が高まると、縦軸に価格、横軸に数量を表したグラフ上では、供給曲線は左にシフトする。

解説　　正解　**3**　　　　　　　　　　TAC生の正答率　**94%**

1 ✕　超過供給（超過需要）が生じた場合、価格は下落（上昇）する。

2 ✕　一般に価格が上昇すると需要量が減少することを需要法則といい、このことから縦軸に価格、横軸に需要量をとった座標平面上において需要曲線は右下がりに描かれる。また、需要法則を満たさない財をギッフェン財といい、ギッフェン財の需要曲線は右上がりに描かれる。

3 ○

4 ✕　プライマリー・バランスとは基礎的財政収支のことであり、公債金収入以外の歳入が国債費以外の歳出をどれほどまかなえているかを示すものである。また、価格の変化を通じて需給ギャップが解消されることを市場メカニズム（価格メカニズム）という。

5 ✕　技術革新でコストが下がった場合、供給曲線は右方シフトする。

経済	市場の失敗	2018年度 教養 No.31

経済学における市場の失敗に関する記述として、妥当なのはどれか。

1 市場を通さずに他の経済主体に影響を与える外部性のうち、正の影響を与える外部経済の場合には、財の最適な供給が実現するが、負の影響を与える外部不経済の場合には、財の最適な供給が実現しない。

2 公共財とは、複数の人が不利益なしで同時に利用でき、料金を支払わない人の消費を防ぐことができない財のことをいい、利益が出にくいため、市場では供給されにくい。

3 情報の非対称性とは、市場において虚偽の情報が流通することによって、取引の当事者同士が、当該情報を正しいものとして認識し合っている状態のことをいう。

4 寡占・独占市場においては、企業が少数であることから、十分な競争が行われないため、消費者にとって不利益になるが、社会全体の資源配分に対する効率性は失われない。

5 寡占・独占企業が市場の支配力を用いて価格を釣り上げないように行われるのが独占禁止政策であり、日本ではこれを実施する機関として消費者庁が設けられ、カルテルなどの行動に対して罰金支払命令等の措置をとることができる。

解 説　　**正解　2**　　TAC生の正答率 **66%**

1 ✕ 外部経済が発生している市場において均衡取引量は、最適な供給量に比べて過少供給となる。

2 〇 複数の人が同時に利用することが出来ることを「消費の非競合性」、料金を支払わない人の消費を防ぐことが出来ないことを「消費の非排除性」という。

3 ✕ 情報の非対称性とは、経済主体（売り手と買い手）が持っている当該取引に関する情報量に差が生じていることを指す。

4 ✕ 寡占・独占市場下では、社会全体の資源配分に関する効率性が失われている（社会的総余剰が最大化されず、死荷重が発生する）。

5 ✕ 独占禁止法に基づき各種勧告等を行うのは公正取引委員会である。

| 経済 | 金融 | 2019年度 教養 No.31 |

日本の金融のしくみと働きに関する記述として、妥当なのはどれか。

1 直接金融とは、余剰資金の所有者が銀行などの金融機関に預金をし、金融機関が預かった資金を家計や企業に貸し付ける方式をいう。

2 間接金融とは、余剰資金の所有者が株式市場や債券市場を通じて株式や社債を購入することによって、資金を企業に融通する方式をいう。

3 日本銀行は、短期金利に関する誘導目標値を設定し、公開市場操作を行うことにより、金融調節を実施する。

4 日本銀行が金融機関から国債を買い上げ、金融市場に資金を供給することにより金利を上げることができる。

5 日本銀行は、好況の時には金融緩和政策を行い、家計・企業向けの預金・貸出金利が引き下がる金融調節を行う。

解 説　　**正解　3**　　TAC生の正答率 **61%**

1　×　肢の記述は間接金融に関する説明である。

2　×　肢の記述は直接金融に関する説明である。

3　○　厳密には、短期金利に関する誘導目標値を設定するだけではない。日本銀行は、平成28年（2016年）9月の金融政策決定会合において、これまで「量的・質的金融緩和」、「マイナス金利付き量的・質的金融緩和」を強化する形で、新たな金融緩和の枠組みである「長短金利操作付き量的・質的金融緩和」を導入している（令和元（2019）年5月現在）。これは金融市場調節により長短金利の操作を行う「イールドカーブ・コントロール」と消費者物価上昇率の実績値が安定的に2％の「物価安定の目標」を超えるまで、マネタリーベースの拡大を継続するものである。恐らく出題者は、「金融政策は短期金利をコントロールすることしかできない」とされていることにとらわれて、現在の金融政策動向をフォローしていないと考えられる。出題として、本文の主語が「日本銀行は…」ではなく「一般的に中央銀行の行う金融政策は…」なら正答としても良い。

4　×　日本銀行が金融機関から買いオペレーションによって国債を買い上げ、金融市場に資金を供給することにより、一般的には金利を下げることができるとされる。

5　×　一般に、日本銀行は、好況の時には金融引締政策を行い、家計・企業向けの預金・貸出金利が上昇する金融調整を行う。

経済	景気循環	2017年度 教養 No.31

景気変動に関する記述として、妥当なのはどれか。

1 景気変動とは、経済活動の水準が上下する現象をいい、好況・回復・不況・後退の4つの局面がこの順序で移り変わって1つの周期となる。

2 不況期には、投資の低下、失業の減少などの状態になり、やがて景気の谷を越えると後退期へと向かう。

3 景気変動を引き起こす原因には、周期の短い順に、建設投資、設備投資、在庫変動などがあるとされている。

4 財政の機能の1つとして景気変動の調整があるが、そのうちのフィスカル・ポリシーの例として、所得税の累進課税制度が挙げられる。

5 第二次世界大戦後の日本で初めて実質経済成長率がマイナスとなったのは、第一次石油危機後の昭和49年（1974年）である。

解説 　　**正解 5**　　　　　TAC生の正答率 ▶ 59%

1 × 景気変動は、好況、後退、不況、回復の順で移り変わり、1つの周期となる。

2 × 不況期には失業は増加する。

3 × 景気変動を引き起こす原因には、周期の短い順に、在庫投資、設備投資、建築投資などがある。

4 × 所得税の累進課税制度は、ビルト・イン・スタビライザー（自動安定化装置）の例である。フィスカル・ポリシー（裁量的財政政策）とは、政府が意図的に総需要をコントロールして、経済を安定化させることをいい、例としては、景気対策として公共事業を意図的に増やしたり、所得税減税を行うことなどが挙げられる。

5 ○

| | 経済 | 租税 | 2013年度 教養 No.30 |

下図は、わが国の主な租税の種類を示した図である。空欄A〜Dに当てはまる租税の種類の組合せとして、妥当なのはどれか。

主な租税の種類

		直 接 税	間 接 税
国税		所得税 法人税 A	消費税 C
地方税	道府県税	道府県民税 B	地方消費税 D
	市町村税	市町村民税	市町村たばこ税

	A	B	C	D
1	印紙税	相続税	酒税	入湯税
2	相続税	自動車税	酒税	軽油引取税
3	相続税	揮発油税	印紙税	入湯税
4	自動車税	軽油引取税	印紙税	不動産取得税
5	自動車税	事業税	軽油引取税	都市計画税

解 説　　**正解　2**　　　　　　　　　TAC生の正答率　**65%**

与えられている表中の空欄A〜Dに正しい税目を入れると以下のようになる。

		直接税	間接税
国税		所得税 法人税 （A：相続税）	消費税 （C：酒税）
地方税	道府県税	道府県民税 （B：自動車税）	地方消費税 （D：軽油引取税）
地方税	市町村税	市町村民税	市町村たばこ税

以上より、正解は**2**となる。

ちなみにその他、選択肢にある税目を表中に入れると以下のようになる。

		直接税	間接税
国税		所得税 法人税 （A：相続税）	消費税 （C：酒税） 揮発油税 印紙税
地方税	道府県税	道府県民税 （B：自動車税） 事業税	地方消費税 （D：軽油引取税） 不動産取得税
地方税	市町村税	市町村民税	市町村たばこ税 入湯税 都市計画税

| 経済 | 国債 | 2015年度 教養 No.30 |

次のA〜Eのうち、我が国における国債に関する記述の組合せとして、妥当なのはどれか。

A　国債には、公共事業費などの財源として発行される建設国債や、人件費など経常的支出の財源を確保するために発行される赤字国債がある。

B　財政法上、赤字国債の発行は認められているが、建設国債の発行は原則禁止とされているため、政府は、毎年度、特例法を制定して建設国債を発行している。

C　財政法上、国債の新規発行は、公募入札方式によらず、日本銀行が引き受けることを原則としている。

D　バブル崩壊後の不況に対し、政府が公共事業の拡大による景気対策を行ったため、最近では、建設国債残高は赤字国債残高よりもはるかに大きくなっている。

E　国債残高の増加に伴い、国債の元利払いに充てられる経費である国債費が膨張し、他の施策に充てられるべき支出が圧迫されるという問題が生じている。

1　A、B

2　A、E

3　B、C

4　C、D

5　D、E

| 解 説 | 正解　**2** | TAC生の正答率　82% |

A　○

B　✗　財政法第4条では、建設国債の発行は認められているが、特例公債（≒赤字国債）の発行は認められていない（建設国債の原則）。ゆえに、特例公債を発行する際には特例公債法を年度ごとに成立させる必要がある。

C　✗　財政法第5条では、新規国債（＝建設国債、赤字国債等）の日本銀行引き受けによる発行を原則的に禁じている（市中消化の原則）。

D　✗　バブル経済崩壊以降、景気後退にともなう税収の減少や、高齢化にともなう社会保障関係費の増大により経常的支出が増大した結果、赤字国債の発行額は建設国債の発行額をはるかに上回っている。

E　○

経済	株式会社の仕組み	2020年度 教養 No.31

株式会社の仕組みに関する記述として、妥当なのはどれか。

1 株式会社が倒産した際には株式の価値はなくなるが、株主は自身が出資した資金を失う以上の責任を負うことはないことを、無限責任制度という。

2 会社の最高意思決定機関である株主総会において、株主1人につき1票の議決権を持っている。

3 会社が大規模になり、会社の意思決定を左右できるほど株式を所有していないが、専門的知識を有する人が会社経営にあたることを、所有と経営の分離という。

4 ストックオプションとは、株主などが企業経営に関してチェック機能を果たすことをいう。

5 現代の日本における株式会社の経営は、株主の利益の最大化よりもステークホルダーの利益を優先するよう会社法で義務付けられている。

解説　　**正解　3**　　　　　TAC生の正答率　**70%**

1 ✕ 「無限責任制度という」という部分が妥当でない。株主が自ら出資した資金を失う以上の責任を負うことがないことを、株主有限責任（有限責任制度）という（会社法104条）。

2 ✕ 「株主1人につき1票の議決権を持っている」という部分が妥当でない。株主総会において、株主は1株につき1票の議決権を持っているのが原則である（会社法308条1項本文）。これを1株1議決権の原則という。

3 〇 所有と経営の分離は、取締役会設置会社において制度化されている。取締役会設置会社では、取締役によって構成される取締役会が株式会社の業務執行を決定し（会社法362条2項1号）、これに基づいて代表取締役等が業務執行を行う（会社法363条1項）という形で、専門的知識を有する者が会社経営を行う。一方、株式会社の所有者である株主で構成される株主総会は、会社法に規定する事項及び定款で定めた事項に限り、決議をすることができるにすぎない（会社法295条2項）。

4 ✕ ストックオプションとは、新株予約権（会社法2条21号）の一種で、株式会社が、自社の取締役や従業員等に対して、あらかじめ決められた金額（権利行使価格）で自社の株式を購入する権利を与えることである。株価が権利行使価格を上回るときにストックオプションを行使すれば、権利行使価格で購入した株式を株価で売却することで差額の利益を得ることができる。この点から、取締役や従業員等のモチベーションを高めるために導入するケースが見られる。なお、株主などが企業経営に対してチェック機能を果たすことは、コーポレートガバナンス（企業統治）という。

5 ✕ 「株主の利益の最大化よりもステークホルダーの利益を優先するよう会社法で義務付けられている」という部分が妥当でない。本記述のような規定は会社法に存在しない。株主の利益の最大化を優先するのか、ステークホルダー（会社経営における利害関係者）の利益を優先するのか、それとも両者とも同じ程度に重視するのか、といった点については、個々の株式会社の経営方針として決めることになる。

物理　力の合成

2020年度 教養 No.32

下の図のように、物体に3本のひもをつなぎ、ばねはかりで水平面内の3方向に引き、静止させた。ひもA、B、Cから物体にはたらく力の大きさをそれぞれF_A、F_B、F_Cとするとき、これらの比として、正しいのはどれか。

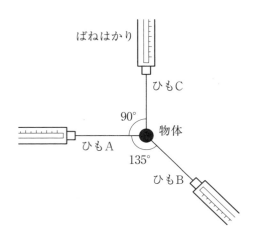

　　　F_A : F_B : F_C
1　　1 : 1 : 1
2　　1 : $\sqrt{2}$: 1
3　　1 : $\sqrt{2}$: 2
4　　1 : 2 : 1
5　　$\sqrt{2}$: 1 : $\sqrt{2}$

解説　正解 2

TAC生の正答率 69%

AとCの合力がBとつり合っているが、図よりこれらは一直線上にある。AとCの力を1とすると、AとCの合力はその間45°に$\sqrt{2}$となり、これがCと等しい。よって正解は **2** である。

物理　力学的エネルギー　2016年度 教養 No.31

次の文章の空欄ア～ウに当てはまる語句又は式の組合せとして、正しいのはどれか。

下図のように、滑らかな曲面上の地点Aにおいて小球から静かに手を離すと、小球は降下し、最下点Bを通過するとき、小球の位置エネルギーは［ ア ］、運動エネルギーは［ イ ］となり、そのときの小球の速さは、基準面から地点Aまでの高さをh、重力加速度をgとすると［ ウ ］で表される。ただし、小球の大きさ、曲面上の摩擦及び空気抵抗は無視する。

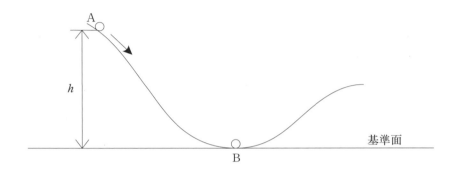

	ア	イ	ウ
1	最大	ゼロ	$\sqrt{gh}$
2	最大	ゼロ	$\sqrt{2gh}$
3	最大	ゼロ	$2\sqrt{gh}$
4	ゼロ	最大	$\sqrt{gh}$
5	ゼロ	最大	$\sqrt{2gh}$

解説　正解 5　TAC生の正答率 75%

小球の質量をmとして、地点Aと地点Bにおける小球のもつエネルギーを考える。

地点Aでは、基準面からの高さがhなので位置エネルギーはmghであり、位置エネルギーはこのとき最大となる。また、地点Aでは、小球は静止しているので、運動エネルギーは0である。

地点Bでは、基準面からの高さが0なので位置エネルギーは0である。地点Bを通過する瞬間の小球の速度をvとすると運動エネルギーは$\frac{1}{2}mv^2$と表され、運動エネルギーについてはこのときが最大となる。

AB間においては小球に対して外力が加わらないので、全てのエネルギーは保存される。地点Aにおける位置エネルギーが地点Bではすべて運動エネルギーに変換されたと考えると、$mgh = \frac{1}{2}mv^2$の式が成り立ち、これを解くと$v = \sqrt{2gh}$と求められる。よって、正解は**5**である。

物理	熱運動と温度	2021年度 教養 No.32

熱運動及び温度に関する次の文章の空欄に当てはまる語句の組合せとして、最も妥当なのはどれか。

煙の微粒子や、水に溶かした絵の具の微粒子を顕微鏡で観察すると、微粒子が　ア　運動とよばれる不規則な運動をしていることがわかる。このような原子・分子の乱雑な運動を熱運動という。温度が高くなるにつれて、　ア　運動は激しくなる。これは、原子・分子の熱運動がより激しくなるためである。温度は、熱運動の激しさを表す物質量である。

日常生活でよく使われる温度目盛りは、　イ　と呼ばれるもので、単位の記号は℃を用いる。一方、科学の世界では、　ウ　を使うことが多く、単位の記号は　エ　を用いる。

	ア	イ	ウ	エ
1	コリオリ	カ氏温度（ファーレンハイト温度）	セ氏温度（セルシウス温度）	°F
2	コリオリ	セ氏温度（セルシウス温度）	カ氏温度（ファーレンハイト温度）	K
3	コリオリ	セ氏温度（セルシウス温度）	絶対温度（熱力学温度）	°F
4	ブラウン	カ氏温度（ファーレンハイト温度）	セ氏温度（セルシウス温度）	°F
5	ブラウン	セ氏温度（セルシウス温度）	絶対温度（熱力学温度）	K

解説　　正解 **5**

TAC生の正答率 **78%**

煙や水に溶かした絵の具を顕微鏡で観察すると、微粒子がブラウン（アの答え）運動とよばれる不規則な運動をしていることがわかる。このような原子・分子の乱雑な運動を熱運動という。温度が高くなるにつれて、ブラウン運動は激しくなる。

日常生活でよく使われる目盛りは、セ氏温度（イの答え）と呼ばれるもので、単位の記号は℃を用いる。一方、科学の世界では、絶対温度（ウの答え）を使うことが多く、単位の記号はK（エの答え）を用いる。

以上より、ア：ブラウン、イ：セ氏温度、ウ：絶対温度、エ：K、となり、正解は**5**となる。

なおコリオリ運動とは、地球の自転による見かけの力が引き起こすものであり、カ氏は水の凝固点を32、沸点を212とした温度の表記法であり、単位は°Fを用いる。

物理	熱量保存の法則	2014年度 教養 No.31

熱容量が84J/Kのティーカップに水100gが入っており、水とティーカップの温度は両方とも10℃となっている。このティーカップへ温度が60℃の水80gを加えて熱平衡の状態になったときの水とティーカップの温度として、正しいのはどれか。ただし、水の比熱は4.2J/(g・K) とし、ティーカップと水の間以外の熱の出入りはないものとする。

1 28℃

2 30℃

3 32℃

4 34℃

5 36℃

解説　　　**正解　2**　　　　　　　　　TAC生の正答率 ▶ **24%**

熱容量とは物体の温度を1℃上げるのに必要な熱量であり、比熱とは1gの物体の温度を1℃上げるのに必要な熱量である。

そこで、熱平衡状態の水とティーカップの温度を t [℃]とすると、加えた水は $60-t$ [℃]だけ温度が下がったので、$80 \times 4.2 \times (60-t)$ [J]の熱をもとあった水とティーカップに奪われている。一方、もとあった水とティーカップは $t-10$ [℃]だけ温度が上がったので、もとあった水は $100 \times 4.2 \times (t-10)$ [J]の熱を、ティーカップは $84 \times (t-10)$ [J]の熱を加えた水から受け取る。

したがって、熱量保存則より $80 \times 4.2 \times (60-t) = 100 \times 4.2 \times (t-10) + 84 \times (t-10)$ （①） が成り立つ。①を整理すれば、$336(60-t) = 504(t-10)$ より、$t = 30$ [℃]となる。

よって、正解は**2**である。

| | 物理 | 電磁波 | 2017年度
教養 No.32 |

電磁波に関する記述として、妥当なのはどれか。

1 電磁波は、波長又は周波数によって分類されており、AMラジオ放送に利用される電磁波には、マイクロ波がある。

2 真空中における電磁波の速さは、周波数によって異なり、周波数が高いほど速い。

3 可視光線の波長は、中波の波長や短波の波長よりも長く、X線の波長よりも短い。

4 紫外線は、波長がγ線よりも長く、殺菌作用があるので殺菌灯に利用されている。

5 赤外線は、X線と比べて物質を透過しやすく、大気中の二酸化炭素に吸収されない。

解説 **正解 4** TAC生の正答率 **33%**

1 ✕ 電磁波が波長または周波数により分類されているという記述は妥当であるが、AMラジオに利用される電磁波はマイクロ波ではなく中波である。

なお、マイクロ波はTV放送や無線LANやレーダー、さらには電子レンジなどに利用されている。

2 ✕ 真空中における電磁波の速さは光速$c=3.0\times10^8$[m/s]で一定であるので、周波数によって速度が変化するということはない。

3 ✕ 本肢で与えられている電磁波の波長の長さは、波長が長いものから中波、短波、可視光線、X線の順である。

4 〇 紫外線は波長がγ線よりも長く、殺菌作用がある。そのため、殺菌灯として利用されている。

5 ✕ 赤外線はX線に比べて物質透過能は低い。また、二酸化炭素は赤外線の吸収率が非常に高く、保温効果に優れているので温室効果ガスとも呼ばれている。

物理	直流と交流	2018年度 教養 No.32

電気の直流と交流に関する記述として、妥当なのはどれか。

1 電圧や電流の向きが一定の電気のことを直流といい、電圧や電流の向きが周期的に変化する電気のことを交流という。

2 変圧器（トランス）を用いることにより、交流の周波数を変化させることができるが、電圧や電流を変化させることはできない。

3 日本において、家庭に供給される交流の周波数は、本州では50ヘルツであり、北海道、四国及び九州では60ヘルツである。

4 蛍光灯、パソコンでは交流を直流に変換して使用されるが、テレビ、DVDプレーヤーでは直流に変換されず、交流のまま使用される。

5 発電所から変電所に送電するときは、電力損失を小さくするため、直流100ボルトの低電圧で送電され、変電所で交流100ボルトに変換して家庭に供給される。

解説　　**正解　1**　　　　　　　　　　　TAC生の正答率　**42%**

1 〇　直流および交流に関する記述として妥当である。

2 ×　変圧器はコイルの巻き数を変化させることで、交流の電圧や電流を変化させる装置である。変圧器で周波数を変化させることはできない。

3 ×　我が国の家庭に供給される交流の周波数は、関東で50ヘルツ、関西で60ヘルツである。北海道は関東の規格（50ヘルツ）、四国および九州は関西の規格（60ヘルツ）がそれぞれ使われている。

4 ×　テレビ、DVDプレイヤーは交流を直流に変換して使用される。なお、現代のほとんどの電化製品は交流を直流に変換して使用される。

5 ×　電力を発電所から変電所に輸送する際は、電力損失を小さくするため、高い交流電圧が用いられる。なお、発電所ではおよそ2万ボルトで送電され、変電所で100ボルトに変換して家庭に供給される。

| 物理 | 磁界 | 2015年度 教養 No.31 |

磁界に関する記述として、妥当なのはどれか。

1 空間の各点の磁界の向きを連ねた線を磁力線といい、磁石の周りでは、Ｓ極から出てＮ極に入る。

2 コイルに電流を流した際、コイルの中心の磁界の向きは、左手の親指を立て、電流の向きに、残りの指でコイルを握った時の親指の向きである。

3 コイルを貫く磁界の強さが変化するとき、コイルに電圧が生じ電流が流れる現象を、超伝導という。

4 磁力線の間隔が狭い場所では磁界が弱く、磁力線の間隔が広い場所では磁界が強い。

5 直線の導線に電流を流すと、導線に垂直な平面内で電流を中心に同心円状の磁界ができる。

解 説　　正解 **5**　　TAC生の正答率 **63%**

1 ✕　空間の各点の磁界の向きを連ねた線を磁力線といい、磁石の周りでは、Ｎ極から出てＳ極に入る。

2 ✕　コイルに電流を流した際、コイルの中心の磁界の向きは、右手の親指を立て、電流の向きに、残りの指でコイルを握ったときの親指の向きである。

3 ✕　コイルを貫く磁界の強さが変化するとき、コイルに電圧が生じ電流が流れる現象を、電磁誘導という。

4 ✕　磁力線の間隔が狭い場所では磁界が強く、磁力線の間隔が広い場所では磁界が弱い。

5 〇　直線の導線に電流を流すと、導線に垂直な平面内で電流を中心に同心円状の磁界ができる。

物理	放射線	2019年度 教養 No.32

放射線に関する記述として、妥当なのはどれか。

1 放射性崩壊をする原子核を放射性原子核といい、放射性崩壊によって放出される放射線には α 線、β 線及び γ 線などがある。

2 α 線は非常に波長の短い電磁波で、磁場内で力を受けず直進し、厚さ数cmの鉛板でなければ、これをさえぎることはできない。

3 β 線の放出は、原子核から陽子2個と中性子2個が ^4_2He となって出ていく現象で、原子核は質量数が4、原子番号が2だけ小さい原子核に変わる。

4 半減期とは、放射性元素が崩壊して原子核が消滅し、もとの放射性元素の半分の質量になるまでにかかる時間をいう。

5 物質に吸収されるときに放射線が物質に与えるエネルギーを吸収線量といい、シーベルト（記号 Sv）という単位が用いられる。

解 説	正解 **1**	TAC生の正答率 **38%**

1 ○

2 × これは γ 線についての説明である。

3 × これは α 線についての説明である。なお、厳密にいうと α 粒子はヘリウムの原子核である。

4 × 半減期とは、元の原子（放射性同位体）が別の種類の原子核に変わり、半分になるまでの期間である。原子核が消滅するわけではない。

5 × これはグレイ（記号Gy）の説明である。シーベルトは人体が受ける影響の大きさを表す単位である。他に、放射能の強さを表すベクレル（記号Bq）という単位もある。

385

		2013年度
物理	**放射線**	教養 No.31

放射線に関する記述として、妥当なのはどれか。

1 放射性元素が崩壊する際に放出する放射線には、α線、β線及びγ線とよばれる３種類がある。

2 α線の実体は、波長が非常に短い電磁波であり、電気的に中性で、物質を透過する作用は最も強く、厚さ数cmくらいの金属板も通り抜ける。

3 β線の実体は、ヘリウム原子核であり、正の電荷を持ち、物質を透過する作用は最も弱く、空気中では数cmで止まる。

4 半減期とは、放射性元素が崩壊して原子核が消滅し、もとの放射性元素の質量の半分になるまでにかかる時間をいう。

5 放射能の強さは、単位時間に崩壊する原子核の個数で表し、１秒間に１個の原子核が崩壊する放射能の強さを１シーベルト（記号 Sv）という。

解説　　　**正解　1**　　　　　　　　　　　TAC生の正答率 **30%**

1 ◯　放射性元素が崩壊する際に放出する放射線は、粒子線であって、正電荷であるα線、負電荷であるβ線、電磁波であるγ線の３種類に分類される。

2 ×　α線の実体はヘリウム原子核${}^4_2$Heであり、電磁波でなく粒子である。原子核なので電気的には正電荷である。また、α線、β線、γ線の３種類の放射線の中で物質への透過力が最も強いのはγ線である。

3 ×　β線の実体は電子であり、β線は負電荷である。α線、β線、γ線の３種類の放射線の中で物質への透過力が最も弱いのはα線である。

4 ×　放射性物質が放射性崩壊を行うことで、元の個数の半分になる時間を半減期という。質量が半分になる時間ではない。

5 ×　シーベルトは線量当量の単位である。線量当量とは放射線が人体に与える生物学的影響の大きさの単位である。

化学	物質の構成	2018年度 教養 No.33

物質の構成に関する記述として、妥当なのはどれか。

1 1種類の元素からできている純物質を単体といい、水素、酸素及びアルミニウムがその例である。

2 2種類以上の元素がある一定の割合で結びついてできた純物質を混合物といい、水、塩化ナトリウム及びメタンがその例である。

3 2種類以上の物質が混じり合ったものを化合物といい、空気、海水及び牛乳がその例である。

4 同じ元素からできている単体で、性質の異なる物質を互いに同位体であるといい、ダイヤモンド、フラーレンは炭素の同位体である。

5 原子番号が等しく、質量数が異なる原子を互いに同素体であるといい、重水素、三重水素は水素の同素体である。

解 説　　**正解 1**　　TAC生の正答率 **76%**

1 ○ 単体に関する説明およびその物質例として妥当な記述である。

2 × 2種類以上の元素がある一定の割合で結びついてできた純物質を化合物という。なお、水、塩化ナトリウムおよびメタンは化合物の例である。

3 × 2種類以上の物質が混じり合ったものを混合物という。なお、空気、海水および牛乳は混合物の例である。

4 × 同じ元素からできている単体で、性質の異なる物質を互いに同素体であるという。なお、ダイヤモンドとフラーレンは同素体の例である。

5 × 原子番号が等しく、質量数が異なる原子を互いに同位体であるという。なお、重水素と三重水素（トリチウム）は水素の同位体の例である。

| 化学 | 物質の構成 | 2013年度 教養 No.32 |

物質の構成に関する記述として、妥当なのはどれか。

1 1種類の元素からできている純物質を単体といい、水素、酸素及び鉄がその例である。

2 2種類以上の物質が混じり合ったものを混合物といい、水、二酸化炭素及びアンモニアがその例である。

3 2種類以上の元素がある一定の割合で結びついてできた純物質を化合物といい、空気、海水及び食塩水がその例である。

4 同じ元素からなる単体で、性質の異なる物質を互いに同位体であるといい、ダイヤモンド、黒鉛及びカーボンナノチューブは炭素の同位体である。

5 原子番号が等しく、質量数が異なる原子を互いに同素体であるといい、重水素及び三重水素は水素の同素体である。

解説　　正解　1

TAC生の正答率　59%

1 ○　1種類の元素からできている純物質を単体という。単体の例には、水素H_2や酸素O_2、鉄Feがある。

2 ×　2種類以上の物質が混じりあったものを混合物という。混合物には、水と塩化ナトリウムなどが混じった海水や、窒素や酸素などが混じった空気がある。水や二酸化炭素、アンモニアは混合物でなく、純物質である。

3 ×　2種類以上の元素が一定の割合で結びついてできた純物質を化合物という。化合物には、塩酸や塩化ナトリウムなどがある。空気、海水、食塩水は混合物である。

4 ×　同じ元素からなる単体で、性質の異なる物質を同素体という。ダイヤモンド、黒鉛、カーボンナノチューブは炭素の同素体である。

5 ×　原子番号が等しく、質量数が異なる原子を同位体という。重水素や三重水素は水素の同位体である。

| 化学 | 完全燃焼 | 2020年度 教養 No.33 |

一酸化炭素2.8gを完全燃焼させるときに必要となる酸素の質量として、妥当なのはどれか。ただし、一酸化炭素の分子量を28、酸素の分子量を32とする。

1 0.8g

2 1.4g

3 1.6g

4 2.8g

5 4.4g

解説 正解 3 TAC生の正答率 75%

燃焼とは酸素と結びつくことをいい、完全燃焼は各原子を完全な燃焼生成物に変化させることである。この場合はすべて二酸化炭素になればよい。なお、不完全燃焼の場合、一酸化炭素COやすすCなどが発生する。

よってこの場合の反応式は、

$$2CO + O_2 \rightarrow 2CO_2$$

となる。一酸化炭素の分子量は28なので、一酸化炭素2.8gでは$2.8[g] \div 28[g/mol] = 0.1[mol]$となる。反応式より、一酸化炭素と酸素の反応比は$2 : 1$なので、酸素は$0.05[mol]$となる。よって、必要な酸素の質量は$32[g/mol] \times 0.05[mol] = 1.6[g]$なので、正解は**3**である。

化学	完全燃焼	2016年度 教養 No.32

メタン8.0gが完全燃焼するときに生成する水の物質量として、正しいのはどれか。ただし、メタンの分子式はCH_4、分子量は16とする。

1 0.5mol

2 1.0mol

3 1.5mol

4 2.0mol

5 2.5mol

解説 　　**正解　2**　　　　　　　　　　　　　　TAC生の正答率 **51%**

　問題文より、メタンの分子量は16であることから、反応させるメタン8.0gの物質量は$\dfrac{8}{16}=0.5$[mol]である。また、メタンの完全燃焼の反応式は以下のように表される。

　　$CH_4 + 2O_2 \rightarrow CO_2 + 2H_2O$

　反応式の係数より、（反応するメタンCH_4の物質量）：（生成する水H_2Oの物質量）＝1：2であるので、水は$0.5 \times 2 = 1.0$[mol]生成する。よって、正解は**2**である。

化学	中和滴定	2014年度 教養 No.32

　ある濃度の希硫酸10.0mLを完全に中和するのに、0.10mol/Lの水酸化ナトリウム水溶液8.0mLを要したとき、希硫酸のモル濃度として、正しいのはどれか。

1 0.01mol/L

2 0.02mol/L

3 0.04mol/L

4 0.08mol/L

5 0.16mol/L

解説　　　**正解　3**　　　　　　　　　TAC生の正答率　**49%**

　希硫酸のモル濃度をx［mol/L］とする。

　希硫酸は2価の酸であるので、x［mol/L］の希硫酸10.0mLに含まれるH^+のモル数は$2 \times x \times \dfrac{10}{1000}$［mol］となる。

　水酸化ナトリウムは1価の塩基であるので、0.10mol/Lの水酸化ナトリウム8.0mLに含まれるOH^-のモル数は$1 \times 0.1 \times \dfrac{8}{1000}$［mol］となる。

　完全に中和した状態では、H^+のモル数とOH^-のモル数は等しく、以下の式が成り立つ。

$$2 \times x \times \frac{10}{1000} = 1 \times 0.1 \times \frac{8}{1000}$$

　上式を解くと、$x = 0.04$［mol/L］となるので、正解は**3**である。

化学	酸化と還元	2021年度 教養 No.33

酸化と還元に関する記述として、妥当なのはどれか。

1 物質が水素原子と化合したときは「酸化された」といい、逆に物質が水素原子を失ったときは「還元された」という。

2 酸化数とは原子の酸化の状態を示す数値であり、水素分子中の水素原子の酸化数と化合物中の水素原子の酸化数は等しい。

3 酸化還元反応において、相手の物質を酸化し、自身は還元される物質を還元剤といい、相手の物質を還元し、自身は酸化される物質を酸化剤という。

4 水素よりイオン化傾向の大きい銀は、塩酸や希硫酸とは反応しないが、酸化力の強い硝酸や高温の濃硫酸と反応し、水素を発生する。

5 イオン化傾向の大きいリチウムとカリウムは、空気中では速やかに内部まで酸化される。

解説　　　正解　5　　　　　　　　　TAC生の正答率　36%

1　×　水素原子と化合したときは「還元された」といい、逆に失ったときは「酸化された」という。

2　×　単体における原子の酸化数はどの単体でも0、化合物における水素原子の酸化数は＋1であるので、水素分子中の水素原子の酸化数と化合物中の水素原子の酸化数は異なる。

3　×　相手の物質を還元し、自身は酸化される物質を還元剤といい、相手の物質を酸化し、自身は還元される物質を酸化剤という。

4　×　銀は水素よりイオン化傾向は小さい。また銀は、塩酸や希硫酸とは反応しないが、酸化力の強い硝酸や高温の濃硫酸とは反応する。このときに発生するのは一酸化窒素や二酸化窒素、二酸化硫黄である。

$$3Ag + 4HNO_3 （希硝酸） \rightarrow 3AgNO_3 + 2H_2O + NO$$
$$Ag + 2HNO_3 （濃硝酸） \rightarrow AgNO_3 + H_2O + NO_2$$
$$2Ag + 2H_2SO_4 （熱濃硫酸） \rightarrow Ag_2SO_4 + 2H_2O + SO_2$$

5　○

MEMO

| 化学 | 化学の法則 | 2017年度
教養 No.33 |

化学の法則に関する記述として、妥当なのはどれか。

1 ボイル・シャルルの法則とは、一定の温度において、一定量の溶媒に溶解する気体の物質量は、その気体の圧力に比例するという法則である。

2 ファントホッフの法則とは、電気分解において、陰極や陽極で変化した物質の物質量は、流れた電気量に比例するという法則である。

3 ヘスの法則とは、物質が変化するときに出入りする反応熱の大きさは、変化の前後の状態だけで決まり、変化の経路には無関係であるという法則である。

4 ファラデーの法則とは、一定質量の気体の体積は、圧力に反比例し、絶対温度に比例するという法則である。

5 ヘンリーの法則とは、希薄溶液の浸透圧は、溶液の濃度に比例し、溶質の分子量に反比例するという法則である。

解説 　**正解　3**　　　　　　　　　　　　　TAC生の正答率　**60%**

選択肢に与えられている法則名と内容の正しい組合せは以下の通りである。

〈ボイル・シャルルの法則〉

　一定質量の気体の体積は圧力に反比例し、絶対温度に比例するという法則。

　なお、圧力を P、体積を V、絶対温度を T とおくと、ボイル・シャルルの法則は以下の式で表される。

$$\frac{PV}{T} = （一定）　または V = \frac{T}{P} \times （一定）$$

〈ファントホッフの法則〉

　希薄溶液の浸透圧は、溶液の濃度に比例し、溶質の分子量（モル質量）に反比例するという法則。

　なお、浸透圧を Π、モル濃度を c、気体定数を R、絶対温度を T とおくと、ファントホッフの式は以下のように表される。

$$\Pi = cRT$$

　さらに、溶液の体積を V、溶質の質量を m、モル質量を M とおくと上式は以下のように変形される。

$$\Pi = \frac{m}{M} \cdot \frac{1}{V} RT$$

〈ヘスの法則〉

　物質が変化するときに出入りする反応熱の大きさは、変化の前後の状態だけで決まり、変化の経路には無関係であるという法則。

〈ファラデーの法則〉

　電気分解において、陰極や陽極で変化した物質の物質量は、流れた電気量に比例するという法則。

〈ヘンリーの法則〉

　一定の温度において、一定量の溶媒に溶解する気体の物質量は、その気体の圧力に比例するという法則。

　以上より、正解は**3**である。

| | 化学 | 法則・周期律・製造法 | 2019年度 教養 No.33 |

化学者に関する記述として、妥当なのはどれか。

1 ドルトンは、元素の周期律を発見し、当時知られていた元素を原子量の順に並べた周期表を発表した。

2 カロザースは、窒素と水素の混合物を低温、低圧のもとで反応させることにより、アンモニアを合成する方法を発見した。

3 プルーストは、一つの化合物に含まれる成分元素の質量の比は、常に一定であるという法則を発見した。

4 ハーバーは、食塩水、アンモニア及び二酸化炭素から炭酸ナトリウムを製造する、オストワルト法と呼ばれる方法を発見した。

5 アボガドロは、同温、同圧のもとで、同体積の気体に含まれる分子の数は、気体の種類により異なるという説を発表した。

解説　　正解　3　　　　　　　　　　TAC生の正答率　34%

1 ✕ これはメンデレーエフについての説明である。

2 ✕ カロザースはナイロンを発明したことで有名である。なお、アンモニアの合成法としてはハーバーとボッシュが開発したハーバー・ボッシュ法が代表例であるが、それは高温・高圧下で行われる。

3 ○ プルーストが発見した「定比例の法則」の説明として正しい。

4 ✕ このようにして炭酸ナトリウムを製造する方法は「アンモニアソーダ法（別名：ソルベー法）」と呼ばれ、発見者はソルベーである。

5 ✕ アボガドロが発表したのは「同温、同圧のもとで、同体積の気体に含まれる分子の数は等しい」という説である。

化学	炎色反応	2015年度 教養 No.32

次の炎色反応における元素と炎の色の組合せとして、妥当なのはどれか。

	元素	炎の色
1	Li	青緑
2	Na	黄
3	Ca	緑
4	Sr	黄緑
5	Cu	赤紫

解説　　正解　2　　　　　　TAC生の正答率 62%

1 ✕ Liの炎色反応は赤色である。

2 ◯ Naの炎色反応は黄色である。

3 ✕ Caの炎色反応は橙赤色である。

4 ✕ Srの炎色反応は深赤色である。

5 ✕ Cuの炎色反応は青緑色である。

| 生物 | 酵素 | 2019年度 教養 No.34 |

酵素に関する記述として、妥当なのはどれか。

1 カタラーゼは、過酸化水素を触媒として分解されることで、酸素とアミノ酸を生成する。

2 唾液や膵液に含まれるアミラーゼは、デンプンをマルトースに分解する消化酵素であり、唾液中のアミラーゼの最適pHは約7である。

3 胃液に含まれるリパーゼは、デンプン及びタンパク質をヒトの小腸の柔毛上皮で吸収できる状態にまで分解する。

4 トリプシンは、胆汁に多く含まれる分解酵素の一つであり、乳糖や脂肪の分解に働く。

5 植物の光合成は、制限酵素の働きの一つであり、水と酸素を原料にタンパク質を合成する。

解説　　**正解 2**　　　　TAC生の正答率 **35%**

1 ✕ カタラーゼは過酸化水素を分解する酵素である。ちなみに酵素はすべて触媒である。なお、過酸化水素が分解されると酸素が発生する（$2H_2O_2 \rightarrow 2H_2O + O_2$）。

2 〇

3 ✕ リパーゼが作用するのは脂質に対してである。

4 ✕ トリプシンは膵液に多く含まれるタンパク質分解酵素である。

5 ✕ 植物の光合成で作られるのはデンプンである。

生物	遺伝	2018年度 教養 No.34

遺伝子と染色体に関する記述として、妥当なのはどれか。

1 同一の染色体にある複数の遺伝子が、配偶子の形成に際して行動をともにする現象を連鎖といい、連鎖には独立の法則が当てはまらない。

2 染色体の一部が入れ換わることを染色体の組換えといい、組換えは染色体にある二つの遺伝子間の距離が離れているほど起こりにくい。

3 染色体に存在する遺伝子の配列を図に示したものを染色体地図といい、細胞学的地図と比べると、遺伝子の配列に一致する部分がなく、配列の順序が逆に示される。

4 雌雄の性決定に関与する染色体を性染色体といい、性染色体はX染色体、Y染色体及びZ染色体の3種類の組合せでできており、ヒトの性決定は雌ヘテロ型のXY型に分類される。

5 遺伝子が性染色体に存在するため雌雄で形質の伝わり方が異なる遺伝のことを選択的遺伝子発現といい、選択的遺伝子発現の例として、染色体の減数分裂が挙げられる。

解説　　正解　**1**　　　　TAC生の正答率　**32%**

1 ○　連鎖に関する記述として妥当である。

2 ×　染色体の一部が入れ換わることを染色体の組換えという記述は妥当であるが、染色体にある二つの遺伝子間の距離が離れているほど組換えは起こりやすい。

3 ×　染色体に存在する遺伝子の配列を図に示したものを染色体地図であるという記述は妥当である。染色体地図は組換え価をもとに作られた遺伝子の地図であり、細胞学的地図は実際の遺伝子の染色体上の位置を表す地図である。染色体地図と細胞学的地図は、遺伝子配列の順序は一致しているが遺伝子間の距離は一致しない。

4 ×　雌雄の性決定に関与する染色体を性染色体といい、性染色体はX染色体、Y染色体およびZ染色体の3種類の組み合わせでできているという記述は妥当である。ヒトの性決定は、雄はヘテロ型のXY型に分類される（雌はホモ型のXX型である）。

5 ×　遺伝子が性染色体に存在するため雌雄で形質の伝わり方が異なる遺伝のことを伴性遺伝という。選択的遺伝子発現とは、細胞ごとに異なる遺伝子が発現する現象である。細胞は全ての遺伝子のセットを持っているが、赤血球ではヘモグロビン遺伝子が特異的に発現し、膵臓の細胞ではインスリン遺伝子が特異的に発現するというように、細胞ごとに発現させる遺伝子を変えることで細胞ごとの機能を調節している。

生物	遺伝	2014年度 教養 No.33

　赤色の花のマルバアサガオと白色の花のマルバアサガオとを交雑させると、次の世代にはすべて桃色の花が咲く。この桃色の花のマルバアサガオを自家受精させた場合に、次の世代に咲くマルバアサガオの花の色とその割合として、妥当なのはどれか。

1　全部桃色の花が咲く。

2　赤色の花 1、白色の花 1 の割合で咲く。

3　赤色の花 1、桃色の花 1、白色の花 1 の割合で咲く。

4　赤色の花 1、桃色の花 2、白色の花 1 の割合で咲く。

5　赤色の花 2、桃色の花 1、白色の花 2 の割合で咲く。

解 説　　**正解　4**　　　　　　　　　　　TAC生の正答率　**94%**

　赤色の花のマルバアサガオと白色の花のマルバアサガオとを交雑させると、次の世代にはすべて桃色の花が咲く。これは、赤色を発現する遺伝子（R）と白色を発現する遺伝子（r）の優劣関係が不完全なために起こる現象で、このような遺伝子間の関係を不完全優性という（表1）。桃色の花のように、両親の中間の形質を表す雑種を中間雑種という。

　中間雑種である桃色の花を自家受精させると、赤色：桃色：白色＝1：2：1となり、遺伝子型と表現型が一致する（表2）。よって、正解は **4** である。

（表1）

	r	r
R	Rr（桃色）	Rr（桃色）
R	Rr（桃色）	Rr（桃色）

（表2）

	R	r
R	RR（赤色）	Rr（桃色）
r	Rr（桃色）	rr（白色）

	生物	腎臓	2017年度 教養 No.34

ヒトの腎臓に関する次の文章の空欄ア〜オに当てはまる語句の組合せとして、妥当なのはどれか。

ヒトの腎臓は、横隔膜の下の背側に　ア　対あり、それぞれ輸尿管につながっている。

腎臓の内部には、　イ　と細尿管とからなるネフロン（腎単位）が、腎臓1つ当たり約　ウ　万個ある。

　イ　は、毛細血管が密集した　エ　を、袋状の　オ　が包み込むような構造になっている。

	ア	イ	ウ	エ	オ
1	1	腎う	1,000	糸球体	ボーマンのう
2	1	腎小体	100	糸球体	ボーマンのう
3	1	腎う	100	ボーマンのう	糸球体
4	2	腎小体	1,000	ボーマンのう	糸球体
5	2	腎う	100	ボーマンのう	糸球体

解説　　**正解　2**　　　　　　　　　　　TAC生の正答率 **52%**

　ヒトの腎臓は、横隔膜の下の背側に1対あり、腎臓の内部には、腎小体と細尿管とからなるネフロン（腎単位）が、腎臓1つあたり約100万個ある。腎小体は、毛細血管が密集した糸球体を、袋状のボーマンのうが包み込むような構造になっている。

　以上より、ア：1、イ：腎小体、ウ：100、エ：糸球体、オ：ボーマンのうであるので、正解は**2**である。

生物	**血液**

2013年度
教養 No.33

ヒトの血液に関する記述として、妥当なのはどれか。

1 血液は、体積の約55％の有形成分と約45％の液体成分からできており、有形成分のうち最も多いのは、白血球である。

2 血しょうは、約90％が水分であり、栄養分や老廃物を運搬するほか、血しょう中の成分が血液凝固の反応において繊維状のフィブリンとなる。

3 赤血球は、核を有する球状の細胞であり、赤血球に含まれるグロブリンによって体内の組織へ酸素を運搬する。

4 白血球は、核がない中央がくぼんだ円盤状の細胞であり、出血したときに集まって傷口をふさぐとともに血液凝固に働く因子を放出する。

5 血小板は、核を有する不定形の細胞であり、体内に侵入した細菌やウイルスなどの異物を食作用により分解し排除するほか、免疫反応に関係している。

解 説　　**正解　2**　　　　　　　　　　　　　TAC生の正答率 **84％**

1　✕　血液は、体積の約45％の有形成分と約55％の液体成分からできており、有形成分のうち最も多いのは赤血球である。

2　○　血しょうは血液の液体成分であり、約90％が水分であり、血液の細胞成分、養分、ホルモン、老廃物の運搬などの作用を持つ。血しょう中のフィブリノーゲンが血液凝固の反応において活性化され、フィブリンとなる。

3　✕　赤血球は無核の細胞である。また、血液は、赤血球に含まれるヘモグロビンにより、体内の組織へ酸素を運搬する。

4　✕　白血球は有核の細胞であり、異物を食作用により分解し排除したり、免疫反応に関係するリンパ球などを含んでいる。

5　✕　血小板は無核の不定形の細胞であり、血液凝固因子を含んでおり、出血時の血液凝固にはたらく。

生物	植物のつくりとはたらき	2021年度 教養 No.34

植物のつくりとはたらきに関する記述として、最も妥当なのはどれか。

1 裸子植物であるアブラナの花は、外側から、がく、花弁、おしべ、めしべの順についており、めしべの根もとの膨らんだ部分を柱頭といい、柱頭の中には胚珠とよばれる粒がある。

2 おしべの先端にある小さな袋をやく、めしべの先端を花粉のうといい、おしべのやくから出た花粉が、めしべの花粉のうに付くことを受精という。

3 根は、土の中にのび、植物の体を支え、地中から水や水に溶けた養分などを取り入れるはたらきをしており、タンポポは太い根の側根を中心に、側根から枝分かれして細い根のひげ根が広がっている。

4 茎には、根から吸収した水や水に溶けた養分などが通る道管、葉でつくられた栄養分が運ばれる師管の2種類の管が通っている。

5 葉の表皮は、水蒸気の出口、酸素や二酸化炭素の出入り口としての役割を果たしており、葉の内部の細胞の中には、ミドリムシといわれる緑色の粒が見られる。

解説　　**正解　4**　　　　　　　TAC生の正答率 **70%**

1 ✕　アブラナは被子植物である。また、めしべの根もとの膨らんだ部分を子房といい、その中に胚珠とよばれる粒がある。なお柱頭とは、めしべの先端部分をいう。

2 ✕　めしべの先端を柱頭という。やくから出た花粉が柱頭に付くことを受粉という。なお花粉のう（嚢）とは、花粉の入った袋という意味で、一般に裸子植物のりん片にあるものをいう。また、花粉内の精細胞が胚珠内の卵細胞と合体することを受精という。

3 ✕　タンポポは双子葉類なので、根のつくりは主根と側根である。側根から枝分かれする細いものを根毛といい、表面積を広くするはたらきをしている。なおひげ根とは、単子葉類に見られる根のつくりである。

4 〇

5 ✕　葉の内部の緑色の粒は葉緑体であり、光合成の場である。なおミドリムシは、鞭毛運動をする光合成生物（葉緑体をもつ）である。

生物	脊椎動物	2020年度 教養 No.34

両生類、は虫類、鳥類、哺乳類に属する動物の組合せとして、妥当なのはどれか。

	両生類	は虫類	鳥類	哺乳類
1	イモリ	カメ	ダチョウ	ペンギン
2	イモリ	ヘビ	ムササビ	イルカ
3	サンショウウオ	イモリ	カモノハシ	イルカ
4	サンショウウオ	カメ	ペンギン	カモノハシ
5	ヘビ	イモリ	ダチョウ	カモノハシ

解説　　　正解　**4**　　　　　　　　　　　TAC生の正答率　**54%**

　選択肢にある生物を分類すると、イモリ・サンショウウオは両生類、ヘビ・カメはは虫類、ダチョウ・ペンギンは鳥類、ムササビ・カモノハシ・イルカは哺乳類である。よって正解は**4**である。

404

生物	自律神経系	2015年度 教養 No.33

自律神経系の働きに関する次の文章の空欄ア〜オに当てはまる語句の組合せとして、妥当なのはどれか。

自律神経系は、交感神経と ア とからなり、多くの場合、両者が同一の器官に分布し、相互に対抗的に作用することにより、その器官の働きを調整している。交感神経が興奮すると、その末端からは イ が、 ア が興奮すると、その末端からは ウ が分泌され、各器官に働く。例えば、交感神経が興奮すると、心臓の拍動が エ し、気管支は オ し、膀胱においては排尿を抑制する。

	ア	イ	ウ	エ	オ
1	感覚神経	アセチルコリン	ノルアドレナリン	促進	拡張
2	感覚神経	ノルアドレナリン	アセチルコリン	抑制	収縮
3	副交感神経	アセチルコリン	ノルアドレナリン	抑制	収縮
4	副交感神経	ノルアドレナリン	アセチルコリン	促進	拡張
5	副交感神経	ノルアドレナリン	アセチルコリン	抑制	収縮

解説　　**正解　4**　　　　　　　　　　　　　　TAC生の正答率 **87%**

自律神経系は交感神経と副交感神経とからなる。交感神経が興奮すると、その末端からノルアドレナリンが分泌される。また、副交感神経が興奮すると、その末端からアセチルコリンが分泌される。交感神経が興奮すると、心臓の拍動が促進し、気管支は拡張し、膀胱は排尿を抑制したりする。

よって、正解は**4**となる。

| | 生物 | 筋肉 | 2016年度 教養 No.33 |

筋肉に関する記述として、妥当なのはどれか。

1 横紋筋には、骨に付着して体を動かすときに使われる骨格筋と、心臓を動かす心筋がある。

2 平滑筋は、随意筋であり、筋繊維が束状になって、消化管や血管の壁などを形成している。

3 筋原繊維には、暗帯と明帯が不規則に並んでおり、明帯の中央にある細胞膜と細胞膜の間をサルコメアという。

4 筋小胞体は、神経から伝えられた刺激で筋繊維内のミトコンドリアに興奮が生じると、マグネシウムイオンを放出する。

5 アクチンフィラメントは、それ自身の長さが縮むことにより、筋収縮を発生させる。

解 説　　**正解　1**　　TAC生の正答率 **54%**

1 **○**　横紋筋には、骨に付着して体を動かすときに使われる骨格筋と、心臓を構成する心筋とが存在する。

2 **×**　平滑筋は、心臓以外の内臓の筋組織や血管の筋組織を構成するが、自らの意思で動かすことができない不随意筋である。

3 **×**　筋原繊維において、暗帯と明帯は規則的に並んでいる。また、明帯の中央にあるのはＺ板（Ｚ線）であり、Ｚ板とＺ板との間を構成する筋収縮の構造的単位をサルコメア（筋節）と呼ぶ。

4 **×**　神経からの刺激が筋細胞に伝わると、筋細胞に活動電位が生じ、これが筋細胞内に存在している筋小胞体へと伝わる。筋小胞体はカルシウムイオンを貯蔵しており、活動電位の刺激が伝わることにより、カルシウムイオンを筋細胞内に放出する。

5 **×**　筋繊維において、アクチンフィラメントはミオシンフィラメントに滑り込むことによって収縮力を発生させるので、それ自身の長さが縮むことはない。

地学 南中高度の計算

東京都本庁舎近くの東経139.7°、北緯35.7°、高度0 mの地点での夏至の日の南中高度として、妥当なのはどれか。ただし、地軸の傾きは23.4°とする。

1 12.3°
2 30.9°
3 54.3°
4 59.1°
5 77.7°

解説　正解 5

緯度がθ°のある地域における、夏至の日の天球の断面を考えると下図のようになる。図より、夏至の南中高度Hは以下の式により表される。

$H = (90° - \theta) + 23.4°$

東京都本庁舎近くでは緯度が35.7°なので、$\theta = 35.7°$としてHは以下のように計算される。

$H = (90° - 35.7°) + 23.4° = 77.7°$

よって、正解は**5**である。

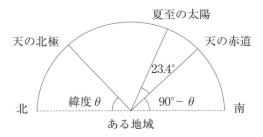

| 地学 | 太陽系の天体 | 2013年度 教養 No.34 |

太陽系の天体に関する記事として、妥当なのはどれか。

1 地球の自転は、フーコーの振り子の振動面が回転することから観測でき、振動面が1回転する時間は地球上のいずれの地点においても同一である。

2 地球の赤道面は、公転面に対して23.4°傾いているため、太陽の南中高度は夏至と冬至で23.4°の差を生じる。

3 月は、地球のまわりを公転する衛星で、地球から約38万kmの軌道を約27.3日の周期で回る間に、地球から月のすべての表面を見ることができる。

4 内惑星は、地球の軌道よりも内側を回る惑星で、地球から見て太陽の後方の位置にあるときは、地球から一晩中見える場合がある。

5 小惑星は、軌道がわかっているものだけでも現在10万個以上あり、大部分が火星と木星の軌道の間にあって、太陽のまわりを公転している。

| 解 説 | 正解 **5** | TAC生の正答率 **51%** |

1 ✕ フーコーの振り子の振動面が回転することで、地球の自転は証明できる。振動面が1回転する時間は、極では1恒星日（23時間56分）で、赤道に近づくほど長くなるが、赤道ではフーコーの振り子の振動面は回転しない。また、フーコーの振り子の振動面は、北半球では時計回りに、南半球では反時計回りに回転する。

2 ✕ 地球の赤道面は、公転面に対して23.4°傾いている。そのため、太陽の南中高度は、夏至と冬至で23.4°の2倍の46.8°の差を生じる。北半球の緯度ϕ°の地点における太陽の南中高度は、次のようになる。

春分・秋分の南中高度 ＝ $90° - \phi°$
夏至の南中高度 　　　＝ $(90° - \phi°) + 23.4°$
冬至の南中高度 　　　＝ $(90° - \phi°) - 23.4°$

3 ✕ 月は地球の周りを公転する衛星で、地球から約38万kmの軌道を約27.3日の周期で回っている。しかし、月の自転周期は公転周期と同じために、月はいつも同じ面を地球に向けており、地球からは月の表面のほぼ半分しか見ることができない。

4 ✕ 内惑星は、地球の軌道よりも内側を回る惑星で、水星と金星がある。内惑星が地球から見て太陽の後方の位置にある時を外合という。内惑星が外合の時には、太陽とほぼ同じ方向にあるために、夜の間は天球上の観測できる位置には存在せず、昼の間は太陽の光が明るすぎるので観測は困難である。外惑星では、太陽から180°離れる衝の時に、地球から一晩中観測できるが、内惑星では地球から一晩中観測できる時はない。

5 〇 小惑星は、太陽系小天体の一つで、不規則な形をした岩石状の小天体である。小惑星は軌道が分かっているものだけでも、30万個以上（2012年6月14日時点）あり、その大部分が火星と木星の軌道の間にあり、太陽のまわりを公転している。

| 地学 | 太陽 | 2015年度 教養 No.34 |

太陽に関する記述として、妥当なのはどれか。

1 黒点は、磁場が弱く周囲の光球より温度が高いため黒く見え、その数は変化しない。

2 フレアから発生する強いX線は、地球の大気圏に影響を与え、通信障害などを引き起こすことがある。

3 太陽を構成する元素は、ヘリウムが大部分を占めており、次いで酸素、鉄の順に多い。

4 中心核では、核分裂反応が繰り返されており、大量のエネルギーが発生している。

5 太陽系の惑星は、太陽を中心に公転しており、太陽に近い位置の惑星から順に、水星、金星、火星、地球、土星、木星、海王星、天王星、冥王星である。

解説　　正解　**2**　　　　　　　　TAC生の正答率 **58%**

1 ✕　黒点は磁場の強い場所で、磁力線の作用により内部からの高温のガスが運ばれにくく、周囲の光球よりも約1500〜2000K温度が低いために黒く見える。黒点の数は約11年周期で増減を行い、黒点の数が多い時が太陽の活動が活発な時である。

2 〇　フレアは、彩層やコロナの一部が突然輝く、太陽表面の爆発現象であり、フレアが発生すると強いX線や紫外線を放射する。それらが地球に到達し、大気圏の上層部に影響を与えて起こす短波通信障害を、デリンジャー現象という。

3 ✕　太陽を構成する元素は、水素が大部分を占めており（原子数で約92％）、次に多いものはヘリウム（約8％）であり、その他の元素は全て合わせても約0.1％しか存在しない。この割合は、一般の恒星や星間ガスについてもほとんど変化がないことが知られており、宇宙元素組成と呼ばれている。

4 ✕　太陽の中心核では、4個の水素原子核を1個のヘリウム原子核に変える核融合反応が起こり、この時失われた質量がエネルギーとなり放射されている。

5 ✕　太陽系の惑星は、太陽を中心に公転しており、太陽から近い順に、水星、金星、地球、火星、木星、土星、天王星、海王星の8つである。2006年まで9番目の惑星とされていた冥王星は、現在では太陽系外縁天体に分類されている。

地学　恒星

恒星の進化に関する次の図の空欄A〜Dに当てはまる語句の組合せとして、妥当なのはどれか。

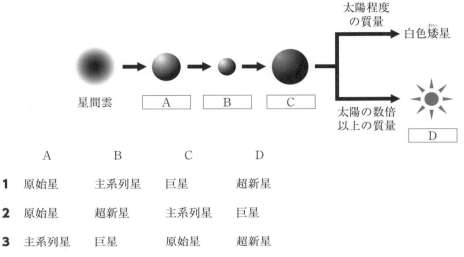

	A	B	C	D
1	原始星	主系列星	巨星	超新星
2	原始星	超新星	主系列星	巨星
3	主系列星	巨星	原始星	超新星
4	超新星	巨星	原始星	主系列星
5	超新星	原始星	巨星	主系列星

解説　正解　1

TAC生の正答率　70%

　恒星は、星間物質の密度が周囲より大きい領域である星間雲で誕生すると考えられている。星間雲の中の特に密度が高い部分では、自らの重力でガスが収縮し、内部の温度が上昇して原始星（A）として輝き始める。原始星には、周囲に星間物質が存在しており、可視光線では観測されずに赤外線として観測される。やがて、原始星を取り巻く星間ガスが失われて星の光が宇宙空間に放たれるようになるTタウリ型星となる。さらに収縮が続き、恒星の中心部の温度が約1000万Kを超えると水素原子核をヘリウム原子核に変える核融合反応が始まり、主系列星（B）となる。主系列星は、重力により収縮しようとする力と、内部からの圧力により膨張しようとする力が釣り合って安定な状態となっており、恒星はその一生の大部分を主系列星の段階として過ごす。恒星の中心部の水素がある一定の量消費されると、外層が膨張し巨大で表面温度が低い（赤色）巨星（C）となる。太陽程度の質量の恒星は、その後、外層のガスを放出して惑星状星雲の段階を経て、中心部が重力収縮して白色矮星が形成される。一方、太陽の数倍以上の質量の恒星では、（赤色）巨星の中心部でさらなる核融合反応が進行し、最後に大爆発を起こして超新星（D）として観測される。質量が太陽質量の約30倍以下の恒星は、超新星爆発後に中性子星となり、約30倍以上の恒星は、超新星爆発後にブラックホールとなると考えられている。

　以上より、A：原始星、B：主系列星、C：巨星、D：超新星であるので、正解は**1**である。

地学	火山	2020年度 教養 No.35

火山に関する記述として、妥当なのはどれか。

1 火砕流は、噴火によってとけた雪など多量の水が火山砕屑物と混ざって流れ下る現象である。

2 大量の火山灰や軽石が一度に大量に噴出すると、インドのデカン高原のような大規模な溶岩台地が形成される。

3 ハワイ式噴火は、粘性の高いマグマが間欠的に爆発的噴火を引き起こすものであり、例としてハワイ島のマウナロア火山の噴火がある。

4 粘性が低い玄武岩質のマグマが繰り返し噴出すると、富士山のような円錐形の成層火山が形成される。

5 ホットスポットは、アセノスフェア内の特に温度の高い狭い部分から高温のプルームが上昇して火山活動を行う地点である。

解説 **正解 5** TAC生の正答率 **53%**

1 × 火砕流は溶岩ドームなどが崩壊し、高温マグマなどの火山砕屑物に気体が混ざって流れ下る現象である。解けた雪などの多量の水ではない。

2 × デカン高原は、白亜紀後期の、複数回に及ぶ噴火のマグマ噴出によってできた玄武岩台地である。面積は50万平方キロメートルもあり、地球上でもっとも広大な火成活動の痕跡である。

3 × ハワイの火山は基本的に盾状火山、つまり溶岩の粘性の低いものである。

4 × 成層火山は粘性の高いマグマや低いマグマなど、さまざまなマグマの噴出によって形成される。

5 ○

地学	火成岩	2019年度 教養 No.35

地球の岩石に関する記述として、妥当なのはどれか。

1 深成岩は、斑晶と細粒の石基からなる斑状組織を示し、代表的なものとして玄武岩や花こう岩がある。

2 火山岩の等粒状組織は、地表付近でマグマが急速に冷却され、鉱物が十分に成長することでできる。

3 火成岩は、二酸化ケイ素（SiO_2）の量によって、その多いものから順に酸性岩、中性岩、塩基性岩、超塩基性岩に区分されている。

4 火成岩の中で造岩鉱物の占める体積パーセントを色指数といい、色指数の高い岩石ほど白っぽい色調をしている。

5 続成作用は、堆積岩や火成岩が高い温度や圧力に長くおかれることで、鉱物の化学組成や結晶構造が変わり、別の鉱物に変化することである。

解説　**正解　3**　　　　　　　　TAC生の正答率 **44%**

1 ✕　玄武岩は深成岩ではなく火山岩である。また深成岩は等粒状組織である。

2 ✕　マグマが急速に冷却されると、鉱物の結晶は十分に成長できないので、石基と斑晶を持つ斑状組織となる。

3 〇

4 ✕　色指数は有色鉱物の割合であり、色指数の高い岩石ほど黒っぽい色調となる。

5 ✕　これは続成作用ではなく変成作用の説明である。

413

地学	地質時代	2016年度 教養 No.34

地質時代に関する記述として、妥当なのはどれか。

1 三畳紀は、新生代の時代区分の一つであり、紡錘虫（フズリナ）が繁栄し、は虫類が出現した時代である。

2 ジュラ紀は、中生代の時代区分の一つであり、アンモナイト及び恐竜が繁栄していた時代である。

3 第四紀は、新生代の時代区分の一つであり、頭足類及び始祖鳥が出現した時代である。

4 デボン紀は、中生代の時代区分の一つであり、三葉虫及び多くの種類の両生類が繁栄していた時代である。

5 白亜紀は、新生代の時代区分の一つであり、無脊椎動物が繁栄し、魚類の先祖が出現した時代である。

解説　　**正解　2**　　　　TAC生の正答率 **74%**

1 ✕　三畳紀は、中生代の時代区分の一つである。また、紡錘虫（フズリナ）が繁栄し、は虫類が出現したのは古生代である。

2 〇

3 ✕　第四紀は、新生代の時代区分の一つであるが、頭足類（オウムガイやアンモナイト、イカなど）は古生代に出現しており、始祖鳥は中生代に出現している。

4 ✕　デボン紀は、古生代の時代区分の一つである。

5 ✕　白亜紀は、中生代の時代区分の一つである。また、無脊椎動物が繁栄し、魚類の先祖が出現したのは古生代である。

地学	低気圧	2021年度 教養 No.35

低気圧に関する記述として、妥当なのはどれか。

1 低気圧は、中心付近に比べて周囲が低圧であり、北半球では時計回りに回転する渦であるという性質を持つ。

2 低気圧は温帯低気圧と熱帯低気圧とに大きく分けられ、温帯低気圧は前線を伴うことが多いが、熱帯低気圧は前線を伴わないなどの違いがある。

3 熱帯低気圧のうち、北太平洋西部で発達し、最大風速が33m/s以上に達したものを台風といい、北大西洋で発達したものをサイクロンという。

4 台風のエネルギー源は、暖かい海から蒸発した大量の水蒸気が融解して雲となるときに放出される顕熱である。

5 発達した台風の目の中では、強い上昇気流と、積乱雲群による激しい雨が観測される。

解説　　**正解　2**　　　　　　　　　TAC生の正答率　**33%**

1 ✕　低気圧は、周囲に比べて中心付近が低圧であり、北半球では反時計回りに回転する渦である。

2 ◯

3 ✕　熱帯低気圧のうち、最大風速が17m/s以上に発達したものを台風という。また、北大西洋で発達したものはハリケーンといい、インド洋で発達したものをサイクロンという。

4 ✕　水蒸気（気体）が雲（液体）になる現象を凝結という。また、このときに放出されるエネルギーを潜熱という。なお融解とは、固体が液体に変化することをいう。

5 ✕　発達した台風の中心付近では、弱い下降気流が生じており、これが目となっている。また下降気流であるため、雲がない。

地理　法律　政治　経済　物理　化学　生物　地学　社会事情

415

	地学	気象	2018年度 教養 No.35

線状降水帯に関する次の文章の空欄に当てはまる語句の組合せとして、妥当なのはどれか。

　線状降水帯は、大きさが幅 ア km、長さ イ kmに及び、複数の ウ が線状に並ぶ形態をしている。 ウ の寿命はおよそ１時間であるが、大気の状態により ウ が次々と発生することで線状降水帯は形成され、同じ場所に強い雨を継続して降らせるなど、 エ の原因の一つとなっている。

	ア	イ	ウ	エ
1	2～5	5～30	積乱雲	局地的大雨
2	2～5	50～300	積乱雲	集中豪雨
3	2～5	50～300	乱層雲	局地的大雨
4	20～50	5～30	乱層雲	局地的大雨
5	20～50	50～300	積乱雲	集中豪雨

解説　　正解　**5**　　　　　TAC生の正答率 **17%**

　線状降水帯は、大きさが幅20～50（ア）km、長さ50～300（イ）kmに及び、複数の積乱雲（ウ）が線状に並ぶ形態をしている。積乱雲の寿命はおよそ１時間であるが、大気の状態により積乱雲が次々と発生することで線状降水帯は形成され、同じ場所に強い雨を継続して降らせるなど、集中豪雨（エ）の原因の一つとなっている。

　以上より、ア：20～50、イ：50～300、ウ：積乱雲、エ：集中豪雨であることから、正解は**5**である。

社会事情	改正道路交通法	2021年度 教養 No.36

昨年（編者注：2020年）6月に公布された「道路交通法の一部を改正する法律」に関する記述として、妥当なのはどれか。

1 この改正法には、妨害運転（あおり運転）罪の新設、スマートフォン等を使用しながら運転する「ながらスマホ」の罰則の強化、75歳以上の高齢ドライバーの事故対策が盛り込まれた。

2 妨害運転罪の対象となる行為として、急ブレーキの禁止違反など5類型を規定したが、車間距離不保持は適正な距離を具体的に規定することが難しいため、違反行為の類型には入っていない。

3 妨害運転罪の罰則として、事故を起こさなくても交通の危険を生じさせるおそれのある場合は3年以下の懲役又は50万円以下の罰金、著しい交通の危険を生じさせた場合は5年以下の懲役又は100万円以下の罰金が定められた。

4 妨害運転で2回以上取締りを受けた者は、行政処分として免許取消しの対象となる。

5 本年（編者注：2021年）6月から、全ての75歳以上の高齢ドライバーに対し、免許更新時の実車試験が義務付けられる。

解 説 **正解 3** TAC生の正答率 **34%**

1 × 「スマートフォン等を使用しながら運転する『ながらスマホ』の罰則の強化」という部分が妥当でない。2020年6月公布の道路交通法改正には、妨害運転（あおり運転）罪の新設と75歳以上の高齢ドライバーの事故対策は盛り込まれている。しかし、ながらスマホの罰則の強化は、2019年6月公布の道路交通法改正で盛り込まれている。

2 × 「5類型を規定したが、車間距離不保持は適正な距離を具体的に規定することが難しいため、違反行為の類型には入っていない」という部分が妥当でない。妨害運転罪の対象となる行為は急ブレーキの禁止違反をはじめ10種類であり、この中には車間距離不保持も含まれている（道路交通法117条の2の2第11号）。

3 ○ 妨害運転罪の罰則は、交通の危険を生じさせるおそれを生じさせた者は、3年以下の懲役又は50万円以下の罰金に処せられる（道路交通法117条の2の2第11号）。これに対して、著しい交通の危険を生じさせた者は、5年以下の懲役又は100万円以下の罰金に処せられる（道路交通法117条の2第6号）。そして、どちらの犯罪についても、事故の発生は犯罪成立要件とされていない。

4 × 「2回以上取締りを受けた者は」という部分が妥当でない。妨害運転で1回取締りを受けるだけで免許取消しの対象となる（道路交通法103条1項8号、同条2項3号）。違反点数は、交通の危険を生じさせるおそれを生じさせた者は25点、著しい交通の危険を生じさせた者は35点である。

5 × 「本年6月から、全ての75歳以上の高齢ドライバーに対し」という部分が妥当でない。免許更新時の実車試験は、2022年6月までに開始される予定である。また、免許更新時に実車試験（運転技能検査）が義務付けられるのは、信号無視や速度超過などの一定の違反歴のある75歳以上の高齢ドライバーに限定される。

| 社会事情 | 刑事訴訟法改正 | 2020年度 教養 No.38 |

昨年（編者注：2019年）6月に施行された「刑事訴訟法等の一部を改正する法律」に関する記述として、妥当なのはどれか。

1 裁判員裁判事件と検察の独自捜査事件について、身体を拘束されていない任意捜査段階から、取り調べの全過程の録音・録画（可視化）が義務付けられた。

2 取り調べの可視化は、指定暴力団員が絡む事件や取調官が十分な供述を得られないと判断した場合は例外とされるが、機器が故障した場合は例外に当たらない。

3 取り調べの可視化は施行前に試験的に実施されており、取り調べの映像を根拠とした有罪認定を裁判所が違法とした例はない。

4 捜査のために電話やメールを傍受する通信傍受は、これまで通信事業者の施設に限られていたが、専用回線で結ばれた警察本部で、通信事業者の立会いがあれば可能となる。

5 この改正法は、大阪地検特捜部の押収資料改ざん事件を受けて発足した「検察の在り方検討会議」等で議論され、平成28年5月に成立し、司法取引については平成30年6月に施行済みである。

解 説　　**正解　5**　　　TAC生の正答率　**33%**

1　✕　「身体を拘束されていない任意捜査段階から」という部分が妥当でない。取り調べの可視化（取り調べの全過程の録音・録画）が義務付けられるのは、逮捕又は勾留されている（身柄を拘束されている）被疑者の取り調べをする場合に限定されている（刑事訴訟法301条の2第4項）。なお、取り調べの可視化の対象となる事件が、裁判員裁判対象事件と検察独自捜査事件である点は妥当である（同条1項1号～3号）。

2　✕　「機器が故障した場合は例外にあたらない」という部分が妥当でない。取り調べの可視化の例外とされるのは、①機器の故障等により記録ができないとき、②指定暴力団の構成員による犯罪に係るものであると認めるとき、③被疑者の記録拒否その他の言動により、又は被疑者等の身体又は財産に対する加害等のおそれにより、記録をすれば被疑者から十分な供述を得られないと認めるときである（刑事訴訟法301条の2第4項1号～4号）。いずれかの例外に該当するときは、取り調べの可視化が義務付けられないことになる。

3　✕　「取り調べの映像を根拠とした有罪認定を裁判所が違法とした例はない」という部分が妥当でない。取り調べの可視化は2019年6月の施行前から試験的に実施されているので、前段は妥当である。しかし、地方裁判所が取り調べの映像から犯罪事実を直接的に認定した（取り調べの映像を有罪認定の根拠とした）ことを、高等裁判所が違法と認定した事例がある（東京高判平30.8.3）。ただし、高等裁判所は、他の証拠から犯罪事実を認定できるとして、被告人を有罪としている。

4　✕　「通信事業者の立会いがあれば可能となる」という部分が妥当でない。従来は、通信事業者の施設においてのみ通信傍受が可能だったので、前段は妥当である。しかし、2019年6月の施行後は、専用回線で結ばれた警察本部で通信傍受をする際は、通信事業者の立会いは不要となった（通信傍受法23条1項）。具体的には、通信事業者に命じて、傍受の実施期間内に行われた全ての通信について暗号化をさせた上で、警察本部にある特定電子計算機に伝送がなされ、それを復号して傍受を行うことになる。

5　◯　改正経緯として妥当である。本記述の押収資料改ざん事件では、大阪地検特捜部に所属していた元主任検事（事件を担当していた検事）だけでなく、上司の元特捜部長・元特捜副部長も有罪判決を受ける異例の事態となった。

| 社会事情 | 改正水道法 | 2019年度
教養 No.39 |

昨年（編者注：2018年）12月に成立した「水道法の一部を改正する法律」に関する次の記述のうち、正しいものの組合せとして妥当なのはどれか。

ア　人口減少に伴う水の需要の減少、水道施設の老朽化等の水道の直面する課題に対応し、水道の基盤の強化を図るための措置を講ずることとした。

イ　水道事業者は、水道施設の台帳を作成するとともに、これを公表しなければならないこととした。

ウ　地方公共団体が、水道事業者等としての位置付けを維持しつつ、水道施設に関する公共施設等運営権を民間事業者に設定できる仕組みを導入することとした。

エ　資質の保持や実体との乖離の防止を図るため、指定給水装置工事事業者の指定について、10年ごとの認可制を導入することとした。

1　ア、ウ

2　ア、エ

3　イ、ウ

4　イ、エ

5　ウ、エ

解説　　**正解　1**　　　　　　　　　　　TAC生の正答率 **63%**

ア　**○**　給水需要の増加に合わせた水道の拡張整備を前提とした時代から、既存の水道施設を維持・更新するとともに必要な人材の確保が求められる時代となったことに対応して、同法の目的規定のうち、「水道を計画的に整備し、及び水道事業を保護育成する」の部分が「水道の基盤を強化する」に変更された。

イ　**✕**　改正前は水道法に台帳整備の規定がなかったため、改正法では第22条の3として「水道事業者は、水道施設の台帳を作成し、これを保管しなければならない。」という一文を付け加えたが、台帳の公表は義務づけられていない。

ウ　**○**　公共施設等運営権とは、PFIの一類型で、利用料金の徴収を行う公共施設について、施設の所有権を地方公共団体が所有したまま、施設の運営権を民間事業者に設定する方式である。

エ　**✕**　指定給水装置工事事業者の指定について、5年ごとの更新制を導入することとした。改正前の水道法では、新規の指定の規定しかなかったため、休廃止等の実態が反映されづらく、無届工事や不良工事も発生していたことから、更新制の導入に至った。

社会事情	IR推進法	2017年度 教養 No.38

　昨年（編者注：2016年）12月に成立した「特定複合観光施設区域の整備の推進に関する法律」に関する記述として、妥当なのはどれか。

1　特定複合観光施設とは、カジノ施設、宿泊施設、会議場施設などがそれぞれ個別の施設として一定の区域内に設置されるものをいう。

2　特定複合観光施設区域とは、特定複合観光施設を設置できる区域として、この法律に基づき、地方公共団体及び民間事業者の申請に基づき認定を受けた区域をいう。

3　特定複合観光施設区域の整備の推進のために必要な法制上の措置について、政府はこの法律の施行後1年以内を目途に講じなければならないとした。

4　カジノ施設の利用による悪影響を防止するため、いわゆるギャンブル依存症の対策などの措置が、この法律において規定された。

5　カジノ管理運営委員会を経済産業省の外局として設置し、カジノ施設の設置及び運営に関する秩序の維持並びにカジノ事業の振興策の推進などを行うとした。

解説　**正解　3**　　TAC生の正答率　**24%**

1　×　特定複合観光施設とは、カジノ施設、「会議場施設、レクリエーション施設、展示施設、宿泊施設その他の観光の振興に寄与すると認められる施設が一体となっている施設であって、民間事業者が設置及び運営をするもの」をいう。

2　×　特定複合観光施設区域とは、「特定複合観光施設を設置することができる区域として、別に法律で定めるところにより地方公共団体の申請に基づき国の認定を受けた区域」をいう。

3　○

4　×　「カジノ施設の入場者がカジノ施設を利用したことに伴いギャンブル依存症等の悪影響を受けることを防止するため」に「必要となる法制上の措置については、この法律の施行後一年以内を目途として講じなければならない」としており、この法律では規定されていない。

5　×　「カジノ管理委員会は、別に法律で定めるところにより、内閣府に外局として置かれるものとし、カジノ施設の設置及び運営に関する秩序の維持及び安全の確保を図るため、カジノ施設関係者に対する規制を行うものとする」としている。

社会事情	公的年金制度改正法	2017年度 教養 No.39

　昨年（編者注：2016年）12月に成立した「公的年金制度の持続可能性の向上を図るための国民年金法等の一部を改正する法律」に関する記述として、妥当なのはどれか。

1　被保険者である従業員が300人以上の企業等を対象に、労使の合意にかかわらず、短時間労働者に被用者保険を適用するとした。

2　国民年金第１号被保険者の産前産後期間における保険料を減額し、減額期間は満額の９割の基礎年金を保障するとした。

3　年金額の改定ルールを見直し、マクロ経済スライドについて、年金の名目額が前年度を下回らない措置を維持しつつ、賃金・物価上昇の範囲内で前年度までの未調整分を含めて年金額を調整するとした。

4　年金額の改定ルールを見直し、賃金・物価スライドについて、物価変動が賃金変動を下回る場合、物価変動に合わせて年金額を改定する考え方を徹底するとした。

5　年金積立金管理運用独立行政法人（GPIF）について、組織の運営をより機動的に行うため、独任制の理事長の権限を強化するとした。

解説　　**正解　3**　　　TAC生の正答率　**51%**

1　✕　500人以下の企業も、労使の合意に基づき、企業単位で短時間労働者への適用拡大を可能とする（国・地方公共団体は、規模にかかわらず適用とする）としている。

2　✕　次世代育成支援のため、国民年金第１号被保険者の産前産後期間の保険料を免除し、免除期間は満額の基礎年金を保障するとしている。

3　◯

4　✕　賃金変動が物価変動を下回る場合に、賃金変動に合わせて年金額を改定する考え方を徹底するとしている。

5　✕　年金積立金管理運用独立行政法人について、合議制の経営委員会を設け、基本ポートフォリオ等の重要な方針に係る意思決定を行うとともに、執行機関の業務執行に対する監督を行うほか、年金積立金の運用に関し、リスク管理の方法の多様化など運用方法を追加する措置を講ずる。としている。

社会事情	情報通信白書	2021年度 教養 No.37

昨年（編者注：2020年）8月に総務省が公表した「令和2年版　情報通信白書」に関する記述として、妥当なのはどれか。

1　世界のICT市場の動向をみると、IoTデバイス数は、特に「医療」や「コンピュータ」の用途で大きく増加するものと予測される一方で、移動体通信サービスの契約数については、ゆるやかに減少していくものと予測されるとしている。

2　2020年代を見据えた5G等の新たな技術の導入、テレワークによる働き方の見直し、防災等の取組は、日本のICTを世界に示すチャンスである一方で、日本社会全体への影響は限定的であるとしている。

3　携帯電話事業者による全国向けサービスとは別に、地域や産業の個別のニーズに応じて、様々な主体が柔軟に利用可能な固定ブロードバンドサービスとして、ローカル5Gの創設を検討するとしている。

4　新型コロナウイルス感染症対策でシビックテックを中心としてオープンデータの活用が推進されており、今後、多くの社会課題解決に役立てられることが期待されるとしている。

5　2030年代に向けて、既に先進諸国において「5Gの次」の取組が始まっており、日本でも官民が一丸となって国際連携のもとで戦略的に取り組むことが重要であることから、6Genesisプロジェクトを2021年中に策定するとしている。

解説	正解　**4**	TAC生の正答率　**61%**

1　×　IoTデバイス数は、IoT・AIの普及や5Gの商用開始等に伴い、特に「産業用途」や「コンシューマ向け」で大きく増加するものと予測される一方で、移動体通信サービスの契約数については飽和状態に近づきつつあり、ゆるやかに「成長」していくものと予測されるとしている。

2　×　このような取組は、単に日本のICTをショーケースとして世界に示すチャンスであるだけでなく、日本社会全体を「変革するチャンス」でもあるとしている。

3　×　様々な主体が柔軟に利用可能な「移動通信システム」として、ローカル5Gの創設を検討するとしている。なお、問題文の「固定ブロードバンドサービス」とは、FTTH（光ファイバー通信）・CATV・ワイヤレスなどを使った、通信場所が固定された高速通信サービスを指す。

4　○　シビックテックとは、市民（civic）が中心となり、技術（technology）を活用して社会課題を解決しようとする活動を指す。白書ではシビックテックの例として、東京都の「新型コロナウイルス感染症対策サイト」がオープンソースの手法を用いて開発されたことを挙げている。

5　×　「6Genesisプロジェクト」は、2018年からフィンランドのOulu大学を中心として組織化されているプロジェクトの名称である。日本では、2020年夏に「Beyond 5G 推進戦略」が策定された。

社会事情　経済財政白書

2021年度 教養 No.39

昨年（編者注：2020年）11月に公表された「令和2年版　経済財政白書」の内容に関する記述として、妥当なのはどれか。

1　新型コロナウイルス感染症による日本経済への影響は、供給面に見られる供給ショックの側面が強くなっている。

2　新型コロナウイルス感染症の日本経済への影響により、企業収益は大幅に減少したが、個人消費は一貫して増加している。

3　女性の就業率を地域別に比較すると、地域間の就業率差は子どものいる女性の就業率差が主要因となっている。

4　日本の電子商取引（EC）市場はここ数年頭打ちであり、EC普及率は、欧米諸国よりも高い9割程度となっている。

5　「新たな日常」に向けたデジタル化の推進にあたり、IT人材は過剰感が強く、公的部門に従事するIT人材の割合はアメリカ合衆国よりも高くなっている。

解説　　正解　3　　　　　　　　　　TAC生の正答率　72%

1　✕　緊急事態宣言下で国民の行動が制限されたこと（自粛ムード）を想起すれば、需要面のショックが大きいと判断できよう。

2　✕　緊急事態宣言下で国民の行動が制限されたこと（自粛ムード）を想起すれば、「個人消費が一貫して増加している」という記述が誤りと判断できよう。

3　○

4　✕　現下の経済活動で現金での決済が多く行われていることを想起すれば、EC普及率が9割程度としている記述に違和感を覚えるであろう。よって肢の記述は誤りと判断できるはずである。

5　✕　2021年9月にようやくデジタル庁が創設されることとなったことを想起すれば、デジタル化が十分に進んでいるとは言えず、「IT人材は過剰感が強く」という記述に違和感を覚えるであろう。よって肢の記述は誤りであると判断できる。

社会事情	子供・若者白書	2019年度 教養 No.36

昨年（編者注：2018年）6月に内閣府が発表した「子供・若者白書」に関する記述として、妥当なのはどれか。

1 16〜29歳の男女1万人を対象とした平成29年度の就労意識調査において、転職に否定的な項目を選択した者は、全体の2割に満たなかったとしている。

2 15〜39歳の若年無業者の数は、平成29年で71万人であり、15〜39歳人口に占める割合は4.2％で、共に前年を上回っているとしている。

3 児童のいる世帯のうち、ひとり親家庭の世帯の割合は減少傾向にあり、ひとり親家庭の平均所得は、他の世帯と比べて大きく下回っているとしている。

4 全国の児童相談所における児童虐待に関する相談対応件数は、一貫して増加傾向にあったが、平成28年度は、前年度より減少したとしている。

5 スマートフォン・携帯電話の所有・利用状況として、小学生は、スマートフォンの所有・利用率が減り、携帯電話の所有・利用率が増えているとしている。

解説　　正解　1　　　　　　　　　TAC生の正答率　**57％**

1 ○　転職に対する意識についてみると、「自分の能力や適性に合わない職場であっても、転職は絶対すべきではない」または「自分の能力や適性に合わない職場であっても、転職はできる限りしない方がよい」といった転職に否定的な項目を選択した者は17.3％であり、2割に満たなかった。

2 ×　15〜39歳の若年無業者の数は、2017年で71万人（前年は77万人）、15〜39歳人口に占める割合は2.1％（同2.3％）であり、共に前年を下回っている。2016年から2017年にかけて失業率が下がり求人倍率が上がっている状況を知っていれば、推測できるはずである。

3 ×　児童のいる世帯のうち、ひとり親家庭の世帯の割合は2001年の5.1％から2016年の6.9％へと上昇傾向にある。

4 ×　全国の児童相談所における児童虐待に関する相談対応件数は、1990年度に統計を取り始めてから減少したことは一度もなく、2015年度から2016年度にかけても10万3286件から12万2575件へと増加している。

5 ×　2014年度から2017年度にかけて、小学生の携帯電話の所有・利用率は32.6％から29.4％へと低下しているのに対して、スマートフォンの所有・利用率は17.1％から29.9％へと上昇している。近年、携帯電話からスマートフォンへの移行が進んでいる状況を把握していれば、容易に推測できるはずである。

社会事情	観光白書	2020年度 教養 No.36

昨年（編者注：2019年）6月に観光庁が発表した「令和元年版 観光白書」に関する記述として、妥当なのはどれか。

1 過去10年の国際観光客数の地域別シェアをみると、アジア太平洋のシェア減少にともない、欧州のシェアは到着地域別及び出発地域別ともに拡大傾向にあるとしている。

2 2018年の出国日本人数は、過去最高であった2012年には及ばなかったが、4年ぶりに訪日外国人旅行者数を上回ったとしている。

3 地方部を訪問する訪日外国人旅行者数は、2012年は三大都市圏のみを訪問する訪日外国人旅行者数を下回っていたが、2018年には三大都市圏のみを訪問する訪日外国人旅行者数の1.4倍になったとしている。

4 2018年における地方部での訪日外国人旅行消費額は、4年連続で1兆円を超えたが、都道府県合計に占めるシェアは、2015年に比べて減少したとしている。

5 体験型観光等の「コト消費」の体験の有無別に、訪日外国人旅行者1人当たりの消費単価を算出したところ、いずれの「コト消費」についても、体験した場合の消費単価は体験しなかった場合を下回ったとしている。

| 解 説 | 正解　**3** | TAC生の正答率　**65%** |

1　✕　過去10年でみると、アジア太平洋のシェア拡大にともない、欧州のシェアは減少傾向にあるとしている。2008年から2018年にかけて、到着地域別および出発地域別のシェアは、欧州がそれぞれ53.8％→50.8％、55.4％→48.0％に減少しているのに対して、アジア太平洋地域はそれぞれ20.0％→24.4％、19.8％→24.9％に拡大している。ともあれ、細かい数値は知らなくても、中国などアジア地域の旅行客が増加していることを想定すれば、問題文とは逆であることが予想できるだろう。

2　✕　2018年の出国日本人数は、2012年を上回って過去最高を更新したものの、4年連続で訪日外国人旅行者数が出国日本人数を上回ったとしている。

3　〇　2012年に日本を訪れた訪日外国人旅行者のうち54.2％は三大都市圏のみを訪問先としていたが、その割合は2015年には48.2％となった。他方で、地方部を訪れる訪日外国人旅行者の割合は2012年の45.8％から2018年には57.7％となり、三大都市圏のみを訪れる割合を上回っている。ともあれ、このような細かい内容を覚えていなくても、訪日外国人旅行客数が2018年まで急増していたことを把握していれば、三大都市圏が飽和状態となって地方部へシフトしていくことは予想できるだろう。

4　✕　地方部を訪れる訪日外国人旅行者の増加とともに、地方部における訪日外国人旅行消費額も2015年から2018年にかけて、6,561億円から1兆362億円へと増加しており、2018年に初めて1兆円を超えた。また、地方部での訪日外国人旅行消費額の都道府県合計に占めるシェアは、同期間で23.6％から28.5％へと約5ポイント上昇した。ともあれ、これも選択肢3と同じ類推で、訪日外国人旅行客が三大都市圏から地方部へシフトすれば、地方部での訪日外国人旅行消費額の都道府県合計に占めるシェアが拡大することは予想できるだろう。

5　✕　いずれの「コト消費」についても、体験した場合の消費単価はしなかった場合を上回ったとしている。たとえば、「スキー・スノーボード」は体験の有無による消費単価の差が特に大きく、体験した場合の消費単価は22万5,056円と、しなかった場合の15万1,699円より7万3,356円高かったとしている。これも普通に考えれば、スキー場のある県に旅行に来ただけの観光客よりも、スキーをしに来た観光客の方が消費単価が高くなるのは当たり前である。なお、これまでは外国人旅行客の「モノ消費」が注目されていたが、次第に「コト消費」にシフトしてきている状況は把握しておこう。

社会事情	内閣総理大臣所信表明演説	2021年度 教養 No.38

昨年（編者注：2020年）10月に召集された臨時国会における内閣総理大臣所信表明演説に関する記述として、妥当なのはどれか。

1 新型コロナウイルス対策として、高齢者や医療従事者向けに限り、必要な数量のワクチンを確保し、令和3年末までに接種できるようにするとした。

2 デジタル庁の設立に向けて準備を進めるとともに、マイナンバーカードの全国民への普及や運転免許証のデジタル化を推進するとした。

3 マスクや医療用手袋の生産地の偏りなど、サプライチェーンの脆弱性が指摘されたため、生産拠点の国内立地や政府による供給網の一元化を推進するとした。

4 積極的な温暖化対策が、産業構造や経済社会の変革をもたらすとし、2050年までに温室効果ガスの排出量を全体として80%削減するとした。

5 「痛みを恐れず、既得権益の壁にひるまず、過去の経験にとらわれず」の姿勢を貫き、「国民のために働く内閣」として改革を実現するとした。

解説　　正解　**2**　　TAC生の正答率 **46%**

1 ✕　同演説では、「ワクチンについては、安全性、有効性の確認を最優先に、令和3年前半までに全ての国民に提供できる数量を確保し、高齢者、基礎疾患のある方々、医療従事者を優先して、無料で接種できるようにします」と述べている。

2 〇　同演説では、「マイナンバーカードについては、今後二年半のうちにほぼ全国民に行き渡ることを目指し、令和3年3月から保険証とマイナンバーカードの一体化を始め、運転免許証のデジタル化も進めます」と述べている。

3 ✕　同演説では、「マスクや防護ガウンの生産地の偏りなど、サプライチェーンの脆弱性が指摘され」たため、「生産拠点の国内立地や国際的な多元化を図る」と述べている。

4 ✕　同演説では、「我が国は、2050年までに、温室効果ガスの排出を全体としてゼロにする」と述べている。

5 ✕　「痛みを恐れず、既得権益の壁にひるまず、過去の経験にとらわれず」は、2001年の小泉純一郎総理大臣所信表明演説で表明された言葉である。問題文にある2020年の菅義偉総理の演説では、「行政の縦割り、既得権益、そして、悪しき前例主義を打破し、規制改革を全力で進め」、「『国民のために働く内閣』として改革を実現」すると述べている。

社会事情	総合経済対策	2020年度 教養 No.40

昨年（編者注：2019年）12月に閣議決定された「安心と成長の未来を拓く総合経済対策」に関する記述として、妥当なのはどれか。

1 政府が経済対策を取りまとめるのは2014年12月以来5年ぶりであり、本対策に係る財政支出は前回の約2倍の規模となる大型の経済対策となった。

2 「災害からの復旧・復興と安全・安心の確保」、「経済の下振れリスクを乗り越えようとする者への重点支援」、「未来への投資と東京オリンピック・パラリンピック後も見据えた経済活力の維持・向上」を三本の柱とした。

3 一億総活躍社会の実現を更に加速させるため、保育士・介護人材の処遇改善、給付型奨学金の拡大、就職氷河期世代への支援に取り組むとした。

4 災害対策については、台風や記録的豪雨の被災地の復旧・復興を中心とした水害対策を最優先に進めるとし、緊急輸送道路の無電柱化に向けた取組は盛り込まれなかった。

5 各施策に速やかに着手するため、本対策に係る関連経費は全て2019年度の補正予算に計上するとした。

解説　　**正解　2**　　　　　　　　　TAC生の正答率 **24%**

1 ✕ 政府が経済対策を取りまとめるのは、2016年8月に閣議決定された「未来への投資を実現する経済対策」以来3年4か月ぶりであり、本対策に関わる財政支出は、前回（13.5兆円程度）と同水準（13.2兆円程度）の規模となった。

　　なお、2020年4月には「新型コロナウイルス感染症緊急経済対策」が閣議決定されており、本対策に関わる財政支出は48.4兆円程度と、過去2回の経済対策の3〜4倍の規模となった。

2 ◯ 本対策により、実質GDP（需要）について1.4%程度の押上げ効果があるとしている。

3 ✕ 一億総活躍社会の実現を更に加速させるため、保育士・介護人材の処遇改善、給付型奨学金の拡大に取り組むとしているのは、2016年8月に閣議決定された「未来への投資を実現する経済対策」である。「安心と成長の未来を拓く総合経済対策」には「就職氷河期世代への支援」は明記されているものの、「一億総活躍社会」、「保育士」、「介護人材」、「給付型奨学金」については一言も書かれていない。

4 ✕ 「安心と成長の未来を拓く総合経済対策」には、「市街地の緊急輸送道路における無電柱化の推進」も盛込まれている。

5 ✕ 「安心と成長の未来を拓く総合経済対策（概要）」では、「『15か月予算』の考え方の下、今年度予備費、補正予算、来年度臨時・特別の措置を適切に組み合わせ、機動的かつ万全の対策とする」としている。

| 社会事情 | 核軍縮 | 2021年度 教養 No.40 |

核軍縮等に関する記述として、妥当なのはどれか。

1 核兵器不拡散条約は原子力の平和的利用の軍事技術への転用を制限しており、非核兵器国は国際原子力機関の保障措置を受諾するよう努めなければならない。

2 化学兵器禁止条約は、化学兵器の開発、生産、保有などを包括的に禁止する法的枠組みであるが、条約遵守の検証制度に関する規定はない。

3 核兵器の開発、保有、使用等を禁止する核兵器禁止条約は、昨年、条約を批准した国と地域が条約の発効要件である50に達したことから、本年（編者注：2021年）1月に発効した。

4 包括的核実験禁止条約は、宇宙空間、大気圏内、水中、地下を含むあらゆる空間における、核兵器の実験的爆発以外の核爆発を禁止している。

5 国連軍縮会議は、毎年ニューヨークで開催され、部分的核実験禁止条約や生物兵器禁止条約など、重要な軍縮関連条約等を決議している。

解説　　**正解　3**　　TAC生の正答率　**67%**

1 ✕　核兵器不拡散条約（NPT）に参加する非核保有国は、国際原子力機関（IAEA）の保障措置を受諾する義務がある。肢にある「努めなければならない」では「努力したが受諾できなくても可」の意味になるので、誤りである。

2 ✕　化学兵器禁止条約は条約遵守のための検証制度に関する規定があり、化学兵器禁止機関（OPCW）がその役割を担っている。

3 〇　核兵器禁止条約の内容として妥当である。

4 ✕　包括的核実験禁止条約（CTBT）は、あらゆる空間における核兵器の実験的爆発を含む核爆発を禁止しているのであり、本肢の内容は逆である。なお、CTBTは核爆発を伴わない未臨界核実験を禁止していない。

5 ✕　毎年開催される多国間での軍縮会議はジュネーブ軍縮会議であり、国連など他の国際機関からは独立した軍縮交渉を行うための機関である。この会議の前身である軍縮委員会会議の時に生物兵器禁止条約が決議されたが、部分的核実験禁止条約（PTBT）はこれに当てはまらない。

社会事情	欧州情勢	2020年度 教養 No.37

最近の欧州をめぐる状況に関する記述として、妥当なのはどれか。

1 昨年（編者注：2019年）5月、オーストリアの国民議会はクルツ首相不信任案を否決したが、昨年9月に行われた総選挙で「国民党」が大敗し、クルツ氏が率いる「国民党」と「自由党」との連立政権は崩壊した。

2 昨年7月に行われたギリシャ議会の総選挙では、減税や民営化による雇用の創出などを掲げる与党の「急進左派連合」が過半数の議席を獲得し、チプラス首相が再選を果たした。

3 昨年11月に行われたスペインの総選挙では、カタルーニャ州の自治権停止を訴える与党の「社会労働党」が過半数の議席を獲得し、サンチェス首相が再選を果たした。

4 昨年12月、フィンランド議会は、辞意を表明したリンネ首相の後任に、第一党の「社会民主党」のマリン教育相を選出し、就任時には世界で3番目に若く、フィンランドで初めての女性首相が誕生した。

5 昨年12月に行われた英国下院の総選挙では、ジョンソン首相が率いる「保守党」が2020年1月末までに欧州連合（EU）から離脱することを訴え、過半数の議席を獲得した。

解説　　正解　5　　TAC生の正答率 **77%**

1 ✕　2019年5月にオーストリアの国民議会（下院）に提出されたクルツ首相不信任案は可決されているため、クルツ氏はこのタイミングで一旦辞任している。その後、ビーアライン首相を中心とした暫定内閣が発足し、同年9月の総選挙でクルツ氏が率いる国民党が大幅に得票率を伸ばして第一党になった。この結果、国民党と「緑の党」の連立政権が発足し、クルツ氏が首相に返り咲いた。

2 ✕　2019年7月に行われたギリシャ議会の総選挙では、急進左派連合（SYRIZA）は大敗し、単独過半数を獲得した新民主主義党（ND）のミツォタキスが首相に就任した。

3 ✕　2019年11月に行われたスペイン下院の総選挙は、サンチェス首相率いる社会労働党（社会労働者党とも）が第一党になったが、単独で過半数は獲得していない。また、サンチェス政権はカタルーニャ州に対して対話路線を取る穏健派であり、この点でも妥当ではない。

4 ✕　マリン首相が首相になる前に務めていたのは交通・通信大臣である。また、彼女は就任時で世界最年少の首相であり、フィンランドでは3人目の女性首相である。

5 ◯　この選挙結果を受けて、英国は2020年1月31日にEUから離脱した。

社会事情	パリ協定	2016年度 教養 No.39

昨年（編者注：2015年）12月に国連気候変動枠組条約第21回締約国会議（COP21）で採択されたパリ協定に関する記述として、妥当なのはどれか。

1 協定には、京都議定書を締結していた日本、アメリカ、EU等の先進国に加え、京都議定書を締結していなかったロシア、中国も採択に加わった。

2 協定の目的として、世界的な平均気温上昇を産業革命以前に比べて2℃より十分低く保つとともに、1.5℃に抑える努力を追求することが明記された。

3 協定の全ての採択国に対し、温室効果ガスの削減目標の達成が義務付けられるとともに、義務の履行を担保するための罰則規定が協定に設けられた。

4 先進国は途上国に対し、温室効果ガス削減のための資金を拠出しなければならないとされ、具体的な拠出金額が協定に明記された。

5 協定は、全ての採択国が各国内の手続を経てこの協定を締結した日の後30日目の日に効力を生じるとされた。

解説 **正解 2** TAC生の正答率 **77%**

1 ✕ ロシアや中国は京都議定書を締結していた。

2 〇

3 ✕ パリ協定では、削減目標の実施状況について検証することになっているが、罰則規定は設けられていない。

4 ✕ 肢にあるように、先進国は発展途上国に対して温室効果額削減のための資金拠出の義務があるが、途上国も自主的に拠出することになっている。また、先進国による具体的な拠出金額は明記されていない。

5 ✕ パリ協定の発効要件は、55か国以上の批准で、かつ批准した国の温室効果ガスの排出量が世界全体の排出量の55％を超える必要がある。つまり、全ての採択国の批准作業が必要なわけではない。なお、発効要件を満たした日の後30日目の日に効力を生じるのは正しい内容である。

社会事情	国際自然保護連合	2015年度 教養 No.40

国際自然保護連合に関する記述として、妥当なのはどれか。

1 国際自然保護連合は、本部をスイスのグランに置き、絶滅の恐れのある生物リスト（レッドリスト）を作成している。

2 昨年（編者注：2014年）6月、国際自然保護連合は、絶滅危惧種としてレッドリストに掲載されていたアメリカウナギについて、養殖の技術が進んだため、掲載から外した。

3 昨年11月、国際自然保護連合は、約10万種の動植物の評価を行い、そのうち、半数以上を絶滅危惧種に指定し、保護の必要性があるとした。

4 昨年11月、国際自然保護連合は、大西洋クロマグロを絶滅危惧種に指定したが、ニホンウナギについては情報不足を理由に指定が見送られた。

5 昨年11月、国際自然保護連合は、太平洋クロマグロについて、過去22年間で個体数が90％以上減少したとして、養殖の重要性を指摘している。

解説　　**正解　1**　　TAC生の正答率　**28％**

1 〇　なお、自然遺産に関する技術的調査および評価を行い、自然・複合遺産の登録について助言する諮問機関の役割もある。

2 ✕　2014年6月にニホンウナギがレッドリスト入りしたが、この時期にアメリカウナギがレッドリストから外れた事実はない。むしろ、東アジアにおいてウナギ業者が稚魚をアメリカウナギなど他の種類で補おうとしていることが密漁の原因となっているとして、同年11月になってアメリカウナギはレッドリストに初めて掲載された。

3 ✕　これまでに存在が知られている生物の全種数はおよそ数万種といわれているので、そもそもの母集団が違う。なお、2014年11月の評価では73,686種のうち22,413種が絶滅危惧種とされた。

4 ✕　2014年11月に絶滅危惧種に指定されたのは太平洋クロマグロである。大西洋クロマグロは2011年に、ニホンウナギは2014年6月にすでにレッドリストに掲載されている。

5 ✕　国際自然保護連合は、太平洋クロマグロの個体数が過去22年の間に19〜33％減少したと推定している。この原因は、ほとんど幼魚として獲られることから、再繁殖の機会を奪われているためとしており、漁業関係者による幼魚の漁獲数削減を含む保全や管理手法の実施を求めている。

433

社会事情	ノーベル賞	2013年度 教養 No.40

ノーベル賞に関する記述として、妥当なのはどれか。

1 ノーベル賞は、物理学賞、化学賞など6部門から構成され、日本人は、これまでに平和賞を除く5部門で受賞している。

2 2012年のノーベル生理学・医学賞は、京都大学の山中伸弥教授が受賞したが、日本人がノーベル生理学・医学賞を受賞するのは初めてのことである。

3 これまでにノーベル文学賞を受賞した日本人は、川端康成、谷崎潤一郎、大江健三郎の3氏で、受賞が期待された村上春樹氏は、昨年は受賞しなかった。

4 2012年のノーベル平和賞はEUが受賞したが、ノーベル平和賞を個人ではなく団体又は組織が受賞するのは初めてのことである。

5 ミャンマーのアウン・サン・スー・チー氏は、昨年（編者注：2012年）6月、ノルウェーのオスロで、1991年に受賞したノーベル平和賞の受賞演説を行った。

解説　　**正解　5**　　　　　　　　　　　　TAC生の正答率 **59%**

1 ✕　ノーベル賞について、日本人は化学賞、物理学賞、生理学・医学賞、文学賞、平和賞は受賞しているが、2012年までに経済学賞の受賞者はいない。

2 ✕　ノーベル生理学・医学賞は1987年に利根川進氏が受賞しており、山中伸弥氏は日本人で2人目の受賞者となった。

3 ✕　これまでにノーベル文学賞を受賞した日本人は、川端康成（1968）、大江健三郎（1994）の2氏である。

4 ✕　ノーベル平和賞について、万国国際法学会（1904）以降、団体受賞は珍しくない。

5 ○

東京都Ⅰ類B（行政・一般方式）問題文の出典について

本書掲載の現代文・英文等の問題文は、以下の著作物からの一部抜粋です。

■ 本 冊

p.2	黒井 千次『老いのゆくえ』中公新書
p.4	芥川 也寸志『音楽の基礎』岩波新書
p.6	木田 元『偶然性と運命』岩波新書
p.8	上田 紀行『生きる意味』岩波新書
p.10	野口 恵子『かなり気がかりな日本語』集英社新書
p.12	高階 秀爾『日本人にとって美しさとは何か』筑摩書房
p.14	今井 むつみ『学びとは何か〈探求人〉になるために』岩波新書
p.16	架場 久和「ダブル・バインド」『命題コレクション 社会学』ちくま学芸文庫
p.18	石田 英敬『現代思想の教科書』ちくま学芸文庫
p.20	白波瀬 佐和子『生き方の不平等 お互いさまの社会に向けて』岩波新書
p.22	内田 樹『寝ながら学べる構造主義』文春新書
p.24	井上 智洋『人工知能と経済の未来 2030年雇用大崩壊』文春新書
p.26	野口 悠紀雄『「超」文章法』中公新書
p.28	港 千尋『芸術回帰論』平凡社新書
p.30	矢田部 英正『たたずまいの美学 日本人の身体技法』中公文庫
p.32	河合 隼雄『こころの処方箋』新潮社
p.34	Agatha Christie, *Absent in the Spring*, HarperCollins Publishers Ltd 1)（原文） TAC公務員講座（訳文）
p.36	George Orwell, *Notes on Nationalism*, Penguin Classics（原文） TAC公務員講座（訳文）
p.38	James Hilton, *Goodbye Mr Chips*, Hodder Paperback（原文） TAC公務員講座（訳文）
p.40	Daniel Gottlieb, *The Wisdom of Sam: Observation on Life from an Uncommon Child*, Hay House 2)（原文） TAC公務員講座（訳文）
p.42	Charles Dickens, *Great Expectations*（原文） TAC公務員講座（訳文）
p.44	Michael Pollan, *The Omnivore's Dilemma: A Natural History of Four Meals*, Penguin Books 3)（原文） TAC公務員講座（訳文）
p.46	M. Scott Peck, *The People Of The Lie: Hope for Healing Human Evil*, Cornerstone Digital 4)（原文） TAC公務員講座（訳文）
p.48	Edward Humes, *Door to Door: The Magnificent, Maddening, Mysterious World of Transportation*, Harper 5)（原文） TAC公務員講座（訳文）
p.50	Stephen R. Covey, *The 7 Habits of Highly Effective People*, Simon & Schuster 6)（原文）

	TAC公務員講座（訳文）
p.54	Michael Pollan, *Cooked: A Natural History of Transformation*, Penguin Press 7)（原文）
	TAC公務員講座（訳文）
p.56	Lars Fredrik Svendsen, *Work, second edition*, Routledge 8)（原文）
	TAC公務員講座（訳文）
p.58	Donald Keene, *Living in Two Countries*, 朝日出版社（原文）
	TAC公務員講座（訳文）
p.60	Gillian Tett, *The Silo Effect: Why Every Organisation Needs to Disrupt Itself to Survive*, Virago Press 9)（原文）
	TAC公務員講座（訳文）

■ 別　冊

No.1	柳田 國男 『野草雑記・野鳥雑記』岩波文庫
No.2	寺田 寅彦/小宮 豊隆編 『寺田寅彦随筆集 第四巻』岩波文庫
No.3	和辻 哲郎 『古寺巡礼』岩波文庫
No.4	中村 真一郎 『源氏物語の世界』新潮選書
No.5	Winston Churchill, *My Early Life: 1874-1904*, Scribner
No.6	Yuval Noah Harari, *Sapiens: A Brief History of Humankind*, Vintage（原文）
	ユヴァル・ノア・ハラリ/柴田 裕之訳『サピエンス全史 下 文明の構造と人類の幸福』河出書房新社（訳文）
No.7	Peter Wohlleben/Jane Billinghurst訳, *The Hidden Life of Trees*, Greystone Books 10)（原文）
	TAC公務員講座（訳文）
No.8	Philippa Pearce, *Tom's Midnight Garden*, Oxford University Press 11)（原文）
	TAC公務員講座（訳文）

Credit Line

1) ABSENT IN THE SPRING, Copyright ©1944 The Rosalind Hicks Charitable Trust. All rights reserved. Agatha Christie is registered trademark of Agatha Christie Limited in the UK and elsewhere. Published in Japan 2022 by TAC Co., Ltd. Extract rights arranged with Agatha Christie Ltd. through Timo Associates, Inc.

2) The Wisdom of Sam by Daniel Gottlieb, Copyright ©2010 by Daniel Gottlieb, Japanese reprint arranged with Hay House UK Ltd. through Tuttle-Mori Agency Inc., Tokyo

3) Excerpts from THE OMNIVORE'S DILEMMA：A NATURAL HISTORY OF FOUR MEALS by Michael Pollan, copyright ©2006 by Michael Pollan. Used by permission of Penguin Press, an imprint of Penguin Publishing Group, a division of Penguin Random House LLC. All rights reserved.

4) From PEOPLE OF THE LIE：The Hope for 'Healing Human Evil by M. Scott Peck, M.D. Copyright ©1983 M. Scott Peck, M.D. Reprinted with the permission of Touchstone, a division of Simon & Schuster, inc. All rights reserved.

5) From Door to Door by Edward Humes. Copyright© 2016 by Edward Humes. Used of permission of HarperCollins Publishers.

6) From THE 7 HABITS OF HIGHLY EFFECTIVE PEOPLE by Stephen R. Covey. ©1989 by Stephen R. Covey. Reprinted with the permission of Simon & Schuster, Inc. All rights reserved.

7) Excerpts from COOKED：A NATURAL HISTORY OF TRANSFORMATION by Michael Pollan, copyright ©2013 by Michael Pollan. Used by permission of Penguin Press, an imprint of Penguin Publishing Group, a division of Penguin Random House LLC. All rights reserved.

8) Used with permission of Taylor & Francis Informa UK Ltd, from Work by Lars Fredrik Svendsen ©2016 by Fredrik Svendsen. Permission conveyed through Copyright Clearance Center, Inc.

9) From The Silo Effect：Why Every Organisation Needs to Disrupt Itself to Survive by Gillian Tett. Reproduced with permission of the Licensor through PLSclear.

10) Reprinted by permission of HarperCollins Publishers ltd ©2016 by Peter Wohlleben.

11) From Tom's Midnight Garden by Philippa Pearce. Reproduced with permission of the Licensor through PLSclear.

著作権者の方へ

本書に掲載している現代文・英文の問題文について、弊社で調査した結果、著作権者が特定できないなどの理由により、承諾の可否を確認できていない問題があります。お手数をお掛けいたしますが、弊社出版部宛てにご連絡をいただけると幸いです。

読者特典 模範答案ダウンロードサービスのご案内

　本書には択一試験の問題・解答解説を収めていますが、読者特典として記述式試験の問題と模範答案をダウンロードするサービスをご利用いただけます。

　TAC出版書籍販売サイト「CYBER BOOK STORE」からダウンロードできますので、ぜひご利用ください（配信期限：2023年9月末日）。

ご利用の手順

① CYBER BOOK STORE（https://bookstore.tac-school.co.jp/）にアクセス

こちらのQRコードからアクセスできます

② 「書籍連動ダウンロードサービス」の「公務員 地方上級・国家一般職（大卒程度）」から、該当ページをご利用ください

　⇒　この際、次のパスワードをご入力ください

$$\boxed{202410377}$$

合格体験記 募集のお知らせ

　巻頭に掲載している合格体験記を本書読者から募集します。次世代の受験生のためにご自身の学習経験を体験記で伝えてみませんか？

執筆条件：
　2023年度に実施される**東京都採用試験**（Ⅰ類B／**行政・一般方式**)に**最終合格**していること
　※TAC生でなくても応募可能です！
　※2025年度採用版の刊行に間に合うタイミングまでの募集としますので、興味のある方は
　　最終合格発表後お早目にご連絡ください。

原稿料：
　5,000円＋税

応募方法：
　詳しい執筆要件をお伝えしますので、件名を「合格体験記執筆希望」として、以下のメールアドレスにご連絡ください。

komuinpg@tac-school.co.jp

公務員試験

2024年度採用版
東京都 科目別・テーマ別過去問題集（Ⅰ類B／行政・一般方式)

（2005年度版 2005年4月25日 初版 第1刷発行）

2022年10月20日 初 版 第1刷発行

編 著 者	ＴＡＣ出版編集部	
発 行 者	多 田 敏 男	
発 行 所	ＴＡＣ株式会社 出版事業部	
	（ＴＡＣ出版)	

〒101-8383
東京都千代田区神田三崎町3-2-18
電 話 03(5276)9492(営業)
FAX 03(5276)9674
https://shuppan.tac-school.co.jp

組 版	株式会社 グ ラ フ ト	
印 刷	今 家 印 刷 株 式 会 社	
製 本	東 京 美 術 紙 工 協 業 組 合	

© TAC 2022   Printed in Japan

ISBN 978-4-300-10377-7
N.D.C. 317

本書は，「著作権法」によって，著作権等の権利が保護されている著作物です。本書の全部または一部につき，無断で転載，複写されると，著作権等の権利侵害となります。上記のような使い方をされる場合，および本書を使用して講義・セミナー等を実施する場合には，小社宛許諾を求めてください。

乱丁・落丁による交換，および正誤のお問合せ対応は，該当書籍の改訂版刊行月末日までといたします。なお，交換につきましては，書籍の在庫状況等により，お受けできない場合もございます。
また，各種本試験の実施の延期，中止を理由とした本書の返品はお受けいたしません。返金もいたしかねますので，あらかじめご了承くださいますようお願い申し上げます。

公務員講座のご案内

大卒レベルの公務員試験に強い!

2021年度 公務員試験

公務員講座生[1]
最終合格者延べ人数[2]

6,064名

※1 公務員講座生とは公務員試験対策講座において、目標年度に合格するために必要と考えられる、講義、演習、論文対策、面接対策等をパッケージ化したカリキュラムの受講生です。単科講座や公開模試のみの受講生は含まれておりません。

※2 同一の方が複数の試験種に合格している場合は、それぞれの試験種に最終合格者としてカウントしています。(実合格者数は3,220名です。)

＊2022年1月31日時点で、調査にご協力いただいた方の人数です。

国家公務員（大卒程度）	計	**3,024**名
地方公務員（大卒程度）	計	**2,874**名
国立大学法人等	大卒レベル試験	100名
独立行政法人	大卒レベル試験	21名
その他公務員		45名

1位 全国の公務員試験で合格者を輩出!

詳細は公務員講座（地方上級・国家一般職）パンフレットをご覧ください。

2021年度 国家総合職試験

公務員講座生[1]

最終合格者数 212名

法律区分	56名	経済区分	32名
政治・国際区分	63名	教養区分[2]	30名
院卒/行政区分	21名	その他区分	10名

※1 公務員講座生とは公務員試験対策講座において、目標年度に合格するために必要と考えられる、講義、演習、論文対策、面接対策等をパッケージ化したカリキュラムの受講生です。単科講座や公開模試のみの受講生は含まれておりません。

※2 上記は2021年度目標公務員講座最終合格者のほか、2022年目標公務員講座生の最終合格者が30名に含まれています。

＊ 上記は2022年1月31日時点で調査にご協力いただいた方の人数です。

2021年度 外務省専門職試験

最終合格者総数52名のうち
48名がWセミナー講座生[1]です。

合格者占有率[2] 92.3%

外交官を目指すなら、実績のWセミナー

※1 Wセミナー講座生とは、公務員試験対策講座において、目標年度に合格するために必要と考えられる、講義、演習、論文対策、面接対策等をパッケージ化したカリキュラムの受講生です。各種オプション講座や公開模試など、単科講座のみの受講生は含まれておりません。また、Wセミナー講座生はそのボリュームから他校の講座生と掛け持ちすることは困難です。

※2 合格者占有率は「Wセミナー講座生（※1）最終合格者数」を、「外務省専門職試験の最終合格者総数」で除して算出しています。また、算出した数字の小数点第二位以下を四捨五入して表記しています。

＊ 上記は2021年9月15日時点で調査にご協力いただいた方の人数です。

WセミナーはTACのブランドです

資格の学校 TAC

合格できる3つの理由

1 必要な対策が全てそろう！ ALL IN ONE コース

TACでは、択一対策・論文対策・面接対策など、公務員試験に必要な対策が全て含まれているオールインワンコース（＝本科生）を提供しています。地方上級・国家一般職／国家総合職／外務専門職／警察官・消防官／技術職／心理職・福祉職など、試験別に専用コースを設けていますので、受験先に合わせた最適な学習が可能です。

▶ カリキュラム例：地方上級・国家一般職 総合本科生

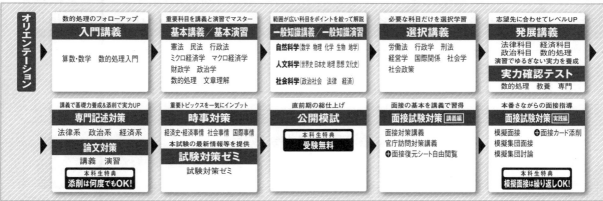

※上記は2023年合格目標コースの内容です。カリキュラム内容は変更となる場合がございます。

2 環境に合わせて選べる！ 多彩な受講メディア

フォロー制度も充実！
受験生の毎日の学習をしっかりサポートします。

- ■ 欠席・復習用フォロー
  - クラス振替出席フォロー
  - クラス重複出席フォロー
- ■ 質問・相談フォロー
  - 担任講師制度・質問コーナー
  - 添削指導・合格者座談会
- ■ 最新の情報提供
  - 面接復元シート自由閲覧
  - 官公庁・自治体業務説明会
  - など

※上記は2023年合格目標コースの一例です。年度やコースにより変更となる場合がございます。

3 頼れる人がそばにいる！ 担任講師制度

TACでは教室講座開講校舎と通信生専任の「担任講師制度」を設けています。最新情報の提供や学習に関する的確なアドバイスを通じて、受験生一人ひとりを合格までアシストします。

▶ 担任カウンセリング

学習スケジュールのチェックや苦手科目の克服方法、進路相談、併願先など、何でもご相談ください。担任講師が親身になってお答えします。

▶ ホームルーム（HR）

時期に応じた学習の進め方などについての「無料講義」を定期的に実施します。

パンフレットのご請求は
TACカスタマーセンター **0120-509-117** （ゴウカク イイナ）
受付時間 平日 9:30〜19:00 土曜・日曜・祝日 9:30〜18:00
※受付時間は、変更させていただく場合がございます。詳細は、TACホームページにてご確認いただきますようお願い申し上げます。
TACホームページ https://www.tac-school.co.jp/

公務員講座のご案内

無料体験入学のご案内
3つの方法でTACの講義が体験できる！

教室で体験　迫力の生講義に出席　予約不要！　最大3回連続出席OK！

1. 校舎と日時を決めて、当日TACの校舎へ
TACでは各校舎で毎月体験入学の日程を設けています。

2. オリエンテーションに参加（体験入学1回目）
初回講義「オリエンテーション」にご参加ください。終了後は個別にご相談をお受けいたします。

3. 講義に出席（体験入学2・3回目）
引き続き、各科目の講義をご受講いただけます。参加者には体験用テキストをプレゼントいたします。

- 最大3回連続無料体験講義の日程はTACホームページと公務員講座パンフレットでご覧いただけます。
- 体験入学はお申込み予定の校舎に限らず、お好きな校舎でご利用いただけます。
- 4回目の講義前までに、ご入会手続きをしていただければ、カリキュラム通りに受講することができます。

※地方上級・国家一般職、理系（技術系）、警察・消防以外の講座では、最大2回連続体験入学を実施しています。また、心理職・福祉職はTAC動画チャンネルで体験講義を配信しています。
※体験入学1回目や2回目の後でもご入会手続きは可能です。「TACで受講しよう！」と思われたお好きなタイミングで、ご入会いただけます。

ビデオで体験　校舎のビデオブースで体験視聴

TAC各校の個別ビデオブースで、講義を無料でご視聴いただけます。（要予約）

各校のビデオブースでお好きな講義を視聴できます。視聴前日までに視聴する校舎受付までお電話にてご予約をお願い致します。

ビデオブース利用時間 ※日曜日は④の時間帯はありません。
① 9：30～12：30　② 12：30～15：30
③ 15：30～18：30　④ 18：30～21：30

※受講可能な曜日・時間帯は一部校舎により異なります。
※年末年始・夏期休業・その他特別な休業以外は、通常平日・土日祝祭日にご覧いただけます。
※予約時にご希望日とご希望時間帯を合わせてお申込みください。
※基本講義の中からお好きな科目をご視聴いただけます。（視聴できる科目は時期により異なります）
※TAC提携校での体験視聴につきましては、提携校各校へお問合せください。

Webで体験　スマートフォン・パソコンで講義を体験視聴

TACホームページの「TAC動画チャンネル」で無料体験講義を配信しています。時期に応じて多彩な講義がご覧いただけます。

TACホームページ　https://www.tac-school.co.jp/

※体験講義は教室講義の一部を抜粋したものになります。

資格の学校 TAC

2022年度 本試験データリサーチ

参加無料!

10試験種以上実施予定!

スマホP.C.対応!

本試験結果がわかります!

本試験データリサーチとは?

Web上でご自身の解答を入力(選択)いただくと、全国の受験者からのデータを集計・分析した試験別の平均点、順位、問題別の正解率が確認できるTAC独自のシステムです。多くの受験生が参加するTACのデータサーチによる詳細なデータ分析で、公務員試験合格へ近づきましょう。

※データリサーチは択一試験のみ対応しております。論文・専門記述・面接試験等の結果は反映されません。予めご了承ください。
※順位判定・正解率等の結果データは、各本試験の正答公表日の翌日以降に閲覧可能の予定です。　※上記画面はイメージです。

2021年度
データリサーチ参加者
国家一般職（行政）
2,175名

多彩な試験種で実施予定!

国家総合職／東京都I類B（行政 [一般方式・新方式]）／特別区I類／裁判所一般職（大卒）
国税専門官／財務専門官／労働基準監督官A／国家一般職（行政・技術職）／外務省専門職
警視庁警察官I類／東京消防庁消防官I類

※実施試験種は諸般の事情により変更となる場合がございます。
※上記の試験種内でもデータリサーチが実施されない区分もございます。

本試験データリサーチの活用法

■ 相対的な結果を知る!

「手応えは悪くないけれど、周りの受験生はどうだったんだろう?」そんなときに本試験データリサーチを活用すれば、自分と他の受験生の結果を一目瞭然で比べることができます。

■ 併願対策に!

問題ごとの正解率が出るため、併願をしている受験生にとっては、本試験結果を模試のように参考にすることができます。自分の弱点を知って、その後の公務員試験対策に活用しましょう。

データリサーチの詳細は、

→ TACホームページ　https://www.tac-school.co.jp/
→ TAC WEB SCHOOL　https://portal.tac-school.co.jp/

クリック

等で各種本試験の1週間前から告知予定です。

TAC出版 書籍のご案内

TAC出版では、資格の学校TAC各講座の定評ある執筆陣による資格試験の参考書をはじめ、資格取得者の開業法や仕事術、実務書、ビジネス書、一般書などを発行しています!

TAC出版の書籍

*一部書籍は、早稲田経営出版のブランドにて刊行しております。

資格・検定試験の受験対策書籍

- 日商簿記検定
- 建設業経理士
- 全経簿記上級
- 税理士
- 公認会計士
- 社会保険労務士
- 中小企業診断士
- 証券アナリスト
- ファイナンシャルプランナー(FP)
- 証券外務員
- 貸金業務取扱主任者
- 不動産鑑定士
- 宅地建物取引士
- 賃貸不動産経営管理士
- マンション管理士
- 管理業務主任者
- 司法書士
- 行政書士
- 司法試験
- 弁理士
- 公務員試験(大卒程度・高卒者)
- 情報処理試験
- 介護福祉士
- ケアマネジャー
- 社会福祉士　ほか

実務書・ビジネス書

- 会計実務、税法、税務、経理
- 総務、労務、人事
- ビジネススキル、マナー、就職、自己啓発
- 資格取得者の開業法、仕事術、営業術
- 翻訳ビジネス書

一般書・エンタメ書

- ファッション
- エッセイ、レシピ
- スポーツ
- 旅行ガイド (おとな旅プレミアム/ハルカナ)
- 翻訳小説

(2021年7月現在)

書籍のご購入は

1 全国の書店、大学生協、ネット書店で

2 TAC各校の書籍コーナーで

資格の学校TACの校舎は全国に展開！
校舎のご確認はホームページにて

資格の学校TAC ホームページ
https://www.tac-school.co.jp

3 TAC出版書籍販売サイトで

24時間ご注文受付中

https://bookstore.tac-school.co.jp/

- 新刊情報をいち早くチェック！
- たっぷり読める立ち読み機能
- 学習お役立ちの特設ページも充実！

TAC出版書籍販売サイト「サイバーブックストア」では、TAC出版および早稲田経営出版から刊行されている、すべての最新書籍をお取り扱いしています。

また、無料の会員登録をしていただくことで、会員様限定キャンペーンのほか、送料無料サービス、メールマガジン配信サービス、マイページのご利用など、うれしい特典がたくさん受けられます。

サイバーブックストア会員は、特典がいっぱい！(一部抜粋)

通常、1万円(税込)未満のご注文につきましては、送料・手数料として500円(全国一律・税込)頂戴しておりますが、1冊から無料となります。

専用の「マイページ」は、「購入履歴・配送状況の確認」のほか、「ほしいものリスト」や「マイフォルダ」など、便利な機能が満載です。

メールマガジンでは、キャンペーンやおすすめ書籍、新刊情報のほか、「電子ブック版TACNEWS(ダイジェスト版)」をお届けします。

書籍の発売を、販売開始当日にメールにてお知らせします。これなら買い忘れの心配もありません。

公務員試験対策書籍のご案内

TAC出版の公務員試験対策書籍は、独学用、およびスクール学習の副教材として、各商品を取り揃えています。学習の各段階に対応していますので、あなたのステップに応じて、合格に向けてご活用ください！

INPUT

『みんなが欲しかった！公務員 合格へのはじめの一歩』
A5判フルカラー
- 本気でやさしい入門書
- 公務員の"実際"をわかりやすく紹介したオリエンテーション
- 学習内容がざっくりわかる入門講義

・法律科目（憲法・民法・行政法）
・経済科目（ミクロ経済学・マクロ経済学）

『過去問攻略Vテキスト』
A5判
TAC公務員講座
- TACが総力をあげてまとめた公務員試験対策テキスト

全21点
・専門科目：15点
・教養科目：6点

『新・まるごと講義生中継』
A5判
TAC公務員講座講師
新谷 一郎 ほか
- TACのわかりやすい生講義を誌上で！
- 初学者の科目導入に最適！
- 豊富な図表で、理解度アップ！

・郷原豊茂の憲法
・郷原豊茂の民法Ⅰ
・郷原豊茂の民法Ⅱ
・新谷一郎の行政法

『まるごと講義生中継』
A5判
TAC公務員講座講師
渕元 哲 ほか
- TACのわかりやすい生講義を誌上で！
- 初学者の科目導入に最適！

・郷原豊茂の刑法
・渕元哲の政治学
・渕元哲の行政学
・ミクロ経済学
・マクロ経済学
・関野喬のパターンでわかる数的推理
・関野喬のパターンでわかる判断整理
・関野喬のパターンでわかる空間把握・資料解釈

要点まとめ

『一般知識 出るとこチェック』
四六判
- 知識のチェックや直前期の暗記に最適！
- 豊富な図表とチェックテストでスピード学習！

・政治・経済
・思想・文学・芸術
・日本史・世界史
・地理
・数学・物理・化学
・生物・地学

記述式対策

『公務員試験論文答案集 専門記述』 A5判
公務員試験研究会
- 公務員試験（地方上級ほか）の専門記述を攻略するための問題集
- 過去問と新作問題で出題が予想されるテーマを完全網羅！

・憲法〈第2版〉
・行政法

地方上級・国家一般職(大卒程度)・国税専門官 等 対応　**TAC出版**

過去問学習

『ゼロから合格 基本過去問題集』
A5判
TAC公務員講座
- 「解ける」だから「つづく」／充実の知識まとめでこの1冊で知識「ゼロ」から過去問が解けるようになる、独学で学習を始めて完成させたい人のための問題集です。

全12点
・判断推理　・数的推理　・空間把握・資料解釈
・憲法　・民法Ⅰ　・民法Ⅱ
・行政法　・ミクロ経済学　・マクロ経済学
・政治学　・行政学　・社会学

『一問一答で論点総チェック』
B6判
TAC公務員講座講師 山本 誠
- 過去20年の出題論点の95%以上を網羅
- 学習初期の確認用にも直前期のスピードチェックにも

全4点
・憲法　・民法Ⅰ
・民法Ⅱ　・行政法

『出るとこ過去問』 A5判
TAC出版編集部
- 本試験の難問、奇問、レア問を省いた効率的なこの1冊で、合格ラインをゲット! 速習に最適

全16点
・憲法　・民法Ⅰ　・民法Ⅱ
・行政法　・ミクロ経済学　・マクロ経済学
・政治学　・行政学　・社会学
・国際関係　・経営学　・数的処理(上・下)
・自然科学　・社会科学　・人文科学

直前対策

『小論文の秘伝』
A5判
年度版 2022年2月刊
TAC公務員講座講師 山下 純一
- 頻出25テーマを先生と生徒のブレストで噛み砕くから、解答のツボがバッチリ!

『面接の秘伝』
A5判
年度版 2022年3月刊
TAC公務員講座講師 山下 純一
- どんな面接にも通用する「自分のコア」づくりのノウハウを大公開!

『時事問題総まとめ＆総チェック』
A5判
年度版
TAC公務員講座
- 知識整理と問題チェックが両方できる!
- 試験種別の頻出テーマが一発でわかる!

『過去問＋予想問題集』
B5判 **年度版**
TAC公務員講座
- 過去3年分＋αの本試験形式の問題を解いて志望試験種の試験に慣れる
- 問題は便利な抜き取り式、丁寧な解答解説付

・国家一般職(大卒程度・行政)
・東京都Ⅰ類B(行政・一般方式)
・国税専門官
・特別区Ⅰ類(事務)
・裁判所職員一般職(大卒程度)

TAC出版の書籍はこちらの方法でご購入いただけます

① 全国の書店・大学生協　② TAC各校 書籍コーナー
③ インターネット　**CYBER BOOK STORE** TAC出版書籍販売サイト　アドレス https://bookstore.tac-school.co.jp/

(2022年1月現在・刊行内容、刊行月、表紙等は変更になることがあります／**年度版** マークのある書籍は、毎年、新年度版が発行される予定です)

書籍の正誤に関するご確認とお問合せについて

書籍の記載内容に誤りではないかと思われる箇所がございましたら、以下の手順にてご確認とお問合せをしてくださいますよう、お願い申し上げます。
なお、正誤のお問合せ以外の書籍内容に関する解説および受験指導などは、一切行っておりません。
そのようなお問合せにつきましては、お答えいたしかねますので、あらかじめご了承ください。

1 「Cyber Book Store」にて正誤表を確認する

TAC出版書籍販売サイト「Cyber Book Store」のトップページ内「正誤表」コーナーにて、正誤表をご確認ください。

 CYBER BOOK STORE TAC出版書籍販売サイト

URL:https://bookstore.tac-school.co.jp/

2 1の正誤表がない、あるいは正誤表に該当箇所の記載がない
⇒ 下記①、②のどちらかの方法で文書にて問合せをする

★ご注意ください★

お電話でのお問合せは、お受けいたしません。
①、②のどちらの方法でも、お問合せの際には、「お名前」とともに、
「対象の書籍名（○級・第○回対策も含む）およびその版数（第○版・○○年度版など）」
「お問合せ該当箇所の頁数と行数」
「誤りと思われる記載」
「正しいとお考えになる記載とその根拠」
を明記してください。
なお、回答までに1週間前後を要する場合もございます。あらかじめご了承ください。

① ウェブページ「Cyber Book Store」内の「お問合せフォーム」より問合せをする

【お問合せフォームアドレス】
https://bookstore.tac-school.co.jp/inquiry/

② メールにより問合せをする

【メール宛先　TAC出版】
syuppan-h@tac-school.co.jp

※土日祝日はお問合せ対応をおこなっておりません。
※正誤のお問合せ対応は、該当書籍の改訂版刊行月末日までといたします。

乱丁・落丁による交換は、該当書籍の改訂版刊行月末日までといたします。なお、書籍の在庫状況等により、お受けできない場合もございます。
また、各種本試験の実施の延期、中止を理由とした本書の返品はお受けいたしません。返金もいたしかねますので、あらかじめご了承くださいますようお願い申し上げます。

TACにおける個人情報の取り扱いについて
■お預かりした個人情報は、TAC（株）で管理させていただき、お問合せへの対応、当社の記録保管にのみ利用いたします。お客様の同意なしに業務委託先以外の第三者に開示、提供することはございません（法令等により開示を求められた場合を除く）。その他、個人情報保護管理者、お預かりした個人情報の開示等及びTAC（株）への個人情報の提供の任意性については、当社ホームページ（https://www.tac-school.co.jp）をご覧いただくか、個人情報に関するお問い合わせ窓口（E-mail:privacy@tac-school.co.jp）までお問合せください。

（2022年7月現在）

2022年度 問題

―〈冊子ご利用時の注意〉――――――

　この色紙を残したまま、ていねいに抜き取り、ご利用ください。

　また、抜き取りの際の損傷についてのお取替えはご遠慮願います。

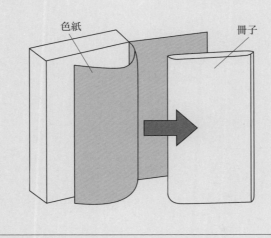

TAC出版

2022年度　教養試験　問題

現代文	内容合致	2022年度 教養 No. 1

次の文中で述べられていることとして、最も妥当なのはどれか。

　ある年の五月、アルプという川の岸の岡に、用もない読書の日を送っていたことがあった。氷河の氷の下を出て来てからまだ二時間とかにしかならぬという急流で、赤く濁ったつめたい水であったが、両岸は川楊（かわやなぎ）の古木の林になっていて、ちょうどその梢（こずえ）が旅館の庭の、緑の芝生と平らであった。なごやかな風の吹く日には、その楊の花が川の方から、際限もなく飛んで来て、雪のように空にただようている。以前も一度上海（シャンハイ）郊外の工場を見に行った折に、いわゆる柳絮（りゅうじょ）の漂々たる行くえを見送ったことがあったが、総体に旅客でない者は、土地のこういう毎年の風物には、深く心を留めようとはせぬらしい。

　しかしそれはただ人間だけの話で、小鳥はこういう風の吹く日になると、妙にその挙動が常のようでなかった。たて横にこの楊の花の飛び散る中に入って行って、口を開けてその綿を啄（つい）ばもうとする。それをどうするのかと思ってなお気を付けていると、いずれも庭の樹木の茂った蔭に入って、今ちょうど落成しかかっている彼等の新家庭の、新らしい敷物にするらしいのであった。ホテルの庭の南に向いた岡の端は、石を欄干（らんかん）にした見晴し台になっていて、そこにはささやかなる泉があった。それとは直角に七葉樹（しちようじゅ）の並木が三列に植えられ、既に盛り上がるように沢山（たくさん）の花の芽を持っている。どれもこれも六七十年の逞（たく）ましい喬木（きょうぼく）であった。鳥どもは多く巣をその梢に托していると見えて、そちこちに嬉しそうな家普請（やぶしん）の歌の声が聞えるが、物にまぎれてその在処（ありか）がよくはわからなかった。

　ところがどうしたものかその中でたった一つがい、しかも羽の色の白い小鳥が、並木の一番端の地に附くような低い枝の中ほどに巣を掛けている。僅（わず）かばかりその枝を引き撓（たわ）めると、地上に立っていても巣の中を見ることが出来た。巣の底には例の楊の綿を厚く敷いて、薄鼠色（うすねずいろ）の小さな卵が二つ生んである、それがほどなく四つになって、親鳥がその上に坐り、人が近よっても遁げぬようになってしまった。折々更代（こうたい）に入っていて、一方が戻って来るのを待兼（まちか）ねるようにして、飛んで行くのが雄であった。気を付けて見ると、この方が少しばかり尾が太い。庭掃き老人がそこを通るから、試みに名を尋ねて見た。多分Verdierという鳥だと思うが確かなことは知らないと答える。英語ではGoldfinchという鳥だと、また一人の青年が教えてくれたが、これも怪しいものであった。後に鳥譜を出して比べて見ると、似ているのは大きさだけで、羽の色などは双方ともこの巣の鳥とは同じでなかった。がとにかくに幾らもこの辺にはいる鳥ではあったらしい。

（柳田国男「野草雑記・野鳥雑記」による）

1　アルプという川を、源流から川に沿って２時間ほど歩いて下ると、川の水は赤く濁り、両岸は若々しい川楊が生い茂る林になっていた。

2　アルプという川の両岸では、例年五月頃になると、楊の花が川の方から際限もなく飛んで来て雪のように空にただよい、旅館の周辺は毎年の風物を愛でる住民で賑わった。

3　なごやかな風の吹く日になると、旅館周辺の小鳥はその挙動が常のようではなくなり、楊の花の飛び散る中に入って行って、その花をおいしそうに啄ばんだ。

4　楊の綿を啄ばんでいた羽の色の白い小鳥が、七葉樹の喬木の中に入っていくのを見かけたので覗いてみたところ、母鳥が四つの薄鼠色のたまごを温めていた。

5　羽の色が白い小鳥は、鳥譜を出して調べてみると、それほど珍しい鳥ではないことや、老人や青年の言っていた鳥とは羽の色が異なるものの、大きさが似ていることが分かった。

現代文	内容合致	2022年度 教養 No. 2

次の文中で述べられていることとして、最も妥当なのはどれか。

　たとえば長方形の水槽の底を一様に熱するといわゆる熱対流を生ずる。その際器内の水の運動を水中に浮遊するアルミニウム粉によって観察して見ると、底面から熱せられた水は決して一様には直上しないで、まず底面に沿うて器底の中央に集中され、そこから幅の狭い板状の流線をなして直上する。その結果として、底面に直接触れていた水はほとんど全部この幅の狭い上昇部に集注され、ほとんど拡散することなくして上昇する。もし器底に一粒の色素を置けば、それから発する色づいた水の線は器底に沿うて走った後にこの上昇流束の中に判然たる一本の線を引いて上昇するのである。

　もしも同様なことがたぶん空気の場合にもあるとして、器底の色素粒の代わりに地上のねずみの死骸を置きかえて考えると、その臭気を含んだ一条の流線束はそうたいしては拡散希釈されないで、そのままかなりの高さに達しうるものと考えられる。

　こういう気流が実際にあるかと言うと、それはある。そうしてそういう気流がまさしくとんびの滑翔を許す必要条件なのである。インドの禿鷹について研究した人の結果によると、この鳥が上空を滑翔するのは、晴天の日地面がようやく熱せられて上昇渦流の始まる時刻から、午後その気流がやむころまでの間だということである。こうした上昇流は決して一様に起こることは不可能で、類似の場合の実験の結果から推すと、蜂窩状あるいはむしろ腸詰め状対流渦の境界線に沿うて起こると考えられる。それで鳥はこの線上に沿うて滑翔していればきわめて楽に浮遊していられる。そうしてはなはだ好都合なことには、この上昇気流の速度の最大なところがちょうど地面にあるものの香気臭気を最も濃厚に含んでいる所に相当するのである。それで、飛んでいるうちに突然強い腐肉臭に遭遇したとすれば、そこから直ちにダイヴィングを始めて、その臭気の流れを取りはずさないようにその同じ流線束をどこまでも追究することさえできれば、いつかは必ず臭気の発源地に到達することが確実であって、もしそれができるならば視覚などはなくてもいいわけである。

　とんびの場合にもおそらく同じようなことが言われはしないかと思う。それで、もし一度とんびの嗅覚あるいはその代用となる感官の存在を仮定しさえすれば、すべての問題はかなり明白に解決するが、もしどうしてもこの仮定が許されないとすると、すべてが神秘の霧に包まれてしまうような気がする。

　これに関する鳥類学者の教えをこいたいと思っている次第である。

（小宮豊隆編「寺田寅彦随筆集 第四巻」による）

1　水槽の底を一様に熱すると、底面から熱せられた水は決して一様には直上しないで、まず底面に沿って器底の中央に集中されることから、筆者は水槽の底は外側から中央部に向かって徐々に温まっていくと考えた。

2　筆者の観察によると、とんびが上空を滑翔するのは、晴天の日地面がようやく熱せられて上昇渦流の始まる時刻から、午後その気流がやむころまでであり、上空を滑翔している間、とんびは極めて楽に浮遊していられることが判明した。

3　筆者が実施した水槽の実験により、上昇気流は一様には起こらず、対流渦の境界線に沿って起こることが確認できた。

4　地上のねずみの死骸から発生する臭気はかなりの高さに達しうると考えられることから、筆者は、とんびは上空で滑翔しつつ、地面からの臭気の流れを追究することでねずみの死骸に到達しているものと推測している。

5　禿鷹に関する研究で鳥の嗅覚が鈍いことが明らかになったため、筆者はすべてが神秘の霧に包まれてしまったと失望し、鳥類学者に教えをこおうと考えた。

現代文	文章整序	2022年度 教養 No. 3

次の文を並べ替えて一つのまとまった文章にする場合、最も妥当なのはどれか。

A　久しぶりに帰省して親兄弟の中で一夜を過ごしたが、今朝別れて汽車の中にいるとなんとなく哀愁に胸を閉ざされ、窓外のしめやかな五月雨がしみじみと心にしみ込んで来た。大慈大悲という言葉の妙味が思わず胸に浮かんでくる。

B　父は道を守ることに強い情熱を持った人である。医は仁術なりという標語を片時も忘れず、その実行のために自己の福利と安逸とを捨てて顧みない人である。その不肖の子は絶えず生活をフラフラさせて、わき道ばかりにそれている。このごろは自分ながらその動揺に愛想がつきかかっている時であるだけに、父の言葉はひどくこたえた。

C　しかしそれは自分の中心の要求を満足させる仕事ではないのである。自分の興味は確かに燃えているが、しかしそれを自分の唯一の仕事とするほどに、——もしくは第一の仕事とするほどに、腹がすわっているわけではない。

D　昨夜父は言った。お前の今やっていることは道のためにどれだけ役にたつのか、頽廃した世道人心を救うのにどれだけ貢献することができるのか。この問いには返事ができなかった。五六年前ならイキナリ反撥したかも知れない。しかし今は、父がこの問いを発する心持ちに対して、頭を下げないではいられなかった。

E　雨は終日しとしとと降っていた。煙ったように雲に半ば隠された比叡山の姿は、京都へ近づいてくる自分に、古い京のしっとりとした雰囲気をいきなり感じさせた。

F　実をいうと古美術の研究は自分にはわき道だと思われる。今度の旅行も、古美術の力を享受することによって、自分の心を洗い、そうして富まそう、というに過ぎない。もとより鑑賞のためにはいくらかの研究も必要である。また古美術の優れた美しさを同胞に伝えるために印象記を書くということも意味のないことではない。

(和辻哲郎「古寺巡礼」による)

1　A－B－C－F－D－E

2　A－D－B－F－C－E

3　A－F－C－E－B－D

4　F－A－D－B－C－E

5　F－C－D－B－E－A

| | | 現代文 | 空欄補充 | 2022年度 教養 No. 4 |

次の文章の空欄に当てはまる語句の組合せとして、最も妥当なのはどれか。

　今日、『源氏物語』は世界の文学的遺産となり、紫式部は世界的文豪として有名になっている。

　それは勿論、この作品が「小説」として極めて　A　な美しさを持ち、そして　B　文学独特の明るさを持っているからである。

　『源氏物語』を「世界最古の文学」などと途方もないことをいう日本の学者が、後を断たないのは　C　であるが、『源氏物語』は世界最古でなく、歴史的発展のおくれていた日本が遅くまでとどまっていた「　B　」世界の終り頃に生れたので、ギリシア・ローマや中国の　B　の盛りに十世紀も遅れて、それらの国々が早く生んだ文学的傑作の系列の、いわば　D　を飾るものとして花咲いた作品である。

(中村真一郎「源氏物語の世界」による)

	A	B	C	D
1	普遍的	王朝	意外	最後尾
2	普遍的	古代	意外	最先端
3	普遍的	古代	滑稽	最後尾
4	雅	王朝	滑稽	最先端
5	雅	古代	意外	最後尾

英文	内容合致	2022年度 教養 No. 5

次の英文の中で述べられていることと一致するものとして、最も妥当なのはどれか。

本問は都合により掲載できません。

(Winston Churchill「My Early Life」による)

＊unpretentious……控えめな　　＊dunce……劣等生

＊parse……構成要素に分析する　　＊disjunctive……離接接続詞

＊bracket……括弧　　＊epigram……警句

1 私は一年近く劣等生だったので、英語を教えられただけで、ラテン語、ギリシャ語など輝かしい事柄を学ぶ機会は与えられない不利な立場にいた。

2 ソマヴェル先生は、劣等生担当であることを気にしない非常に明るい性格だったので、優秀な生徒と同様に、劣等生である自分に対しても、英語を熱心に教えてくれた。

3 ソマヴェル先生は、英語の重要構文を含む文章を選び、構文を詳細に解説し、また、品詞や節を色分けして括弧で囲む品詞分解の練習もほぼ毎日行わせた。

4 私は普通の英語の基本構造を骨の髄まで叩き込んだので、ラテン語の詩文等で褒賞をとった同窓生が普通の英文を書かねばならなくなったとき、私はこれと伍して何らの遜色を感じなかった。

5 英語を学ぶことに対する私の偏った考えかもしれないが、英語がよくできる生徒こそ、ラテン語やギリシャ語を勉強している暇があったら、もっと普通の英語を勉強しなさいと叱咤激励したい。

英文	内容合致	2022年度 教養 No. 6

次の英文の中で述べられていることと一致するものとして、最も妥当なのはどれか。

We are living in a technical age. Many are convinced that science and technology hold the answers to all our problems. We should just let the scientists and technicians go on with their work, and they will create heaven here on earth. But science is not an enterprise that takes place on some superior moral or spiritual plane above the rest of human activity. Like all other parts of our culture, it is shaped by economic, political and religious interests.

Science is a very expensive affair. A biologist seeking to understand the human immune system requires laboratories, test tubes, chemicals and electron microscopes, not to mention lab assistants, electricians, plumbers and cleaners. An economist seeking to model credit markets must buy computers, set up giant databanks and develop complicated data-processing programs. An archaeologist who wishes to understand the behaviour of archaic* hunter-gathers must travel to distant lands, excavate* ancient ruins and date fossilised* bones and artefacts*. All of this costs money.

During the past 500 years modern science has achieved wonders thanks largely to the willingness of governments, businesses, foundations and private donors to channel billions of dollars into scientific research. These billions have done much more to chart the universe, map the planet and catalogue the animal kingdom than did Galileo Galilei, Christopher Columbus and Charles Darwin. If these particular geniuses had never been born, their insights would probably have occurred to others. But if the proper funding were unavailable, no intellectual brilliance could have compensated for that. If Darwin had never been born, for example, we'd today attribute the theory of evolution to Alfred Russel Wallace, who came up with the idea of evolution via natural selection independently of Darwin and just a few years later. But if the European powers had not financed geographical, zoological and botanical* research around the world, neither Darwin nor Wallace would have had the necessary empirical* data to develop the theory of evolution. It is likely that they would not even have tried.

(Yuval Noah Harari「Sapiens」による)

＊archaic……古代の　　＊excavate……発掘する　　＊fossilise……化石化する
＊artefact……人工遺物　　＊botanical……植物学上の
＊empirical……経験上の

1 我々は技術の時代を生きてきたが、今日では科学者と技術者に任せておけば地上の楽園が実現できるという考えに対し懐疑的な人々が多くなってきた。

2 人間の免疫に関する研究をしている生物学者は、研究機材に多額なコストがかかるため、人件費を圧縮しなければならなくなっている。

3 過去500年間、近代科学は、政府、企業、個人等からの莫大な資金援助を受けたおかげで、ガリレオ、コロンブス、ダーウィンに匹敵する成果を挙げた。

4 ガリレオ、コロンブス、ダーウィンといった天才が生まれていなかったとしても、きっと誰か別の人が同じ偉業を達成していただろう。

5 西欧列強がその影響力を世界に拡大していかなければ、ダーウィンやウォーレスの地理学的、動物学的、植物学的業績が世界に伝播することはなかった。

英文	内容合致	2022年度 教養 No. 7

次の英文の中で述べられていることと一致するものとして、最も妥当なのはどれか。

THE LEISURELY PACE at which trees live their lives is also apparent when it comes to procreation*. Reproduction is planned at least a year in advance. Whether tree love happens every spring depends on the species. Whereas conifers* send their seeds out into the world at least once a year, deciduous* trees have a completely different strategy. Before they bloom, they agree among themselves. Should they go for it next spring, or would it be better to wait a year or two? Trees in a forest prefer to bloom at the same time so that the genes of many individual trees can be well mixed. Conifers and deciduous trees agree on this, but deciduous trees have one other factor to consider: browsers such as wild boar* and deer.

Boar and deer are extremely partial to beechnuts* and acorns*, both of which help them put on a protective layer of fat for winter. They seek out these nuts because they contain up to 50 percent oil and starch—more than any other food. Often whole areas of forest are picked clean down to the last morsel* in the fall so that, come spring, hardly any beech and oak seedlings* sprout*. And that's why the trees agree in advance. If they don't bloom every year, then the herbivores* cannot count on them. The next generation is kept in check because over the winter the pregnant animals must endure a long stretch with little food, and many of them will not survive. When the beeches or oaks finally all bloom at the same time and set fruit, then it is not possible for the few herbivores left to demolish* everything, so there are always enough undiscovered seeds left over to sprout.

（Peter Wohlleben「The Hidden Life of Trees」による）

＊procreation……出産　　＊conifer……針葉樹　　＊deciduous……落葉性の
＊boar……猪　　＊beechnut……ブナの実　　＊acorn……どんぐり
＊morsel……少量　　＊seedling……苗木　　＊sprout……芽吹く
＊herbivore……草食動物　　＊demolish……たいらげる

1　木はのんびりとした生活を送っているが、少なくとも年に一度は、仲間同士で相談して、繁殖の計画を立てている。

2　人々は、猪や鹿に配慮して木の実の採集を来春に行うべきか、それとももう一年あるいは二年待った方がよいか、話し合って決める。

3　広葉樹は、動物たちに木の実を食べつくされないように、仲間同士で話し合って花の咲く年を決めている。

4　広葉樹は、草食動物の大好物である木の実を落とさないことにより、体力のない個体の数を減らし、森の動物の全体数をコントロールしている。

5　最終的にブナ科の木々が一斉に開花し木の実をつけても、弱った草食動物は生きながらえないため、多くの木の実は発見されずに残される。

英文	内容合致	2022年度 教養 No. 8

次の英文の中で述べられていることと一致するものとして、最も妥当なのはどれか。

"Not unless you put the clock back," Uncle Alan said carelessly, in answer to Tom's last question.

Tom doodled* with his pen in the corner of the letter he was writing to Peter: a clock dial, which he then enclosed at the top of a tall, rectangular* case—a grandfather clock, in fact. He took some minutes to complete it; then he addressed his uncle again.

"What clock?"

"What did you say, Tom?"

"You said a tree could not be lying fallen at one time, and then be standing up again as it was before it fell, unless you put the clock back. What clock?"

"Oh, no particular clock." Tom scribbled* out his sketch of the grandfather clock. "It's just a saying, Tom—'to put the clock back.' It means, to have the Past again, and no one can have that. Time isn't like that."

His uncle returned to his reading; and Tom began doodling in another part of the writing paper. After some time he found that he had drawn the shape of an angel-like creature with wings from his shoulders and with straddling* legs. He had drawn the creature before he was aware, and then was startled at his own handiwork*. He could not at once think whence the design had come into his mind. Then he remembered that it belonged to the grandfather clock and he scribbled that out too.

Then, "What *is* Time like, Uncle Alan?" asked Tom.

His uncle put his book down altogether; and his aunt nervously put down her mending, too.

"Tom," she said, "you shouldn't always be asking such very odd questions of your uncle. He's tired after his day's work."

(Philippa Pearce「Tom's Midnight Garden」による)

＊doodle……いたずら書きする　　＊rectangular……長方形の
＊scribble……なぐり書きする　　＊straddle……両足を広げる
＊handiwork……作ったもの

1　トムは、ピーターに送る手紙を書いた後、アランおじさんの時計を背の高い四角いケースにしまった。

2　アランおじさんは、一度倒れた木を、またもとのとおりに立たせることができる不思議な時計を隠し持っていた。

3　アランおじさんは、「時計の針を戻す」という言葉は過去を呼び返すという意味だがそんなことは誰にもできはしないと、トムに話した。

4　トムは、時を戻すには天使の助けが必要だとアランおじさんに伝えるため、天使のような生きものの絵を便箋に描いた。

5　トムは、天使のような生きものの絵を描いた後になって、その絵がすでに大時計の掛かっている柱に描かれていたことに気がつき、びっくりした。

13

判断推理	集合	2022年度 教養 No. 9

あるリゾートホテルの宿泊客400人について、早朝ヨガ、ハイキング、ナイトサファリの３つのオプショナルツアーへの参加状況について調べたところ、次のことが分かった。

A　早朝ヨガに参加していない宿泊客の人数は262人であった。

B　２つ以上のオプショナルツアーに参加した宿泊客のうち、少なくとも早朝ヨガとハイキングの両方に参加した宿泊客の人数は30人であり、少なくとも早朝ヨガとナイトサファリの両方に参加した宿泊客の人数は34人であった。

C　ナイトサファリだけに参加した宿泊客の人数は36人であった。

D　ハイキングだけに参加した宿泊客の人数は、ハイキングとナイトサファリの２つだけに参加した宿泊客の人数の５倍であった。

E　３つのオプショナルツアー全てに参加した宿泊客の人数は16人であり、３つのオプショナルツアーのいずれにも参加していない宿泊客の人数は166人であった。

以上から判断して、早朝ヨガだけに参加した宿泊客の人数として、正しいのはどれか。

1　70人

2　75人

3　80人

4　85人

5　90人

空間把握 — 最短経路

2022年度 教養 No.10

下の図のように、縦方向と横方向に平行な道路が、土地を直角に区画しているとき、最短ルートで、地点Aから地点Xを通って地点Bまで行く経路は何通りあるか。

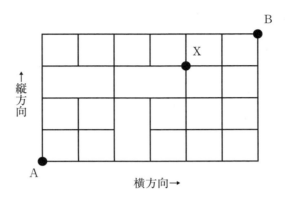

1　48通り

2　49通り

3　50通り

4　51通り

5　52通り

| 数的推理 | 確率 | 2022年度 教養 No.11 |

白組の生徒10人、赤組の生徒９人及び青組の生徒８人の中から、くじ引きで３人の生徒を選ぶとき、白組、赤組及び青組の生徒が一人ずつ選ばれる確率として、正しいのはどれか。

1 $\dfrac{1}{720}$

2 $\dfrac{80}{2187}$

3 $\dfrac{8}{195}$

4 $\dfrac{16}{65}$

5 $\dfrac{121}{360}$

判断推理	操作手順	2022年度 教養 No.12

　水が満たされている容量18リットルの容器と、容量11リットル及び容量7リットルの空の容器がそれぞれ一つずつある。三つの容器の間で水を順次移し替え、容量18リットルの容器と容量11リットルの容器とへ、水をちょうど9リットルずつ分けた。各容器は容量分の水しか計れず、一つの容器から別の容器に水を移し替えることを1回と数えるとき、水をちょうど9リットルずつに分けるのに必要な移し替えの最少の回数として、正しいのはどれか。

1　15回

2　16回

3　17回

4　18回

5　19回

| 数的推理 | 連立方程式 | 2022年度 教養 No.13 |

　観客席がS席、A席、B席からなるバドミントン競技大会決勝のチケットの販売状況は、次のとおりであった。

ア　チケットの料金は、S席が最も高く、次に高い席はA席であり、S席とA席の料金の差は、A席とB席の料金の差の4倍であった。
イ　チケットは、S席が60枚、A席が300枚、B席が900枚売れ、売上額の合計は750万円であった。
ウ　B席のチケットの売上額は、S席のチケットの売上額の5倍であった。
エ　S席、A席、B席のチケットの料金は、それぞれの席ごとに同額であった。

　以上から判断して、S席のチケットの料金として、正しいのはどれか。

1　14,000円

2　15,000円

3　16,000円

4　17,000円

5　18,000円

数的推理	濃度	2022年度 教養 No.14

　果汁20％のグレープジュースに水を加えて果汁12％のグレープジュースにした後、果汁４％のグレープジュースを500ｇ加えて果汁８％のグレープジュースになったとき、水を加える前のグレープジュースの重さとして、正しいのはどれか。

1　200 g

2　225 g

3　250 g

4　275 g

5　300 g

数的推理 — 平面図形

2022年度 教養 No.15

下の図のように、直径の等しい円A及び円Bがあり、直径の等しい4個の円pがそれぞれ他の2個の円pに接しながら円Aに内接し、円Bには直径の等しい2個の円qが円Bの中心で互いに接しながら円Bに内接している。このとき、1個の円pの面積に対する1個の円qの面積の比率として、正しいのはどれか。

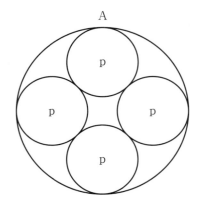
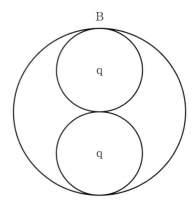

1 $\dfrac{1+4\sqrt{2}}{4}$

2 $\dfrac{2+3\sqrt{2}}{4}$

3 $\dfrac{3+2\sqrt{2}}{4}$

4 $\dfrac{4+\sqrt{2}}{4}$

5 $\dfrac{5}{4}$

数的推理　規則性

2022年度
教養 No.16

下の図のように、整数を1から順に反時計回りに並べたとき、400の右隣となる数として、正しいのはどれか。

31	30	29	28	27	26
32	13	12	11	10	25
33	14	3	2	9	24
・	15	4	1	8	23
・	16	5	6	7	22
・	17	18	19	20	21

1 324

2 325

3 399

4 401

5 402

資料解釈 — 実数のグラフ

次の図から正しくいえるのはどれか。

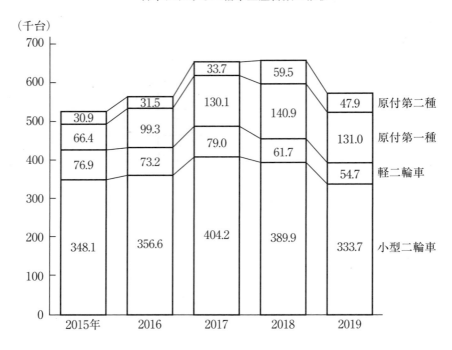

日本における二輪車生産台数の推移

1　2015年における原付第一種と原付第二種の生産台数の計を100としたとき、2018年における原付第一種と原付第二種の生産台数の計の指数は200を下回っている。

2　2015年から2019年までの各年についてみると、二輪車生産台数の合計に占める小型二輪車の生産台数の割合は、いずれの年も60％を上回っている。

3　2016年から2019年までの各年における軽二輪車の生産台数の対前年増加率が、最も大きいのは2017年であり、最も小さいのは2018年である。

4　2017年から2019年までの3か年における原付第二種の生産台数の平均に対する2019年における原付第二種の生産台数の比率は、1.0を下回っている。

5　2019年についてみると、小型二輪車の生産台数の対前年増加率は、原付第一種の生産台数の対前年増加率を上回っている。

資料解釈 — 対前年増加率のグラフ

次の図から正しくいえるのはどれか。

種類別4学校における卒業者数の**対前年増加率**の推移

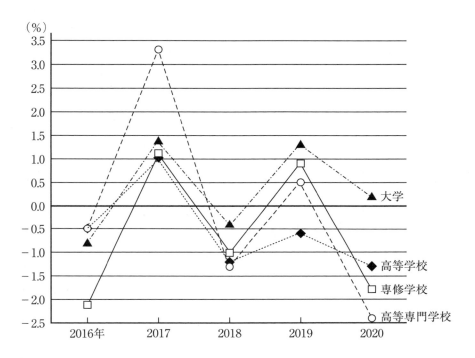

1　2015年から2020年までのうち、大学の卒業生が最も多いのは2020年であり、最も少ないのは2018年である。

2　2016年における専修学校の卒業生を100としたとき、2020年における専修学校の卒業生の指数は95を下回っている。

3　2017年と2018年についてみると、高等学校の卒業生に対する大学の卒業生の比率は、いずれの年も前年に比べて増加している。

4　2019年における卒業生を学校の種類別にみると、卒業生が2016年に比べて減少しているのは、高等学校と高等専門学校である。

5　2020年における高等専門学校の卒業生は、2017年における高等専門学校の卒業生に比べて増加している。

資料解釈 — 総数と構成比のグラフ

次の図から正しくいえるのはどれか。

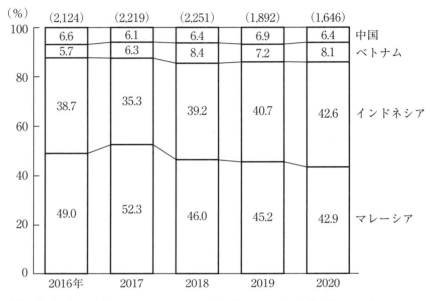

日本における4か国からの合板輸入量の構成比の推移

（注）（　）内の数値は、4か国からの合板輸入量の合計（単位：千㎡）を示す。

1 2016年から2019年までのうち、インドネシアからの合板輸入量が最も多いのは2018年であり、最も少ないのは2017年である。

2 2016年における中国からの合板輸入量を100としたとき、2020年における中国からの合板輸入量の指数は、70を下回っている。

3 2017年についてみると、マレーシアからの合板輸入量の対前年増加率は、ベトナムからの合板輸入量の対前年増加率を上回っている。

4 2017年から2019年までの各年についてみると、ベトナムからの合板輸入量は中国からの合板輸入量を、いずれの年も6千㎡以上、上回っている。

5 2018年から2020年までの3か年におけるマレーシアからの合板輸入量の年平均は、870千㎡を下回っている。

資料解釈　複数の資料

次の図表から正しくいえるのはどれか。

貯蓄の種類別貯蓄現在高（二人以上の世帯）

貯蓄の種類別貯蓄現在高（2016年）　（単位：万円）

通貨性預貯金	定期性預貯金	有価証券	生命保険など
412	727	265	378

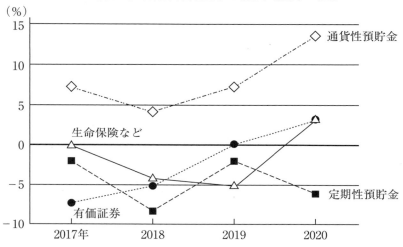

1　2016年における有価証券の貯蓄現在高を100としたとき、2018年における有価証券の貯蓄現在高の指数は85を下回っている。

2　2017年における生命保険などの貯蓄現在高と定期性預貯金の貯蓄現在高との差は、350万円を上回っている。

3　2017年から2019年までの3か年における定期性預貯金の貯蓄現在高の累計は、2,000万円を下回っている。

4　2018年から2020年までの3か年における通貨性預貯金の貯蓄現在高の年平均は、2017年における有価証券の貯蓄現在高を下回っている。

5　2020年についてみると、通貨性預貯金の貯蓄現在高に対する生命保険などの貯蓄現在高の比率は、0.6を上回っている。

空間把握　一筆書き　2022年度 教養 No.21

　下の図A～Eのうち、始点と終点が一致する一筆書きとして、妥当なのはどれか。ただし、一度描いた線はなぞれないが、複数の線が交わる点は何度通ってもよい。

A 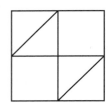　　B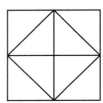

C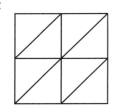

D 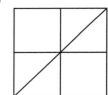　　E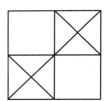

1　A
2　B
3　C
4　D
5　E

空間把握 | 展開図

下の図のような円すい台の展開図として、妥当なのはどれか。

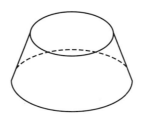

1
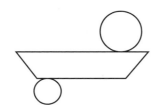

2

3
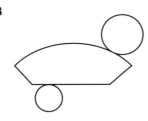

4

5

空間把握　軌跡

2022年度 教養 No.23

　下の図のように、一辺の長さ3cmの正六角形の各辺を延長し、得られた交点を結んでつくった図形がある。この図形が、直線と接しながら、かつ、直線に接している部分が滑ることなく矢印の方向に1回転したとき、この図形の頂点Pが描く軌跡の長さとして、正しいのはどれか。ただし、円周率はπとする。

1　$(6+3\sqrt{3})\pi$ cm

2　$(6+4\sqrt{3})\pi$ cm

3　$(9+2\sqrt{3})\pi$ cm

4　$(9+3\sqrt{3})\pi$ cm

5　$(9+4\sqrt{3})\pi$ cm

空間把握 | 軌跡

下の図のように、半径3aの円があり、長辺の長さ3a、短辺の長さaの長方形が、一方の長辺の両端で円の内側に接しながら円の内側を1周するとき、長方形が通過する部分の面積として、正しいのはどれか。ただし、円周率はπとする。

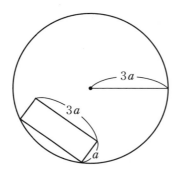

1. $\left(\dfrac{1}{4}+3\sqrt{3}\right)\pi a^2$
2. $\left(\dfrac{1}{2}+3\sqrt{3}\right)\pi a^2$
3. $\left(\dfrac{3}{4}+3\sqrt{3}\right)\pi a^2$
4. $(1+3\sqrt{3})\pi a^2$
5. $\left(\dfrac{5}{4}+3\sqrt{3}\right)\pi a^2$

| 文芸 | ヨーロッパの芸術 | 2022年度 教養 No.25 |

ヨーロッパの芸術に関する記述として、妥当なのはどれか。

1 耽美主義とは、美を唯一最高の理想とし、美の実現を至上目的とする芸術上の立場をいい、代表的作品にワイルドの戯曲「サロメ」がある。

2 古典主義とは、バロック式の芸術が持つ形式美や理知を尊重した芸術上の立場をいい、代表的作品にモネの絵画「積みわら」がある。

3 写実主義とは、現実をありのままに模写・再現しようとする芸術上の立場をいい、代表的作品にゴッホの絵画「ひまわり」がある。

4 印象主義とは、事物から受けた客観的印象を作品に表現しようとする芸術上の立場をいい、代表的作品にミレーの絵画「落穂拾い」がある。

5 ロマン主義とは、秩序と論理を重視しつつ感性の解放を目指す芸術上の立場をいい、代表的作品にフローベールの小説「ボヴァリー夫人」がある。

| 日本史 | 鎌倉仏教 | 2022年度 教養 No.26 |

鎌倉仏教に関する記述として、妥当なのはどれか。

1 一遍は、煩悩の深い人間こそが、阿弥陀仏の救いの対象であるという悪人正機を説き、「愚管抄」をあらわし、時宗の開祖と仰がれた。

2 栄西は、坐禅によってみずからを鍛練し、釈迦の境地に近づくことを主張する禅宗を日本に伝え、「興禅護国論」をあらわし、日本の臨済宗の開祖と仰がれた。

3 親鸞は、善人・悪人や信仰の有無を問うことなく、すべての人が救われるという念仏の教えを説き、「選択本願念仏集」をあらわし、浄土宗を開いた。

4 日蓮は、「南無妙法蓮華経」と題目を唱えることで救われると説き、武士を中心に広まった日蓮宗は、鎌倉幕府の保護を受けた。

5 法然は、「南無阿弥陀仏」の念仏を唱えれば、極楽浄土に往生できるという専修念仏の教えを説き、「立正安国論」をあらわし、浄土真宗（一向宗）を開いた。

| 世界史 | モンゴル帝国と元 | 2022年度 教養 No.27 |

モンゴル帝国又は元に関する記述として、妥当なのはどれか。

1 チンギス＝ハンは、モンゴル高原の諸部族が平定したイル＝ハン国、キプチャク＝ハン国、チャガタイ＝ハン国を統合し、モンゴル帝国を形成した。

2 オゴタイ＝ハンは、ワールシュタットの戦いでオーストリア・フランス連合軍を破り、西ヨーロッパへの支配を拡大した。

3 モンゴル帝国の第２代皇帝フビライ＝ハンは、長安に都を定めて国号を元とし、南宋を滅ぼして中国全土を支配した。

4 元は、中国の伝統的な官僚制度を採用したが、実質的な政策決定はモンゴル人によって行われ、色目人が財務官僚として重用された。

5 モンゴル帝国は、交通路の安全性を重視し、駅伝制を整えて陸上交易を振興させたが、海洋においては軍事を優先し、海上交易を縮小していった。

| 地理 | 世界の農業 | 2022年度 教養 No.28 |

世界の農業に関する記述として、妥当なのはどれか。

1 園芸農業は、北アメリカや日本などの大都市近郊でみられる、鉢花や切花など、野菜以外の観賞用植物を栽培する農業であり、近年は輸送手段の発達とともに、大都市から遠く離れた地域にも出荷する輸送園芸農業が発達している。

2 オアシス農業は、乾燥地域においてみられる、外来河川や湧水池などを利用した農業であり、イランではフォガラと呼ばれる人工河川を利用して山麓の水を導水し、オリーブなどを集約的に栽培している。

3 企業的穀物農業は、アメリカやカナダなどでみられる、大型の農業機械を用いて小麦やトウモロコシなどの穀物の大規模な生産を行う農業であり、土地生産性が高いものの労働生産性は低い。

4 混合農業は、ドイツやフランスなどの中部ヨーロッパに広くみられる、中世ヨーロッパの三圃式農業から発展した農業であり、穀物と飼料作物を輪作で栽培するとともに、肉牛や鶏などの家畜を飼育している。

5 地中海式農業は、アルジェリアやモロッコなどの地中海沿岸地域に特有の農業であり、夏には小麦や大麦などの穀物が、冬には柑橘類やブドウなどの樹木作物が栽培されている。

法律	債務不履行による損害賠償	2022年度 教養 No.29

債務不履行による損害賠償に関する記述として、妥当なのはどれか。

1 債務不履行により債権者が損害を被った場合には、損害賠償の範囲は債務不履行がなければ生じなかった損害全てに及び、特別な事情による損害も、通常生ずべき損害と同様に損害賠償の対象となる。

2 債権者と債務者の間であらかじめ違約金を定めておいた場合には、その違約金は原則として債務不履行に対する制裁と推定されるため、債務者は、債権者に対し、現実に発生した損害賠償額に加えて違約金を支払わなければならない。

3 金銭賠償とは、損害を金銭に算定して賠償するものであり、原状回復とは、債務不履行がなかったのと同じ状態に戻すものであるが、債務不履行による損害賠償の方法としては金銭賠償が原則とされる。

4 昭和48年に最高裁は、金銭を目的とする債務の履行遅滞による損害賠償については、法律に別段の定めがなくとも、債権者は、約定または法定の利率以上の損害が生じたことを立証すれば、その賠償を請求することができるとした。

5 平成23年に最高裁は、売買契約の締結に先立ち、信義則上の説明義務に違反して、契約締結の判断に影響を及ぼす情報を買主に提供しなかった場合、売主は契約締結により買主が被った損害に対し、契約上の債務不履行による賠償責任を負うとした。

| 政治 | 国際連合 | 2022年度 教養 No.30 |

国際連合に関する記述として、妥当なのはどれか。

1 総会は全加盟国により構成され、一国一票の投票権を持つが、総会での決議に基づいて行う勧告には、法的拘束力はない。

2 国際連合には現在190か国以上の国々が加盟しており、日本は、国際連合が設立された当初から加盟している。

3 安全保障理事会は、常任理事国6か国と非常任理事国10か国によって構成されており、安全保障理事会における手続き事項の決定は、常任理事国だけの賛成で行うことができる。

4 国際司法裁判所は、国際的紛争を平和的に解決することを目的として設立され、現在では、国際人道法に反する個人の重大な犯罪も裁いている。

5 平和維持活動（PKO：Peacekeeping Operations）について、日本は、紛争当事者のいずれかが平和維持隊への参加国に日本を指名していることなど、全部で6つの原則を参加の条件としている。

経済	景気変動	2022年度 教養 No.31

景気変動に関する記述として、妥当なのはどれか。

1 景気変動は、世界貿易機関（WTO）設立協定の前文で、好況、均衡、不況の３つの局面が、安定的に一定の周期で出現する現象と定義されている。

2 不況期のため生産物の売れ行きが鈍るにもかかわらず、物価が持続的に上昇する現象を、デフレスパイラルという。

3 コンドラチェフは、企業の在庫投資による在庫調整の変動を原因とする、約１年の短期波動があることを明らかにした。

4 フリードマンは、政府が公共投資などによって有効需要を創出し、景気を回復させるべきであると説いた。

5 財政には、累進課税制度等が組み込まれることにより景気変動を緩和させる仕組みが備わっており、これをビルトイン・スタビライザーという。

物理	比熱	2022年度 教養 No.32

　6℃の液体A、28℃の液体B、46℃の液体Cの比熱の異なる三つの液体から二つを選んで混ぜ合わせてしばらくすると、混ぜ合わせた液体の温度が次のように変化した。

ア　同じ質量の液体Aと液体Bとを混ぜ合わせると、液体の温度が16℃となった。

イ　同じ質量の液体Bと液体Cとを混ぜ合わせると、液体の温度が36℃となった。

　以上から、同じ質量の液体Aと液体Cとを混ぜ合わせてしばらくした後の液体の温度として、正しいのはどれか。ただし、液体の混ぜ合わせによる状態変化又は化学変化はなく、混ぜ合わせる二つの液体以外に熱は移動しないものとする。

1　16℃

2　18℃

3　20℃

4　22℃

5　24℃

化学	炭素	2022年度 教養 No.33

炭素に関する記述として、妥当なのはどれか。

1 黒鉛は、炭素原子が共有結合により六角形網面構造をなす灰黒色の結晶であり、電気をよく通し、電極に用いられる。

2 活性炭は、黒鉛の微小な結晶が規則的に配列した集合体であり、単位質量当たりの表面積は小さいが、気体等の物質を吸着する性質がある。

3 ダイヤモンドは、炭素原子の単体からなる共有結合の結晶であり、光の屈折率が低く硬いため、宝石や研磨材に用いられる。

4 一酸化炭素は、炭素や炭素化合物が不完全燃焼したときに生じる有毒な気体であり、無色無臭の不燃性で、水によく溶ける。

5 二酸化炭素は、炭素や炭素化合物が完全燃焼したときに生じる気体であり、空気に比べて軽く、無色無臭の不燃性で、水に溶けて弱い塩基性を示す。

生物	腎臓	2022年度 教養 No.34

ヒトの腎臓に関する記述として、妥当なのはどれか。

1　腎臓は、心臓と肝臓の中間に左右一対あり、それぞれリンパ管により膀胱につながっている。

2　腎臓は、タンパク質の分解により生じた有害なアンモニアを、害の少ない尿素に変えるはたらきをしている。

3　腎臓は、血しょうから不要な物質を除去すると同時に、体液の濃度を一定の範囲内に保つはたらきをしている。

4　腎うは、腎臓の内部にある尿を生成する単位構造のことで、1個の腎臓に約1万個ある。

5　腎小体は、毛細血管が集まって球状になったボーマンのうと、これを包む袋状の糸球体からなっている。

地学	恒星の進化	2022年度 教養 No.35

太陽の進化に関する次のA〜Dのうち、太陽の現在の進化段階と次の進化段階に分類されるものの組合せとして、妥当なのはどれか。

A 主系列星
B 赤色巨星
C 白色矮星
D 惑星状星雲

1 A、B

2 A、C

3 B、C

4 B、D

5 C、D

社会事情	ヤングケアラーの支援	2022年度 教養 No.36

　昨年（編者注：2021年）５月に厚生労働省及び文部科学省が公表した「ヤングケアラーの支援に向けた福祉・介護・医療・教育の連携プロジェクトチーム報告」に関する記述として、最も妥当なのはどれか。

1　本来大人が担うと想定されている家事や家族の世話などを日常的に行っている児童（ヤングケアラー）を早期に発見して適切な支援につなげるため、「早期発見・把握」、「社会的認知度の向上」などを今後取り組むべき施策とした。

2　ヤングケアラーは大都市地域で顕著に見られることから、全国規模の実態調査に先駆け、まずは東京都及び政令指定都市の存する道府県において実態調査を行うことが、ヤングケアラーに関する問題意識を喚起するのに有効であるとした。

3　家族介護において、すでに児童が主たる介護者となっている場合には、児童を「介護力」とすることを前提とした上で、ヤングケアラーの家族に対して必要な支援を検討するよう地方自治体や関係団体に働きかけるとした。

4　幼いきょうだいをケアするヤングケアラー向けの支援として、ヤングケアラーが気軽に集い、悩みや不安を打ち明けることのできる「ヤングケアラーオンラインサロン」を開設するとした。

5　2022年度からの５年間をヤングケアラー認知度向上のための「普及啓発期間」とし、広報媒体の作成や全国フォーラム等の広報啓発イベントの開催等を通じて、国民の認知度８割を目指すとした。

社会事情	環境白書	2022年度 教養 No.37

　昨年（編者注：2021年）6月に環境省が公表した「令和3年版　環境白書・循環型社会白書・生物多様性白書」に関する記述として、妥当なのはどれか。

1　新型コロナウイルス感染症を始めとする新興感染症は、土地利用の変化等に伴う生物多様性の損失や地球環境の変化に影響されないものの、人間活動と自然との共生の在り方については再考が必要であるとしている。

2　2020年の世界の温室効果ガス排出量は、新型コロナウイルス感染症による経済活動の減速により減少し、2030年までの排出量削減に大きく寄与するとしている。

3　脱炭素経営に取り組む日本企業の数は先進国の中で最下位であり、今後、排出量等の情報について透明性の高い情報開示を行っていくべきであるとしている。

4　G20大阪サミットにおいて、日本は2050年までに海洋プラスチックごみによる追加的な汚染をゼロにすることを目指す「大阪ブルー・オーシャン・ビジョン」を提案し、G20以外の国にもビジョンの共有を呼び掛けているとしている。

5　世界の食料システムによる温室効果ガスの排出量は、人為起源の排出量の2.1～3.7％を占めると推定され、食料システムに関連する政策は気候変動対策への効果が小さいとしている。

社会事情	まち・ひと・しごと創生	2022年度 教養 No.38

　昨年（編者注：2021年）6月に閣議決定された「まち・ひと・しごと創生基本方針2021」に関する記述として、妥当なのはどれか。

1　地方創生の3つの視点である、「デジタル」、「グリーン」、「ファイナンス」に係る取組を、積極的に推進するとした。

2　地方創生テレワークを推進するため、「地方創生テレワーク交付金」によるサテライトオフィス等の整備・利用を促進するとした。

3　魅力ある地方大学を創出するため、地方の大学等による東京圏へのサテライトキャンパスの設置を抑制するとした。

4　地域におけるDX（デジタル・トランスフォーメーション）を推進するため、地方公共団体の職員をデジタル専門人材として民間に派遣するとした。

5　地方創生SDGs等の推進にあたり、地方が牽引すべき最重点事項として、各地域の自然環境を活かした生物多様性の保全・回復を掲げた。

43

| 社会事情 | デジタル庁設置法 | 2022年度 教養 No.39 |

昨年（編者注：2021年）9月に施行された「デジタル庁設置法」に関する記述として、妥当なのはどれか。

1 デジタル庁の任務として、デジタル社会の形成に関する内閣の事務を内閣府と共に助け、デジタル社会形成のための技術開発を着実に実施することが規定された。

2 デジタル庁が所掌する事務の一つとして、行政手続における個人等を識別する番号等の利用に関する総合的・基本的な政策の企画立案が規定された。

3 デジタル庁の長及び主任の大臣であるデジタル大臣に対し、関係行政機関の長に対する勧告権のほか、デジタル庁の命令としてデジタル庁令を発出する権限が与えられた。

4 デジタル監は、デジタル大臣を助けると共に、特定の政策及び企画に参画し、政務を処理することを任務とし、その任免はデジタル大臣の申出により内閣が行うとされた。

5 デジタル社会の形成のための施策の実施を推進すること及びデジタル社会の形成のための施策について必要な関係行政機関相互の調整を行うことを所掌事務とする、高度情報通信ネットワーク社会推進戦略本部の設置が規定された。

| 社会事情 | 経済連携協定 | 2022年度 教養 No.40 |

日本が署名している経済連携協定等に関する記述として、妥当なのはどれか。

1 環太平洋パートナーシップ（TPP）協定の加盟国は、現在12か国であり、TPP域内の人口は約5億人、GDPは約40兆ドルとなっている。

2 日・EU経済連携協定（日EU・EPA）は、GDPの規模が約30兆ドルで、日本の実質GDPを約3％押し上げる経済効果があると試算されている。

3 日米貿易協定は、世界のGDPの約5割を占める貿易協定であり、日本の実質GDPを約2％押し上げる経済効果があると試算されている。

4 日英包括的経済連携協定（日英EPA）は、英国のEU離脱後の新たな貿易・投資の枠組みとして、2021年1月1日に発効した。

5 地域的な包括的経済連携（RCEP）協定は、ASEAN加盟国、中国、インド、豪州など15か国が参加しており、世界のGDPの約4割を占めている。

2022年度 解答解説

〈冊子ご利用時の注意〉

　この色紙を残したまま、ていねいに抜き取り、ご利用ください。

　また、抜き取りの際の損傷についてのお取替えはご遠慮願います。

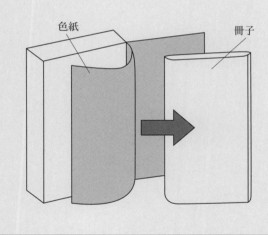

TAC出版

2022年度　教養試験　解答解説

| No.1 | 正解　5 | TAC生の正答率　72% |

1　×　「両岸は若々しい川楊が生い茂る林」という箇所が誤りである。本文第1段落には、「両岸は川楊の古木の林になっていて」とあり、本文と反対の説明である。

2　×　「旅館の周辺は毎年の風物を愛でる住民で賑わった」という箇所が誤りである。本文第1段落末尾には、「総体に旅客でない者は、土地のこういう毎年の風物には、深く心を留めようとはせぬらしい」とあり、本文と反対の説明である。

3　×　「その花をおいしそうに啄ばんだ」という箇所が誤りである。本文第2段落では、川の方から飛んでくる楊の花を小鳥たちが「新らしい敷物」にするらしいと述べられている。楊の花を食べるわけではないので、「おいしそうに啄ばんだ」という説明はおかしい。

4　×　「七葉樹の喬木の中に入っていく」という説明が誤りである。本文第3段落では、筆者が卵のある巣を見つける場面が語られているが、羽の色の白い小鳥は喬木の並木の「一番端の地に附くような低い枝の中ほどに巣を掛けている」と述べられている。

5　○　本文第3段落の最終部分の説明と合致する。

| No.2 | 正解　4 | TAC生の正答率　70% |

1　×　選択肢前半は本文第1段落の内容と合致するが、選択肢後半の「筆者は水槽の底は外側から中央部に向かって徐々に温まっていくと考えた」という説明は本文に述べられていない。

2　×　「筆者の観察によると、とんびが上空を滑翔するのは」という箇所が誤りである。選択肢で述べられていることは、本文第3段落にある「禿鷹」の説明であり、筆者の観察ではなく、「インドの禿鷹について研究した人」の研究結果の紹介である。

3　×　「筆者が実施した水槽の実験により」という箇所が誤りである。選択肢後半で述べられていることは、「水槽の実験」で起きる現象を空気の場合で実験した「類似の場合の実験」の結果から推察されている内容である。

4　○　本文第2段落、第3段落の冒頭、第4段落の冒頭に示されている内容をまとめた説明になっている。

5　×　「鳥の嗅覚が鈍いことが明らかになったため、筆者はすべてが神秘の霧に包まれてしまったと失望し」という箇所が、本文に述べられていない内容である。

| No.3 | 正解　2 | TAC生の正答率　81% |

　文と文のつながりを見つけるためには、共通語句に注目するとよい。BとDの文には、「父」と「道」の話が出てくる。Dの冒頭に出てくる「お前の今やっていることは道のためにどれだけ役にたつのか」という父の言葉の内容を受けて、Bの「父は道を守ることに強い情熱を持った人である」という説明につなげるとスムーズな流れが作れる。

　また、Bの文の途中では、「わき道」の話が出てくる。Fの文にも「わき道」という語が出てくるので、Bの文の説明を受けて、筆者が「古美術の研究」を「わき道」だと考えていることの説明につ

なげると話題がきれいにつながる展開になる。

　Ｆの文は、筆者が取り組んでいる「古美術の研究」やそのための「今度の旅行」について、意味のあることだという説明が中心になっている。それに対して、「しかし」で始まるＣの文では、筆者が取り組んでいることについて「自分の中心の要求を満足させる仕事ではない」と述べられており、自身が取り組んでいることについて否定的な論調の説明となっている。この二つの内容を、Ｃの文の冒頭にある「しかし」でつなぐと論理的なつながりを作ることができる。以上により、正解は「Ｄ→Ｂ→Ｆ→Ｃ」の流れを含む肢２である。

No.4　　正解　3　　TAC生の正答率　59%

　空欄Ａには「普遍的」が入る。「この作品が「小説」として極めて□Ａ□な美しさを持ち」という一節は、本文第１段落の「『源氏物語』は世界の文学的遺産となり」ということの根拠となっている文である。「世界の文学的遺産」とは、世界に通用する普遍的な価値を持つものということなので、「□Ａ□な美しさ」は「普遍的な美しさ」とするのが妥当である。

　空欄Ｂには「古代」が入る。本文第３段落では、「歴史的発展のおくれていた日本が遅くまでとどまっていた「□Ｂ□」世界の終り頃に」とある。歴史的発展の一時代が空欄Ｂの語句で表されていると考えられるので、空欄Ｂには「古代」を入れるのが妥当である。

　空欄Ｃには「滑稽」が入る。空欄Ｃに「意外」という語を入れた場合、『源氏物語』を「世界最古の文学」だという日本の学者が出てくるはずはないと予想していたことが前提となる文脈になる。しかし、そのような前提は特に説明されていないので、空欄Ｃには「滑稽」を入れるのが妥当である。

　空欄Ｄには「最後尾」が入る。本文第３段落では、「十世紀も遅れて、それらの国々が早く生んだ文学的傑作の系列の」とある。歴史の流れの中で一番遅く生まれたというのが本文の説明なので、「最後尾」とするのが妥当である。

　以上より、**3**が最も妥当である。

No.5　　正解　4　　TAC生の正答率　51%

1　×　「不利な立場にいた」という説明は本文と反対である。劣等生であったことや、ラテン語やギリシャ語を学ぶ機会が与えられなかったことについては、本文冒頭の内容と合致するが、筆者はその状況によって、優等生に勝る強みを得たと述べている。

2　×　「劣等生担当であることを気にしない」、「優秀な生徒と同様に」という内容は本文にない。

3　×　「英語の重要構文を含む文章を選び」という箇所が誤り。本文では、かなり長い文を選んだと述べられているのみである。

4　○　本文後半の内容と合致する。

5　×　「英語がよくできる生徒こそ」という箇所が誤り。本文末尾では、すべての生徒に英語を学ばせたいと述べられている。

［訳　文］

3

本訳文は都合により掲載できません。

[語　句]
delightful：愉快な　　noble：立派な　　pithy：簡潔だが含蓄のある
treat：楽しみ　　whip：叱咤する

No.6　　正解　4　　TAC生の正答率　68%

1　×　本文と反対の内容である。本文第1段落には、「We should just let the scientists ... they will create heaven here on earth」とあり、科学者や技術者が地上の楽園を実現してくれると考えていると述べられている。

2　×　「人件費を圧縮しなければならなくなっている」という説明は本文に述べられていない。本文第2段落では、「A biologist seeking to ... plumbers and cleaners」と述べられており、助手や電気技術者などの人件費もかかると説明されている。

3　×　「匹敵する成果を挙げた」という説明が誤りである。本文第3段落では、「These billions have done much more ... Charles Darwin」とあり、莫大な資金の方が、ガリレオたちの成果よりも大きな成果を挙げたと述べられている。

4　○　本文第3段落「If these particular geniuses had never been born, ... occurred to others」という箇所の内容と合致する。

5　×　選択肢前半の「西欧列強がその影響力を世界に拡大していかなければ」や、選択肢後半の「業績が世界に伝播することはなかった」という内容は本文に述べられていない。

[訳　文]
　私たちは技術の時代に生きている。私たちのあらゆる問題の答えは科学とテクノロジーが握っていると確信している人も多い。科学者と技術者に任せておきさえすれば、彼らがこの地上に天国を生み

出してくれるというのだ。だが、科学は他の人間の活動を超えた優れた倫理的あるいは精神的次元で行なわれる営みではない。私たちの文化の他のあらゆる部分と同様、科学も経済的、政治的、宗教的関心によって形作られている。

　科学には非常にお金がかかる。人間の免疫系を理解しようとしている生物学者は、研究室、試験管、薬品、電子顕微鏡はもとより、研究室の助手や電気技術者、配管工、清掃係まで必要とする。金融市場をモデル化しようとしている経済学者は、コンピューターを買い、巨大なデータベースを構築し、複雑なデータ処理プログラムを開発しなければならない。太古の狩猟採集民の行動を理解したい考古学者は、遠い土地へ出かけ、古代の遺跡を発掘し、化石化した骨や人工遺物の年代を推定しなくてはいけない。そのどれにもお金がかかる。

　過去500年間、近代科学は政府や企業、財団、個人献金者が科学研究に莫大な金額を注ぎ込んでくれたおかげで、驚異的な成果を挙げてきた。その莫大なお金のほうが、天体の配置を描き出し、地球の地図を作り、動物界の目録を作る上で、ガリレオ・ガリレイやクリストファー・コロンブス、チャールズ・ダーウィンよりも大きな貢献をした。もしこれらの天才が生まれていなかったとしても、きっと誰か別の人が同じ偉業を達成していただろう。だが、適切な資金提供がなければ、どれだけ優れた知性を持っている人でも、それを埋め合わせることはできなかったはずだ。たとえば、もしダーウィンが生まれていなかったら、今日私たちはアルフレッド・ラッセル・ウォーレスを進化論の考案者としていただろう。彼はダーウィンのわずか数年後、独自に自然選択による進化の概念を思いついた人物だ。だが、ヨーロッパの列強が世界各地での地理学的、動物学的、植物学的研究に出資していなかったら、ダーウィンもウォーレスも進化論を打ち立てるのに必要な経験的データを入手できなかっただろう。彼らはやってみようとさえ思わなかった可能性が高い。

[語　句]

convince：確信させる　　　enterprise：事業・企て・営み　　　religious：宗教的な

No.7　　正解　3　　　　　　　　　　TAC生の正答率　38%

1　×　「少なくとも年に一度は」という箇所が誤りである。本文第1段落冒頭では、少なくとも1年前に繁殖の計画を立てると説明されている。また、本文では、毎年繁殖のために花を咲かせるわけではないことが述べられている。

2　×　「人々は」という箇所が誤りである。来春にすべきか、1年あるいは2年待った方がよいかを話し合うのは、人ではなく木々である。また「木の実の採集」ではなく、花を咲かせて実を結ぶのをいつにするかについて木々が話し合うのである。

3　〇　本文第2段落の内容をまとめた説明になっている。

4　×　「体力のない個体」という説明は本文にない。また、イノシシやシカの数を減らすという説明は出てくるが、「森の動物の全体数をコントロールしている」とは述べられていない。

5　×　「弱った草食動物は生きながらえないため」という箇所が誤りである。本文第2段落で、数が少なくなった草食動物に、実を食べつくされることはないと述べられているだけである。

[訳　文]

　木ののんびりした生きるペースは、出産の時にも表れる。繁殖は少なくとも1年前から計画され

る。毎年春に木の愛が実を結ぶかどうかは、種によって異なる。針葉樹は少なくとも１年に一度種子を飛ばすが、広葉樹は全く異なるやり方をする。広葉樹は花を咲かせる前に、仲間同士で意見を一致させる。次の春にするのがよいか、１年か２年待った方がよいか。森の木々は、どちらかと言えば同時に花を咲かせたいと考える。その方が、多くの個体の遺伝子をよく混ぜ合わせることができるからだ。針葉樹も広葉樹もこのように意見を一致させるのは同じだが、しかし、広葉樹はまた別の考慮すべき要因がある。若葉や新芽を食べるイノシシやシカなどの動物である。

　イノシシやシカはブナの実やどんぐりを特に好む。これらの実は、イノシシやシカが冬を越すために脂肪を蓄えるのを手助けする。彼らが他の食べ物よりブナの実やどんぐりを探すのは、その50％以上が油脂とでんぷんでできているからだ――これはほかのどの食物よりも多い。しばしば、秋に森全体の実が食べつくされてしまう。そうなると、春が来たとき、ブナやナラの苗木は芽吹くのが困難になってしまう。そのために、木々は事前に意見を一致させるのである。もしも木々が毎年は花を咲かせないということになると、草食動物は木々を頼りにできなくなる。次に生まれてくる子孫たちが減ってしまう。なぜなら、冬の間、身ごもった動物たちは、少ない餌で長い期間耐えなければならず、その多くは生き延びることができないだろう。ブナやナラの花がいよいよすべて同時に花開いて実を結ぶときには、そのほんの少数の草食動物たちがすべてを食べつくしてしまうということはないだろう。そして、そこにはいつも、見つけられずに残った芽吹くための種が十分にあるのだ。

[語　句]

leisurely：のんびりした　　partial ～：～が大好きだ　　starch：でんぷん
keep in check：食い止める　　pregnant：妊娠中の　　sprout：芽を出す

No.8　正解　3　TAC生の正答率 71%

1　×　「アランおじさんの時計を背の高い四角いケースにしまった」という内容は本文に述べられていない。本文前半では、時計の文字盤の絵を描き、それを背の高い長方形のケースで囲むように描いたと説明されているだけである。

2　×　「不思議な時計を隠し持っていた」という説明は本文に述べられていない。一度倒れた木を、もとのとおりに立たせることは、時計の針を戻さない限りできないという話が出てくるだけである。

3　○　本文中ほどの内容と合致する。

4　×　トムが天使のような生き物の絵を描いたことは本文後半に述べられているが、選択肢前半のような内容は本文に述べられていない。

5　×　トムは、自分が天使のような生き物を描いてしまっていたことに驚いたのである。また、驚いた直後は、そのデザインがどこから心に浮かんできたかすぐには分からなかったと述べられており、選択肢の説明と矛盾する。

[訳　文]

　「時計の針を戻さない限りは」アランおじさんは、トムの最後の質問に答えて、何気なくそう言った。

　トムは、ピーターに宛てて書いている手紙のすみにペンでいたずら書きをした。時計の文字盤を、背の高い長方形のケースの上のほうに収めた――つまり、大型箱時計だ。彼は、その絵を完成させる

6

のに数分かかって、そのあと再びおじさんに話しかけた。
「どんな時計を？」
「何だって、トム？」
「一度倒れた木が、倒れる前と同じようにもう一度立っているなんて、時計を戻さない限りあり得ないとおじさんが言ったんだよ。それは、どんな時計？」
「ああ、そうか。どの時計ということではないよ」トムは大時計の絵をなぐり書きして描き上げた。「そういう言いまわしがあるんだ、トム――「時計の針を戻す」。過去を取り戻すという意味だ。そして誰も過去を取り戻せない。時間とは取り戻せるようなものではないんだ」
　おじさんは再び読書に戻り、トムは他の便箋にいたずら書きを始めた。しばらくしてトムは自分が天使のような生き物の形を描いたことに気がついた。肩から翼が生えていて、両足を広げている天使のような生き物だ。その生き物を描き上げてしまった後に気がついて、彼は自分の描いたものに驚いた。彼は、そのデザインがどこから心に浮かんできたのか、すぐには分からなかった。それから彼は思い出した。それは大型箱時計に描かれていたもので、それを描いたのだ。
　そして、「時間とはどういうものなの、アランおじさん」トムはたずねた。
　おじさんは本を置いてしまった。そしておばさんも、神経質に繕い物を置いた。
「トム」彼女は言った。「いつもおじさんにそんな変な質問ばかりするものではありません。おじさんは、一日中働いて疲れているのだから」

[語　句]
enclose：囲む　　　address：話しかける　　　be startled at：～に驚く
whence：どこから　　mending：繕い物　　odd：変な・妙な

No.9　正解　5　　　　　　　　　TAC生の正答率　80%

　ベン図で整理する。条件Aより、早朝ヨガに参加した宿泊客の人数は400－262＝138［人］である。このことおよび条件B～Eより、図1のようになる。

　図1より、早朝ヨガとハイキングの2つだけに参加した宿泊客は30－16＝14［人］、早朝ヨガとナイトサファリの2つだけに参加した宿泊客は34－16＝18［人］である。このことより、早朝ヨガだけに参加した宿泊客は138－(14＋18＋16)＝90［人］となる。さらに、宿泊客全体の人数が400人であることより、138＋5x＋x＋36＋166＝400が成り立ち、これを解くとx＝10となる（図2）。

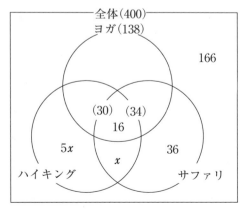

図1

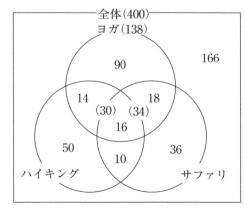

図2

図2より、早朝ヨガだけに参加した宿泊客は90人であるので、正解は**5**である。

No.10　正解　1　　TAC生の正答率　80%

　求める経路数は、地点Aから地点Xまでの経路数と地点Xから地点Bまでの経路数の積で求められる。
　地点Aから地点Xまでの最短経路を経路加算法で求めると、図1のようになるので、16通りある。
　地点Xから地点Bまでの最短経路を経路加算法で求めると、図2のようになるので、3通りある。なお、これは、右方向(→)に2回、上方向(↑)に1回の合計3回進むうち、右方向に進む順番を選ぶのと同じであるから、$_3C_2 = {_3}C_1 = 3$［通り］とすることもできる。

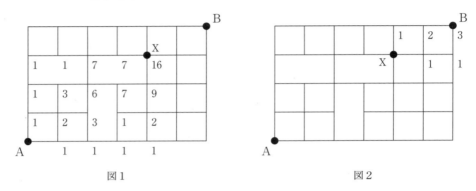

図1　　　　　　　　　　　　図2

　よって、地点Aから地点Xを通って地点Bまで行く経路は16×3＝48［通り］となるので、正解は**1**である。

No.11　正解　4　　TAC生の正答率　75%

　合計27人から3人の生徒を選ぶ方法は$_{27}C_3 = \dfrac{27 \times 26 \times 25}{3 \times 2 \times 1} = 9 \times 13 \times 25$［通り］、白組、赤組、青組からそれぞれ一人ずつ選ぶ方法は$_{10}C_1 \times {_9}C_1 \times {_8}C_1 = 10 \times 9 \times 8$［通り］である。
　よって、求める確率は$\dfrac{10 \times 9 \times 8}{9 \times 13 \times 25} = \dfrac{16}{65}$となるので、正解は**4**である。

No.12　正解　3　　TAC生の正答率　43%

　油分け算は、水を「大容器→中容器」、「中容器→小容器」、「小容器→大容器」の順に繰り返して移していくことで最少の回数が求められる。ただし、水を移した結果、容器内の水の量が前と同じ組合せになる場合は、その移動を行わずに次の順番の移動を行うものとする。
　実際に移動をさせると表のようになる。なお、表の色塗り部分は、容器内の水の量が前と同じ組合せになり、その移動を飛ばしたものである。

	18(大)	11(中)	7(小)			18(大)	11(中)	7(小)	
	18	0	0	初め	大→中	7	11	0	
大→中	7	11	0	1回	中→小	17	0	1	10回
中→小	7	4	7	2回	小→大	18	0	0	
小→大	14	4	0	3回	大→中	6	11	1	11回
大→中	7	11	0		中→小	6	5	7	12回
中→小	14	0	4	4回	小→大	13	5	0	13回
小→大	18	0	0		大→中	7	11	0	
大→中	3	11	4	5回	中→小	13	0	5	14回
中→小	3	8	7	6回	小→大	18	0	0	
小→大	10	8	0	7回	大→中	2	11	5	15回
大→中	7	11	0		中→小	2	9	7	16回
中→小	10	1	7	8回	小→大	9	9	0	17回
小→大	17	1	0	9回					

表より、最少回数は17回となるから、正解は **3** である。

なお、グラフで求めることも可能であり、横に11リットル容器の水の量、縦に7リットル容器の水の量を取り、原点（0, 0）から右移動（大容器→中容器）、左上移動（中容器→小容器）、下移動（小容器→大容器）を繰り返せばよい。9リットルずつに分けるということは、（大容器が9リットル、）中容器が9リットル、小容器が0リットルになるということで、座標は（9, 0）の地点が目標地点となる。次のように17回で（9, 0）にたどり着く。

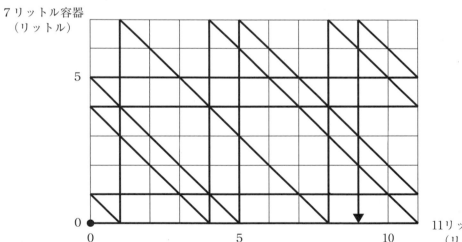

No.13　正解　**2**　　　　　　　　　　　　　　　　　TAC生の正答率 **75%**

S席のチケットの料金をx[万円]、A席のチケットの料金をy[万円]、B席のチケットの料金をz[万円]とおく。

条件アより、$x - y = (y - z) \times 4 \Leftrightarrow x - 5y + 4z = 0 \cdots ①$

条件イより、$60x + 300y + 900z = 750 \Leftrightarrow 2x + 10y + 30z = 25 \cdots ②$

条件ウより、$900z = 60x \times 5 \Leftrightarrow x = 3z \cdots$③

③を①、②に代入すると、$-5y + 7z = 0 \cdots$①'および$10y + 36z = 25 \cdots$②'となり、①'×2+②'より、$50z = 25$となる。これを解くと$z = 0.5$[万円]で、③より$x = 1.5$[万円]、①'より$y = 0.7$[万円]となる。

したがって、正解は**2**である。

No.14　　正解　**5**　　　　　　　　　　　TAC生の正答率　**67%**

果汁20％のグレープジュースの重さをx[g]、水を加えてできた果汁12％のグレープジュースの重さをy[g]とすると、混ぜた結果は次のようになる。

	果汁20％	水	混ぜた後 （果汁12％）
果汁濃度［％］	20	0	12
グレープジュース ［g］	x	500	y
果汁量［g］	$\dfrac{20}{100} \times x$	0	$\dfrac{12}{100}y$

果汁量で式を立てると$\dfrac{20}{100}x = \dfrac{12}{100}y$となり、整理すると$5x = 3y \cdots$①となる。

次に、できた果汁12％のグレープジュースに果汁4％のグレープジュースを500g加えたら、果汁8％のグレープジュースになったことから、混ぜた結果は次のようになる。

	果汁12％	果汁4％	混ぜた後 （果汁8％）
果汁濃度［％］	12	4	8
グレープジュース ［g］	y	500	$y + 500$
果汁量［g］	$\dfrac{12}{100} \times y$	4×500	$\dfrac{8}{100}(y + 500)$

果汁量で式を立てると$\dfrac{12}{100}y + \dfrac{4}{100} \times 500 = \dfrac{8}{100}(y + 500)$となる。これを解くと$y = 500$[g]となり、①に代入すると$x = 300$[g]となる。

したがって、正解は**5**である。

No.15　　正解　**3**　　　　　　　　　　　TAC生の正答率　**69%**

円 p と円 q は相似であるから、円 p と円 q の面積比は相似比を2乗したものとなる。
円Aについて、円 p の半径をxとすると、円Aの直径の長さは $(2 + 2\sqrt{2})x$ と表せる（図1）。
円Bについて、円 q の半径をyとすると、円Bの直径の長さは$4y$と表せる（図2）。
円Aと円Bの直径は等しいから $(2 + 2\sqrt{2})x = 4y$が成り立ち、yについて解くと$y = \dfrac{1 + \sqrt{2}}{2}x$となる。
よって、円 p と円 q の相似比は$1 : \dfrac{1 + \sqrt{2}}{2}$となるから、面積比は$1^2 : \left(\dfrac{1 + \sqrt{2}}{2}\right)^2$となる。

$\left(\dfrac{1+\sqrt{2}}{2}\right)^2 = \dfrac{1^2 + 2\times 1\times \sqrt{2} + \sqrt{2}^2}{2^2} = \dfrac{3+2\sqrt{2}}{4}$ であるから、1個の円 p の面積に対する1個の円 q の面積の比率は $\dfrac{3+2\sqrt{2}}{4}$ となる。

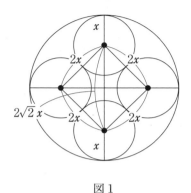

図1

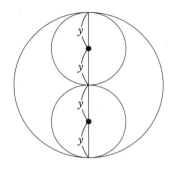

図2

したがって、正解は **3** である。

No.16　正解　**2**　　　TAC生の正答率　48%

整数を縦と横に同じ数ずつ並べたとき、すなわち平方数だけ並べたときについて考える。

$1^2 = 1$ から $2^2 = 4$ までは、1の上から左にかけて並び、4は2×2の数字の並びの左下にある。
$2^2 = 4$ から $3^2 = 9$ までは、4の下から右にかけて並び、9は3×3の数字の並びの右上にある。
$3^2 = 9$ から $4^2 = 16$ までは、9の上から左にかけて並び、16は4×4の数字の並びの左下にある。
$4^2 = 16$ から $5^2 = 25$ までは、16の下から右にかけて並び、25は5×5の数字の並びの右上にある。

3	2
4	1

3	2	9
4	1	8
5	6	7

13	12	11	10
14	3	2	9
15	4	1	8
16	5	6	7

13	12	11	10	25
14	3	2	9	24
15	4	1	8	23
16	5	6	7	22
17	18	19	20	21

31	30	29	28	27	26
32	13	12	11	10	25
33	14	3	2	9	24
34	15	4	1	8	23
35	16	5	6	7	22
36	17	18	19	20	21

よって、偶数の2乗である $2^2 = 4$、$4^2 = 16$、$6^2 = 36$、…は、整数を縦と横に同じ数ずつ並べたときに左下に現れることになる。このとき、$4^2 = 16$ の右隣は、ひとつ前の偶数の2乗である $2^2 = 4$ の次の数である5が並んでおり、$6^2 = 36$ の右隣は、ひとつ前の偶数の2乗である $4^2 = 16$ の次の数である17が並んでいる。

以上より、$20^2 = 400$ の右隣となる数は、$18^2 + 1 = 325$ であるので、正解は **2** である。

No.17　正解　**3**　　　TAC生の正答率　61%

1　×　基準を100としたときに指数が200を下回っているということは、基準の2倍を下回っているということと同じである。2015年における原付第一種と原付第二種の生産台数の計は66.4＋30.9＝

97.3［千台］で、その2倍は97.3×2＜100×2＝200より、200［千台］より小さい。一方、2018年における原付第一種と原付第二種の生産台数の計は59.5＋140.9＝200.4［千台］であるから、2倍を下回ってはいない。

2 ✕　二輪車生産台数の合計に占める小型二輪車の生産台数の割合は$\dfrac{\text{小型二輪車の生産台数}}{\text{二輪車生産台数の合計}}$で求められる。分子となる小型二輪車の生産台数が少ない2019年を見ると、二輪車生産台数の合計は47.9＋131.0＋54.7＋333.7＝567.3［千台］で、その60％は、567.3×60％＝56.73×6＞56×6＝336［千台］より大きい。小型二輪車の生産台数は333.7千台であるから、60％を上回ってはいない。

3 ◯　対前年増加率の大小関係は、前年に対する今年の値の比率の大小関係と同じであるので、比率で考える。2016年から2019年のうち、軽二輪車の生産台数が前年より増加して比率が1を上回るのは2017年のみであるので、比率が最も大きいのは2017年である。それ以外の年について、2016年の前年に対する比率は$\dfrac{73.2}{76.9}$で、76.9の10％が7.69で、90％が76.9−7.69＝69.21であるから、73.2は90％より大きい。2018年の前年に対する比率は$\dfrac{61.7}{79.0}$で、79.0の10％が7.9で、80％が7.9×8＝63.2であるから、61.7は80％より小さい。2019年の前年に対する比率は$\dfrac{54.7}{61.7}$で、61.7の10％が6.17で、80％が6.17×8＝49.36であるから、54.7は80％より大きい。よって、比率が最も小さいのは2018年である。

4 ✕　求める比率は$\dfrac{\text{2019年における原付第二種の生産台数}}{\text{2017年から2019年までの3か年における原付第二種の生産台数の平均}}$で、これが1.0を下回っているということは、2019年における原付第二種の生産台数が、2017年から2019年までの3か年における原付第二種の生産台数の平均を下回っているということと同じで、これは、2019年における原付第二種の生産台数の3倍が、2017年から2019年までの3か年における原付第二種の生産台数の総和を下回っているということと同じである。2019年における原付第二種の生産台数の3倍は47.9×3＝143.7であり、2017年から2019年までの3か年における原付第二種の生産台数の総和は33.7＋59.5＋47.9＝141.1であるから、2019年における原付第二種の生産台数の3倍は、2017年から2019年までの3か年における原付第二種の生産台数の総和を下回ってはいない。

5 ✕　対前年増加率の大小関係は、前年に対する今年の値の比率の大小関係と同じであるので、比率で考える。小型二輪車の2019年の前年に対する比率は$\dfrac{333.7}{389.9}$で、389.9の10％が約39.0で、90％が389.9−39.0＝350.9であるから、333.7は90％より小さい。原付第一種の2019年の前年に対する比率は$\dfrac{131.0}{140.9}$で、140.9の10％が約14.1で、90％が140.9−14.1＝126.8であるから、131.0は90％より大きい。よって、小型二輪車の比率は原付第一種の比率を上回ってはいない。

No.18　正解　**3**　　　TAC生の正答率 **72％**

1 ✕　2016年の大学の卒業生を100とすると、2018年の指数は近似法を用いて100＋1.4−0.4＝101となる。よって、最も少ないのは2018年ではない。

2 ✕　2016年の専修学校の卒業生を100とすると、2020年の指数は近似法を用いて100＋1.1−1＋0.9−1.8＝99.2となる。よって、95を下回ってはいない。

3 ◯　2016年の高等学校の卒業生に対する大学の卒業生の比率は$\dfrac{\text{2016年の大学の卒業生}}{\text{2016年の高等学校の卒業生}}$であ

12

る。2017年のそれは $\dfrac{2016年の大学の卒業生 \times (100\% + 2017年の対前年増加率)}{2016年の高等学校の卒業生 \times (100\% + 2017年の対前年増加率)}$ で求められ、

$\dfrac{2016年の大学の卒業生 \times 101.4\%}{2016年の高等学校の卒業生 \times 101\%} = \dfrac{2016年の大学の卒業生}{2016年の高等学校の卒業生} \times \dfrac{101.4\%}{101\%}$ となる。これは2016年の比率に1より大きい値をかけているから、2017年の比率の方が大きい。同様に考えると、2017年の高等学校の卒業生に対する大学の卒業生の比率は $\dfrac{2017年の大学の卒業生}{2017年の高等学校の卒業生}$ である。2018年のそれは $\dfrac{2017年の大学の卒業生 \times (100\% + 2018年の対前年増加率)}{2017年の高等学校の卒業生 \times (100\% + 2018年の対前年増加率)}$ で求められ、

$\dfrac{2017年の大学の卒業生 \times 99.6\%}{2017年の高等学校の卒業生 \times 98.8\%} = \dfrac{2017年の大学の卒業生}{2017年の高等学校の卒業生} \times \dfrac{99.6\%}{98.8\%}$ となる。これは2017年の比率に1より大きい値をかけているから、2018年の比率の方が大きい。よって、2017年、2018年のいずれにおいても、比率は前年に比べて増加している。

4 ✕　2016年の高等専門学校の卒業生を100とすると、2019年の指数は近似法を用いて100＋3.3－1.3＋0.5＝102.5となる。よって、2019年の高等専門学校の卒業生は2016年に比べて減少してはいない。

5 ✕　2017年の高等専門学校の卒業生を100とすると、2020年の指数は近似法を用いて100－1.3＋0.5－2.4＝96.8となる。よって、2020年の高等専門学校の卒業生は2017年に比べて増加してはいない。

No.19　　**正解　5**　　　TAC生の正答率　**56%**

1 ✕　2017年のインドネシアからの合板輸入量は2,219×35.3％＞2,210×35％＝773.5［千m^3］より、773.5千m^{3}よりも多い。2019年のインドネシアからの合板輸入量は1,892×40.7％＜1,900×40.7％＝773.3［千m^3］より、773.3千m^{3}よりも少ない。よって、最も少ないのは2017年ではない。

2 ✕　基準を100としたとき、指数が70を下回っているということは、基準の70％を下回っているということと同じである。2016年における中国からの合板輸入量は2,124［千m^3］×6.6％で、その70％は2,124×6.6％×70％＝(2,124×70％)×6.6％＜1,500×6.6％＝99より、99千m^{3}よりも少ない。一方、2020年における中国からの合板輸入量は1,646×6.4％＞1,600×6.4％＝102.4より、102.4千m^{3}よりも多いので、70％を下回ってはいない。

3 ✕　対前年増加率の大小関係は前年に対する今年の比率の大小関係と同じであるので、比率で考える。マレーシアからの合板輸入量の2016年に対する2017年の比率は $\dfrac{2,219 \times 52.3\%}{2,124 \times 49.0\%}$、ベトナムからの合板輸入量の2016年に対する2017年の比率は $\dfrac{2,219 \times 6.3\%}{2,124 \times 5.7\%}$ で、$\dfrac{2,219}{2,124}$ の部分は同じであるから、構成比の部分で比較する。$\dfrac{52.3}{49.0} = 1 + \dfrac{3.3}{49.0}$ で、49の10％が4.9であるから、3.3は10％より小さい。一方、$\dfrac{6.3}{5.7} = 1 + \dfrac{0.6}{5.7}$ で、5.7の10％が0.57であるから、0.6は10％より大きい。よって、マレーシアの比率はベトナムの比率を上回ってはいない。

4 ✕　ベトナムと中国の構成比の差が小さい2017年をみると、ベトナムからの合板輸入量は2,219［千m^3］×6.3％、中国からの合板輸入量は2,219［千m^3］×6.1％で、その差は2,219［千m^3］×(6.3－6.1)％＝2,219［千m^3］×0.2％＜2,500［千m^3］×0.2％＝5［千m^3］となる。よって、2017年は6千m^{3}以上、上回ってはいない。

13

5 ○ ３か年におけるマレーシアからの合板輸入量の年平均が870千㎥を下回っているということは、３か年におけるマレーシアからの合板輸入量の総和が870×3＝2,610[千㎥]を下回っているということと同じである。2018年の合板輸入量は2,251×46.0％＝1,035.46＜1,040[千㎥]、2019年の合板輸入量は1,892×45.2％＝855.184＜860[千㎥]、2020年の合板輸入量は1,646×42.9％＝706.134＜710[千㎥]で、３か年の総和は1,040＋860＋710＝2,610[千㎥]を下回っている。

No.20　正解　5　　　　　　　　　　TAC生の正答率　**48％**

1 × 2016年における有価証券の貯蓄現在高を100としたとき、近似法を用いると2018年の指数は100－7－5＝88となるので、85を下回ってはいない。

2 × 2016年の定期性預貯金の貯蓄現在高は727万円、生命保険などの貯蓄現在高は378万円で、その差は727－378＝349[万円]である。2017年の定期性預貯金の貯蓄現在高は、対前年増加率がマイナスであるから727万円より少なく、2017年の生命保険などの貯蓄現在高は、対前年増加率が±0％であるから378万円である。よって、2017年の差は349万円より小さくなるので、350万円を上回ってはいない。

3 × 2016年の定期性預貯金の貯蓄現在高を100としたとき、近似法を用いると2017年の指数は100－2＝98、2018年の指数は98－8＝90、2019年の指数は90－2＝88で、３か年の指数の累計は98＋90＋88＝276となる。よって、2017年から2019年までの３か年における定期性預貯金の貯蓄現在高の累計は、2016年の定期性預貯金の貯蓄現在高の2.76倍であり、727×2.76＝2,006.52＞2,000[万円]であるから、2,000万円を下回ってはいない。

4 × 2016年の通貨性預貯金の貯蓄現在高を100としたとき、2017年から2020年までの指数は対前年増加率がいずれもプラスであるから、すべての年で100を超えていることになり、2018年から2020年までの３か年の年平均も100を上回る。よって、2018年から2020年までの３か年における通貨性預貯金の貯蓄現在高の年平均は、2016年の412万円より大きい。一方、2017年における有価証券の貯蓄現在高は対前年増加率がマイナスであるから、265万円より小さい。よって、2018年から2020年までの３か年における通貨性預貯金の貯蓄現在高の年平均は、2017年における有価証券の貯蓄現在高を下回ってはいない。

5 ○ 2016年の通貨性預貯金の貯蓄現在高を100としたとき、近似法を用いると2017年の指数は100＋7＝107、2018年の指数は107＋4＝111、2019年の指数は111＋7＝118、2020年の指数は118＋13＝131となり、2020年の通貨性預貯金の貯蓄現在高は412[万円]×1.31となる。一方、2016年の生命保険などの貯蓄現在高を100としたとき、近似法を用いると2017年の指数は100±0＝100、2018年の指数は100－4＝96、2019年の指数は96－5＝91、2020年の指数は91＋3＝94となり、2020年の生命保険などの貯蓄現在高は378[万円]×0.94となる。よって、2020年の通貨性預貯金の貯蓄現在高に対する生命保険などの貯蓄現在高の比率は$\frac{378[万円]×0.94}{412[万円]×1.31}$である。$\frac{378[万円]}{412[万円]}$は、412の10％が41.2で、90％が412－41.2＝370.8であるから、90％より大きく、$\frac{0.94}{1.31}$は、1.31の10％が0.131で、70％が0.131×7＝0.917であるから、70％より大きい。以上より、2020年の通貨性預貯金の貯蓄現在高に対する生命保険などの貯蓄現在高の比率は90％×70％＝0.9×0.7＝0.63より大きいから、0.6を上回っている。

No.21　正解　1　　TAC生の正答率 72%

　一筆書きが可能で、かつ、始点と終点が一致する図形は、奇点（＝集まる線分の数が奇数である点）がなくすべて偶点（＝集まる線分の数が偶数である点）となる図形である。A～Eの図において、各頂点に集まる線分の数を調べると以下のようになる。

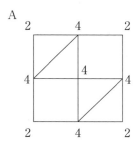
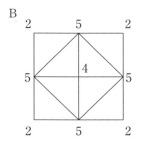
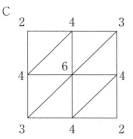
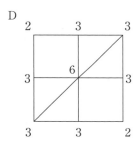
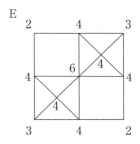

　よって、すべて偶点である図はAであるので、正解は**1**である。

No.22　正解　2　　TAC生の正答率 60%

　円すいの展開図は図1のようになる。円すい台は、円すいから上部の円すいを取り除いた形であるから、円すいの展開図の側面のおうぎ形においても、上部のおうぎ形が取り除かれる（図2）。

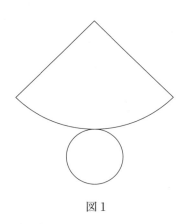
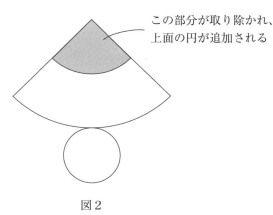

図1　　　　図2

　したがって、消去法より正解は**2**である。

No.23　正解　2　TAC生の正答率 23%

　正六角形の一つの内角は120°で、外角は180−120＝60[°]であるから、正六角形の外側にできた六つの三角形はすべて正三角形で一辺の長さは3cmである（図1）。Pを含む、図形の最も外側にある頂点六つ（Pの真下の点をAとし、反時計回りにB、P、C、D、Eとする）を結ぶと、図形の対称性より正六角形ができ、図1の頂点Bに注目すると、図形の対称性より、●は（120−60）÷2＝30[°]となる。△PMBは、∠P＝60＋30＝90[°]で、三辺の長さの比が$1:2:\sqrt{3}$の直角三角形であるので、大きい正六角形の一辺の長さ（＝PB）は$3\sqrt{3}$cmとなる。

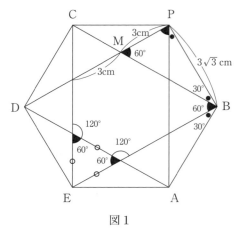

図1

　問題の図を1回転させることと、図1の正六角形を1回転させることは同じであるので、正六角形を1回転させたときの軌跡を考える。軌跡は、正六角形の各頂点が回転の中心となって回転することが6回行われ、このとき、点Pの軌跡は必ずおうぎ形の弧となるので、それぞれの弧の長さを求めればよい。弧の長さを求めるのに必要なのは、半径および中心角の大きさで、「中心角の大きさ」＝「各点が回転の中心となったときの回転角度」＝「外角の大きさ」であるから、中心角はすべて60°である。半径については、回転の中心となる頂点と点Pの距離が半径となる。回転の中心は、図2のA、B、P、C、D、Eで、Pが回転の中心のとき、軌跡は描かれない。残りの5つの頂点が回転の中心のとき描かれる弧の半径は、A、DのときはPA＝PD＝9[cm]、B、CのときはPB＝PC＝$3\sqrt{3}$[cm]で、PEについては、正六角形の最も遠い点を結ぶ対角線であるので、図3のように考えると、$3\sqrt{3}×2＝6\sqrt{3}$[cm]となる。

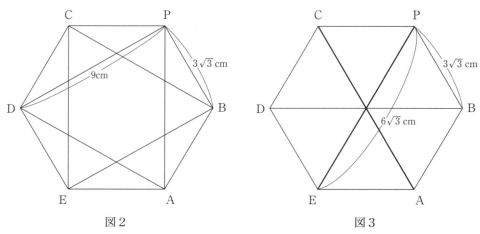

図2　　図3

以上より、弧の長さは、AおよびDを中心として回転したときが $(9 \times 2 \times \pi) \times \frac{60°}{360°} = 3\pi$ [cm]、BおよびCを中心として回転したときが $(3\sqrt{3} \times 2 \times \pi) \times \frac{60°}{360°} = \sqrt{3}\pi$ [cm]、Eを中心として回転したときが $(6\sqrt{3} \times 2 \times \pi) \times \frac{60°}{360°} = 2\sqrt{3}\pi$ [cm] であり、軌跡の長さは $3\pi \times 2 + \sqrt{3}\pi \times 2 + 2\sqrt{3}\pi = (6 + 4\sqrt{3})\pi$ [cm] となるので、正解は **2** である。

No.24　正解　**5**　　TAC生の正答率　29%

長方形のうち円の中心から最も遠い点は図1の点PおよびQで、この点が通過する部分は半径$3a$の円の円周と一致する。また、長方形のうち円の中心から最も近い点は、円の中心から長方形の長辺に垂線を下ろしたときの足となる点Rで、この点が通過する部分は中心O、半径ORの円の円周となる。ORの長さを求めると、△OPQは一辺が$3a$の正三角形であり、高さは$\frac{3\sqrt{3}}{2}a$である。ORはこの高さから長方形の短辺の長さを引いたものであるから、$\left(\frac{3\sqrt{3}}{2} - 1\right)a$となる。

以上より、長方形が通過する部分の面積は図2の色塗り部分で、その面積は、$(3a)^2 \times \pi - \left\{\left(\frac{3\sqrt{3}}{2} - 1\right)a\right\}^2 \times \pi = 9\pi a^2 - \left(\frac{27}{4} - 3\sqrt{3} + 1\right)\pi a^2 = \left(\frac{5}{4} + 3\sqrt{3}\right)\pi a^2$ となる。

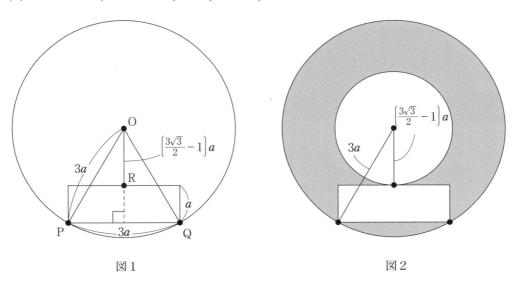

図1　　　　　　　　　図2

したがって、正解は**5**である。

No.25　正解　**1**　　TAC生の正答率　19%

1　○

2　×　「バロック式の」という箇所が誤りである。「バロック式」とは、16世紀から18世紀にかけてヨーロッパに広がった様式で、曲線や楕円の多用、豪華な装飾を特徴とする。「形式美」を重んじる古典主義とはまったく逆の様式である。また、モネの「積みわら」は古典主義（古典派）ではなく、印象主義（印象派）の作品とされる。

3 × 　選択肢前半の説明は妥当だが、ゴッホの「ひまわり」は写実主義ではなく、後期印象派の作品である。

4 × 　ミレーの「落穂拾い」は自然主義あるいはバルビゾン派の作品である。また、「印象」とは主観的に対象をとらえた対象物の姿を指すものであり、「客観的印象」という表現は、印象主義の説明としても自然主義の説明としても適切ではない。

5 × 　「感性の解放を目指す芸術上の立場」という説明はロマン主義の説明として妥当だが、「秩序と論理を重視」という説明は、ロマン主義と対照的な現実主義の説明などに用いられる表現である。また、フローベールの「ボヴァリー夫人」は写実主義の代表である。

No.26 　　**正解　2**　　　TAC生の正答率 **57%**

1 × 　一遍は時宗の開祖であるが、「煩悩の深い人間…悪人正機」は親鸞に関する記述である。「愚管抄」は慈円による史論書である。

2 ○

3 × 　「選択本願念仏集」をあらわし、浄土宗を開いたのは親鸞ではなく法然である。

4 × 　選択肢前半は妥当だが、鎌倉幕府の保護は受けていない。他宗への激しい批判や北条時頼に「立正安国論」を提出したことによって伊豆に配流されている。

5 × 　選択肢前半は妥当だが、「立正安国論」は日蓮によるものであり、浄土真宗は親鸞が開いた。

No.27 　　**正解　4**　　　TAC生の正答率 **27%**

1 × 　フラグによって建国されたイル＝ハン国、バトゥによって建国されたキプチャク＝ハン国、チャガタイによるチャガタイ＝ハン国は、いずれもチンギス＝ハンの死後に建国された。

2 × 　ワールシュタットの戦いで連合軍を破ったのはオゴタイ＝ハンではなく、バトゥである。オーストリア・フランス連合軍ではなく、ポーランド・ドイツ連合軍を破った。またその支配は西北ユーラシア草原であり、西ヨーロッパまでは拡大していない。

3 × 　フビライ＝ハンは第2代皇帝ではなく第5代である。第2代にあたるのはオゴタイ＝ハンである。

4 ○

5 × 　「海上交易を縮小」という点が明らかに誤り。フビライは南宋を征服し広州などの海上貿易が盛んな地域を支配下にすることで、海上交易路を拡大した。

No.28 　　**正解　4**　　　TAC生の正答率 **67%**

1 × 　「野菜以外の」という点が明らかに誤り。園芸農業には切花等の花卉のほかに、野菜や果物を含む。他は妥当である。

18

2 ✕ イランでみられる地下水路はフォガラではなくカナートである。フォガラはアルジェリア等、北アフリカでみられる地下水路である。また、オアシス農業で栽培されるのは、小麦やナツメヤシである。オリーブの栽培は地中海式農業の特徴である。

3 ✕ 選択肢前半は妥当だが、「土地生産性が高いものの労働生産性は低い」という点が明らかに誤り。アメリカやカナダなどにみられる企業的穀物農業は、一般に、土地生産性が低く労働生産性が高いという特徴がある。

4 ○

5 ✕ 夏と冬の作物が入れ替わっている。地中海式農業は地中海沿岸や地中海性気候の地域にみられる農業形態であり、乾燥する夏は柑橘類やブドウなどの樹木作物を栽培し、温暖湿潤な冬は小麦や大麦を栽培する。

No.29　正解　3　　　　　TAC生の正答率　45%

1 ✕ 「損害賠償の範囲は債務不履行がなければ生じなかった損害全てに及び、特別な事情による損害も、通常生ずべき損害と同様に損害賠償の対象となる」という部分が妥当でない。債務不履行に対する損害賠償の範囲は、債務不履行によって通常生ずべき損害の賠償である（民法416条1項）。また、特別の事情によって生じた損害であっても、当事者がその事情を予見すべきであったときは、債権者は、その賠償を請求することができる（同法416条2項）。

2 ✕ 「その違約金は原則として債務不履行に対する制裁と推定されるため、債務者は、債権者に対し、現実に発生した損害賠償額に加えて違約金を支払わなければならない」という部分が妥当でない。違約金は、賠償額の予定と推定される（民法420条3項）。したがって、この推定が覆されない限り、債務者は、債権者に対し、現実に発生した損害賠償額ではなく、違約金を支払えばよい。

3 ○ 条文により妥当である。損害賠償は、別段の意思表示がないときは、金銭をもってその額を定める（民法417条、金銭賠償の原則）。

4 ✕ 「法律に別段の定めがなくとも、債権者は、約定または法定の利率以上の損害が生じたことを立証すれば、その賠償を請求することができるとした」という部分が妥当でない。判例は、金銭を目的とする債務の履行遅滞による損害賠償の額は、法律に別段の定めがある場合を除き、約定または法定の利率により、債権者はその損害の証明をする必要がないとされているが（民法419条1項、2項）、その反面として、たとえそれ以上の損害が生じたことを立証しても、その賠償を請求することはできないとしている（最判昭48.10.11）。

5 ✕ 「契約上の債務不履行による賠償責任を負うとした」という部分が妥当でない。判例は、契約の一方当事者が、当該契約の締結に先立ち、信義則上の説明義務に違反して、当該契約を締結するか否かに関する判断に影響を及ぼすべき情報を相手方に提供しなかった場合には、上記一方当事者は、相手方が当該契約を締結したことにより被った損害につき、不法行為による賠償責任を負うことがあるのは格別、当該契約上の債務の不履行による賠償責任を負うことはないとしている（最判平23.4.22）。

19

No.30　正解　1　｜TAC生の正答率　63%

1　○　国連総会の構成ならびに権限として妥当な内容である。なお、国連総会の決議には法的拘束力はないものの、国際社会の意思表明という重い意味がある。

2　×　国連が設立されたのは1945年であるが、日本が国連に加盟したのは1956年である。日本はサンフランシスコ平和条約締結後の1952年に国連加盟を申請したもののソ連の拒否権によって否決され、1956年に「日ソ共同宣言」によって国連加盟が実現した。

3　×　安全保障理事会の常任理事国は5か国である。また、手続き事項の決定は15か国のうち9か国の賛成が必要なので、常任理事国だけの賛成では決定できない。

4　×　国際司法裁判所は国家間の紛争を解決するための機関であり、個人は対象ではない。国際人道法に反する個人の重大な犯罪を裁く機関は国際刑事裁判所である。

5　×　日本がPKOに参加する条件の原則は5つである。一般にPKO参加5原則と呼ばれる。

No.31　正解　5　｜TAC生の正答率　71%

1　×　世界貿易機関（WTO）設立協定の前文に肢の記述は存在しない。そもそも世界貿易機関（WTO）は、貿易の円滑化を目的として設立されたものであることに鑑みれば違和感を覚えるであろう。また、景気変動（循環）は好況、後退、不況、回復の4局面で示される。

2　×　デフレスパイラルのデフレとは、デフレーションすなわち物価の下落を意味する。よって、肢の記述にある「物価が持続的に上昇」という部分と矛盾する。デフレスパイラルとは、物価下落により企業収益が悪化し、労働者の賃金カットが断行され、労働者の購買力減退で景気が落ち込むという循環を繰り返すことをいう。

3　×　コンドラチェフは、技術革新を要因とした約50年周期で生じる景気循環を主張した（コンドラチェフの波）。肢の記述は、キチンが主張した在庫投資を原因とした景気循環（キチンの波）に関する記述であるが、その周期は約3年とされている。

4　×　フリードマンは、新古典派経済学の一派であるマネタリストと呼ばれるグループの代表的学者であり、政府によるマクロ経済に対する市場介入（総需要管理政策）に否定的な立場をとっている。よって、「公共投資などによって有効需要を創出し、景気を回復させるべき」などという主張をするはずがない。ちなみに、肢の記述はケインズの「有効需要の原理」に関するものである。

5　○

No.32　正解　4　｜TAC生の正答率　47%

　熱量は$Q=mc\Delta t$より、「質量×比熱×温度変化」で求めることができるが、題意より、混ぜ合わせた液体の質量は同じであるので考えなくてよい。よって、比熱を熱容量とみて$Q=C\Delta t$より、熱量＝比熱×温度変化とし、液体A、B、Cの比熱（熱容量）をそれぞれx、y、zとおく。また、液体の混ぜ合わせによる状態変化や化学変化はなく、混ぜ合わせる二つの液体以外に熱の移動はなかったので、熱量保存の法則が成り立つ。

条件アより、Aが得た熱量＝Bが失った熱量が成り立つので、$x \times (16-6) = y \times (28-16)$となり、$10x = 12y \cdots ①$となる。

条件イより、Bが得た熱量＝Cが失った熱量が成り立つので、$y \times (36-28) = z \times (46-36)$となり、$4y = 5z \cdots ②$となる。

ここで、求める温度を$t[℃]$とおくと、Aが得た熱量＝Cが失った熱量が成り立つので、$x \times (t-6) = z \times (46-t) \cdots ③$となる。②×3より、$12y = 15z$となり、これを①に代入して、$10x = 15z \Leftrightarrow x = \frac{3}{2}z$となる。これを③に代入すると、$\frac{3}{2}z \times (t-6) = z \times (46-t)$となり、$z$で割って2を掛けると、$3(t-6) = 2(46-t)$となる。よって$3t-18 = 92-2t$となり、解くと$t = 22[℃]$となる。

以上より、正解は**4**である。

No.33　　正解　**1**　　　　　TAC生の正答率　40%

1 〇

2 ✕　活性炭は、黒鉛の微小な結晶が不規則に配列した集合体であるため、単位質量当たりの表面積が大きい。よって気体等の物質をたくさん吸着できる。

3 ✕　ダイヤモンドは、炭素原子の単体からなる共有結合結晶であるため、光の屈折率が非常に高く硬い。そのため、宝石や研磨剤に用いられる。

4 ✕　一酸化炭素COは、炭素や炭素化合物の不完全燃焼で生じる有害で無色無臭の気体であり、青白い炎を上げて燃焼し二酸化炭素CO_2を生成する。また、水にほとんど溶けない。

5 ✕　二酸化炭素CO_2は、炭素や炭素化合物が完全燃焼したときに生じる気体であり、無色無臭の不燃性である。また空気に比べて重く、水に溶けて弱い酸性を示す。

No.34　　正解　**3**　　　　　TAC生の正答率　38%

1 ✕　腎臓は、腹部背側にあり、輸尿管によって膀胱とつながっている。

2 ✕　肝臓のはたらきに関する記述である。

3 〇

4 ✕　ネフロン（腎単位）に関する記述であり、ネフロンは1個の腎臓に約100万個ある。なお腎うは、細尿管・集合管で再吸収されたあとの尿が運ばれる場所である。

5 ✕　ボーマンのうと糸球体の記述が逆である。

No.35　　正解　**1**　　　　　TAC生の正答率　55%

現在の太陽は、主系列星であり、このあと赤色巨星へと進化していく。なお恒星の進化の過程は、赤色巨星のあと2つのルートがあり、太陽の8倍以上の恒星であれば超新星爆発、それ以下のものは惑星状星雲を経て白色矮星となる。

21

| No.36 | 正解 1 | TAC生の正答率 76% |

1 ○ 同報告では、「ヤングケアラー」について、「法令上の定義はないが、一般に、本来大人が担うと想定されている家事や家族の世話などを日常的に行っている児童を指す」とした。

2 × すでにヤングケアラーに関する全国規模の実態調査は実施されている。同報告では、要保護児童対策地域協議会、子ども本人、学校を対象とした初めての全国規模の調査研究事業「ヤングケアラーの実態に関する調査研究」において作成された報告書に言及している。

3 × 「『介護力』とすることを前提とした上で」が誤り。同報告では、「特に、子どもが主たる介護者となっている場合には、子どもを「介護力」とすることを前提とせず、居宅サービス等の利用について十分配意するなど、ヤングケアラーがケアする場合のその家族に対するアセスメントの留意点等について地方自治体や関係団体に周知を行う」とした。

4 × 同報告では、すでに「現在、ヤングケアラーを対象とした相談支援やオンラインサロンなどを行う支援者団体が一定数存在している」とした。

5 × 同報告では、2022年度からの「3年間」をヤングケアラー認知度向上のための「集中取組期間」とし、「中高生」の認知度「5割」を目指すとした。

| No.37 | 正解 4 | TAC生の正答率 74% |

1 × 「影響されない」が誤り。同白書では、「新型コロナウイルス感染症を始めとする新興感染症は、土地利用の変化等に伴う生物多様性の損失や気候変動等の地球環境の変化にも深く関係している」としている。

2 × 「大きく寄与する」が誤り。同白書では、UNEP（国連環境計画）の「Emissions Gap Report 2020」の内容の紹介として、「新型コロナウイルス感染症の影響は、短期的な排出削減には寄与しますが、各国が経済刺激策を脱炭素型のものとしない限り、2030年までの排出量削減には大きく寄与しないと述べています」としている。

3 × 「先進国の中で最下位」が誤り。同白書では、炭素に向けたSBT（中長期目標の設定）やTCFD（気候関連財務情報を開示する枠組み）などの「枠組みを活用して脱炭素経営に取り組む日本企業の数が世界トップクラスであるように、既に日本企業は排出量等の情報について透明性の高い情報開示を行って」いるとしている。

4 ○ これは、2019年6月に開催されたG20大阪サミットにおける提案内容である。

5 × 「2.1〜3.7％」と「効果が小さい」が誤り。同白書では、IPCC（気候変動に関する政府間パネル）が「2019年に公表した土地関係特別報告書でも、世界の食料システムにおける温室効果ガス排出量……は、人為起源の排出量の21〜37％を占めると推定されること、食品ロス・食品廃棄物を削減する政策や食生活における選択に影響を与える政策といった食料システムに関連する政策は、気候変動対策に資することなど……が示されています」としている。

No.38　　正解　2　　　　　TAC生の正答率　68%

1 ×　「ファイナンス」が誤り。同方針では、地方創生の視点を「デジタル」、「グリーン」、「ヒューマン」の3つとしている。このうち「デジタル」は「地域の課題解決や魅力向上に資する地方におけるDXに向けた施策」、「グリーン」は「地方が牽引する脱炭素社会の実現に向けた施策」、「ヒューマン」は「地方へのひとの流れの創出や人材支援に着目した施策」を指す。

2 ○　同方針では、「全国における地方公共団体と民間のサテライトオフィス、シェアオフィス及びコワーキングスペースの整備の促進を着実に進め、多くの地域でテレワークが可能となり都会と同じように働ける環境を整える」としている。

3 ×　問題文と逆に、同方針では「東京圏」の大学等の「地方」へのサテライトキャンパスの設置を推進するなどの取組を通じて、魅力ある地方大学づくりを推進するとしている。

4 ×　問題文と逆に、同方針では「情報通信関連事業者などの民間事業者と連携し、DX等にも対応できる社員等を「デジタル専門人材」（デジタル技術を活用し、地域課題を解決・改善する人材）として、人材を求める地方公共団体に派遣する」としている。

5 ×　同方針では、地方創生SDGsの推進にあたり、地方公共団体が取り組むべき重要事項として、「脱炭素化の取組」を掲げている。

No.39　　正解　2　　　　　TAC生の正答率　49%

1 ×　「内閣府」と「技術開発」が誤り。同法第3条では、デジタル庁の任務として、デジタル社会の形成に関する内閣の事務を「内閣官房」と共に助けることと、基本理念にのっとり、デジタル社会の形成に関する「行政事務」の迅速かつ重点的な遂行を図ることを掲げている。

2 ○　関連して、マイナンバー（＝個人を識別する番号）、マイナンバーカード、法人番号の利用に関すること並びに情報提供ネットワークシステムの設置及び管理についても、デジタル庁の所掌事務となっている。

3 ×　デジタル庁の長及び主任の大臣は、デジタル大臣ではなく「内閣総理大臣」である。また、デジタル大臣に対し、関連行政機関の長に対する勧告権は与えられているものの、デジタル庁令を発出する権限を持つのは内閣総理大臣のみであり、デジタル担当大臣には与えられていない。

4 ×　まず、「デジタル大臣を助けると共に、特定の政策及び企画に参画し、政務を処理することを任務と」するのは、デジタル監ではなく「副大臣」である。デジタル監は官職であるため、「政務」は担当しない。また、上記のようにデジタル庁の長及び主任の大臣は「内閣総理大臣」であるため、デジタル監の任免は「内閣総理大臣」の申出により内閣が行う。

5 ×　同法により、問題文の事務を所掌する組織として設置されたのは「デジタル社会推進会議」である。デジタル改革関連法の成立に伴い、高度情報通信ネットワーク社会形成基本法（IT基本法）は廃止され、高度情報通信ネットワーク社会推進戦略本部（IT総合戦略本部）も廃止された。

No.40　　正解　**4**　　　　　　　　　　　　TAC生の正答率　**63%**

1　✕　TPPは当初12か国で協定が署名されたものの、2017年に米国が離脱したため11か国で署名された。本問が出題された2022年5月時点でも加盟国は11か国である。また、TPP域内の人口は約5億人であるが、GDPは約10兆ドルほどである。

2　✕　2020年時点でのGDPは、EUが約15兆6千億ドル、日本が約5兆1千億ドルのため、日EU・EPAの規模は約21兆ドルである。また、2017年に内閣官房TPP等政府対策本部は、このEPAによって日本の実質GDPを約3％ではなく約1％（約5兆円）押し上げる試算を発表しているので、この点でも誤りである。

3　✕　2021年時点で世界全体の名目GDPに占める割合は、米国が24.8％、日本が5.9％なので、日米貿易協定は世界のGDPの約3割しか占めていない。また、内閣官房TPP等政府対策本部が2017年に発表した経済効果は約0.8％と試算されているので、この点でも誤りである。

4　○　日英EPAの内容として正しい内容である。

5　✕　RCEPにインドは参加していない。また、世界のGDPに占める割合は約3割である。RCEPは2022年1月に10か国で発効し、その後2月に韓国、3月にマレーシアについても発効し、2022年4月現在で12か国が参加している。